KB204370

종교개혁과 결혼 및 가정

종교개혁과 결혼 및 가정

발 행 일 2024.08.23.
발 행 인 이정기
편 집 인 황대우
발 행 처 고신대학교 출판부
고신대학교 개혁주의학술원
kirs@kosin.ac.kr / www.kirs.kr
부산시 영도구 와치로 194 051) 990-2267
판 권 고신대학교 개혁주의학술원 - 개혁주의 신학과 신앙 총서 18
제 목 종교개혁과 결혼 및 가정
저 자 김용주 유정모 황대우 류성민 김진흥 박상봉 박재은 양신혜 이남규 권경철 우병훈
ISBN 979-11-91936-18-6

종교개혁과 결혼 및 가정

개혁주의 신학과 신앙 총서 제18권을 펴내며

저희 학술원이 2024년에 출간하는 신학과 신앙 총서 제18권 주제는 "종교개혁과 결혼 및 가정"입니다. 종교개혁자들을 '결혼의 선구자들' 혹은 '결혼을 위한 투쟁가들'이라 불러도 결코 과하지 않을 정도로 16세기는 결혼의 혁명시대였습니다. 중세시대 결혼은 그 자체로 일곱 성례 가운데 하나일 만큼 신앙생활의 핵심 요소로 간주되었지만 중세교회는 결혼한 신자보다는 결혼하지 않은 신자를 신앙적으로 더 높게 평가했기 때문에 이율배반적이었습니다.

중세시대의 세 가지 계급인 성직자와 귀족과 평민 가운데 최고의 계급은 교황과 추기경을 비롯한 성직자들이었습니다. 성직계급은 수도사처럼 결혼하지 않을 것을 서약하는 주교와 사제들로 구성됩니다. 결과적으로 결혼보다는 비혼이 더 신성하다는 것이 보편적 인식으로 자리잡았습니다. 결혼하지 않은 모든 성직자를 통칭하여 '클레리쿠스'(clericus)라 불렀는데, 이것은 어원상 '[사제로] 선출된 자'를 의미합니다. 구약시대의 사제들은 결혼한 레위인들이었지만 중세시대의 사제들은 결혼하지 않은 성직자들이었습니다.

중세교회는 결혼보다 비혼이 더 신성하다는 것을 제도로 만들고 교리로 가르쳤습니다. 즉 세상보다는 수도원이, 결혼한 가정으로 구성된 사회보다는 결혼을 금하는 수도사공동체와 사제공동체가 훨씬 더 신성한 곳이라는 인식을 제도로 확고하게 만들었을 뿐만 아니라, 결혼하지 않은 수도사와 사제 즉 성직자가 되는 것이 천국으로 직행할 수 있는 지름길이라고 가르쳤던 것입니다. 그런데 모든 종교개혁자들은 결혼을 성례로 간주하지 않으면서도 결혼과 가정을 하나님께서 세우신 제도라고 한 목소리로 주장했습니다.

종교개혁자들에게 비혼은 특별한 사람들에게만 예외적으로 허락된 것이므로 수도원을 세우고 수도서약 혹은 사제서약으로 성직자들을 속박하는 제도는 그 자체로 비성경적입니다. 하나님께서 세우시고 명령하신 가정을 파괴하는 제도로서의 수도원은 독신서약으로만 유지될 수 있기 때문에 반드시 사라져야 한다는 입장이었습니다. 이것이 중세교회의 수도원신학을 대신하는 종교개혁자들의 결혼신학이었습니다. 결혼이 하나님께서 친히 세우신 신성한 제도라면 결혼을 통해 형성된 가정은 부부의 성생활에 의해 타락한 곳으로 치부될 수 없다는 것입니다. 여기에 실린 11편의 옥고들은 '혼자'를 신성시한 중세의 가르침을 과감하게 포기하고 결혼과 가정에 대한 성경적인 가르침으로 무장하여 '함께'라는 공동체의 원리와 정신을 재발견한 종교개혁자들과 종교개혁 추종자들이 어떻게 그것을 가르치고 실천했는지 잘 소개합니다.

1. 마틴 루터의 가정과 결혼 이해 - 김용주
2. 결혼에 대한 츠빙글리의 이해 - 유정모
3. 부써의 결혼관 - 황대우
4. 멜랑흐톤의 결혼과 가정 - 류성민
5. 결혼과 가정에 관한 버미글리의 사상 - 김진흥
6. 하인리히 불링거의 기독교 가정생활 - 박상봉
7. 존 낙스가 가르친 결혼과 가정 - 박재은
8. 베자의 결혼과 가정에 대한 이해 - 양신혜
9. 우르시누스와 '결혼과 가정' - 이남규
10. 푸티우스가 가르친 결혼과 가정 - 권경철

11. 청교도 윌리엄 퍼킨스의 결혼과 가정에 대한 가르침 - 우병훈

16세기 종교개혁 이후 개신교에서 수도원이 사라진 이유는 아주 분명합니다. 종교개혁자들은 '홀로'의 영성을 비성경적인 거짓이라 주장하고 그것을 근본적으로 거부했기 때문입니다. 그들은 수도원을 없애는 대신에 성경의 가르침에 따른 결혼과 가정을 새롭게 다시 세웠습니다. 가정은 '함께'라는 사회의 출발점이자 최소단위입니다. 경건한 부부생활과 가정의 소중함은 아무리 강조해도 결코 지나치지 않습니다. 이것은 성경의 가르침에 따른 진리이기 때문입니다.

이 책을 통해 결혼과 가정에 관한 성경적 진리뿐만 아니라, 또한 그 진리에 천착하여 결혼과 가정의 소중함을 새롭게 가르친 종교개혁의 정신과 원리도 함께 배울 수 있길 바랍니다.

개혁주의학술원장 황대우

차 례

마틴 루터의 가정과 결혼 이해

김용주

Martin Luther(1483-1546)

전남대학교 사범대학 독어교육과를 졸업하고 총신대 신대원에서 목회학 석사(M.Div.)과정을 졸업한 후 독일로 건너가 베를린 소재 훔볼트대학교에서 교회사 루터 전공으로 박사학위(Dr.theol.)를 받았다. 현재 분당두레교회 담임 목사로 섬기고 있다. 저서로는 『루터, 혼돈의 숲에서 길을 찾다』(익투스, 2012)와 『칭의, 루터에게 묻다』(좋은 씨앗, 2017), 『자유주의 신학이란 무엇인가?』(좋은씨앗, 2018)과 『신정통주의 신학이란 무엇인가』(좋은씨앗, 2019), 『정치신학이란 무엇인가』(좋은 씨앗, 2022), 『인간을 인간되게 하라』(솔로몬, 2022), 『밤에 찾아온 손님』(솔로몬, 2022), 『들어서 읽어라: 아우구스티누스의 생애와 신학』(좋은 땅, 2024)이 있다.

김용주

I. 루터는 결혼을 인간이 반드시 해야 할 필수 불가결한 일로 보았다.

루터는 정치(politia), 경제(oeconomia), 교회(ecclesia)를 하나님께서 창조하신 이 세상을 보존하고 다스리기 위해 그가 친히 세우신 세 가지 질서(ordo) 혹은 신분(Stand)으로 보았다.[1] 이 세 가지 신분 중에서도, 루터가 가장 많이 관심을 가진 신분은 교회임이 분명하지만, 그가 그리스도인들의 가정과 결혼 문제에 대해서도 큰 관심을 가졌다는 것 역시 부인할 수 없는 사실이다. 그는 결혼은 가족, 경제와 더불어 하나님께서 생육하고 번성하라는 명령을 이루기 위해 이 땅에 친히 세우신 경륜 속에 들어 있다고 보았다.

루터가 종교개혁을 시작했던 당시는 오늘날 못지않게 사회 전반에 걸쳐 결혼과 이혼 문제로 골치를 앓고 있던 시대였다. 당시 독일은 로마 가톨릭 국가였기 때문에 결혼과 이혼문제를 가톨릭교회가 만든 교회법에 근거하여 처리를 하였는데, 교회법이 결혼으로 인하여 야기된 여러 가지 현실적인 곤란한 상황들에 적절한 답을 주지 못하였고 도리어 많은 사람들의 양심을 혼란에 빠뜨렸다.

이런 상황에서 그는 그가 종교개혁을 시작했던 1517년부터 당시의 교회법에 기록된 결혼과 이혼에 관한 조항들에 관심을 가졌고 긍정과 더불어 의문을 제기하는 글들을 썼다. 1519년에 그는 결혼에 관한 한 설교에서 아직은 결혼을 성례로서 보고 있었지만, 신실함의 연대로서 그리고 자녀들을 생산하기 위한 교제로서 규정했다.[2]

---

1 Hans - Martin Barth, *Die Theologie Martin Luthers, Güterloher Verlaghaus* (Gütersloh 2009), 429ff.

2 Albrecht Beutel, *Luther Handbuch* (Mohr Siebeck Tübingen, 2005), 299.

그는 무엇보다 결혼에 관한 교회법이 성경이 가르치는 내용과 일치하는 않는다는 점 때문에 스스로 갈등을 겪었다. 그는 이를 해결하기 위해 성경에 나와 있는 결혼과 이혼에 관한 구절들을 검토하였고, 그 결과물들을 설교를 통해서 혹은 당시에 발행한 종교개혁에 관한 책자들을 통하여 간헐적으로 표현하였고, 좀 더 적극적으로는 결혼과 이혼에 관한 소책자를 써서 자신의 입장을 표명하였다.[3]

우리가 주목해 볼 점은 루터가 결혼에 관하여 그의 입장을 처음으로 표명했던 때는 그가 수도사 서약을 포기하고 수녀 출신이었던 카타리나 보라와 결혼을 했던 1525년이나 그 이후가 아니라는 사실이다. 만일 그랬다면 그는 자신의 결혼을 정당화할 명분을 찾기 위해서 그런 글들을 썼다고 생각할 수 밖에 없을 것이다. 하지만 그는 그가 아직 로마 가톨릭 교회의 독신 신부로 지내고 있던 때에, 그가 종교개혁을 시작한 1517년부터 결혼 직전 해인 1524년의 기간 동안에도 그는 이미 결혼과 이혼에 관한 교회법에 대하여 자신의 입장을 충분히 표명하였고 이런 자신의 입장들을 책으로 출간하였다는 사실이다.

루터가 종교개혁을 일으켰을 때 즉시 이 문제에 대하여 전념하게 된 이유는 무엇보다 목양적 필요 때문이었다. 그가 섬기는 비텐베르그 시(市) 교회(Stadtkirche) 안에는 결혼한 부부들이 많이 있었고 그들은 결혼으로 인하여 겪는 갈등과 고통을 고해성사 때 그에게 고해를 했고, 또 자신과 함께 종교개혁을 했던 여러 교수들과 성직자들 역시 이런 문제로 어려움을 겪었을 때 루터에게 자문을 구했기 때문이었다.[4]

---

3 Albert Stein, *Luther über Eherecht und Juristen, Leben und Werke Martin Luthers von 1526 bis 1546 Bd 1* (Vandenhoeck & Ruprecht in Göttingen, 1983), 171-173.
4 Albert Stein, *Luther über Eherecht und Juristen*, 171-173.

II. 루터의 결혼과 그가 남긴 결혼에 대한 금언들

1525년이 되었을 때 결혼 문제에 대하여 상담자로만 역할을 담당하던 그에게도 결혼이라는 선물이 주어지게 되었다. 그는 목회 강단에서 혹은 신학 교수로서 결혼은 하나님이 제정하셨고 인간에게 주신 최고의 복임을 인정하고 다른 사람들에게 결혼의 중요성에 대하여 설파하고 있었음에도 불구하고, 자기 자신은 여전히 독신으로 살고 있었고 자신의 남은 삶도 독신으로 지내려 하였다. 하지만 그의 주변의 많은 친구들이 그에게 결혼할 것을 권고 했고, 또 그 자신이 성경을 연구하면서 결혼제도가 하나님께서 세우신 제도이고 가톨릭에서 강요하는 독신제도가 비성경적인 제도임을 확신하게 되었음으로 그는 자신에게 찾아온 결혼을 거절하지 않았다. 그는 1525년에 예전의 수녀 출신이었다가 수녀원을 나왔던 카타리나 폰 보라(Katharina von Bora)와 결혼을 하였다.

루터가 어떻게 하여 그의 부인 카타리나와 결혼을 하게 되었는지도 주목해 볼 부분이다. 그는 종교개혁 초기부터 로마 가톨릭 교회의 공적구원론을 강하게 공격하고 이런 맥락에서 수도원의 위선적인 경건에 대하여서도 비판하였다. 그는 바울 서신과 어거스틴의 책들을 소환하면서, 구원은 인간의 공적이나 고행을 통해서가 아니라 오직 하나님의 은혜로, 오직 예수 그리스도를 믿음으로만 받을 수 있다고 설파하였다. 그러자 교회뿐만 아니라 교회에 귀속되어 있었던 수도원에도 큰 변화가 일어났다. 가톨릭교회에 소속되어 있었던 여러 수도원들에서 신부들과 수도사들이 그리고 수녀들이 수도원을 뛰어나와 세상 안으로 들어오게 되었다. 루터가 교수와 목사로 활동하고 있던 비텐베르그 도시로도 12명의 수녀들이 들어와 구조를 요청하였다. 그와 비텐베르그 동료 교수들 그리고 시(市) 교회를 목회하던 목사들은 그 수녀들을 보호해주었고 그들 중 11명의 결혼까지 성사시켜서 결국 11명의 수녀가 결혼을 하게 되었다.

그래서 이제 단 한 명의 수녀만 남았는데 그녀의 이름은 카타리나 폰 보라였고 본래 귀족 집안 출신이었다. 그런데 그때까지도 결혼을 생각하지 않았던 루터는 그녀를 자기 제자에게 중매를 하였고 그 두 사람은 곧 결혼을 약속했고 이제 예비 신랑의 부모의 승낙만 남았다. 그런데 루터의 그 제자는 결혼 허락을 맡기 위해서 자기 집으로 갔다 온 후에 태도가 돌변했다. 그의 부모가 그녀가 수녀 출신이라는 이유로 결혼에 반대 의사를 표명하였기 때문이었다. 그래서 루터는 그녀를 다른 학생들에게 중매를 하려고 여러 가지로 시도를 해 보았지만 다 실패하게 되었다. 그러자 그는 그가 이후 "캐티"라고 불렀던 카타리나 폰 보라와 결혼을 결심하게 되는데, 이는 그 때 그는 이미 성경 연구를 통하여 결혼제도는 하나님께서 세우신 신성한 제도이고 신부(神父)의 결혼을 막는 로마 가톨릭 교회의 독신 제도는 하나님의 법을 어기는 제도라는 확신을 갖게 되었기 때문이다.

루터가 결혼을 결정하자, 그를 죽이려 했던 로마 가톨릭 쪽 사람은 온갖 말들을 다 지어내서 그의 결혼을 폄하하였다. 그리고 루터와 종교개혁 초창기에 서로 잘 지내다가 인간의 의지에 관한 논쟁으로 사이가 벌어졌던 인문주의자 에라스무스(Erasmus)도 그가 혼전 임신을 해서 결혼을 하려한다는 말을 유포했고, 루터와 함께 쌍두마차로서 종교개혁을 이끌었던 가장 든든한 동료였던 멜랑흐톤(P. Melanchthon)조차 그가 농민전쟁이 벌어지고 있는 좋지 않은 시점에서 결혼을 한다고 비판하면서 그의 결혼식에 참여조차 하지 않았다. 하지만 그는 이런 비판과 반대에도 불구하고 1525년에 카타리나 폰 보라와 결혼을 했고 여러 명의 자녀들을 두었다.[5]

루터는 로마 가톨릭이 결혼을 성사(聖事:Sakrament)로 정해놓고서도 실상은 독신을 결혼 위에 두어 결혼의 가치를 떨어뜨리고 있음을 간파하였고, 자신이 직접 결혼함을 통하여 결혼제도의 신성함과 존귀함을 회복시키고자 했다. 그는 결혼에 대하여 많은 금언들을 만들어냈다. 그는 자신의 아내 캐티를 베니스와 바꿀 수 없다고 말했고, 결혼은 종교 다음으로 중요하며 음행을 막아주는 방파제라고도 말했다. 그리고 결혼을 금하는 것은 먹고 마시고 잠자는 것을 금하는 것과 같다고도 말했다. 그는 결혼제도는 인간이 창작이 아니라 하나님께서 창조한 제도임을 강조하고 있다.[6] 그는 결혼제도의 기원에 대하여 다음과 같이 말한다.

> "모세의 첫 권에는 결혼에 관한 기록이 있습니다. 하나님께서 남자와 여자를 창조하시고 그들에게 복을 주셨다는 내용입니다. 인간에 관한 아주 간단한 문장이지만, 이것은 세계에 거하는 모든 피조물들에게 적용해도 무방합니다. 공중에 나는 새들, 물에 사는 생물들, 들에 사는 짐승들, 모두가 암수로 존재하며 생육하고 번성하고 있습니다. 이 모든 것들 안에서 하나님께서는 우리 눈앞에 결혼 제도를 심어 놓으셨습니다."[7]

그는 그 당시의 세상 사람들이 결혼 제도를 경시여기는 태도도 비판한다.

---

5 Martin Brecht, *Martin Luther Bd. 2* (Calwer Verlag Stuttgart, 1986), 194-203.
6 마르틴 루터, "결혼과 독신에 관하여", 『탁상담화』, 이길상 옮김 (고양:크리스챤다이제스트, 2005), 419-432.
7 루터, "결혼과 독신에 관하여", 419.

"세상은 하나님께서 하신 일들을 존중하지도 않고 이해하지도 못합니다. 하나님께서 제정하셔서 온 인류, 더 나아가 모든 국가들이 출현하는 산실로 삼으신 결혼 제도를 누가 충분히 깨달아 제대로 평가할 수 있겠습니까? 만일 결혼 제도가 없었다면 우리가 어떻게 존재할 수 있었겠습니까? 그러나 불신 세계는 하나님의 규례와 자녀들의 출생, 결혼 생활의 행복에도 마음이 그저 냉랭합니다. 결혼 생활의 일시적 어려움과 고통만 바라볼 뿐, 그 안에 감춰진 보화는 바라보지 못합니다. 우리는 모두 여자에게서 났습니다. 황제들도, 왕들도, 제후들도 다 여자에게서 태어났고, 심지어 하나님의 아들이신 그리스도께서도 처녀에게서 태어나시기를 멸시하지 않으셨습니다. 결혼 제도를 업신여기거나 배척하는 자들은 교수형에 처해야합니다. 재세례파와 아담파는 결혼하지 않고 짐승처럼, 혹은 결혼 생활을 부정하는 교황주의자들처럼 살면서도 매춘을 행합니다. 만일 그들이 정말로 결혼을 부정하려면 일관성을 갖고 첩을 두어서는 안 됩니다."[8]

결혼에 대한 이런 루터의 입장은 그가 쓴 책들에서도 잘 드러나고 있다. 그는 설교를 통해서 그리고 짧은 글들을 통해 결혼에 대한 입장을 전달하고 있는데, 그가 결혼에 관하여 가장 잘 정리해 놓은 책은 1522년에 쓴 *Vom ehelichen Leben*(결혼의 삶에 관하여)인데 그의 설교를 책으로 발간한 내용이다.[9] 이 책 외에도 여러 책들과 설교들이 있지만, 그가 이 책에서 말하고 있는 결혼에 관한 내용들이 후기에도 본질적인 면에서 바뀌지 않고 머물러 있으므로 이 책을 통하여 그의 결혼에 관한 입장을 잘 이해할 수 있을 것

8 루터, "결혼과 독신에 관하여", 420.
9 *WA* 10 II, 275-305: Herausgegeben von Hellmut Zschoch, *Christ und Welt, Deutsch-Deutsche Studienausgabe, Bd. 3* (Evangelische Verlagsanstalt Leipzig, 2016)

이다.

Ⅲ. 『결혼의 삶에 관하여』(1522)에 나타난 루터의 결혼 이해

루터는 이 설교를 "Jesus"라는 작은 타이틀로 시작하면서 자신이 이 책을 쓰게 된 동기와 목적에 대하여 말한다. 그는 한편으로는 로마 가톨릭교회가 정죄를 받아 마땅한 결혼법을 통하여 교회에 한탄스러운 상태와 악한 혼란을 야기 시켰으므로, 다른 한편으로는 세상 정부가 결혼문제를 소홀히 함을 통하여 정말로 많은 끔찍한 오용들과 오류들을 야기했기 때문에, 자신이 이런 곤경을 극복하기 위해서 용기를 내었고 가난하고 혼란스러운 양심에 방향을 제시해주기 위하여 이 설교를 한다고 말한다.[10] 그는 이 설교를 세 부분으로 나눈다.

1. 첫 번째 부분

루터는 먼저 어떤 사람들이 서로 결혼을 할 수 있는지에 대하여 언급한다. 그는 당시 스콜라 신학자들이 성경 보다 이성에 근거하여 결혼 문제를 접근했던 것과는 달리 성경에 근거하여 자신의 주장을 펼친다. 그는 결혼의 기원은 창 1장에 나와 있다고 말하면서 하나님께서 사람을 남자와 여자(Mann und Frau)로 창조하셨다는 사실을 확인하면서 시작한다.

그는 하나님께서 인간을 두 부분으로 나누신 목적은 우리가 남자와 여자

---

10 Martin Luther, *Vom ehelichen Leben, Deutsch-Deutsche Studienausgabe, Bd. 3*, 168-169.

로 혹은 한 그(Er)와, 한 그녀(Sie)로 있도록 하기 위해서이며, 하나님은 이렇게 사람을 둘로 창조하시면서 기뻐하셨고 우리 각자에게 그가 지금 있는 것처럼 한 육체를 주셨으므로, 내가 나를 한 여자로 만들고 네가 너를 한 남자로 만들 권세가 우리에게 없다고 말한다. 그는 또한 우리는 하나님께서 각자를 남자와 여자로 정해주심을 존중하면서 서로 존중해야하며, 각자는 다른 사람의 형체를 그리고 그의 육체를 한 선한 신적인 작품으로 존경해야 한다고 말한다.[11]

둘째로 창세기 1장에서 하나님께서는 남자와 여자를 창조하셨을 때 그들을 축복하시고 그들에게 생육하고 번성하라고 말씀하셨는데, 루터는 이 말씀으로부터 남자와 여자는 번성하기 위하여 서로 결합하고 그렇게 해야만 한다는 확신을 얻는다고 말한다. 그는 이 말씀은 첫 번째와 같이 똑같이 확실하고 무시를 당하거나 조롱을 당해서는 안 되는데, 이는 하나님께서 여기에서 그의 복을 주시고 창조를 넘어서는 뭔가를 확정시키기 때문이라고 말한다. 그는 남녀가 서로 결합하는 것은 남녀끼리의 자유로운 선택이나 자유로운 결정의 문제가 아니라 필연적이고 자연적인 일이므로, 모든 남자들은 한 부인을 가져야하고 모든 여자들은 한 남자를 가져야만 한다고 강변한다. 그는 하나님께서 생육하고 번성하라고 말씀하신다면, 이것은 하나의 계명일 뿐만이 아니라 그 계명 이상, 즉 우리가 방해하거나 중단할 수 없는 한 신적인 작품이라고 말한다.[12]

셋째로 그는 창조의 이 형태로부터 예외적으로 머물 수 있는 세 종류의 사람들이 있다고 말하면서, 태어나면서부터 고자(鼓子)로 태어난 경우, 인간의 손에 의하여 결혼을 할 수 없는 경우 그리고 천국을 위하여 자신을 스스

---

11 Luther, *Vom ehelichen Leben*, 168-169.
12 Luther, *Vom ehelichen Leben*, 169-171.

로 고자로 만든 경우라고 말한다. 그는 이 세 경우가 아니라면 어떤 법으로도 결혼하는 것을 막을 수 없다고 말한다.[13] 그는 이런 맥락에서 교황이 그의 영적인 권리로 결혼을 하지 못하도록 막기 위해 고안한 14가지 사유들에 대하여 언급하며 이런 결혼금지조항들이 매우 어리석은 조항들이라고 비판한다. 교회법에서 정해 놓은 14가지 결혼을 못할 사유들을 정리해보면 다음과 같다.

> "혈족관계는 안 됨. 결혼으로 인척이 된 친척이나 처갓집 쪽 인척과도 안 됨. 대모(代母)등과 같은 영적인 친척과도 안 됨. 입양한 경우도 안 됨. 터키인, 유대인, 이단 여자와는 결혼을 해서도 안 됨. 중대 범죄가 있는 경우도 안 됨. 신부가 결혼 전에 죽을 경우 그녀의 자매들과 네 번째 구성원까지는 결혼해서는 안 됨. 수도원 내에서나 밖에서 정결 서약을 한 경우도 안 됨. 레아와 라헬의 경우처럼 결혼을 했는데 신부가 아닌 다른 자매가 침실에 와 있는 경우도 안 됨. 자신의 신분을 속인 경우도 안 됨. 신부서품을 받은 경우도 안 됨. 부모든 정부당국이든지 간에 강요된 결혼은 안 됨. 어떤 자매와 결혼한다고 약속하고 다른 자매와 결혼해서는 안 됨. 남자나 여자가 성 생활을 할 수 없는 경우는 안 됨."[14]

루터는 신약 성경에서 명백히 결혼을 하지 못하게 막는 이유들 외에, 이런 금지조항을 만들어서 사람들로 결혼을 못하게 막는 로마 교황은 하나님께서 제정하신 결혼제도의 축복을 가로막고 있는 중대한 죄를 범하고 있다고 그를 강하게 비판한다.

---

13 Luther, *Vom ehelichen Leben*, 170-171.
14 Luther, *Vom ehelichen Leben*, 170-187.

2. 이 설교의 두 번째 부분

루터는 이혼을 논하면서 이혼을 하도록 허용된 경우는 세 경우라고 말한다. 첫째는 남자든 여자든 그들의 육체적인 상태로 인해서 결혼을 할 수 없는 경우이다. 둘째는 부부 중 한쪽이 간통죄를 범한 경우이다. 셋째, 부부 중 한 쪽이 상대방에게 성생활을 거부하는 경우이다. 그는 여기에 덧붙여서 이혼을 허락해야만 하는 특수한 경우를 말하는데, 이는 바울이 고전 7장에서 말한 바처럼 남자와 여자가 결혼의 의무 때문이 아니라 다른 문제들로 인해서 더 이상 함께 지내지 못할 경우이다. 루터는 마지막으로 병든 배우자가 있는 경우에는 이혼해서는 안 되고, 도리어 병을 간호해줌을 통하여 하나님을 섬기는 법을 배우라고 권고한다.[15]

3. 이 설교의 세 번째 부분

루터는 이 설교의 세 번째 부분에서는, 우리가 결혼의 질서를 어떻게 기독교적인 신앙에 적합하게 형성해야 하는지에 대하여 알려준다. 그는 당시 로마 가톨릭교회의 결혼과 관계된 잘못된 관습들을 비판한다. 그는 그리스도인은 성생활을 피할 날을 고려할 필요가 없으며, 그가 살던 당시 세상에서 떠돌아다니던 결혼에 관하여 부정적으로 말하는 여러 불경건한 책들을 피해야 한다고 말한다. 이런 책들을 보면 여성은 필요악이며 어떤 가정도 그러한 악이 없이는 존재하지 못한다고 판단하는데, 그는 이런 말들은 남자와 여자는 하나님의 피조물이라는 사실을 간과한 눈이 멀고 불경한 말들이라고 말

15 Luther, *Vom ehelichen Leben*, 186-195.

한다.[16]

루터는 우리는 눈먼 삶이 아니라 기독교적인 삶을 영위하기 위해서, 먼저 남자와 여자는 하나님의 작품이라는 사실에 확고하게 매달려야 하며, 하나님의 작품을 꾸짖고 하나님 자신이 선하다고 칭한 것을 악하다고 부르는 마음과 혀를 조심하라고 경고한다. 그는 하나님께서 창 1장에서 "사람이 혼자 사는 것이 좋지 아니하니 내가 그를 위하여 돕는 배필을 지으리라."(창 2:18)라고 말씀하실 때, 하나님은 그녀가 아담에게 선하고 유익한지를 아담 자신 보다 더 잘 아신다고 말한다. 그는 하나님께서 남자가 혼자 있는 것이 좋지 않으며 내가 그를 위하여 돕는 배필을 지으시겠다고 말씀하심은, 하나님께서 여자를 선으로 그리고 돕는 배필로 지칭하시고 계심을 의미하므로, 남자가 여자를 과소평가하거나 폄하해서는 안 된다고 경고한다. 그는 결혼을 앞 둔 청년들이 무엇을 조심해야 할지에 대하여 다음과 같이 말한다.

> "그러므로 청년들은 불경스러운 책들을 읽고 그들이 자신들 속에 어떤 선물도 받지 않는다는 널리 퍼져있는 불평을 들을 때 조심해야만 한다. 악마는 결혼이 하나님의 작품이고 선한 의지이므로 결혼의 삶을 좋아하지 않는다. 그 때문에 악마는 정말로 많은 사람들로 하여금 결혼을 반대하는 목소리를 높이게 했고 글을 쓰게 했는데, 이는 사람들이 하나님께 합당한 삶으로부터 이탈하여 음행과 침묵되고 있는 죄들에 걸려들도록 하기 위하여서이다."[17]

루터는 그 당시 세상 사람들이 결혼에 대하여 습관적으로 하는 말인 "짧은 기쁨, 긴 고생"을 끄집어내서 이 말이 잘못된 말임을 입증하고자 한다.

---

16 Luther, *Vom ehelichen Leben*, 194-197.
17 Luther, *Vom ehelichen Leben*, 198-199.

그는 그들에게 그들이 원하는 것을 말하도록 내버려 두라고 말한다. 그는 하나님께서 창조하시고 가지고자 원하는 것이 그들에게는 조롱거리가 됨이 틀림없을 것이지만, 그들이 결혼 밖에서 어떤 쾌락과 기쁨을 가질 수 있느냐고 묻는다. 그는 또한 청년들이 결혼의 삶이 무엇인지 이해하지도 못하고 결혼하는 현상에 대하여서도 지적한다. 하지만 그는 결혼의 삶을 이해하고 결혼하는 사람들은 결혼의 삶에서 중단 없이 쾌락과 사랑과 기쁨을 가지게 될 것이라고 말하며, 그 이유는 그들이 하나님께서 결혼 자체를 제정하셨고 남자와 여자를 서로 결합시키셨고 아이를 낳고 아이를 보살피도록 명령하셨다는 것을 확실히 믿고 있기 때문이라고 말한다.[18]

루터는 많은 남자들이 여자들을 가지고(haben) 있지만, 그 중에 적은 수의 남자들만이 여자들(의 가치)을 발견한다(finden)고 말한다. 그는 그 이유는 많은 남자들이 소경들이어서 그들이 한 부인과 함께 살고 행동하는 것이 하나님의 일이고 하나님을 기쁘시게 하는 것을 보지 못하기 때문이라고 말한다. 만일 남자들이 그것을 안다면, 어떤 부인도 그들에게 추하거나 악하거나 예의 없게 보이지 않을 것이고, 부인들이 가난하거나 병이 들어도 마음속에 쾌락을 느끼지 못할 정도가 안 될 것이라고 말한다. 그는 우리의 잘못은 우리가 하나님의 일을 우리의 지각과 느낌에 의하여 판단하고 그의 뜻을 주목하지 않고 우리의 소원을 주목하는데 있다고 지적한다. 그는 이성은 결혼생활에 따르는 여러 가지 수고로운 일들을 불평하고 무시하는데, 하지만 기독교 신앙을 가진 사람들은 그렇게 말하지 않는다고 말한다. 그는 결혼을 행복하지 못하게 막는 중요한 이유는 우리가 결혼을 '영리한 창녀'인 자연적인 이성에 의하여 고찰하기 때문이라고 말한다.

---

18 Luther, *Vom ehelichen Leben*, 198-199.

그는 이성이 아이를 키우고 집안일을 하는 것을 재미없고 수고스럽고 포로로 갇혀 있는 것과 다름없다고 가르치므로, 이성에 따라 결혼을 판단하는 남자들은 혼자 머무르는 것이 그리고 염려 없이 조용한 삶을 영위하는 것이 좋다고 말하는데, 그는 이런 남자들은 매우 어리석다고 말한다. 그는 또한 이성에 의하여 결혼을 생각하는 사람들이 "나는 성직자가 되든지 수녀가 되겠다. 그리고 내 아들들도 역시 그렇게 하게 하겠다"고 말하는데, 이는 겉으로는 매우 영적으로 보이지만 실상은 신앙적으로 판단하지 않기 때문이라고 지적한다.[19]

루터는 기독교 신앙을 따라 결혼을 판단하는 사람은, 그의 눈을 열어서 이러한 사소하고 귀찮고 멸시받는 것들을 귀하게 여기고, 그것들 모두가 하나님의 기뻐하심을 통하여 마치 값비싼 황금이나 보석들로 장식되어 있음을 알기 때문에, 이런 하찮게 보이는 허드렛일들조차도 하나님을 기쁘시게 하는 일임을 알고 기꺼이 행하고자 한다고 말한다. 그는 여자들 역시 자기 남편을 돕고 그에게 순종하고 아이를 키우고 살림을 사는 모든 일들이 순전히 가치 있고 고상한 과제로 알아야 한다고 말한다. 그는 남자들이 여자들이 하는 이런 일을 도와주게 될 때 사람들의 비웃음을 살 수 있지만, 하나님은 천사들과 함께 남자가 기저귀를 빤다는 사실에 대하여 기뻐하는 것이 아니라, 그가 그것을 신앙 안에서 한다는 것을 기뻐한다고 말한다.[20] 집안일을 남자와 여자가 함께 해야 한다는 이런 생각은 1535년에 시작했던 창세기 강해에서도 그대로 이어지고 있다. 그는 남자와 여자는 오직 성에 의해서만 차이가 있지(solo sexu differt), 나머지 집안일들은 함께 분담해야 한다고 말한다.[21]

---

19 Luther, *Vom ehelichen Leben*, 198-201.
20 Luther, *Vom ehelichen Leben*, 200-203.

루터는 당시에 수도원에서 결혼 안하고 독신으로 사는 수도사들이나 수녀들이 자신들이 결혼한 여자들보다 더 거룩하다고 판단하는 현상을 상기시키며 이 또한 잘못된 판단이라고 말한다. 그는 자신이 지금까지 눈먼 세계와 이성이 결혼의 삶에 대하여 악하고 수고가 가득차고 정말로 좋지 않으며 피하고 혐오스러워하는 것으로 여겼다는 사실 외에 다른 어떤 것도 표현하지 않았다고 말한다. 그는 그 당시 세상 사람들이, 심지어는 교회에 있는 사람들이 결혼의 가치를 깎아내리고 보잘 것 없는 것처럼 가르친 것은 성경에 의하여 가르치지 않았기 때문에 생긴 문제라고 주장한다.

> "나는 하지만 거기에 대하여 모든 경험보다 더 많은 확신을 주고 나를 결코 속이지 않는 성경에 의하여 말한다. 하지만 어떤 사람이 결혼의 삶에 대하여 훨씬 더 많은 선한 것을 발견한다면, 그는 훨씬 더 많은 이익을 가지게 될 것이고 하나님께 감사하게 될 것이다. 하나님께서 좋다고 말씀하신 것은 정말로 좋은 것이 되어야 한다."[22]

루터는 계속하여 결혼을 하면 좋은 점들을 말하고 있다. 결혼을 하게 되면 첫째, 음행(창녀 짓)이나 불결한 삶을 피할 수 있어서 좋다고 말한다. 그는 결혼을 안 하면서 생기게 되는 음행은 영혼뿐만 아니라 육체와 소유, 영광과 가족까지 더럽히기 때문에 결혼을 해야 한다고 말한다. 그는 결혼을 해야 할 또 다른 이유를 말한다. 결혼은 모든 사람에게 그 자신의 몸, 소유, 영예와 영혼을 위해서 유익할 뿐만 아니라, 전체 도시들과 영방(領邦)들에도 유익이 되는데, 이는 결혼이 하나님의 재앙을 막아주기 때문이라고 말한다. 그는 성

---

21 *WA* 42, 103. 창 2:23절 주해에서 이 점을 말하고 있다.
22 Luther, *Vom ehelichen Leben*, 206-207.

경이, 예를 들어서 창 6장의 노아의 홍수 때의 경우나, 혹은 창 19장의 소돔과 고모라의 경우 등과 같이 모든 가장 흉측한 재앙들은 확실히 음행 때문에 나라와 국민들에게 임한다고 가르치고 있다는 사실을 지적한다.[23]

그는 많은 사람들이 얼마동안 방탕한 삶을 살다가 나중에 성실한 삶을 살게 되면서 결혼의 의무로부터 빠져나올 수 있다고 생각하지만, 이런 기적은 천 명에 한 명에게나 일어난다고 말한다. 그는 누군가가 정숙하게 살기를 원한다면 일찍이 결혼 생활을 시작해야만 하고, 그런 정숙한 삶을 음행으로 도달하려고 시도해서는 결코 안 되며, 음행 없이 하나님의 은혜를 통하여, 혹은 결혼을 통하여 이루려 해야 한다고 말한다. 그는 결혼을 통해서만 방탕한 삶을 피할 수 있다고 강조해서 말한다. 그는 바울과 같이 특별한 은혜를 받은 사람 외에는 결혼을 해서 출산을 해야 한다고 권면한다. 그는 이런 하나님의 문화명령이 결혼을 통해서인지, 아니면 음행을 통해서 이루어지는지에 대하여 묻는다. 그는 어떤 이들이 자신은 결혼도 않고 음행도 행하지 않고 자신의 힘으로 절제할 수 있다고 말하는데 이런 일은 불가능하다고 말한다.[24]

루터는 당시에 의사들이 하는 말들에 대하여서도 반박한다. 의사들은 어떤 사람이 자연적으로 일어나는 것(욕정)을 힘으로 제어하면, 그것은 틀림없이 육체와 피 속으로 들어갈 것이고 그에게 선물이 될 것이라고 말하는데, 그는 이를 통하여 인간이 더 건강해지는 것이 아니라 건강하지 않고 병이 들고 못생기게 되고 냄새가 나게 되는데, 이는 생육하고 번식하는데 기여해야 하는 것을 소진시켜야만하기 때문이라고 말한다. 그는 경험적으로 볼 때도 아이를 낳은 여자가 아이를 낳지 않은 여자 보다 더 건강하다고 말하면서 이

---

23 Luther, *Vom ehelichen Leben*, 208-209.
24 Luther, *Vom ehelichen Leben*, 208-211.

런 의사들의 의견을 반박한다.[25]

루터는 결혼의 삶에서 가장 좋은 것은 -우리는 이를 위해 모든 것을 행하고 견뎌야 하는데- 하나님께서 선물로 주신 육체의 열매를 받아서 그 열매를 하나님을 섬기도록 교육하는 것이라고 말한다. 그는 아버지와 어머니는 자녀들을 위하여 사도, 감독 그리고 목사의 역할을 할 수 있음을 상기시키면서, 부모들이 그들에게 복음을 전하면서 이런 역할을 감당하게 된다고 말한다. 그는 독신이나 처녀로 살 수 있지만 이 상태를 결혼한 상태보다 더 높이는 것에 대하여서는 비판한다. 그는 결혼을 하지 않은 수녀들이 "비록 아이들이 거룩하다 할지라도 순결이 항상 훨씬 더 낫다."라고 말하지만, 어떤 신분도 하나님 앞에서 결혼보다 더 좋게 유효해서는 안 된다고 말한다.[26]

그는 이제 결론적으로 또 하나의 결혼을 반대하는 사람들이 말하는 아주 강력한 이유에 대하여 답변하고자 한다. 어떤 사람들은 "결혼을 하면 좋지만 어떻게 가족을 부양해야하느냐?"라고 말하며 결혼을 미루는데, 그는 부양하는 것이 정말 힘든 일이긴 하지만, 이런 말을 하는 것은 하나님의 선하심과 진리에 대한 불신앙이고 의심이라고 말하면서 그들의 항변을 반박한다. 그는 이런 말을 하는 사람들이 결국은 음행과 불행에 빠지게 되는 것이 놀랍지 않으며, 이들의 잘못은 이들이 결혼하기 전에 부양 문제를 확실히 하기를 원한다는데 있다고 말한다. 그는 그들이 돈이 많고 아름답고 얌전하고 친절한 여자들을 가질 수 있기를 원하지만, 이런 기준으로 결혼을 했다 해도 이 결혼은 비기독교적 결혼이라고 말하며 마지막으로 결혼을 하고자하는 사람들에게 권면한다.

---

25 Luther, *Vom ehelichen Leben*, 210-211.
26 Luther, *Vom ehelichen Leben*, 210-213.

> "기독교적인 결혼을 영위하고자 하는 자는 누구나, 가난하고 멸시를 받고 천한 활동들을 하는 것을 부끄러워해서는 안 된다. 그는 그의 신분과 그가 하는 일이 하나님을 기쁘시게 한다는 것에 만족해야한다. 다르게는 만일 그가 할 수 있는 만큼의 일을 하고 만들어내기만 한다면, 비록 그가 귀족이나 영주가 될 수는 없고 단지 한 종이나 한 하녀로만 될 수 있다 해도 하나님께서 그를 부양하실 것을 확신해야 한다."[27]

그는 하나님께서 마 6:33에서 시편 37편(19절, 25절)에서 여기에 대하여 약속하셨다고 말한다. 그는 아브라함, 이삭, 야곱과 같은 족장들도 다 부양의 걱정이 있었지만 하나님께서 먹이시고 입히셨다는 점을 상기시키면서, 하나님께서 창세기 1장에서 말씀하신 것처럼 우리를 확실히 먹이시고 입히실 것이므로, 우리가 할 일은 일하고 한가하게 빈둥빈둥 놀지 않는 것이라고 말한다. 그는 결론을 맺으면서 다음과 같이 말한다.

> "누구든지 자신이 순결하게 되는 것에 적합하지 않다고 간주한다면, 늦지 않게 제때에 뭔가를 창조하고 일하기 시작하라. 그리고 하나님에 대한 신뢰 속에서 용감하게 결혼을 감행하라."[28]

루터는 이 설교를 통하여 당시에 교회 안과 밖에 만연해 있었던 그릇된 결혼관에 대하여 조목조목 반박하고 있다. 그런 세속적 결혼관의 가장 큰 문제점은, 그들이 성경이 아니라 이성에 의하여 그리고 성경에 근거하지 않은 교회법에 근거하여 결혼을 생각했기 때문이라고 말한다.

그는 결혼은 자유를 속박하는 것이 아니며 모든 음행과 방탕한 삶을 막아

27 Luther, *Vom ehelichen Leben*, 212-213.
28 Luther, *Vom ehelichen Leben*, 214-215.

주고 인간이 세상에서 누릴 수 있는 최대치의 행복을 누릴 수 있게 만드는 지름길이라고 주장한다. 그는 그러므로 젊은이들은 제때에 결혼을 해야 하며 아이를 낳아야하고 일을 해서 가족을 부양해야한다고 말한다. 가족 부양에 대한 걱정 때문에 결혼을 미루는 일은 하나님을 믿지 못하는 불신앙에서 나온 것이므로 이런 잘못된 생각을 버리고 내가 열심히 일하면 하나님께서 어떤 방법으로도 가족의 생계를 책임져주신다는 것을 확신해야 한다고 말한다.

Ⅳ. 루터의 활동의 절정기에 쓰여 진 글들에 나타난 결혼 이해

루터의 결혼에 대한 생각은 이 책이 쓰여 진 1522년 이후에 근본적으로 바뀌지 않았다. 하지만 이 후의 책들에서 그가 결혼에 대한 그의 지금까지의 생각을 보완시킨 부분들이 나온다.

그는 결혼이 교회의 일(소관)이 아니라 세상의 일(소관: ein weltlich Geschäft)이라고 분명히 말한다. 그는 1529년에 쓴 자신의 책에서 다음과 같이 말한다.

> "그러므로 혼례와 결혼이 세상의 일이기 때문에, 우리 성직자들과 교회를 섬기는 자들은 이 일에 있어서 질서를 정하거나 다스릴 수 있는 권한이 없으며, 도리어 결혼 당사자들이 속해 있는 도시나 지역의 관습과 습관에 따라 행하도록 해야 한다."[29]

29 Martin Luther, *Ein Traubüchlein für die einfältigen(unstudierten) Pfarren*; *WA* 30, III, 74-80.

하지만 그는 성직자가 해야 할 일도 있다고 말한다. 그는 이들을 위해 기도해주고 결혼식을 집전해주어야 한다. 결혼 절차는 신랑과 신부가 교회 문에서 결혼에 대한 찬성표시를 하면 목사는 지금의 교회에서 일반적으로 행하는 방식으로 결혼절차를 진행한다.[30]

그는 결혼과 이혼으로 인해 생기는 여러 가지 사례들을 직접 경험하고 그동안의 성경 해석을 통해서 얻은 통찰들을 정리하여 책을 내는데, 이 책의 이름이 1530년에 작성한 『결혼 문제에 관하여』(*Vom Ehesachen*)이다.[31] 그는 이 책에서도 마 8:22절에 근거하여 결혼은 “명백히 세속의 일”(äußerlich weltlich Ding)이므로 세상당국에 넘겨야한다고 주장한다.[32] 그는 그 당시 그가 매우 강조했던 두 정부론에 근거하여 로마 교황과 같이 세상정부가 해야 할 일을 영혼을 구원하는 일에 전념해야할 교회가 해서는 안 된다고 말한다.[33] 그는 또한 성직자들에게 결혼에 관한 상담에서 구체적인 사례들에 대하여 구체적인 지침을 주기 보다는 성경에 근거한 일반적인 충고를 하는 역할에 머물러야 한다고 충고한다. 그는 이 책에서 먼저 약혼의 문제에 대한 자신의 입장을 다음과 같이 요약 제시하고 있다.

“은밀한 약혼은 결혼을 성립시키지 못한다. 은밀한 약혼은 공적인 약혼에 굴복해야한다. 두 번째의 공적인 약혼 아래서, 첫 번째 (은밀한) 약혼은 두 번째 (공적인) 약혼에게 굴복하고 여기에 대한 벌을 받아야한다. 한쪽이 공적인 약혼을 한 후에 다른 쪽과 결혼하는 것보다 파혼을 할 것을 생각한다면 이것은

30 Albert Stein, *Luther über Eherecht und Juristen*, 174-175.
31 *WA* 30, 205-248.
32 *WA* 30, 205.
33 *WA* 30, 205-206.

간음으로 간주되어야 한다."[34]

그는 약혼 당사자는 부모의 동의를 얻어서 공적으로 약혼을 해야 한다고 분명히 말한다. 당시 가톨릭의 교회법은 은밀한 약혼을 허용했지만 루터는 공적인 약혼을 옹호한다. 그는 이 책의 뒷부분에서 이혼에 대하여서도 언급하고 있다. 부부 중 한쪽이 간음을 범한다면 그는 당연히 결혼법에서 해방되고 따라서 재혼을 할 수 있지만, 목사는 그 두 사람이 다시 화해하고 함께 살 것을 권면해야 한다고 말한다. 그는 이혼은 법에 의하여 강제로 집행되어서는 안 되며, 목사 혹은 행정당국의 충고나 판단에 의하여 6개월에서 1년 동안의 조정기간을 통과한 후에 되어져야 한다고 말한다. 그는 또한 배우자에게 알리지 않고 몰래 집을 떠나는 경우는 심각한 간음으로 여겨야 하며 이혼사유가 된다고 말한다.[35]

루터는 이후의 작품들에서도 결혼은 하나님께서 인간에게 내려주신 복이고, 누구나 다 결혼을 해야 하며, 한 남자가 한 여자와 결혼을 해야 한다는 일부일처를 주장했다. 그는 결혼과 이혼을 하는 문제에 있어서 당시 나라의 지도층 인사들에게도 자문을 받았을 때가 있었는데, 그가 자문을 해야 했던 두 사건은 특히 유명하다. 1531년에 영국 왕 헨리 8세가 그리고 1539년에 헤센의 영주 필립이 그에게 자문을 구해왔다. 그는 이 두 경우를 통해서 그의 결혼과 이혼에 대한 그 당시의 자신의 입장을 표현하고 있다.

그는 영국의 헨리 8세가 그에게 자신이 지금 함께 살고 있는 카타리나(Katharina von Aragon)와 이혼하고 궁녀인 안나 볼렌(Anna Boleyn)과 결혼하는 것이 어떠냐는 자문을 구했을 때, 그는 그 왕이 지금 살고 있는 카

34 *WA* 30, 207ff.
35 *WA* 30, 217ff.

타리나가 죽은 형의 아내였음이라고 주장하고 있을지라도, 지금 살고 있는 아내를 버리는 것이 합당치 못하므로 이혼을 해서는 안 되고 구약의 족장들과 같이 차라리 중혼(重婚)의 방법을 택하면 좋을 것 같다고 답변했다. 물론 그의 이 충고는 영국 왕에게 받아들여지지 않았다.

1539년에 헤센의 영주인 필립(Landgraf Phillip von Hessen)이 역시 영국 왕과 비슷한 문제로 그에게 자문을 구해 왔다. 그 영주는 그가 19살이었을 때 작센의 공작 게오르그의 딸과 젊어서 결혼을 했다. 하지만 그는 자녀를 두었음에도 이 결혼이 행복하지 않다고 느꼈고 지금의 부인과 애정이 없이 살기 싫다고 말하며 나이가 젊은 처녀 마가레테(Margarete von der Sale)하고 결혼을 하고 싶다고 말하면서 루터에게 자문을 구했다.

영주의 이 결혼 문제는 종교개혁의 성공적 진행을 위해서 매우 중요한 사안이었음으로 그는 멜랑흐톤을 비롯한 비텐베르크의 신학자들과 진지한 토론을 한 후에, 필립의 경우가 중혼이 성립이 될 수 있는 경우들에 포함될 수 있다는 결론을 도출한다. 중혼이 성립되는 경우는 예를 들어서, 어떤 포로가 포로로 잡혀간 후에 결혼을 했다가 다시 집으로 돌아와 집에 있던 아내와 함께 살아야하는 경우나, 배우자가 문둥환자로 오랫동안 있는 경우 등이다. 그는 영주의 경우가 중혼의 범주에 속할 수 있으므로 지금의 아내와 이혼하지 말고 그 젊은 처녀와 비밀리에 결혼하여 살라고 권면한다. 그는 소위 성경에 족장들이 했던 중혼(重婚)을 하도록 권고한 것이다.

루터는 필립의 결혼과 이혼 문제를 통해서 그가 중혼을 허용한다는 많은 비난을 받게 되었을 때, 그는 자신이 중혼을 허용하게 된 것은 목양적 차원에서, 즉 고해성사적 차원에서 한 행동이었다고 변명을 했다. 그의 이 행동을 변호하기 위해서 말하자면, 그가 독일의 팔츠 지방을 루터파 쪽으로 계속하여 머무르도록 하기 위한 전략적 임시처방이었다고 말할 수 있다. 하지만 그는 시종일관 일부일처제를 찬성했으므로 이 원칙을 고수하지 못했다는 비난으로 빠져 나갈 수 없다.[36] 하지만 그는 결혼과 관계해서 원칙을 고수하되 여러 가지 상황들에서 유연하게 결정할 것을 권고하고 있다. 이혼과 관계해서도 마찬가지이다.

V. 결론

루터의 시대가 지금 우리가 사는 시대와 똑같지는 않지만 많은 점에서 유사하다. 이런 시대에서 가장 중요한 것은, 결혼은 하나님께서 세우신 질서이므로 누구든지 결혼을 해야 한다는 원칙을 고수하는 것이다. 결혼은 생육하고 번성하라는 하나님의 명령에 복종하는 것이고 그 복종을 통해서 하나님을 기쁘시게 하는 것이고 하나님의 복을 받는 것이다. 그리고 결혼을 통하여 이 세상의 죄의 오염에서 자신을 보호하고 자신의 공동체와 지역의 도덕적 발전에 공헌하는 것이라고 말할 수 있다. 결혼과 약혼과 이혼은 모두 오직 성경에 근거해서만 처리해야한다.

교회는 결혼의 가치와 필요성을 젊은이들에게 교육해야하며 결혼을 하지 못하도록 막는 역할이 아니라 결혼을 하도록 장려하고 길을 열어주는 역할을 해야 한다. 루터가 로마 가톨릭교의 결혼법은 결혼을 하지 못하도록 막는 역할을 하였으므로 비판을 하였던 것처럼 오늘의 교회에서 그런 일들이 일어난다면 역시 비판적으로 검토해야한다. 세상 정부 역시 결혼을 하도록 장

---

36 Albert Stein, *Luther über Eherecht und Juristen*, 177-181.

려해야한다. 여러 가지 사회 제도를 개선하여 젊은이들이 결혼을 하도록 도와주어야 한다. 또한 젊은이들로 하여금 결혼을 하지 못하도록 막는 세상의 좋지 못한 서적들에 대하여는 경계심을 갖도록 하고 결혼을 하도록 유도하는 책들을 장려하고, 방탕으로 이끄는 유흥 문화 등을 개선하는데 힘을 써서 건전한 생활을 하게하고, 결혼을 하여 출산을 하도록 도와주어야한다. 이혼을 허용하되 오직 성경에 근거하여서만 허용해야하고 약혼 역시 공적인 약혼을 장려해야할 것이다.

루터는 오직 성경에 근거해서 결혼, 이혼, 약혼 문제에 대한 자신의 입장을 피력했다. 하지만 그는 구체적인 경우마다 구체적인 지침을 주지 않고 유연성 있게 대처했다. 중혼을 허용하는 점은 잘못되었다 해도, 결혼이나 약혼, 이혼 문제를 법전에 의하여 처리하는 것은 바람직하지 않다. 이 점은 오늘 이런 문제를 지도하는 목회자들이나 교회 관계자들이 생각해 볼 부분이라고 생각된다.

〈참고문헌〉

1. 루터의 책

루터, 마틴. 『탁상담화』. 이길상 옮김. 고양:크리스찬다이제스트, 2005.

Luther, Martin. *Ein Traubüchlein für die einfältigen(unstudierten) Pfarren*, *WA* 30, III.

______________. *Vom ehelichen Leben*, *WA* 10 II. Deutsch-Deutsche Studienausgabe, Bd. 3, *Christ und Welt*, Herausgegeben von Hellmut Zschoch, Evangelische Verlagsanstalt Leipzig, 2016.

______________. *Ehesachen*, *WA* 30.

______________. *Genesisvorlesung*, *WA* 42.

2. 루터에 관한 책

Stein, Albert. *Luther über Eherecht und Juristen, Leben und Werke Martin Luthers von 1526 bis 1546 Bd 1*, Göttingen: Vandenhoeck & Ruprecht, 1983.

Barth, Hans-Martin. *Die Theologie Martin Luthers*. Gütersloh: Güterloher Verlaghaus, 2009.

Brecht, Martin. *Martin Luther Bd. 2*. Stuttgart: Calwer Verlag, 1986.

Beutel, Albrecht. *Luther Handbuch*. Tübingen: Mohr Siebeck, 2005.

결혼에 대한 츠빙글리의 이해
성직자의 독신 문제를 중심으로

유정모

Huldrych Zwingli (1484-1531)

경희대학교에서 영어영문학으로 문학사(B.A.)를, 한국침례신학대학교에서 목회학석사(M.Div.)를 취득한 후, Calvin Theological Seminary에서 Richard A. Muller 교수의 지도하에 교회사/역사신학 전공으로 신학석사(Th.M.)와 철학박사(Ph.D.) 학위를 받았다. 이후 The Southern Baptist Theological Seminary의 Andrew Fuller Center에서 박사 후 연구원(Post-Doctoral Research Fellow)으로 활동했다. 현재는 횃불트리니티신학대학원대학교에서 교회사 교수로 섬기고 있다.

유정모

Ⅰ. 서론

윌리엄 커닝헴(William Cunningham, 1805-1861)이 "성경의 경전이 완성된 이후에 일어난 가장 위대한 사건, 혹은 사건들의 연속이었다."라고 평가했던 16세기 종교개혁은 비단 종교뿐만 아니라 정치, 사회, 경제, 문화 등 당시 유럽 사회에 전방위적인 영향을 미치면서 유럽이 이전 시대의 한계를 극복하고 근대사회로 진입하는 문호를 열었던 역사적 대(大)전환점이었다.[1] 종교개혁 운동이 파생한 이러한 개혁과 변화의 특성은 본 연구에서 다루고자 하는 결혼과 가정의 영역에서도 두드러지게 나타난다.

16세기 종교개혁가들은 로마 가톨릭의 비성경적인 가르침에 근거한 중세의 결혼관과 가정관의 문제점과 이것이 미친 사회적 해악을 깊이 인식하고 이를 성경적 관점에서 개혁하고 바른 결혼관과 가정관을 정립하기 위해 노력하였다.[2] 이는 16세기 스위스 종교개혁가였던 울리히 츠빙글리(Ulrich Zwingli, 1484-1531)에게도 예외가 아니었다. 츠빙글리는 그가 종교개혁을 시작하던 초창기부터 취리히에 만연해있던 로마 가톨릭의 비성경적인 결혼제도를 개혁하기 위해 힘썼다. 특히 츠빙글리는 성직자는 결혼할 수 없다는 로마 가톨릭의 결혼제도가 초래한 사회적 문제의 심각성을 인식하고 그의 저술 여러 곳에서 이 문제에 대해 심도 있는 논의를 펼친다. 예를 들어, 성직자의 독신 제도를 반박하기 위해 그가 출간한 『스위스의 특정 설교자들이 콘스탄츠의 가장 존귀한 휴고 주교께 드리는 탄원서, 즉 복음의 해를 가

---

1 William Cunningham, *The Reformers and the Theology of the Reformation* (Edinburgh: T&T Clark, 1866), 1.

2 중세의 결혼관에 대한 개괄적인 이해를 위해서는 다음을 참고하라. James R. Ginther ed., *The Westminster Handbook to Medieval Theology* (Louisville: Westminster John Knox Press, 2009), 120-23.

져올 어떤 선언도 내리지 말고 음행의 불명예를 더는 용인하지 말라고 요청하며, 성직자들에게 결혼을 허용하거나 적어도 그들의 결혼을 감내할 것을 요청하는 청원서』(이하 『휴고 주교께 드리는 탄원서』)와 『거룩한 복음의 전파가 방해받지 않도록 하기를 바라며, 또한, 추문을 피하기 위해 전도자들이 결혼할 수 있는 허가가 주어진다면 그에 대한 불만이 일어나지 않기를 바라는 스위스 연합국의 몇몇 사제들의 우호적인 요청과 권면』(이하 『몇몇 사제들의 우호적인 요청과 권면』)이라는 두 편의 서신은 당시 취리히뿐만 아니라 유럽의 여러 곳에서 큰 반향을 일으키며 로마 가톨릭의 성직자 독신 제도를 개혁하는데 하나의 기폭제가 되었다.[3]

하지만 츠빙글리에 대한 이전 학계의 연구는 츠빙글리의 결혼관에 별다른 관심을 두지 않았다. 그의 생애와 사상을 다루고 있는 글들에서 부분적으로 극히 적은 분량을 통해 다루어지고 있을 뿐, 지금까지 이들 주제와 관련해 국내외에서 출간된 단독 연구는 없는 상황이다. 이는 츠빙글리 초창기 사역 및 저술에서 결혼제도의 개혁이 차지하는 비중을 고려할 때 매우 아쉬운 상황이라고 할 수 있다. 물론 츠빙글리는 부부의 결혼 생활이나 자녀 양육과 같이 결혼과 관련된 주제들을 포괄적으로 다루는 글은 남기지 않았다.[4] 당시 결혼과 가정과 관련하여 그의 관심은 성직자의 독신 제도를 타파하는 것에

---

3 Ulrich Zwingli, *Suplicatio quorundam apud Helvetios euangelistarum ad R. D. Hugonem episcopum Constantiesem ne se induci patiatur, ut quicquam in preiudicium euangelii promulget neve scortiationis scandalum ultra ferat, sed presbyteris tixores ducere permittat aut saltern ad eorum nuptias conniveat* (Zürich, 1522); Ulrich Zwingli, *Bin früntlich bitt und ermanung etlicher priesteren der Eidgnoschafft, das man das heylig euangelium predigen nit abschlahe, noch unwillen darab empfach, ob die predgenden ergernus zu vermiden sich eelich vermächlind* (Zürich, 1522).

4 종교개혁이 16세기 유럽의 가정과 결혼에 미친 영향에 관한 전반적인 이해를 위해서는 다음을 참고하라. Steven Ozment, *When Fathers Ruled: Family Life in Reformation Europe* (Cambridge, Massachusetts: Harvard University Press, 1983).

있었기 때문에 결혼과 관련된 그의 저술은 주로 성직자의 결혼문제에 집중하고 있다. 따라서 본 연구는 성직자의 독신 제도에 대한 그의 견해가 무엇이었는지를 중심으로 츠빙글리의 결혼에 대한 이해를 파악하고자 시도할 것이다. 이는 츠빙글리의 사역과 사상을 폭넓게 이해하는데 유익할 뿐만 아니라 더 나아가 16세기 스위스 취리히 종교개혁의 성격을 더욱 깊이 있게 이해하는 데 도움을 주리라고 기대한다.

II. 성직자 독신 제도의 역사

성직자의 결혼문제에 관한 츠빙글리의 사상을 이해하기 위해 츠빙글리 이전까지 교회의 역사에서 이 문제가 어떻게 다루어져 왔는가를 먼저 살펴보고자 한다. 이그나티우스(Ignatius of Antioch, d. c. 108/140)나 폴리캅(Polycarp, 69-155)과 같은 초기 교부들은 성직자의 결혼을 인정하였다. 하지만 시간이 지나면서 교부들의 입장에도 조금씩 변화가 생기기 시작한다. 3세기의 교부였던 알렉산드리아의 클레멘트(Clement of Alexandria, 150-c. 215)나 터툴리안((Tertullian, 160-240) 같은 교부들은 성직자의 결혼 생활을 정죄하지는 않았지만, 독신으로 사역하는 것을 가장 이상적으로 여겼다. 특히 오리겐(Origen, c. 185-c. 254)은 독신생활이 그리스도 "제자됨의 가장 고상한 표현"이라고 주장했다. 성직자의 독신생활을 장려하는 경향은 암브로스(Ambrose, c. 339-397), 제롬(Jerome, c. 342/347-420) 그리고 어거스틴(Augustine of Hippo, 354-430)의 저술에서 더욱 두드러진다. 하지만 이들은 성직자의 독신생활을 이상적으로 보았어도 이것

이 성직자가 되기 위한 필수조건이 되어야 한다고 주장한 것은 아니었다.[5]

이처럼 성직자의 독신에 대한 중요성이 점점 더 강조된 것에는 여러 원인이 있다. 먼저 사람들은 기독교가 성장하면서 성직자들이 이전보다 더 많은 사역을 감당해야 하는 상황이 되자 결혼하지 않은 사람은 가정에 대한 의무가 없기에 목회 사역과 기도에 더 헌신할 수 있다는 생각을 하게 되었다. 또한, 결혼 생활은 성직자로부터 다른 사람들을 향한 이타적인 마음이나 기도의 시간을 줄어들게 하고 자녀 양육 등 가정의 유지를 위해 필요한 재정을 염려하게 함으로써 성직자도 물질에 대한 탐욕에 빠지게 할 수 있다고 생각했다. 성에 대한 부정적인 인식도 성직자의 독신을 장려하는 분위기에 일조했는데 초대교회 교부들의 상당수는 성이 인간의 정욕과 분리될 수 없고 죄를 파생시킬 수 있다고 생각했다. 이와 더불어 이미 4세기 초반부터 활발하게 전개되기 시작한 수도원 운동의 발전은 결혼하지 않는 것이 목회자를 위한 최선이라는 믿음을 확산하는 데 큰 영향을 미쳤다.[6]

이런 상황 속에서 성직자의 독신 제도는 교회 안에서 법으로 제도화되려는 움직임을 보이기 시작한다. 그 시작은 305년 스페인의 엘비라(Elvira)에서 열린 공의회에서 찾을 수 있다. 엘비라 공의회는 33항에서 "주교, 사제,

---

5 선한용, "성직자 독신제도에 대한 역사적 고찰," 「신학과 세계」 16권 (1988), 105-07. 어거스틴은 결혼이 본질적으로 선한 것으로 보았다. 하지만 독신 다음으로 좋은 것으로 보았다. 그는 결혼이 유발하는 악은 죄의 결과이지 결혼에 내재된 것이 아니라고 생각했다. Michael Parsons, *Reformation Marriage: The Husband and Wife Relationship in the Theology of Luther and Calvin* (Eugene, Oregon: Wipf & Stock), 56. 토마스 아퀴나스도 결혼은 자연스러운 것이지만 그것이 유발하는 세속적인 고민 탓에 독신보다 열등한 것으로 보았다. Pasons, *Reformation Marriage*, 92.

6 Owen Chadwick, *The Early Reformation on the Continent* (Oxford: Oxford University Press, 2013), 138. Cf. 독신주의에 대해 기독교의 범주를 넘어 일반사적 측면에서 포괄적으로 개관하고 있는 저술로는 다음을 참고하라. Elizabeth Abott, *A History of Celibacy: From Athena to Elizabeth I, Leonardo Da Vinci, Florence Nightingale, Gandhi, & Cher* (New York: Scribner, 2000).

부제 및 차부제는 자기 아내에게서 떨어져야 하고 자녀도 가지지 말아야 한다."라는 내용을 공포하였다. 물론 공의회가 규정한 내용은 독신 요구가 아니라 배우자와 동침 및 동거를 금지하는 것이었다. 또한, 엘비라 공의회는 지역 공의회로 이곳의 결정 사항이 다른 곳에 적용되지도 않았다. 하지만 엘비라 공의회는 성직자와 여성과의 성적 결합을 법으로 금지하려는 최초의 시도로 성직자 독신 문제와 관련된 이후의 논의에서 "가장 중요한 법적 근거로" 인용되곤 하였다.[7]

하지만 엘비라 공의회의 결정과는 달리 325년 니케아 공의회는 독신의 의무를 성직자 모두에게 적용해야 한다는 스페인의 감독 코르도바의 호시우스(Hosius of Cordova, c. 256-359)의 주장을 거절했다. 가령 박해 때에 신앙을 지키고 독신생활을 함으로써 널리 존경받은 이집트의 감독 파프누티우스(Paphnutius of Thebes, d. c. 399)는 모든 성직자에게 독신을 요구하는 것은 이들에게 너무 엄격하고 가혹한 부담을 지우는 것이라며 성직자 독신 제도를 반대했고 모든 기독교인에게 결혼은 신성하고 존중받아야 할 것이라고 말하며 성직자의 결혼에 대해서 긍정적인 견해를 밝혔다.[8] 사도행전의 예루살렘 공의회 이후 기독교 최초 세계공의회로 인정받고 있는 니케아 공의회가 성직자의 독신 제도를 반대했다는 것은 성직자의 결혼문제에 관한 초대교회의 주된 입장이 어떠했는지를 잘 보여준다고 할 수 있다.

이후 동방교회는 니케아 공의회의 결정을 받아들여 특정한 조건 안에서는 성직자도 결혼할 수 있다는 견해를 취했다. 예를 들어, 주교는 결혼하지 말아야 하지만, 교구 성직자들은 결혼할 수 있으며 결혼을 하려면 안수 전에

---

7 구자섭, "성직자 독신의 제도적 확립과 서임권 분쟁," 「서양사연구」 제49집 (2013), 183-84; 선한용, "성직자 독신제도에 대한 역사적 고찰," 108.

8 선한용, "성직자 독신제도에 대한 역사적 고찰," 108.

결혼해야 한다는 규칙을 따랐다. 또한, 동방교회는 레위기 21장 7절과 13~14절 말씀을 근거로 성직자들에게 과부, 이혼녀, 매춘부와의 결혼을 금지했고 오직 숫처녀와 결혼만을 허용하였다.[9] 동방교회 주도로 열렸던 공의회들도 성직자의 결혼을 인정했다. 예를 들어 365년 강그라(Gangra) 공의회는 성직자의 결혼과 독신생활을 성직자의 선택으로 두어 성직자가 원하는 대로 결정할 수 있도록 하였다. 691~692년에 열린 트룰로(Trullo) 공의회는 성직자가 안수를 받은 이후에는 결혼할 수 없다고 못 박았지만, 그 전에 결혼한 사람의 기존 결혼 관계는 인정해야 한다고 선언하였다. 하지만 트룰로 공의회는 감독의 자격에는 엄격한 잣대를 들이대어 감독이 되는 사람은 이미 결혼을 했더라도 아내를 떠나 독신으로 살아야 한다고 결정하였다.[10] 요컨대 동방교회에서는 성직자의 독신 의무가 부분적으로만 적용되었고 대체로 성직자의 결혼에 우호적인 입장을 피력했다.

반면 서방교회는 성직자의 결혼문제에 동방교회보다 좀 더 엄격했다. 가령 386년에 교황 시리키우스(Siricius, 334-399)는 모든 성직자의 결혼 금지를 명령했다. 하지만 서방교회 내에서도 늘 일치된 목소리가 존재한 것은 아니었다. 가령, 633년 소집된 톨레도(Toledo) 공의회는 사제들이 감독의 허락 아래서 결혼할 수 있다고 규정했다. 대체로 11세기까지는 대부분의 서유럽 교회는 이 문제에 별다른 주의를 기울이지 않았고 일관되고 명료한 원칙이 부재했다고 할 수 있다. 실제로 11세기 중반까지는 성직자의 성적 금욕은 엄격하게 지켜지지 않았다. 오히려 관행적으로 상당수의 성직자가 여성과 동거하여 가정을 이루거나 자녀를 양육하는 등 사실상의 결혼 생활을 누렸다.[11] 서방교회가 동방교회 보다 성직자의 결혼문제에 있어서 이론적으

9 선한용, "성직자 독신제도에 대한 역사적 고찰," 108.
10 선한용, "성직자 독신제도에 대한 역사적 고찰," 108-09.

로는 엄격하였지만 실제로는 비슷하였다.

하지만 시간이 지나면서 중세 서방교회에서는 성직자의 독신 제도가 점차 강화되는 것을 보게 된다. 여기에는 먼저 신학적 영향이 있었다. 중세 신학자들은 여자인 하와로 인해서 세상에 죄가 들어오게 되었다는 사실을 강조함으로써 여성은 죄를 유발하는 존재라는 편견을 갖게 하였다.[12] 따라서 성직자가 결혼하지 않는 것은 여성으로 인해 발생할 수 있는 죄의 유혹을 미리 방지할 수 있는 지혜로운 선택으로 간주하였다. 중세에 유아의 사망률이 높았던 것도 성직자 독신 제도 강화에 일조했다. 높은 유아 사망률로 인해 중세 사람들은 결혼을 신성한 축복이라기보다 가능한 피해야 할 선택으로 생각했고 결과적으로 기혼자보다는 결혼하지 않고 독신으로 사는 성직자들이 하나님께 더 큰 은총을 입었다는 인식이 널리 퍼졌다.[13] 성직자의 결혼이 교회에 재정적 문제를 초래한 것도 독신주의를 강화한 한 원인이 되었다. 즉, 교회가 부유해지자 결혼한 사제들이 교회의 재산을 자녀에게 물려주기 시작하였고 가정의 필요를 명목 삼아 많은 재정을 사적으로 유용한 것이다. 이러한 문제의식 속에서 교황 레오 1세(Leo the Great, d. 461)는 445년에 모든 성직자는 독신으로 살아야 한다고 선포하였다. 교황 펠라기우스 1세(556-561)는 결혼한 사제는 자신의 자녀에게 재산을 물려주지 못하는 법을 제정하기도 하였다.[14] 교황 베네딕트 8세(Benedict VIII, d. 1024)는 1018년에 이 법을 재확인하며 법의 준수를 강하게 요구하였다. 1059년 교황 니

---

11 구자섭, "성직자 독신의 제도적 확립과 서임권 분쟁," 176.

12 임경근, 『종교개혁과 가정』 (서울: SFC, 2016), 29. Cf. 중세에는 여성이 마녀가 될 수 있는 본성을 잠재적으로 가지고 있기에 남성은 여성을 폭력으로 제어해도 된다는 생각도 퍼져 있었다. 임경근, 『종교개혁과 가정』, 29.

13 임경근, 『종교개혁과 가정』, 29.

14 선한용, "성직자 독신제도에 대한 역사적 고찰," 109.

콜라스 2세(Nicholas II, 995-1061)는 결혼한 사제는 성례를 집행할 수 없다고까지 선언하였다.[15] 특히, 교황 그레고리 7세(Gregorius VII, 1015/1073-1085)는 이미 결혼한 성직자의 아내들을 사제관에서 쫓아내려고 계획했고 결혼한 사제들은 미사를 집전해서는 안 된다고 명령했다. 이러한 시도의 주요 동기는 교회의 영적인 유익을 구하기보다는 교회의 재산이 성직자의 자녀들에게 유산으로 주어지는 것을 막는 것에 있었다. 교황 그레고리 7세의 이러한 계획들이 실제로 실행되지는 않았지만, 결과적으로 오직 결혼하지 않은 성직자만이 참다운 사제라는 사상이 서방교회에 각인되었다.[16]

마침내 성직자의 결혼을 반대하는 서방교회의 흐름은 12세기 초에 교회 안에서 독신 제도의 법령화로 이어졌다. 1123년 제1차 라테란 공의회는 기혼자가 사제가 되기 위해서는 결혼 계약을 파기해야 함을 결정하였다. 1139년 제2차 라테란 공의회에서는 사제로 서품을 받기 위해서는 독신생활을 해야 함을 법으로 확정하였다. 이 두 공의회의 결정을 통해 성직자의 독신 제도는 로마 가톨릭에서 법령으로 완전히 제도화되었다.[17]

이제 서방교회에서는 독신생활을 동반하지 않는 성직 수행이란 불가능한 것이 되었다.[18] 하지만 서방교회 안에서 성직자의 결혼을 금지하는 법령은 다른 폐해와 부작용을 유발하였다. 가장 심각한 문제는 사제들이 부인을 여종이나 첩으로 대체했다는 것이다. 그들이 속한 교구에서도 사제가 아내를 두는 것은 인정하지 않았지만, 사제의 집에 여인을 두는 것은 필요하고 용서

15 구자섭, "성직자 독신의 제도적 확립과 서임권 분쟁," 176.

16 Chadwick, *The Early Reformation on the Continent*, 138.

17 선한용, "성직자 독신제도에 대한 역사적 고찰," 109-10; 구자섭, "성직자 독신의 제도적 확립과 서임권 분쟁," 176.

18 구자섭, "성직자 독신의 제도적 확립과 서임권 분쟁," 176.

할 수 있는 것으로 보았다. 주교들은 여자와 함께 사는 사제들에게 벌금을 부과하기도 했지만 대부분 주교는 그들이 여자와 함께 동거하는 것을 문제로 여기지 않았으며 상당수의 주교도 자신만의 여자와 동거하고 있었다.[19] 성직자의 독신 제도는 매춘의 문제도 불러왔다. 결혼하지 못하게 된 성직자들은 매춘부를 통해 자신들의 성적인 욕구를 해결하고자 시도했고 이는 지역마다 매춘업의 활성화를 초래했다. 중세후기에 들어 이 문제는 아주 심각한 사회문제로 대두되었는데 지역마다 성직자들을 주요 고객으로 삼는 전문 매춘업이 성행하였다.[20] 이외에 사제와 첩 사이에 태어나는 사생아도 사회의 큰 골칫거리가 되었다. 실례로 1521년 독일 콘스탄츠 교구의 경우 사제로 인해 그해 약 1,500명의 사생아가 태어났다는 기록이 있다. 하지만 당시 로마 가톨릭은 아이를 위한 육아 비용과 '취첩 벌금'(concubinage fee)만을 물게 함으로써 이들의 비행을 묵과하였다.[21] 일반인들 사이에도 사제들은 거룩한 직무를 수행하고 있으니 어느 정도의 성적 일탈은 허용해야 한다는 인식이 퍼져 있었다.[22]

이러한 문제점이 절정에 달했던 16세기에 여러 종교개혁가는 교회의 영적 갱신을 위해 성직자 독신 제도 개혁의 시급성과 절박성을 인지하였다. 마

---

19 Chadwick, *The Early Reformation on the Continent*, 138.

20 예를 들어 독일의 모든 도시에는 "여성의 집"(Frauenhausen)이라는 환락가가 있었는데 매춘부들의 주된 고객은 성직자였다. 수도원 또한 수도사들의 성적 욕구를 충족시키기 위해 "사제 여성"(priest girl)이라는 매춘부를 고용하는 것이 일반적 관례였다. 이상규, 『교양으로 읽는 종교개혁 이야기』 (수원: 영음사, 2017), 43.

21 1521년 콘스탄츠의 주교였던 호엔란덴베르크의 휴고(Hugo of Hohenlandenberg, 1457-1532)는 그해 사제에게서 태어난 1,500여 명의 자녀들에 대한 벌금으로 6천 길더의 벌금을 거두었다. 길더는 네덜란드 은화 단위로 6천 길더는 현재 시세로 한화 1억 6천만 원 정도에 해당하는 금액이다. 임경근, 『종교개혁과 가정』, 39. Cf. 종교개혁 당시 성직자의 취첩 문제에 관해서는 다음을 참고하라. Marjorie E. Plummer, *From Priest's Whore to Pastor's Wife: Clerical Marriage and the Process of Reform in the Early German Reformation* (Fanham: Ashgate, 2012), 11-50.

22 임경근, 『종교개혁과 가정』, 29.

틴 루터(Martin Luther, 1483-1546)를 필두로 이들은 다양한 저술과 사역을 통해 로마 가톨릭의 사제 독신주의를 타파하고자 노력하였는데 본 연구에서 다루고자 하는 츠빙글리도 그 중의 대표적인 인물이었다.

Ⅲ. 성직자의 독신 제도에 대한 츠빙글리의 견해

1. 『휴고 주교께 드리는 탄원서』

『휴고 주교께 드리는 탄원서』는 츠빙글리가 성직자의 독신 문제를 처음으로 논의하고 있는 문헌이다. 이 글은 원래 1522년 7월 22일 츠빙글리가 콘스탄츠(Constance)의 주교였던 호엔란덴베르크의 휴고에게 성직자의 결혼을 허락해 달라고 보낸 탄원서이다.[23] 츠빙글리와 청원자들은 휴고 주교가 그러한 요청을 수락하지 않을 것이며 그것을 허락할 권한도 없다는 것을 잘 알고 있었다. 하지만 이들은 이 편지가 성직자의 독신 제도 폐지를 위한 일반 대중의 공감과 지지를 불러올 수 있으리라고 기대했다.[24]

성직자의 독신 제도를 반대하는 츠빙글리의 논지는 철저하게 성경에 근거

23 청원서에 이름을 올린 사람은 츠빙글리외에 레오 쥬드(Leo Jud, 1482-1542) 등 총 11명이었다. 당시 이들은 모두 로마 가톨릭에서 정규직으로 일하며 장래가 촉망받던 사제들이었다. 이들에 대한 자세한 정보는 다음을 참고하라. Huldrych Zwingli, "Petition Of Certain Preachers Of Switzerland To The Most Reverend Lord Hugo, Bishop Of Constance, That He Will Not Suffer Himself To Be Persuaded To Make Any Proclamation To The Injury Of The Gospel, Nor Endure Longer The Scandal Of Harlotry, But Allow The Priests To Marry Wives Or At Least Would Wink At Their Marriages" in *The Latin works and the correspondence of Huldreich Zwingli*, vol. 1, ed. Samuel M. Jackson, trans. Henry Preble, Walter Lichtenstein, and Lawrence A. McLouth (New York & London: The Knickerbocker Press, 1912), 165.

24 Zwingli, "Petition Of Certain Preachers Of Switzerland," 150-01.

하여 있다. 즉, 그는 성직자의 결혼 허용을 지지하는 여러 성경 구절들을 나열하고 이를 설명해 나감으로써 자신의 의견을 개진한다. 그중에서도 『휴고 주교께 드리는 탄원서』에 나타난 츠빙글리의 논지에서 가장 핵심이 되는 구절은 마태복음 19장 10~12절이다. 츠빙글리는 이 말씀을 근거로 모든 사람이 성적 순결을 지킬 수 있는 것이 아니라 오직 그러한 은사를 받은 자만 그렇게 할 수 있다고 설명한다. 특히 그는 12절의 '이 말을 받을 수 있는 자는 받으라'라는 부분에 집중한다. 이 구절은 하나님으로부터 그러한 은사를 받은 자들이 성적 순결을 지키며 독신생활을 할 수 있다는 사실을 분명하게 보여줌에도 많은 사제가 이를 무시하고 인간적인 노력으로 이를 실행하려다 실패하고 있다고 안타까워한다.[25] 또한, 츠빙글리는 '이 말을 받을 수 있는 자는 받으라'라는 말씀은 이 말씀을 받지 못하는 자에게 어떤 처벌을 부과하지 않으셨고 오히려 우리의 약함과 약점을 아시기 때문에 이것이 모든 사람에게 주어지지 않았음을 분명하게 보여준다고 설명한다.[26] 이런 연유로 츠빙글리는 은사를 받지 않은 이상 인간이 성적 순결을 유지해야 할 의무는 없다고 주장한다. 물론 성적인 관계는 결혼 관계 안에서만 이루어져야 한다. 이는 하나님께서 아담을 위해 여자를 집단이나 무리가 아니라 하나만 만들어 주셨다는 사실에서 확인된다. 신약 어디에도 자유로운 성관계를 옹호하는 구절은 발견되지 않으며 성관계는 오직 결혼 관계 안에서만 허용된다. 결과적으로 기독교인에게는 정절이나 결혼 이외의 세 번째 가능성은 남아 있지 않다.[27] 즉 "그것이 위에서 주어진다면 그는 정절을 살아가거나, 열정에 불타고 있다면 아내를 맞이해야 한다."라는 것이다. 따라서 츠빙글리는 휴고

---

25 Zwingli, "Petition Of Certain Preachers Of Switzerland," 156.
26 Zwingli, "Petition Of Certain Preachers Of Switzerland," 157.
27 Zwingli, "Petition Of Certain Preachers Of Switzerland," 158.

주교를 포함한 독일의 모든 주교에게 사제 중에서 성욕에 불타는 사람들이 아내를 맞는 것을 합법적으로 허락해 주도록 요청한다. 왜냐하면 이것이 그리스도의 법뿐만 아니라 인간의 법에도 맞는 이치이기 때문이다.[28]

마태복음 19장 10~12절 외에도 츠빙글리는 자신의 견해를 위해 고린도전서 7장의 말씀에도 호소한다. 그에 따르면 고린도전서 7장 1~2절이 아내 없이도 지낼 수 있도록 은사를 받은 사람을 제외하고 각 사람은 음행을 피하기 위해 자기 아내를 취해야 한다는 사실을 분명하게 가르치고 있다. 특히 여기에서 "남자마다"라고 말한 것은 사제나 수도사나 일반인을 제외하지 않는다. 따라서 이 구절도 이미 언급한 것처럼 기독교인에게는 정절과 결혼 외에 다른 선택은 없음을 보여준다. 이와 유사하게 고린도전서 7장 9절도 자기 자신을 절제할 수 없고 정욕이 불타는 사람이라면 결혼해야 한다는 것을 말씀한다.[29] 또한, 츠빙글리는 바울이 고린도전서 7장 25절에서 처녀성에 대해서 주의 명령을 받지 않았다고 말하고 있고 같은 장 35절에서도 바울이 처녀성을 지키는 것을 크게 칭찬했음에도 그것을 반드시 지켜야 할 명령으로 제시하고 있지 않음을 지적하며 성직자의 독신은 하나님의 명령이 될 수 없다고 주장한다.

이외에도 츠빙글리는 휴고 주교를 설득하기 위해 디모데전서 3장 2절, 디도서 1장 5~6절, 디모데전서 4장 1~3절, 히브리서 13장 4절과 같은 다양한 성경 구절을 사용한다. 츠빙글리에 따르면 디모데전서 3장 2절과 디도서 1장 5~6절은 각각 감독과 장로의 자격 조건이 한 아내의 남편이라는 것을 언급함으로써 성직자의 결혼이 허용됨을 분명하게 보여주고 있다. 디모데전서 4장 1~3절은 결혼을 금하는 것은 성령의 역사가 아니라 미혹하는 영과

28 Zwingli, "Petition Of Certain Preachers Of Switzerland," 158-59.
29 Zwingli, "Petition Of Certain Preachers Of Switzerland," 159-60.

귀신의 가르침에 따른 것임을 가르친다.[30] 히브리서 13장 4절을 근거로 츠빙글리는 음행과 간음은 하나님의 심판을 초래하기에 성직자는 아내를 맞이하는 게 훨씬 바람직하다고 확신한다. 츠빙글리는 결혼은 결코 해로운 것이 아니며 하나님은 우리의 약함과 우리 안에 내재하는 죄 때문에 성직자의 결혼을 정죄하지 않으실 것이라고 말한다.[31]

2. 『몇몇 사제들의 우호적인 요청과 권고』

『몇몇 사제들의 우호적인 요청과 권고』는 앞서 다룬 『휴고 주교께 드리는 탄원서』와 기본 내용과 기조에 있어서 거의 유사하지만, 라틴어로 작성되어 콘스탄츠 주교에게 보내졌던 후자와 달리 독일어로 작성되어 약 10일 뒤에 연방정부에 보내졌다는 점에서 차이가 있다.[32] 츠빙글리는 『몇몇 사제들의 우호적인 요청과 권고』에서 성경과 교회의 역사는 성직자가 하나님으로부터 특별한 은사를 받지 않은 한 결혼하지 않고 성적으로 순결하게 사는 것은 불가능함을 증명하고 있기에 주교가 사제들의 결혼을 허용한다면 정부도 이를 받아들이고 결혼한 사제들을 보호해 줄 것을 구체적으로 요청하고 있다.[33] 이와 관련하여 츠빙글리는 여러 성경의 근거를 가지고 자신의 논지를 전개해 나간다. 먼저 그는 『휴고 주교께 드리는 탄원서』와 마찬가지로 마태복음

---

30 Zwingli, "Petition Of Certain Preachers Of Switzerland," 161.

31 Zwingli, "Petition Of Certain Preachers Of Switzerland," 162.

32 Huldrych Zwingli, "A Friendly Request and Exhortation of Some Priests Of The Confederates that the Preaching of the Holy Gospel be not Hindered, and also that no Offence be Taken if to Avoid Scandal the Preachers Were Given Permission to Marry" in *The Latin works and the correspondence of Huldreich Zwingli*, vol. 1, ed. Samuel M. Jackson, trans. Henry Preble, Walter Lichtenstein, and Lawrence A. McLouth (New York & London: The Knickerbocker Press, 1912), 166.

33 Zwingli, "A Friendly Request and Exhortation of Some Priests," 150-01.

19장 10~12절의 말씀에 대한 해설로부터 그의 논증을 시작한다. 츠빙글리에 따르면 본문의 말씀은 사람들이 성적으로 순결한 삶을 사는 것은 자신들의 능력 때문이 아니라 하나님께서 은사를 주셨기에 가능하다는 것을 보여준다. 따라서 독신이 하나님의 능력으로만 가능하다는 사실은 사람이 독신을 자랑하지 못하게 한다. 츠빙글리는 성직자도 결혼할 수 있다는 자신의 주장이 하나님의 선물로 독신의 삶을 사는 사람들을 비난하려는 의도는 전혀 없으며 다만 하나님께서 독신의 은사를 주지 않으셨는데도 자신들에게 독신을 강요하는 로마 가톨릭의 교리와 제도를 비판하려는 것임을 명백하게 한다.[34] 특히 츠빙글리는 12절의 '이 말을 받을 수 있는 자는 받으라'라는 말씀이 성직자들을 독신의 굴레에서 자유롭게 만든다고 주장한다. 왜냐하면, 예수 그리스도가 그것을 지킬 수 있는 자는 지키라고 말하기 때문이다. 성적 순결을 지킬 수 있는 자만 그것을 지키라는 예수 그리스도의 말씀은 결국 이것이 인간의 능력에 좌우되는 것이 아니라 하나님께 달려 있음을 의미한다. 그러므로 츠빙글리는 어떤 사람이 성적 순결을 지킬 수 있다면, 그것을 지키도록 하고 그것을 지킬 수 없다면 결혼하라고 권면한다.[35] 이에 대해 츠빙글리는 다음과 같이 상세하게 설명한다.

> 우리가 능력을 우리 스스로에게서 오는 것으로 이해해서는 안 되지만 하나님에게서 주어진 것으로 이해한다면, 그 의미는 하나님이 그것을 지키는 능력을 주신 사람은 그것을 지키도록 하고 능력을 받지 않은 사람은 그것을 지키도록 강제되지 않는다는 것입니다. 그렇다면 어째서 하나님이 그것을 그 어려움 때문에 금지하길 원하지 않았음에도 불구하고, 사람들이 그것을 금지하

34 Zwingli, "A Friendly Request and Exhortation of Some Priests," 178-79.
35 Zwingli, "A Friendly Request and Exhortation of Some Priests," 179.

려고 시도하는 것입니까? 그분은 그것을 원하는 사람에게 주셨습니다. 그분이 그것을 주신 사람들은 그것을 지키도록 강제되었습니다. 그것이 주어진 사람은 아주 잘 느껴서 내가 그것이 나에게 주어졌는지 아닌지와 같은 세세한 질문이 필요하지 않습니다. 그리스도 말씀의 요점은 이것입니다. 하나님이 주신 능력으로 그것을 지킬 수 있는 사람은 그것을 지키도록 하고, 그것이 주어지지 않은 사람들은 하나님의 법으로 그것을 지키도록 강제되지 않습니다.[36]

따라서 츠빙글리는 성적 순결을 지키는 능력은 하나님께 받지 않는 이상 우리에게는 없기에 자신의 능력으로 지킬 수 없는 것을 명령하는 것이 올바른 처사가 아니라고 비판한다. 그는 사람이 할 수 없는 것을 하려고 시도했기 때문에 위선과 간음 그리고 거짓과 살인 등 여러 악이 발생하게 되었다고 주장한다.[37]

츠빙글리는 마태복음 19장 4~6절 말씀에도 호소한다. 이는 『휴고 주교께 드리는 탄원서』에서는 인용되지 않은 구절이다. 그에 따르면 본문은 어떤 인간적인 법도 결혼의 성립을 금지할 수 없거나 성립된 경우에 폐지할 수 없다고 말한다. 츠빙글리는 다음과 같이 반문한다. 하나님의 법이 결혼을 허용하는데 인간이 법은 그것을 허용하지 않는다는 것이 말이 되는가? 츠빙글리에 따르면 만약 성직자가 결혼한다면 그것은 하나님이 의도하신 신성한 연합이다. 왜냐하면, 하나님의 법에 따라 그는 결혼하기 때문이다. 따라서 아무도 그러한 남녀의 연합을 금지할 수 없다.[38]

다음으로 츠빙글리는 『휴고 주교께 드리는 탄원서』처럼 고린도전서 7장

---

36 Zwingli, "A Friendly Request and Exhortation of Some Priests," 179.
37 Zwingli, "A Friendly Request and Exhortation of Some Priests," 187-88.
38 Zwingli, "A Friendly Request and Exhortation of Some Priests," 179-80.

말씀에 근거하여 자신의 주장을 펼쳐 나간다. 츠빙글리는 고린도전서 7장 2절에 근거하여 성생활 없이 살 수 없다고 느끼는 모든 남자는 자기만의 배우자를 얻어야 하며 그러한 자신의 상태를 받아들여야 한다고 주장한다. 특히 그는 바울이 이 구절에서 아무도 예외로 두지 않았기 때문에 성직자도 성욕으로 고민한다면 결혼하는 것이 마땅하며 그렇게 할 때 현재 사회적으로 문제가 되는 많은 매춘부와 불륜이 현저하게 줄어들 것이라고 말한다.[39] 물론 츠빙글리는 고린도전서 7장 8절에 나오는 바울의 고백에서 알 수 있듯이 결혼하지 않고 순결한 삶을 살 수 있는 성직자들이 있음을 인정한다.[40] 또한, 자신은 하나님의 선물로 성적으로 순결하게 사는 사람을 비난하지 않으며 이들은 자신과 같이 결혼하는 사람들보다 더 뛰어난 덕을 소유했다고 고백한다. 따라서 츠빙글리는 자신이 원하는 것은 독신 자체를 금지하는 것이 아니라 단지 자신과 같이 성적 동정을 지킬 수 없는 사람들에게 결혼이 금지되지 않기를 바라는 것이라고 설명한다.[41] 츠빙글리는 고린도전서 7장 25절이 성직자도 결혼할 수 있다는 자신의 주장이 옳다는 것을 더욱 명확하게 입증한다고 주장한다. 이 구절에서 바울은 명확하게 사람이 다른 사람에게 성적 순결을 명령할 수 없다는 것을 분명히 말하고 있다. 왜냐하면, 하나님께서 이에 대해 명령을 내리지 않았기 때문이다. 바울에 따르면 순결은 하나님께서 기뻐하시는 것이다. 하지만 하나님은 그 순결을 명령하지 않으셨고 오직

---

39 Zwingli, "A Friendly Request and Exhortation of Some Priests," 180.

40 Zwingli, "A Friendly Request and Exhortation of Some Priests," 180.

41 Zwingli, "A Friendly Request and Exhortation of Some Priests," 180-81. Cf. 츠빙글리는 사람이 성적 관계를 맺어야 하는 이유는 인간의 "욕정"(passion) 때문이고 이 욕정은 "사람이 육신의 욕망으로 흥분되어 육신의 즐거움을 좇을 때 발생하는 것"으로 설명한다. 그는 사람이 이 욕정을 가지고 있기에 결혼해야 하며 그렇게 함으로써 욕정에 사로잡히지 않고 자유롭게 살아갈 수 있다고 말한다. Zwingli, "A Friendly Request and Exhortation of Some Priests," 181.

그것을 가능하게 하는 은사를 받은 자들만 그것을 지키라고 말씀하셨다. 하나님이 어떤 일을 금지하지 않으셨다면 인간이 자의적으로 그것을 금지할 수는 없다. 마찬가지로 하나님께서 성직자의 순결을 명령하지 않으셨다면 인간은 그것을 명령할 수 없다.[42]

계속해서 츠빙글리는 성직자의 결혼을 찬성하기 위해 디모데전서 3장 2절과 12절에 의지한다. 그에 따르면 3장 2절에 언급되는 감독은 헬라어로 "ἐπισκοπος"로 목사나 주교를 포함한 모든 성직자와 설교자 그리고 모든 평신도 전도자를 가리킨다. 그리고 이들은 한 아내의 남편이어야 한다.[43] 츠빙글리는 감독이 한 아내의 남편이어야 한다는 말은 결국 바울이 지금 감독에게 아내를 가져야 한다고 명령하고 있는 것과 같은 의미라고 설명한다.[44] 디모데전서 3장 12절도 마찬가지이다. 츠빙글리는 집사들을 감독들의 영적 임무를 돕는 모든 사람을 가리킨다고 해석한다. 츠빙글리는 바울이 이들도 아내를 맞이하도록 명령하고 있는 이유는 이들이 성적인 죄를 피하도록 하기 위함이라고 설명한다. 특히 츠빙글리는 젊은 여성이나 처녀들에게 다가갈 기회가 많기에 매우 위험한 상황에 놓여있는 젊은 독신 성직자의 경우 만약 이들이 결혼한다면 이들을 유혹하는 정욕이 사라지게 될 것이라고 말한다.[45]

츠빙글리는 디모데전서 3장 2절이나 12절과 유사한 지침을 말하고 있는 디도서 1장 5~7절에도 호소한다. 본 구절에 따르면 감독은 다른 사람들보다 경건하고 책망할 것이 없는 삶을 살아야 한다. 그런데 감독은 한 가지 죄

---

42 Zwingli, "A Friendly Request and Exhortation of Some Priests," 181-82.

43 츠빙글리는 교부 제롬도 이 견해를 지지한다고 언급한다. Zwingli, "A Friendly Request and Exhortation of Some Priests," 182.

44 Zwingli, "A Friendly Request and Exhortation of Some Priests," 182.

45 Zwingli, "A Friendly Request and Exhortation of Some Priests," 182-83.

를 지었다는 소문만 나도 모든 것이 망가진다. 특히 하나님을 얼마나 사랑하는지 얼마나 신실하게 말씀을 가르치든지와 별개로 그가 성적으로 순결한 삶을 살지 않는다는 소문만 들리면 모든 것이 무너진다. 이것이 얼마나 심한 손상을 초래하는지 어떤 사람도 합리적으로 추정할 수 있다. 따라서 츠빙글리는 감독은 결혼해서 이러한 위험을 미리 방지해야 한다고 역설한다.[46]

이외에도 츠빙글리는 디모데전서 4장 3절에 나오는 바울의 예언도 인용한다. 츠빙글리는 마귀가 성적 순결이 아름답기에 그것을 지킬 수 없는 사람들에게 그것을 시도하게 함으로써 그 결과 자신들뿐만 아니라 자신들로 인해 다른 사람도 죄를 짓게 한다고 말한다. 여기에서 츠빙글리는 마귀의 교활함을 두 가지로 분석한다. 첫째, 마귀는 사제의 독신주의를 사람들이 기뻐하리라는 사실을 알았다. 둘째, 마귀는 사제들도 연약한 육신을 입은 사람이기에 결국 유혹에 넘어져 일반인들보다 더 큰 수치를 불러오게 될 것을 알고 있었다.[47] 마지막으로 츠빙글리는 히브리서 13장 4절 말씀을 근거로 결혼은 바람직하고 존중받아야 할 것이라 주장한다. 그는 특히 결혼에는 우리의 연약함을 도우시려는 하나님의 목적이 있음을 설명한다.

> 결혼은 바보가 아니라 하나님에 의해 제정된 것입니다. 결과적으로 우리 안에 내재해 있고 사람이 살아있는 한 누구도 그 공격에서 자유 할 수 없는 죄에 대한 치료제입니다. 결혼은 네 이웃을 네 몸과 같이 사랑하라는 하나님의 법에 기초하고 있습니다. 우리의 결점을 알고 불쌍히 여기시는 전능하신 하나님은 우리를 돕고자 하십니다. 그러므로 하나님은 결혼에 신앙과 믿음을 결합하였고 누구든지 결혼에서 믿음과 진리를 지킨다면 결혼 생활에서 해를

---

46 Zwingli, "A Friendly Request and Exhortation of Some Priests," 189.

47 Zwingli, "A Friendly Request and Exhortation of Some Priests," 183.

입지 않습니다...... 그러므로 바울은 더러움이 없는 침상이라고 말합니다.[48]

이상과 같이 여러 성경 구절에 호소한 뒤 츠빙글리는 『휴고 주교께 드리는 탄원서』와는 달리 자신의 견해를 입증하기 위해 교회의 전통에도 의지한다.[49] 그가 먼저 언급한 전통은 강그라 공의회이다. 츠빙글리는 강그라 공의회가 성직자의 아내를 인정하며 결정한 내용을 인용한다.[50] "만일 누군가가 성직자가 되었기 때문에 자기 아내를 버릴 것이라 가르친다면, 저주받을 것이다!" "만일 누군가가 결혼한 성직자를 정죄하거나 괴롭힌다면, 그리고 그가 아내를 가지고 있기에 미사를 드리지 말아야 한다고 생각한다면, 그는 저주받을 것이다!" 츠빙글리는 몇 세기 동안 가톨릭 신부들의 아들들이 강그라 공의회에서 승인된 생활 방식에 따라 살아왔다고 설명한다.[51]

또한, 츠빙글리는 힐러리(Hilary of Poitiers, c. 310–c. 367)나 어거스틴과 같은 초대교회의 교부들이 결혼했고 자녀를 두었다는 사실을 통해 성직자 결혼의 정당성을 입증하고자 한다. 특히 츠빙글리는 700년까지는 성직자의 아들들이 교황이 된 사례가 많다는 점도 언급한다. 그에 따르면 교황 보니파시우스 1세 (Bonifacius I, 418-422), 교황 아가페토 1세(Agapetus

---

48 Zwingli, "A Friendly Request and Exhortation of Some Priests," 190.

49 『제1차 취리히 논쟁』에서도 츠빙글리는 예전에 많은 사제의 아들들이 교황이나 주교가 된 것, 파프누티우스가 사제 독신주의를 반대한 것, 몇몇 사도가 아내를 가졌다고 언급한 유세비우스(Eusebius, c. 263-339)의 기록 등은 사제 독신주의가 후대의 사람들에 의해서 시작되었고 하나님의 법은 평신도나 성직자의 결혼을 금지하지 않는다는 사실을 충분하게 입증한다고 말한다. Huldrych Zwingli, "The First Zurich Disputation" in *Selected Works of Huldreich Zwingli (1484-1531)*, ed. Samuel Macauley Jackson, trans. Lawrence A. McLouth, Henry Preble, and George W. Gilmore (Philadelphia: University of Pennsylvania, 1901), 76-77.

50 강그라 공의회에 대한 자세한 정보는 다음을 참고하라. Karl Joseph von Hefele, *A History of the Councils of the Church: From the Original Documents*, vol. 2 (Edinburgh : T. & T. Clark, 1876), 325-39.

51 Zwingli, "A Friendly Request and Exhortation of Some Priests," 184-85.

I, 535-536), 교황 테오도르 1세(Theodorus I, 642-649), 교황 실베리우스(Silverius I, 536-567), 교황 데우스데디트 1세 (Deusdedit I, 615-618), 교황 펠릭스 3세 (Felix III. 483-492), 교황 게라시우스 1세 (Gelasius I, 492-496) 등은 사제, 주교 또는 교황의 아들로서 훗날 로마의 교황이 된 인물들이었다.[52] 심지어 교황 니콜라스 1세(Nicholas, 858-867)는 신부들이 결혼할 수 있도록 허락하는 명령을 내리기도 하였다.[53]

결론적으로 츠빙글리는 여러 성경과 교회 전통의 증거를 근거로 츠빙글리는 성직자의 결혼을 허락해 달라고 연방의회에 간청한다.[54] 구체적으로 그는 편지의 마지막에 다음과 같은 다섯 가지 사항을 연방의회에 요청 및 제안한다. 첫째, 자신들의 아내와 자녀가 정당한 사회적 권리를 박탈당하지 않고 평범한 시민으로의 권리를 누릴 수 있게 해 달라. 둘째, 우리 중 누군가가 간음한 사실이 밝혀지면 그 사람은 정부의 처분에 복종할 것이다. 만약 교구에서 해임된다면 저항 없이 받아들일 것이다. 셋째, 우리는 우리의 직분을 우리 자녀에게 물려주지 않겠으며 교회에 속한 어떤 것도 우리의 소유로 주장하지 않겠다. 넷째, 만약 누군가가 우리의 결혼으로 인해 해를 받았다고 생각하거나 해를 받을 것 같다면, 우리는 위정자들의 합리적인 판단에 복종할 것이며, 우리의 결혼이 누구에게도 해를 끼치거나 불이익을 주지 않도록 하겠다. 다섯째, 우리는 누구의 권리를 침해하기를 원치 않는다. 단지 결혼을 원하는 각 사제가 결혼할 수 있게 해주길 바랄 뿐이다.[55]

---

52 Zwingli, "A Friendly Request and Exhortation of Some Priests," 186-87.
53 Zwingli, "A Friendly Request and Exhortation of Some Priests," 187.
54 Zwingli, "A Friendly Request and Exhortation of Some Priests," 192-93.
55 Zwingli, "A Friendly Request and Exhortation of Some Priests," 196.

3. 『67개조 논제에 대한 해제』

1523년 1월 29일 츠빙글리는 로마 가톨릭 대표들과 논쟁한 제1차 취리히 공개토론회에서 '개혁교회 신학의 원형'으로 평가받는 『67개조 논제』를 발표한다. 그리고 약 6개월 뒤인 1523년 7월 14일 일반적으로 『67개조 논제에 대한 해제』라고 알려진 『츠빙글리가 1523년 1월 29일 공포한 명제 또는 조항의 해설과 논증』을 발표한다.[56] '최초 개신교 교의학,' '츠빙글리 사상의 핵심 고백서'라고 불리는 이 문헌은 오직 말씀과 복음에 근거해 교회가 어떻게 개혁이 되어야 하는지를 상세하게 밝혀주고 있는데 본 연구의 주제인 성직자의 독신 문제에 대해서도 논의하고 있다.

성직자는 결혼하면 안 되는가? 하나님은 성직자의 독신 서약을 기뻐하시는가? 1522년부터 취리히에서 성직자의 결혼문제는 츠빙글리를 옹호하는 사람들과 그를 비판하는 로마 가톨릭 사이에 벌어진 논쟁의 중심에 떠오른 주요 주제 중 하나였다. 따라서 츠빙글리는 『67개조』의 28조와 29조에서 이 문제를 집중적으로 다루고 있다. 먼저 28조에서 츠빙글리는 하나님께서 결혼을 금지하지 않으셨기 때문에 모든 사람에게 결혼은 정당한 권리라고 주장한다.[57] 츠빙글리는 앞서 다룬 『몇몇 사제들의 우호적인 요청과 권고』

56 이 해제는 츠빙글리의 개혁파가 무엇을 믿고 있는가에 대한 일종의 선언서와 같은 성격을 띠고 있다는 점에서 매우 중요한 문헌이다. 이에 관해 오피츠(Opitz)는 다음과 같이 말한다. "이 저서가 매우 중요한 것은 이 책이 츠빙글리의 핵심 신학 저서이며, 스위스 종교개혁을 이끈 결정적인 시작점을 만들었을 뿐만 아니라, 종교개혁이라는 격동기에 성서학자이자, 목회자이며, 종교개혁가였던 츠빙글리의 모습을 우리에게 명백하게 보여주고 있기 때문이다." Peter Opitz, 『울리히 츠빙글리: 개혁교회의 예언자, 이단자, 선구자』, 정미현 역 (서울: 연세대학교 대학출판문화원, 2017), 17.

57 28조: "하나님이 허락했거나 금지하지 않은 모든 것은 정당한 것이다. 따라서 모든 사람은 결혼할 권리가 있다." 훌트라이히 츠빙글리, 『츠빙글리 저작 선집 2』, 임걸 역 (서울: 연세대 출판문화원, 2017), 322.

나 『휴고 주교께 드리는 탄원서』에서는 언급되지 않았던 신명기 4장 2절과 12장 32절, 갈라디아서 3장 15절, 요한복음 15장 22절을 근거로 인간은 하나님의 율법에 어떤 것도 더할 수 없기에, 하나님이 금지하지 않은 어떤 사항을 죄라고 규정해서는 안 되고 율법에서 금하라고 언급하지 않은 것을 인간이 율법에 자의적으로 덧붙여서는 안 된다고 주장한다.[58] 그러므로 츠빙글리는 따르면 결혼은 죄가 아니며 모든 인간에게 하나님께서 보장해 주신 권리라고 역설한다.

> 하나님이 금지하지 않은 것은 불의한 것이 아닙니다. 불의한 것이 아닌 것은 죄가 아닌 것은 죄가 아닙니다. 죄가 아닌 것은 바른 것입니다...... 하나님이 죄라고 규정한 것과 우리 마음에 가르쳐 주는 것 이외에 죄는 존재하지 않습니다. 따라서 하나님의 율법과 자연의 율법이 금지하지 않는 것은 부당한 것이 아닙니다. 이러한 이유로 우리는 '모든 사람은 결혼할 권리가 있다.'라는 이 조항의 명제를 충분히 이해라 수 있습니다.[59]

츠빙글리에 따르면 하나님께서는 결혼을 절대로 금하지 않았을 뿐만 아니라 오히려 결혼을 권장하신다. 하나님은 아담 옆에 다른 남성을 두지 않았고 남성을 돕는 존재로 여성을 허락하셨다.[60] 아담 이후 모든 남성은 결혼을 통해 여성의 도움이 필요하다. 더욱이 '생육하고 번성하여 땅에 충만하라'는 창세기 1장 28절의 말씀은 결혼이 단순한 허락이 아니라 순종해야 할 하나님의 계명이다.

다음으로 29조에서 츠빙글리는 독신은 하나님께서 그렇게 살도록 의도한

58 츠빙글리, 『츠빙글리 저작 선집 2』, 322-23.
59 츠빙글리, 『츠빙글리 저작 선집 2』, 323-24.
60 츠빙글리, 『츠빙글리 저작 선집 2』, 324.

사람만 그렇게 할 수 있는 하나님의 은사라고 주장한다. 이를 설명하기 위해서 츠빙글리의 논지와 그 내용은 『몇몇 사제들의 우호적인 요청과 권고』 및 『휴고 주교께 드리는 탄원서』와 거의 유사하다. 고린도전서 7장 8~9절은 성적인 욕망이 너무 강해서 그것을 제어하지 못하는 사람은 결혼해야 하고 결혼 생활 안에서 성관계를 가지는 것은 죄가 아님을 보여준다. 마태복음 19장 11~12절은 결혼하지 않고 성적인 순결을 지킬 수 있는 사람은 타고난 사람으로 하나님으로부터 그런 능력을 받은 사람들임을 증거한다.[61] 그렇지 않은 일반 사람들은 하나님께서 성적인 욕망을 허락하셨기 때문에 결혼을 통해 성적인 욕구를 채우는 것이 허락되었다.[62] 고린도전서 7장 1~2절의 '모든 사람은 저마다 자기 아내를 두도록 하라'는 바울의 권면에서 모든 사람은 성직자를 포함해 어떤 남성도 예외로 두지 않는다는 의미이다.[63] 이러한 구절들을 비추어 볼 때 츠빙글리는 성적으로 절제하지 않고 방종하는 사람들과 성적인 욕망을 통제할 수 없어 고통 받으면서도 결혼하지 않는 사람들은 모두 죄를 짓는 사람들이라고 비판한다. 특히 결혼은 하지 않으면서 성관계는 포기하지 않는 사람들은 "쓰레기"와 같은 자들이다.[64] 덧붙여 츠빙글리는 마태복음 19장 4~6절을 근거로 하나님께서는 사람을 남자와 여자로 창조했기에 독신은 강요될 수 없고 결혼제도는 하나님이 세우신 것이기에 금지돼서는 안 된다고 주장한다. 그에 따르면 독신에 대한 가르침은 "악마 자체"이고 "악마가 결혼을 금지한 최초의 존재라면 하나님은 결혼을 허락한

61 츠빙글리, 『츠빙글리 저작 선집 2』, 325.

62 츠빙글리, 『츠빙글리 저작 선집 2』, 324.

63 츠빙글리, 『츠빙글리 저작 선집 2』, 326. Cf. 츠빙글리는 결혼의 테두리 안에서 이루어지는 성관계는 죄가 아니라고 역설한다. 그에 따르면 고전 7장 28절에서 헬라어 "γαμέω"의 번역인 "장가간다" 또는 "시집간다"라는 말은 결혼한다는 말이 아니라 "결혼 생활에서 성관계를 갖는 것"을 의미한다. 츠빙글리, 『츠빙글리 저작 선집 2』, 327.

64 츠빙글리, 『츠빙글리 저작 선집 2』, 328.

최초의 설립자이다."[65]

28조와 29조 외에도 츠빙글리는 47조와 48조의 해설에서 성직자의 독신 문제가 파생한 문제점에 대해서 날카롭게 지적하고 있다. 먼저 47조의 해설에서 그는 로마 가톨릭이 이미 내연의 처와 동거하고 있는 사제들의 결혼을 금지함으로써 이들 사이에서 태어난 자녀에게 사생아라는 불명예를 안기고 있다고 비판한다.[66] 따라서 그는 "모든 사람은 정의롭게 사제의 결혼을 지지해야 한다."라고 주장한다. 또한, 츠빙글리는 49조의 해설에서 로마 가톨릭이 사제의 결혼을 금지하면서 동시에 그에게 매춘을 허용하는 행태를 비난한다. 그에 따르면 이는 사회의 가장 큰 악습이며 이보다 더 큰 죄는 없다. 왜냐하면, 사람들은 매춘하는 사제들을 보면서 자신의 죄가 별거 아니라고 생각하게 될 것이고 죄짓는 사람들은 죄짓는 사제의 말을 더는 듣지 않을 것이기 때문이다.[67] 더불어 츠빙글리는 결혼을 허락하면 매춘과세가 줄어들 것을 염려하여 죄악을 용인하고 있는 성직자들과 권력자들의 행태를 통렬하게 고발한다.[68]

요컨대 츠빙글리에 따르면 결혼은 모든 사람에게 허용된 것일 뿐만 아니라 하나님은 결혼을 적극적으로 권장하신다. 여기에는 성직자도 포함된다. 하나님이 허락한 사람 이외에는 아무도 독신으로 살 수 없다. 따라서 독신의 은사를 받지 않은 경우라면 성직자도 결혼해야 한다. 이런 연유로 성경의 가르침에 어긋나는 독신 제도는 조속히 폐지되어야 한다.[69]

65 츠빙글리, 『츠빙글리 저작 선집 2』, 326.
66 츠빙글리, 『츠빙글리 저작 선집 2』, 419-20.
67 츠빙글리, 『츠빙글리 저작 선집 2』, 427.
68 츠빙글리, 『츠빙글리 저작 선집 2』, 428.
69 츠빙글리도 원래 로마 가톨릭으로부터 급여를 받는 사제였지만 독신 서약을 파기하고 이미 3명의 자녀를 낳은 미망인 안나(Anna Reinhard von Knonau, 1484-1538)와 1522년 결혼해 두 아들과 두 딸을 낳았다. 츠빙글리의 결혼 생활에 대해서는 다음을 참고하라. Jean Grob,

4. 『참된 종교와 거짓 종교에 관하여』

개혁교회의 첫 조직 신학서로 꼽히는 츠빙글리의 『참된 종교와 거짓 종교에 관하여』(*Be vera et falsa religione commentarius*)는 1525년 출간되었는데 츠빙글리는 이 책의 16항과 21항에서 결혼을 주제로 다루고 있다. 먼저 츠빙글리는 16항에서 결혼을 성례에 포함하는 로마 가톨릭의 문제점을 다룬다. 원래 로마제국 시대에는 결혼이 국가의 소관이었다. 하지만 9세기 이후 교회가 결혼을 책임지고 관장하게 되면서 결혼은 교회의 일이 되어버렸다. 특히 교회는 결혼을 혼인성사로 이름하여 칠성례 중 하나로 포함하였고 결혼과 관련해 구체적인 내규를 다루는 교회법을 상세하게 제정함으로써 결혼을 전적으로 교회의 다스림과 주관 아래 두었다.[70] 츠빙글리는 이에 대한 깊은 문제의식 속에서 『참된 종교와 거짓 종교에 관하여』의 16항에서 로마 가톨릭이 성례에 결혼을 포함하고 있는 문제를 집중적으로 비판한 여기에서 츠빙글리 논지의 핵심은 에베소서 5장 32절에 대한 올바른 해석이 무엇인가를 제시하는 것에 있다. 로마 가톨릭은 에베소서 5장 32절을 근거로 결혼을 성례로 간주하지 않으면 결혼의 존엄성이 훼손된다고 주장한다. 하지만 츠빙글리는 이것이 잘못된 주장이라고 반박한다. 그에 따르면 본 구절에 대한 로마 가톨릭의 해석에는 두 가지 오류가 있다. 첫 번째는 "*μυστήριον*"을 "성례"(sacramentum)로 번역하는 제롬의 실수이다. 츠빙글리에 따

The Life of Ulric Zwingli, trans. I. K. Loos & G. F. Behringer (New York: Funk & Wagnalls, 1883), 163-168; Samuel Macauley Jackson, *Huldreich Zwingli: The Reformer of German Switzerland* (New York & London: G. P. Putnam's Sons, 1901), 231-37.

70 임경근, 『종교개혁과 가정』, 31-32.

르면 전자와 후자의 단어는 의미에서 일치하지 않는다. 대신, "μυστήριον"은 "성례"가 아닌 "비밀"(arcanum)로 번역되어야 한다.[71] 두 번째는 로마 가톨릭이 에베소서 5장 32절의 참된 의미를 놓치고 있다는 점이다. 츠빙글리에 따르면 이 구절에서 바울은 다음을 말하고자 했다.

> 이 구절에서 바울은 신랑과 신부를 그리스도와 교회로 각각 비유함으로써 그리스도가 자기 사람들을 위해 돌아가셨고 자신이 그들의 것이 되도록 하신 것처럼 결혼으로 연결된 사람들은 서로를 위해 모든 것을 참고 서로를 위해 모든 것을 해야 한다는 것을 보여주고자 했습니다. 남편은 하나님의 형상이기 때문에 아내를 사랑하고 보호하며 아내를 위해 희생해야 하며, 아내는 믿음과 사랑으로 오직 남편에게만 자신을 매어 두어야 합니다. 결혼하는 부부는 가능한 한 하나님과 비슷해야 합니다. 왜냐하면, 하나님은 자신과 교회를 남편과 아내라는 이름으로 불리는 것을 멸시하지 않기 때문입니다. 따라서 결혼은 신성한 것입니다. 그리스도나 그의 신부인 교회나 어떤 신실한 영혼도 이와 비교되는 것을 멸시하지 않습니다.[72]

그러므로 츠빙글리는 결혼이 그리스도와 교회의 "모형이기 때문에" 성례라고 주장한다면 이에는 반대하지 않을 것이라고 말한다. 즉 성례라는 용어가 올바르게 정의되는 한 그 의미가 결혼에 적용될 수 있다는 것이다. 하지만 결혼은 로마 가톨릭의 성례 개념처럼 "성별과 구속의 행위"는 아니고 "평생의 계약, 재산의 공유, 공통된 운명"을 가리킨다.[73] 따라서 츠빙글리는 그

---

71 Huldrych Zwingli, "Commentary on True and False Religion," in *The Latin works of Huldreich Zwingli*, vol. 3. ed. Clarence Nevin Heller (Philadelphia, The Heidelberg Press, 1929), 184.

72 Zwingli, "Commentary on True and False Religion," 185.

73 Cf. 훌트라이히 츠빙글리, 『츠빙글리 저작 선집 4』, 공성철 역 (서울: 연세대 출판문화원,

리스도와 교회의 연합을 상징하는 결혼은 성례 중 하나로 포함될 수는 없다고 주장한다. 결혼에 이보다 더 큰 의미를 부여하는 것은 결혼의 의미를 명확하게 하기 보다는 혼란과 오해를 초래한다.74 이에 관해서 츠빙글리는 다음과 같이 진술한다.

> 결혼은 매우 거룩한 것이지만 그것이 성례로 불리더라도 그보다 더욱 거룩해지거나 명확해지지 않으며, 오히려 더 어두워지고 덜 명확해집니다. 모든 사람이 결혼이 무엇인지 알지만, 거의 아무도 성례가 무엇인지 알지 못하기 때문입니다. 따라서 모든 사람이 세례가 무엇인지 알지만, 성례가 무엇인지를 아는 사람은 거의 없습니다. 그러므로 결혼이 성례 중 하나로 간주하지 않더라도 결혼은 매우 거룩한 계약임을 인정합시다. 헬라인들은 결혼, 세례, 주의 만찬을 가지고 있으나 성례라는 단어를 가지고 있지는 않습니다. 독일인들은 성례라는 외국어에 해당하는 단어가 없으며, 따라서 그들은 무지하게 그것을 빌려왔습니다. 따라서 성례는 성별과 구속의 행위이지 다른 것은 아닙니다. 반면에 결혼은 두 사람 사이에만 존재하는 계약이므로, 우리는 그 단어로 가려지지 않도록 해야 합니다.75

츠빙글리는 21항에서도 다시 한 번 결혼의 주제를 다룬다. 여기에서 내용과 논지는 앞에서 언급했던 저술들과 거의 유사하다. 먼저 츠빙글리는 히브

2017), 223.

74 Zwingli, "Commentary on True and False Religion," 185.

75 Zwingli, "Commentary on True and False Religion," 185. Cf. 루터는 1519년까지는 결혼을 성례로 간주하는 중세 로마 가톨릭의 입장을 지지하였다. 하지만 그가 1520년 출간한 『교회의 바벨론 유수』에서 루터의 입장은 변화되어 "결혼을 성례로 인정할만한 성경적 근거가 없다"라며 더는 결혼을 성례로 인정하지 않는다. Martin Luther, *Luther's Works*, Vol. 36, "The Babylonian Captivity of the Church," trans. Frederick C. Ahrens, eds. Helmut T. Lehmann & Abdel Ross Wentz (Philadelphia: Fortress Press, 1959), 92.

리서 13장 4절을 근거로 사도가 말하듯 결혼은 "존귀한 것"이라고 주장한다. 그리고 하나님의 말씀이 거룩하고 경건하고 존귀하다고 하시는 결혼을 왜 사제들, 수도사들, 수녀들, 그리고 주교들에게 금지하는지 반문한다.[76] 또한, 츠빙글리는 바울이 디모데전서 3장 2절과 디도서 1장 6절에서 주교의 자격으로 분명하게 제시하고 있는 결혼을 왜 우리 주교들에게는 금지하고 있는지를 반문한다. 이에 대해서 츠빙글리는 로마 가톨릭이 사제의 결혼이 초래할 수 있는 일들을 두려워하기 때문이라고 언급한다. 가령 결혼한 수도사는 자기 육신의 형제와 함께 유산을 물려받으려고 한다든지, 결혼한 수녀가 어딘가 이미 다른 데로 간 유산을 되돌려줄 상속권을 요구한다든지, 어떤 사제가 의회의 의원으로 선출되거나 혹은 법관이 되는 것과 같은 일들 말이다. 하지만 츠빙글리는 이런 일들을 염려하여 성직자의 결혼을 막는 것은 비열한 행위라고 말한다. 그는 예를 들어 법으로 어떤 사제도 의회에 선출되지 않도록 정하는 것과 같은 법적인 조치를 통해서 성직자의 결혼으로 예견되는 문제에 적절히 대처할 수 있고 교회에서의 갈등을 미리 방지할 수 있다고 주장한다.[77]

Ⅳ. 성직자 독신 제도에 관한 츠빙글리와 다른 종교개혁가들의 사상 비교

마틴 루터는 그의 주석과 설교 등을 통해 결혼의 주제를 포괄적으로 다루었던 종교개혁가였다.[78] 그는 다른 16세기 종교개혁가들처럼 성직자의 결혼

76 Zwingli, "Commentary on True and False Religion," 257.
77 Zwingli, "Commentary on True and False Religion," 259.

문제에도 많은 관심을 가졌는데 츠빙글리와 마찬가지로 로마 가톨릭의 사제들과 수도사들이 추구하는 독신주의는 하나님의 뜻이 아니라고 강력하게 비판한다. 루터는 수도사나 사제들이 독신 서약을 하면 하나님께서 기뻐하실 것이고 자신들의 구원을 확실하게 보장할 것이라는 생각은 매우 비성경적이라고 단언한다. 또한, 루터는 결혼 자체에 대해 부정적인 인식을 주는 로마 가톨릭의 가르침에 반대하며 결혼을 태초에 하나님께서 성직자를 포함한 모든 사람을 위해 제정하신 거룩하고 존귀한 제도라고 역설한다.[79] 독신의 은사 때문에 결혼하지 말아야 하는 사람들이 있으나 그들은 극히 소수다.[80] 성직자의 독신에 관한 루터의 이러한 비판과 주장은 츠빙글리처럼 주로 성경에 근거하여 있다. 이런 점에서 성직자 독신 제도에 관한 루터의 견해는 츠빙글리의 그것과 비교하여 볼 때 기본적인 기조와 내용에서 매우 유사하다. 하지만 루터는 츠빙글리와 달리 독신주의와 금욕주의의 폐해를 구체적인 사례를 언급하여 조명하곤 한다. 가령 그는 교황 그레고리가 사제의 독신주의를 제정한 이후 로마에 있는 수녀원의 연못에서 영아의 두개골 6000여 개 발견된 것, 오스트리아 클로스터노이부르크의 수도원이 다른 곳으로 이사한 후 그곳에서 영아의 시신으로 가득한 12개의 항아리가 발견된 것, 로마 교황청 근처에 교황의 사생아들을 수용하기 위한 수도원이 따로 세워진 것 등

---

78 결혼과 가정에 대한 루터의 개괄적인 이해를 위해서는 다음을 참고하라. Denis Janz ed., *The Westminster Handbook to Martin Luther* (Louisiville: Westminster John Knox press, 2010), 89-92; 이양호, "루터의 가정관", 「신학논단」 26 (1999), 161-85.

79 Martin Luther, *Luther's Works*, Vol. 1. "Lectures on Genesis Chapters 1-5," trans. Georg V. Shick. ed. Jaroslave Pelikan (Saint Louis, Concordia Publishing House, 1958), 68-70, 101-04, 131-40. (이후로 *LW*로 표기); Martin Luther, "To Wolfgang Reissenbusch" in *Letters of Spiritual Counsel* (Vancouver:Regent College Publishing, 2003), 275.

80 Martin Luther, *Luther's Works*, Vol. 28, "Commentary on 1 Corinthians 7," trans. Edward Sitter. ed. Hilton C. Oswald (Saint Louis: Concordia Publishing House, 1973), 9-10.

을 언급하면서 로마 가톨릭의 독신주의가 초래한 문제점을 신랄하게 지적한다.[81] 또한, 츠빙글리와 달리 루터는 독신생활을 세 종류로 구별하여 독신의 상태를 보다 상세하게 설명한다. 첫째는 자연적 독신생활로 마태복음 19장 12절을 근거로 하고 있다. 루터에 따르면 어미의 태로부터 된 고자는 성불구자를 가리키며 이런 성불구자의 아내는 남편에게 이혼을 요구할 수 있다고 설명한다.[82] 둘째는 은총의 독신생활로 초자연적 은사를 통해 동정을 지키는 생활을 가리킨다.[83] 하지만 루터는 이러한 은사를 받은 사람은 그 자체로 우월한 것이 아니라 하나님의 말씀과 복음 전파라는 사명과 책임을 감당할 때 독신을 결혼의 상태보다 더 우월한 지위를 갖게 된다고 다음과 같이 설명한다.

> 바울이 고린도전서 7장 32~34절에서 언급한 것처럼, 독신생활은 그 자체를 위한 것이 아니라 독신자가 하나님의 말씀을 더 잘 전파하고 더 잘 다루게 하기 위함이다. 독신생활을 결혼보다 더 낫게 만드는 것은 하나님 말씀과 복음 전파이다. 하지만 독신생활을 그 자체로만 본다면 결혼 생활보다 훨씬 열등하다.[84]

세 번째 독신생활의 범주는 이상의 두 경우 이외의 모든 독신생활을 포함한다. 루터는 이러한 독신을 하나님의 뜻을 거스르는 매우 부정적인 것으로 보았다. 왜냐하면, 이는 생육하고 번성하라는 하나님의 명령을 불순종하는

---

81 Luther, *LW* 1: 239.

82 Martin Luther, *Luther's Works*, Vol. 45. "The Estate of Marriage," ed. Walther I. Brandt (Philadelphia: Fortress Press, 1962), 19-20; Luther, *LW* 36: 103.

83 Luther, *LW* 45:21.

84 Luther, *LW* 45:47.

것이며 독신으로 지내는 사람은 음란과 정욕에 빠져 하나님께 범죄하는 것을 피할 수 없기 때문이다. 이에 관해 루터는 다음과 같이 진술한다.

> 독신으로 사는 삶을 시도하는 사람은 불가능한 일을 시도하는 것이며, 하나님의 말씀과 하나님께서 그들에게 주셨고 또한 보존해 주신 본성에 반하는 일을 수행하는 것이다...... 이러한 사람들은 매춘과 각종 육체적 부정에 빠지며, 자신의 사악함에 떨어져 결국 절망에 도달하게 된다.[85]

따라서 루터에 따르면 "결혼을 피하는 사람은 누구나 하나님의 뜻을 행하지 않고 사탄의 뜻을 행한다."[86] 더불어 츠빙글리와 비교해 볼 때 루터에게서만 발견되는 점은 루터는 독신뿐만 아니라 결혼도 하나님의 은사이자 선물로 이해하고 있다는 것이다. 이는 루터의 고린도전서 주석에서 잘 나타난다. 그는 로마 가톨릭이 독신주의의 근거로 삼는 고린도전서 7장 7절을 다루면서 로마 가톨릭의 해석과는 달리 결혼도 순결과 함께 하나님이 주시는 은사라고 해석한다.[87] 이에 관해 루터는 다음과 같이 말한다. "결혼과 순결을 비교해 보면, 물론 순결이 결혼보다 더 고귀한 선물이다. 그렇지만 결혼도 순결만큼이나 하나님의 선물이라고 바울은 여기서 말한다."[88] 이처럼 결혼을 독신보다 열등하거나 부정적인 것이 아닌 하나님께서 주신 선물과 은사로 여기는 루터의 사상은 그가 결혼에 대해 매우 긍정적인 견해를 갖고 있음을 보여주고 있다.[89]

---

85 Luther, "To Wolfgang Reissenbusch," 273.

86 Pasons, *Reformation Marriage*, 183.

87 Luther, *LW* 28:16-23.

88 Luther, *LW* 28:16.

89 루터는 고린도전서 7장 주석에서 비록 결혼이 독신보다 열등하거나 부정적인 것은 아니더라도 독신은 성경을 매일 더 읽고 더 기도하고 더 설교할 수 있는 시간을 준다고 보았다. 또한,

존 칼빈(John Calvin, 1509-1564)도 성직자의 독신 제도를 강하게 반대한다.[90] 이때 칼빈의 주요 논지의 핵심은 루터나 츠빙글리와 거의 유사하다. 특히 교회의 전통이나 철학보다는 성경의 해석에 근거를 두고 자신의 논지를 전개한다는 점에서 칼빈의 접근방법도 루터나 츠빙글리와 그 기조에서 거의 같다고 볼 수 있다. 예를 들어 중세교회의 전통과는 달리 칼빈도 히브리서 13장 4절과 같은 여러 성경 구절의 인용을 통해 결혼의 가치를 긍정적으로 평가한다. 그에 따르면 결혼은 하나님께서 제정하신 신성하고 존귀한 제도로 단순히 남녀 사이를 넘어선 하나님과의 계약이다. 하나님은 인간이 결혼하기 원하신다. 따라서 사람들이 결혼하는 것은 하나님의 제정하신 거룩한 제도에 참여하는 것으로 하나님 보시기에 합당한 순종의 행위이다. 왜냐하면, 하나님은 결혼을 통해 인간이 정욕 때문에 범죄하지 않고 생육하고 번성하여 인간 사회를 보존하고 유지하기 원하시고 혼자서는 불완전한 남녀가 인생의 동반자로서 연합하여 일치와 성장을 이루기 원하시기 때문이다.[91]

하지만 칼빈은 성경의 해석에 있어서 때때로 루터나 츠빙글리보다는 좀 더 세밀한 해석을 통해 성직자의 독신 제도를 비평하기도 한다. 가령 고린도전서 7장 1절의 주해에서 칼빈은 '남자가 여자를 가까이 아니함이 좋다'라

독신 상태에서 사람은 전적으로 주님께 헌신할 수 있다고 생각했다. 반면 루터는 결혼한 사람은 가정을 책임져야 하기에 주님께 온전히 충성하지 못할 가능성이 있다고 보았다. Luther, *LW* 28:52-3. 하지만 피터 마터 버미글리(Peter Martyr Vermigli, 1499-1562) 같은 종교개혁가들은 결혼하여 가정을 갖는 것이 목회자가 목회 사역을 충실히 감당하는 것을 거의 방해하지 않는다고 주장했다. John Donnelly, "Marriage from Renaissance to Reformation: Two Florentine Moralists," *Studies in Medieval Culture*, Vol. XI (1977), 169.

90 결혼과 가정에 대한 칼빈의 개괄적인 이해를 위해서는 다음을 참고하라. John Witte, Jr., "John Calvin on Marriage and Family Life" in Herman J. Selderhuis, ed., *The Calvin Handbook* (Grand Rapids: Eerdmans, 2009), 455-465; 이오갑, "칼뱅의 결혼관", 「신학논단」 63 (2011), 175-98.

91 John Calvin, *Commentary on Genesis* (Grand Rapids: Baker Book House, 1974), 96-100, 128-131.

는 바울의 말은 창세기 2장 18절의 '사람의 독처하는 것이 좋지 못하니라'는 말씀과 서로 모순되는 것처럼 보인다. 이에 관해 칼빈은 바울이 여기서 '좋다'라는 말은 "결혼을 하는 것이 나쁘다는 의미가 아니라 결혼 생활은 인간의 자유를 제한하는 많은 장애물이 있기에 그런 이유에서 결혼하지 않는 것이 더 좋다는 제한적 의미로 사용한 것"이라고 말한다. 따라서 고린도전서 7장 1절에서 말하고자 하는 바울의 의도에 관해 칼빈은 제롬의 견해를 비판하며 다음과 같이 설명한다.

> 그[제롬]가 내리는 논리적 귀결은 다음과 같다: '여자를 만지지 않는 것이 좋다: 그러므로 그렇게 하는 것은 잘못이다.' 그러나 바울은 여기서 '좋다'라는 단어를 악하거나 부도덕한 것에 반대되는 의미로 사용하지 않는다. 그는 단지 결혼한 사람들에게 많은 문제, 고통, 걱정 등이 따르기 때문에 독신이 적절하다고 지적하는 것이다. 게다가 우리는 항상 그가 덧붙이는 제한을 염두에 두어야 한다. 따라서 바울의 말에서 끌어낼 수 있는 것은, 다른 방식으로 할 수 있다면 [독신으로 살 수 있다면] 남자가 아내에게 얽매이지 않는 것이 참으로 적절하고 유익하다는 것뿐이다.[92]

칼빈은 독신이 결혼보다 우월한 점은 인정한다. 그러나 이 경우는 하나님께서 은사를 주셔서 그것을 가능하게 하셨을 때의 독신을 말한다.[93] 칼빈은 결혼 생활의 예외가 될 수 있는 이 독신의 은사는 "특별한 은사"이며 이 은사를 받은 사람은 극소수라고 말한다. 따라서 칼빈은 독신으로 부름을 받지

---

92 John Calvin, *Commentary on 1 Corinthians* (Grand Rapids: Baker Book House, 1974), 223.

93 이 점에서 츠빙글리, 루터, 칼빈은 같은 견해를 공유한다. Cf. 루터는 독신의 은사를 받아 독신으로 사는 사람은 더 행복하고 더 보상을 받는다고 인정했다. Parsons, *Reformation Marriage*, 182.

않은 사람은 반드시 결혼해야 한다고 역설한다.[94] 이런 점에서 독신은 사람이나 교회에 의해서 자의적으로 명령될 수 없는 것이다. 한편 칼빈이 결혼을 소명과 연결하는 점은 루터에게서는 확인되나 츠빙글리에게는 발견되지 않는 사항이다.[95] 그에 따르면 결혼은 모든 사람에게 허락하신 일반적인 소명이고 독신의 은사는 소수에게 주어진 특별한 소명이다. 따라서 칼빈은 독신생활을 포함하여 어떤 것을 서원할 때에는 "하나님께서 은사를 통해서 정해주신 분량에 맞도록" 하라고 권면한다.[96]

요컨대 루터, 칼빈, 츠빙글리는 모두 한목소리로 로마 가톨릭의 성직자 독신 제도를 반대한다.[97] 그들은 정절을 유지할 수 있는 초자연적인 은사를 받지 않은 이상 성직자를 포함한 모든 사람은 결혼하는 것이 하나님의 뜻이라는 것에 동의한다. 이를 입증하기 위한 구체적인 내용에서 루터, 칼빈, 츠빙글리는 강조점이나 논지에서 약간의 차별성을 보이기도 한다. 하지만 이들의 기본적인 기조와 핵심 주장은 거의 동일하다. 그리고 자신들 주장의 정당성을 입증하기 위해 오직 성경이라는 종교개혁의 대원리를 따라 철저하게 성경 구절과 그 해석에 호소하는 방식에서도 같은 자세를 견지한다. 즉, 이들에게는 성직자의 결혼을 포함한 결혼제도의 개혁에서도 오직 하나님의 말씀만이 개혁의 원리와 지향점이 되었다. 한편 츠빙글리에게는 성직자 독신

---

94 John Calvin, *Commentary on A Harmoy of the Evangelisits, Matthew, Mark, and Luke*. Vol. II. (Grand Rapids: Baker Book House, 1974), 386-389. Cf. John Calvin, *Institutes of Christian Religion*, trans. Ford Lewis Battles, ed. John T. McNeill (Louisville: Westminster John Knox Press, 1960), IV, xii, 22-28.

95 Parsons, *Reformation Marriage*, 144-145.

96 Calvin, *Institutes*, IV, xiii, 3.

97 파슨스는 16세기 종교개혁가들이 사제의 독신 제도를 반대한 주요 논지를 다음의 세 가지로 정리한다. (1) 성경은 성직자의 결혼을 찬성하기에 우리는 성경을 따라야 한다. (2) 성직자 독신주의의 결과는 매춘이다. (3) 동방교회는 사제의 결혼을 인정한다. 따라서 사제의 독신 규정은 공교회적인 규칙이 될 수 없다. Parsons, *Reformation Marriage*, 144.

주의와 종신 독신 서약의 의무에 대한 논의가 그의 저술에서 중심이 되었던 반면 루터나 칼빈은 바람직한 결혼 생활을 포함하여 결혼과 관련된 다양한 주제들을 포괄적으로 다루고 있다는 점에서 논의의 범주가 츠빙글리보다 훨씬 폭넓다는 특징도 보여준다.

V. 『취리히 결혼 조례』에 나타난 취리히 결혼제도에 관한 츠빙글리의 견해

츠빙글리는 성직자의 결혼문제뿐만 아니라 취리히에서 실제로 결혼이 어떻게 행해져야 하는지 제도적 문제를 다루는데도 관심이 많았다. 1525년 츠빙글리가 작성한 『취리히 결혼 조례』는 바로 이 주제를 집중적으로 논의하고 있다.[98] 츠빙글리는 자신이 이 조례를 작성한 이유가 취리히 시민들 사이에서 결혼문제에 다양한 불만과 문제가 발생하고 있기 때문이라고 밝힌다. 가령 취리히 시민들은 결혼문제로 인해 콘스탄츠 또는 다른 외국 법정에 계속 소환되었고, 판결을 받기까지 상당한 비용을 지출해야 했으며, 재산이 많더라도 그곳 법정에서 판결이 나지 않은 채로 그 문제에 오랫동안 속박되어 있거나 다른 "위험"에 빠지기도 하였다. 따라서 츠빙글리는 이처럼 많은 비용지출과 수고가 취리히 시민들 사이에서 생기지 않도록 하고, 또한, 각 사람이 적절하게 신속히 심판을 받게 하려는 목적으로 결혼에 관한 공통 법령

98 Huldrych Zwingli, "Ordinance and Notice. How Matters Concerning Marriage Shall Be Conducted In the City of Zurich" in *Selected Works of Huldreich Zwingli (1484-1531)*, ed. Samuel Macauley Jackson, trans. Lawrence A. McLouth, Henry Preble, and George W. Gilmore (Philadelphia: University of Pennsylvania, 1901), 118-22. Cf. 불링거(Heinrich Bullinger, 1504-1575)는 츠빙글리가 이 문서의 저자라고 분명하게 밝힌다. Zwingli, "Ordinance and Notice," 118.

을 제정하고 이를 통지하였으며, 일정 기간 이를 시행하기로 하였다고 설명한다.[99]

조례의 취지와 의도를 밝힌 뒤 츠빙글리는 『취리히 결혼 조례』에서 먼저 결혼을 관장하는 기관의 설립을 논의한다. 여기서 중요한 것은 츠빙글리는 교회가 아니라 취리히의 시 의회가 부속 기관을 만들어 결혼제도를 관장해야 한다고 본 것이다.[100] 즉, 츠빙글리는 결혼은 교회가 아니라 세속 정부의 소관임을 명확하게 하고자 했다. 『취리히 결혼 조례』에 따르면 결혼을 관장하는 기관은 여섯 명의 시민으로 구성된다. 이들은 취리히의 "민중사제"(people's priest), "소의회"(small council), "대의회"(large council)에서 각각 두 명씩 선출된다. 이들은 행정관 또는 판사로 두 달 동안 근무하게 되며, 필요에 따라 대상자를 소환 및 조사하고 자료를 수집한 뒤 적절한 명령을 내리는 것과 같은 법정 업무를 처리하고 실행하는 역할을 한다. 츠빙글리는 기관의 운영에 관해서도 다음과 같은 구체적인 지침을 준다.

> 법정 날짜는 월요일과 목요일입니다. 법정의 장소는 판사가 선택하고 공지할 것입니다. 따라서 오후 한 시가 되면, 그때부터 판사, 서기, 법정 경호관(the court beadle) 및 법정에 봉사하는 모든 사람은 그 자리에 있어야 하며 적절하게 진행에 참여해야 합니다. 그렇지 않으면 그들은 맹세를 어기는 것이 됩

---

99 Zwingli, "Ordinance and Notice," 118. 『취리히 결혼 조례』를 통해 취리히에서는 1525년 5월 결혼법에 대한 기초를 놓게 되었고 이 조례는 더욱 상세하게 다듬어져 1530년 3월에 포괄적인 "결혼 예절법"으로 확대되었다. 이를 바탕으로 종교개혁 사상에 바탕을 둔 유럽 최초의 결혼 기관이 취리히에서 탄생하게 된다. 여기에는 츠빙글리의 영향이 매우 컸으며 나중에 "결혼 예절법"은 "스위스의 도시들인 바젤(Bazel)과 베른(Bern)은 물론 독일의 아우크스부르크(Augusburg)와 스트라스부르(Strassbourg)에도 영향을 미쳐서" 이 도시들에서 결혼 법정이 세워지도록 했다. 임경근, 『종교개혁과 가정』, 66; Opitz, 『울리히 츠빙글리: 개혁교회의 예언자, 이단자, 선구자』, 77.

100 이전까지 취리히에서는 주교로 이루어진 "주교단회의"에서 결혼문제를 담당하고 있었다. Opitz, 『울리히 츠빙글리: 개혁교회의 예언자, 이단자, 선구자』, 77.

> 니다. 그러나 누군가가 도시의 업무나 다른 합법적인 이유로 인해 참석할 수 없는 경우, 시장은 법정 경호관을 통해 다른 사람을 지명하고 그를 자리에 앉힐 것입니다. 그리고 판사가 된 사람은 법정의 인장을 소유하고 있어야 하며, 법정 경호관을 통해 회의와 명령을 구두로 또는 다른 통지 방식으로 항상 제시간에 공지해야 합니다. 그가 검토하거나 심의해야 할 사건은 한 주 이상 연기하거나 지체하지 않아서 사람들이 신속하게 모이거나 해산할 수 있도록 합니다.[101]

결혼을 관장하는 기관의 성격에 대한 논의 외에 츠빙글리는 『취리히 결혼 조례』에서 결혼을 위한 몇 가지 주요 지침을 제시한다. 첫째는 "일반적인 규범으로 우리 도시와 나라에서는 적어도 두 명의 좋은 조건에 있는 경건하고 존경받는 시민들의 증언과 참석 없이 혼인할 수 없다."는 것이다.[102] 중세시대에는 교회에서 진행되는 결혼에서 증인이 필요하지 않았다. "결혼은 교회의 일이니 교회의 성직자가 집행하면 그것으로 충분하다"라는 것이다. 이러한 입장은 "교회의 핵심요소인 사제만 있으면 결혼의 요건을 다 갖추었다고 보는 중세교회의 교회관과 성례관"에서 기인한다.[103] 하지만 결혼을 교회의 일에서 정부의 소관으로 돌리려고 했던 츠빙글리가 보기에 이는 결혼의 사회적 요소를 간과한 매우 잘못된 처사였다. 따라서 츠빙글리는 결혼의 증인에 관해 다음과 같은 지침을 제시한다.

> 아무도 아버지, 어머니, 후견인 또는 기타 청소년을 책임지는 사람들의 호의, 지식 및 의지 없이 자기 아들이나 딸을 결혼시키거나 약혼시키거나 다른 사

101 Zwingli, "Ordinance and Notice," 119.
102 Zwingli, "Ordinance and Notice," 120.
103 임경근, 『종교개혁과 가정』, 32.

람에게 주어서는 안 됩니다. 이를 어기는 사람은 사안에 따라 처벌을 받으며 결혼은 무효가 됩니다. 이제 결혼 요건이 이전보다 낮아지지 않도록 미성년자가 완전히 19세가 되기 전에 위에 언급된 아버지, 어머니, 후견인 또는 기타 책임 있는 사람들의 동의 없이 이뤄지는 결혼은 허용되지 않습니다. 그러나 결혼이 19세 이전에 발생한다면, 언급된 사람들인 아버지 등은 이를 방해하고 무효처리할 수 있습니다. 그러나 이들이 부주의하여 19년간 자신의 자녀를 돌보지 않았다면, 자녀는 하나님의 도움으로 누구에게도 방해받지 않고 어떤 대가도 없이 자신을 돌볼 수 있고 결혼할 수 있습니다. 아버지, 어머니, 법률 대리인 또는 누구도 언제든지 자신의 의사에 반하여 자녀를 결혼하도록 강제할 수 없습니다. 그러나 그런 일이 발생하고 법적으로 신고되는 경우, 그것은 유효하지 않으며 침해자는 처벌받을 것입니다. 이미 계획된 혹은 이미 이루어진 결혼은 당연히 레위기서 18장에서 명시된 명백한 이유를 제외하고는 어떤 정도로든 방해받지 않아야 합니다. 그리고 지금까지 특별 허가와 돈으로 이루어진 일들은 완전히 없어져 더는 문제가 되지 않아야 합니다.[104]

이외에도 츠빙글리는 결혼이 합법적으로 성립하기 위한 다른 몇 가지 조건에 대해서도 다음과 같이 제시한다. 첫째, 여성은 14세 이상이어야 하고 남성은 16세 이상이어야 한다. 이때 결혼은 두 사람의 뜻에 반하여 강요될 수 없고 당사자들의 자유로운 선택에 따라야 하며 다른 이성에게는 관심이 없거나 어떤 의무도 없을 때 이루어질 수 있다. 둘째, 누군가가 결혼하지 않은 처녀를 유혹하여 성관계를 가진 경우, 남자는 여자에게 "출빙선물"(morning gift)을 주고 그 여자와 결혼해야 한다. 하지만 그녀의 부모 또는 후견인 또는 다른 책임자가 이를 거부하면 가해자는 권위자의 판단에 따라 그 여자에게 보상금을 주어야 한다. 셋째, 만약 누군가가 다른 사람의 결

104 Zwingli, "Ordinance and Notice," 120.

혼을 위험하게 하거나 해를 입힌 행위가 적발되면 엄중히 처벌될 것이다. 넷째, 결혼에 대한 의심, 비방, 사기를 피하고자 각 결혼은 교회에서 증인의 참관 속에 이루어져야 하고 교구에서는 나중에 결혼 허가서를 발급해야 한다. 목사는 이와 관련된 모든 사람을 등록하고 기록해야 하며, 아무도 그 정보를 다른 사람에게 공개적으로 제공해서는 안 된다.[105]

다음으로 츠빙글리는 이혼이 가능한 경우와 그 절차에 대해서도 구체적으로 제시한다. 『취리히 결혼 조례』에서 이혼이 가능한 경우는 다음의 세 가지이다. 첫째, 배우자가 "공개적 간음"(open adultery)을 저질렀고 자신이 그러한 행위의 원인을 제공하지 않았다면 그 사람은 배우자를 "멀리하고, 사실상 그 사람을 버리고, 새로운 배우자를 찾는 것이" 가능하다. 여기서 공개적 간음이란 충분한 공적 증거와 함께 결혼 법정에서 입증된 것으로, 간음이 너무 명백해서 그 행위가 어떤 종류의 진실로도 부인될 수 없는 것을 말한다.[106] 츠빙글리는 구약에서 간음이 투석형으로 처벌되었던 것을 상기시키면서 간음이 용납되지 않도록 하고 누구도 간음을 통해 새로운 결혼의 이유를 찾지 못하도록 간음에 엄중한 처벌이 부과되어야 한다고 주장한다. 하지만 그는 이때 설교자들은 간음한 죄인들을 교회 공동체에서 치리를 통해 제외할 것이지만 육체적 처벌과 재산 문제는 시의 위정자에게 맡겨야 한다고 말한다.[107] 둘째, 배우자가 "본성"(nature)이나 "기타 결함"(other shortcomings)으로 인해 "상대방에게 적합하지 않은"(not fitted for the partners) 경우이다. 이때 이들은 친구처럼 함께 일 년 동안 살아가며 자신들과 다른 정직한 사람들의 기도로 상황이 나아질 수 있는지를 살피고 그 시

105 Zwingli, "Ordinance and Notice," 121.
106 Zwingli, "Ordinance and Notice," 121.
107 Zwingli, "Ordinance and Notice," 121-22.

간 동안 나아지지 않는다면 이들은 헤어져서 다시 결혼할 수 있다.[108] 셋째, 간음보다 더 큰 이유인 "삶을 파괴하거나, 생명을 위협하거나, 미치거나 정신이 나가거나, 성적으로 부적절한 행위를 하거나, 허락 없이 배우자를 떠나거나, 오랜 시간을 해외에 머무르거나, 나병에 걸리거나, 상이성(dissimilarity) 때문에 규칙이 만들어질 수 없는 그러한 경우는" 판사들의 조사를 통해 이혼할 수 있다.[109]

요컨대 츠빙글리는 취리히의 결혼제도 개혁을 위해 법정기관을 설립할 것을 제안한다. 법정은 결혼뿐만 아니라 간음과 이혼에 관한 일도 처리하도록 했다. 츠빙글리는 결혼이 합법적으로 성립하기 위한 여러 조건을 제시하는데 특히 결혼할 때 증인이 있어야 함을 우선적으로 강조했다. 또한, 츠빙글리는 간음과 같은 세 가지 경우에는 판사의 조사를 통해 이혼할 수 있음을 규정하였다. 이러한 규칙들은 종교개혁가의 결혼관이 결혼의 성립을 위해 사제만 있으면 되고 결혼을 성례로 보아 절대 이혼할 수 없다고 가르쳤던 로마 가톨릭의 결혼관과는 근본적인 차이가 있음을 보여준다.

Ⅵ. 결론

결혼과 관련된 츠빙글리 저술에 관한 연구는 다음과 같은 결론을 우리에게 제시하여 준다. 첫째, 성직자 독신주의를 반대하는 츠빙글리의 논지에서 발견되는 가장 큰 특징은 그가 자신의 견해를 철저하게 성경에 근거하여 전개하고 있다는 것이다. 즉, 츠빙글리는 중세시대를 지배했던 결혼관과 가정

108 Zwingli, "Ordinance and Notice," 122.
109 Zwingli, "Ordinance and Notice," 122.

관을 인간의 철학이나 전통이 아니라 오로지 성경적 관점에서 개혁하고 이를 통해 성도들뿐만 아니라 목회자들의 삶과 사역에 새로운 지평을 열고자 시도하였다. 이때 가장 핵심적으로 츠빙글리가 의지하는 구절은 마태복음 19장 10~12절과 고린도전서 7장이다. 이 구절들을 근거로 그는 하나님께서 주신 초자연적인 은사를 받은 사람만이 성적인 순결을 지키며 독신생활을 할 수 있기에 이 은사를 받지 않은 사람은 그가 성직자라 할지라도 정절을 지키거나 독신으로 살아야 할 의무가 없다고 주장한다. 츠빙글리에게 디모데전서 3장 2절과 12절 그리고 디도서 1장 5~7절도 성직자의 결혼문제를 다루기 위해 중요한 본문이었다. 그는 이 구절들이 성직자의 조건에 독신이 포함되어 있지 않고 오히려 한 아내의 남편이 되어야 함을 가르치고 있음을 볼 때 현재 로마 가톨릭의 사제 독신주의는 비성경적인 가르침이라고 주장한다. 이외에도 츠빙글리는 히브리서 13장 4절과 디모데전서 4장 1~3절과 같은 본문을 이용하여 결혼이 하나님의 법에 합당할 뿐만 아니라 존귀한 것임을 밝히고 이를 부정하거나 반대하는 가르침은 마귀에게서 온 것이라고 주장한다. 물론 자신의 주장을 위해 츠빙글리가 성경에만 호소하고 있는 것은 아니다. 가령 『몇몇 사제들의 우호적인 요청과 권고』에서 츠빙글리는 상당한 분량을 할애하여 성직자의 결혼을 허용하고 있는 각종 공의회와 신학자들의 가르침 그리고 로마 가톨릭에서 사제의 자녀이면서 교황의 자리에 올랐던 여러 인물의 사례를 제시함으로써 사제 결혼의 찬성 근거를 교회의 전통에서도 찾으려고 시도한다.

둘째, 결혼과 관련하여 성직자의 독신주의 외에도 츠빙글리는 결혼을 성례로 간주하는 로마 가톨릭의 사상도 비판한다. 여기서 츠빙글리는 로마 가톨릭이 결혼을 성례로 삼는데 주요 근거가 되는 에베소서 5장 32절에 대한 올바른 해석이 무엇인지를 밝혀주는 것에 중점을 둔다. 그에 따르면 이 구절의 "μυστήριον"은 로마 가톨릭의 해석처럼 "성례"가 아니라 "비밀"로 해석되어야 한다. 다시 말해, 이 구절의 참된 의미는 성별과 구속 행위와는 상관이 없고 신랑과 신부를 그리스도와 교회로 각각 비유함으로써 그리스도가 자기 백성을 위해 죽으신 것처럼 결혼으로 연합된 사람들은 서로를 그렇게 사랑하라는 것이다. 이처럼 '오직 성경'(Sola Scriptura)이라는 관점 속에서 츠빙글리는 결혼을 로마 가톨릭의 왜곡과 속박에서 해방하여 그것이 담고 있는 올바른 성서적 의미를 회복하기 위해 힘쓴다.

셋째, 성직자의 독신 제도를 반대하는 논의에서 루터, 칼빈, 츠빙글리의 강조점이나 구체적인 논지는 서로 간에 약간의 상이성을 보이기도 하지만, 전체적으로 볼 때 성직자의 결혼에 관한 츠빙글리의 견해는 루터나 칼빈의 그것과 기본적인 논지나 내용에서 매우 유사하다. 또한, 자신들 주장의 정당성을 입증하기 위해 철저하게 성경 구절과 그 해석에 의지한다는 점에서 이 세 사람은 같은 방법론을 공유하고 있음을 확인할 수 있다. 이러한 내용적 그리고 방법론적 유사성은 16세기 종교개혁가들이 성직자의 독신 제도에 대해서 한목소리를 내고 있었으며, 철저하게 오직 성경이라는 종교개혁의 대원리에 근거하여 중세 로마 가톨릭에 의해 무너진 결혼의 올바른 가치와 의의를 회복하고자 노력했음을 확인시켜 준다.

넷째, 츠빙글리는 성직자의 결혼문제뿐만 아니라 취리히에서 실제로 결혼이 어떻게 행해져야 하는지에 대한 구체적인 실행 지침을 제시하는 데도 노력을 기울인다. 1525년에 그가 작성한 『취리히 결혼 조례』은 그 대표적인 실례이다. 『취리히 결혼 조례』에서 츠빙글리는 결혼을 관장하는 법정기관의 설립 및 이를 위한 구체적인 회칙을 제안한다. 그리고 결혼과 이혼이 합법적으로 성립하기 위한 여러 조건과 절차도 제시한다. 특히 결혼을 위해서는 최소 두 명의 증언이 있어야 한다는 조건 제시는 결혼을 전적으로 교회의 소관에 두며 사제를 결혼의 핵심 조건으로 보았던 로마 가톨릭의 결혼제도를 반대하고 결혼을 다시금 정부의 소관으로 돌리려고 했던 츠빙글리의 사상을 보여준다. 더불어 음행과 간음으로 인한 육체적 처벌과 재산 분할의 문제는 시 당국에 맡긴다는 원칙 또한 결혼을 성례로 보는 관점에서 이혼을 절대 불허했던 로마 가톨릭의 제도를 반대하고 이혼의 사회적 요소를 회복시켜 이혼도 정부의 소관에 두려고 했던 츠빙글리의 시도를 엿보게 한다.

요컨대 츠빙글리는 중세 로마 가톨릭의 성직자 독신 제도와 결혼관의 문제점을 폭로하고 이것이 초래한 사회적 해악에 맞서 싸우기를 주저하지 않았다. 구체적으로 츠빙글리는 그의 저술 여러 곳에서 성직자 결혼문제를 다룸으로써 사회 전반에 로마 가톨릭의 사제 독신주의에 대한 부정적인 여론을 확산하고 올바른 성경적 견해를 전파하고자 애썼다. 이러한 논의에 나타나는 츠빙글리 결혼관의 핵심은 결혼이 하나님께서 제정하신 신성하고 존귀한 제도이며 하나님께서는 모든 사람이 결혼하기를 원하시기에 독신의 은사를 받은 자를 제외하고는 성직자를 포함해 모두가 결혼해야 한다는 것에 있다. 또한, 그는 『취리히 결혼 조례』 등을 통해 취리히의 결혼제도가 성경적으로 개혁되고 새롭게 정착될 수 있도록 노력했다. 여기서 츠빙글리가 주장한 개혁의 핵심은 결혼은 성례가 아님을 인식시키고 결혼의 사회적 요소를 회복시킴으로써 결혼이 교회가 아닌 취리히 정부의 주도로 이루어지도록 하는 것에 있다. 이상과 같은 츠빙글리의 시도와 노력은 16세기 종교개혁가들이 로마 가톨릭의 잘못된 교리와 교회의 행습(行習)을 어떻게 개혁하고자 힘썼는지를 전형적으로 보여주는 하나의 모범적인 실례라고 할 수 있다.

〈참고문헌〉

구자섭. "성직자 독신의 제도적 확립과 서임권 분쟁," 「서양사연구」 제49집 (2013), 175-218.

선한용. "성직자 독신제도에 대한 역사적 고찰," 「신학과 세계」 16권 (1988), 96-115.

이상규. 『교양으로 읽는 종교개혁 이야기』. 수원: 영음사, 2017.

이양호. "루터의 가정관." 「신학논단」 26 (1999), 161-85.

이오갑. "칼뱅의 결혼관." 「신학논단」 63 (2011), 175-98.

임경근. 『종교개혁과 가정』. 서울: SFC, 2016.

Opitz, Peter. 『울리히 츠빙글리: 개혁교회의 예언자, 이단자, 선구자』. 정미현 역. 서울: 연세대학교 대학출판문화원, 2017.

츠빙글리 훌트라이히. 『츠빙글리 저작 선집 2』. 임걸 역. 서울: 연세대 출판문화원, 2017.

________________. 『츠빙글리 저작 선집 4』. 공성철 역. 서울: 연세대 출판문화원, 2017.

Calvin, John. *Commentary on Genesis.* Grand Rapids: Baker Book House, 1974.

___________. *Commentary on 1 Corinthians.* Grand Rapids: Baker Book House, 1974.

___________. *Commentary on A Harmoy of the Evangelisits, Matthew, Mark, and Luke.* Vol. II. Grand Rapids: Baker Book House, 1974.

__________. *Institutes of Christian Religion.* Ed. John T. McNeill. Trans. Ford Lewis Battles. Louisville: Westminster John Knox Press, 1960.

Chadwick, Owen. *The Early Reformation on the Continent.* Oxford: Oxford University Press, 2013.

Cunningham, William. *The Reformers and the Theology of the Reformation.* Edinburgh: T&T Clark, 1866.

Donnelly, John. "Marriage from Renaissance to Reformation: Two Florentine Moralists." *Studies in Medieval Culture*, Vol. XI (1977), 161-171.

Ginther, James R. ed. *The Westminster Handbook to Medieval Theology.* Louisville: Westminster John Knox Press, 2009.

Ozment, Steven. *When Fathers Ruled: Family Life in Reformation Europe.* Cambridge, Massachusetts: Harvard University Press, 1983.

Janz. Denis ed. *The Westminster Handbook to Martin Luther.* Louisiville: Westminster John Knox press, 2010.

Luther, Martin. *Luther's Works.* Vol. 1. "Lectures on Genesis Chapters 1-5." Trans. Georg V. Shick. Ed. Jaroslave Pelikan. Saint Louis, Concordia Publishing House, 1958.

__________. *Luther's Works.* Vol. 28, "Commentary on 1 Corinthians 7," Trans. Edward Sitter. ed. Hilton C. Oswald. Saint Louis: Concordia Publishing House, 1973.

_____________. *Luther's Works*, Vol. 36, "The Babylonian Captivity of the Church," Trans. Frederick C. Ahrens, eds. Helmut T. Lehmann & Abdel Ross Wentz. Philadelphia: Fortress Press, 1959.

_____________. *Luther's Works*. Vol. 45. "The Estate of Marriage." Ed. Walther I. Brandt. Philadelphia: Fortress Press, 1962.

_____________. "To Wolfgang Reissenbusch." In *Letters of Spiritual Counsel*. Vancouver:Regent College Publishing, 2003.

Parsons, Michael. *Reformation Marriage: The Husband and Wife Relationship in the Theology of Luther and Calvin*. Eugene, Oregon: Wipf & Stock.

Plummer, Marjorie E. *From Priest's Whore to Pastor's Wife: Clerical Marriage and the Process of Reform in the Early German Reformation*. Fanham: Ashgate, 2012.

Witte, Jr., John. "John Calvin on Marriage and Family Life." In *The Calvin Handbook*. Ed. Herman J. Selderhuis. Grand Rapids: Eerdmans, 2009, 455-465.

Zwingli, Ulrich. "A Friendly Request and Exhortation of Some Priests Of The Confederates that the Preaching of the Holy Gospel be not Hindered, and also that no Offence be Taken if to Avoid Scandal the Preachers Were Given Permission to

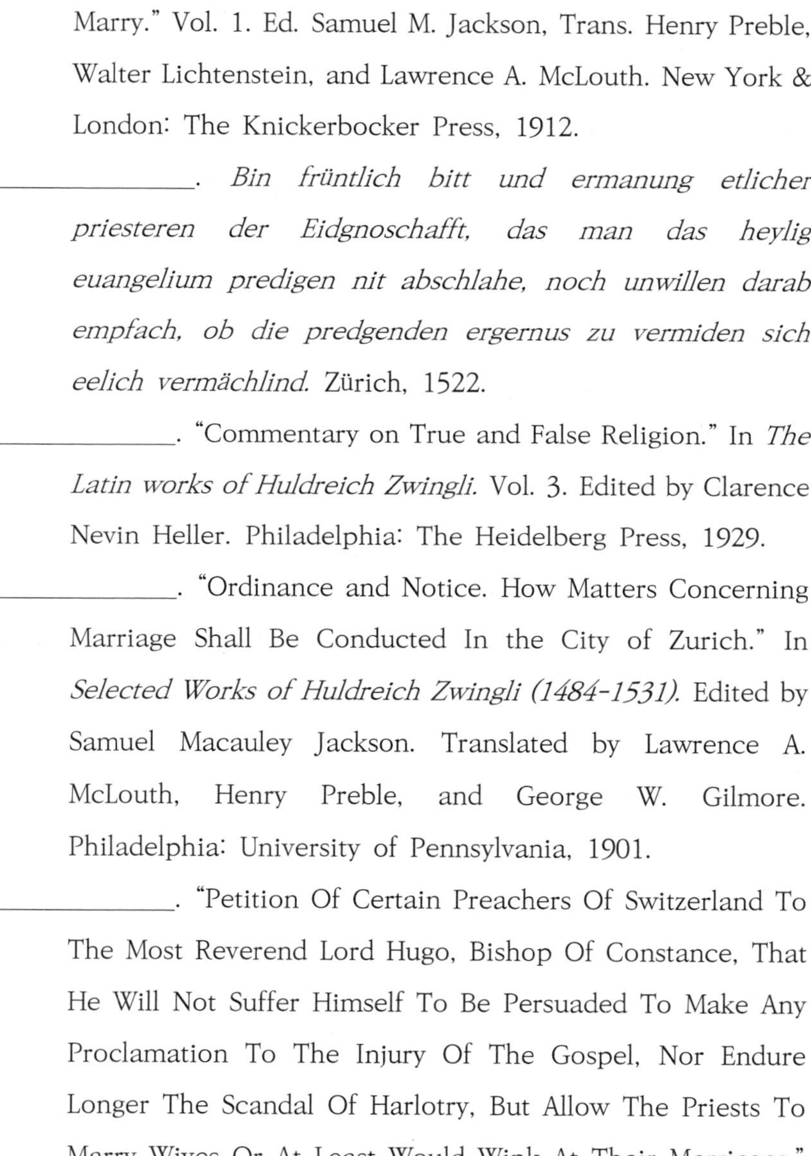

Marry." Vol. 1. Ed. Samuel M. Jackson, Trans. Henry Preble, Walter Lichtenstein, and Lawrence A. McLouth. New York & London: The Knickerbocker Press, 1912.

______________. *Bin früntlich bitt und ermanung etlicher priesteren der Eidgnoschafft, das man das heylig euangelium predigen nit abschlahe, noch unwillen darab empfach, ob die predgenden ergernus zu vermiden sich eelich vermächlind.* Zürich, 1522.

______________. "Commentary on True and False Religion." In *The Latin works of Huldreich Zwingli.* Vol. 3. Edited by Clarence Nevin Heller. Philadelphia: The Heidelberg Press, 1929.

______________. "Ordinance and Notice. How Matters Concerning Marriage Shall Be Conducted In the City of Zurich." In *Selected Works of Huldreich Zwingli (1484-1531).* Edited by Samuel Macauley Jackson. Translated by Lawrence A. McLouth, Henry Preble, and George W. Gilmore. Philadelphia: University of Pennsylvania, 1901.

______________. "Petition Of Certain Preachers Of Switzerland To The Most Reverend Lord Hugo, Bishop Of Constance, That He Will Not Suffer Himself To Be Persuaded To Make Any Proclamation To The Injury Of The Gospel, Nor Endure Longer The Scandal Of Harlotry, But Allow The Priests To Marry Wives Or At Least Would Wink At Their Marriages."

In *The Latin works and the correspondence of Huldreich Zwingli.* Vol. 1. Ed. Samuel M. Jackson, Trans. Henry Preble, Walter Lichtenstein, and Lawrence A. McLouth. New York & London: The Knickerbocker Press, 1912.

______________. *Suplicatio quorundam apud Helvetios euangelistarum ad R. D. Hugonem episcopum Constantiesem ne se induci patiatur, ut quicquam in preiudicium euangelii promulget neve scortiationis scandalum ultra ferat, sed presbyteris tixores ducere permittat aut saltern ad eorum nuptias conniveat.* Zürich, 1522.

______________. "The First Zurich Disputation." In *Selected Works of Huldreich Zwingli (1484-1531).* Ed. Samuel Macauley Jackson. Trans. Lawrence A. McLouth, Henry Preble, and George W. Gilmore. Philadelphia: University of Pennsylvania, 1901.

부써의 결혼관

황대우

Martin Bucer(1491-1551)

고신대학교 신학과(Th. B.)와 신학대학원(M. Div.), 그리고 대학원 신학과(Th. M.)를 거쳐 네덜란드 아벨도오른(Apeldoorn)에 소재한 기독개혁신학대학교(De Theologische Universiteit van de Christelijke Gereformeerde Kerken)에서 그리스도의 신비한 몸: 마르틴 부써와 요한 칼빈의 교회론(Het mystieke lichaam van Christus. De ecclesiologie van Martin Bucer en Johannes Calvijn. 2002)이라는 논문으로 신학박사(Th. D.) 학위를 받았다. 현재 고신대 학부대학 소속 교회사 담당교수로서 개혁주의 학술원 원장 및 책임연구원이고 한국칼빈학회 명예회장이다. 저술로는 『기독교 사용 설명서 1: 종교개혁』, 『교회연합운동의 선구자 부써』, 『종교개혁과 교리』, 『칼빈과 개혁주의』가 있고, 편저로는 『고신교회의 태동:원자료와 논문』, 『삶, 나 아닌 남을 위하여』, 『라틴어: 문법과 구문론』 등이 있고, 번역서로는 『루터: 약속과 경험』, 『문답식 하이델베르크 신앙교육서』, 『기도, 묵상, 시련』 등이 대표적이다.

황대우

Ⅰ. 서론

서양의 기독교문화에 기초한 중세 일곱 가지 죽을 죄악[1]과 동양의 유교문화에 기초한 칠거지악(七去之惡)은 남자와 여자에 대한 근본적인 가치관을 반영한다. 기독교는 남자와 여자를 동등한 하나님의 형상으로 보는 평등사상을 지지하는 반면에 유교는 태생적 불평등을 의미하는 남존여비(男尊女卑) 사상을 지지한다. 그럼에도 불구하고 서양의 기독교도 역시 창세기에 나타난 인류 타락의 기원을 남성이 아닌 여성에게 찾는 주석적 편견과 오류 때문에 남녀불평등의 역사를 오랫동안 기록한 것은 부인할 수 없는 사실이다.

서양 기독교역사에서 중세는 남녀의 불평등과 차별을 교리적으로 정당화할 뿐만 아니라, 성속의 개념을 극단적으로 이원화하는 교황 중심의 독재 시대였다. 한 마디로 중세는 성경보다 성직자가 우위에 있는 인간 중심의 시대였다. 이런 세상에서 벌어진 16세기 종교개혁은 겉으로는 하나님 중심처럼 보이지만 실제로는 인간인 교황 중심의 인위적인 중세 교리와 관습을 타파하기 위해 하나님의 말씀 중심 즉 하나님 중심의 성경적 인생관을 제시한 충격적 사건이자 혁신적 운동이었다.

중세교회의 비성경적 교리와 관습이 타파된 사례는 하나님의 말씀인 성경이 교황 대신에 최고의 권위로 자리 잡았고 모든 성직자가 말씀의 종인 설교자로 간주되었다는 점, 자국어 설교를 시행하고 성직자의 결혼을 실행함으로써 설교의 새로운 장이 열리고 거룩한 결혼생활이라는 새로운 기독교전통이 세워졌다는 점 등이다. 중세교회의 비성경적 교리만 아니라, 비성경적 관

1 신원하, 『죽음에 이르는 7가지 죄』 (서울: IVP, 2012). 중세의 칠사지악(七死之惡)이란 교만, 시기, 탐욕, 탐식, 분노, 정욕, 나태를 의미하는 것으로 남녀 구분 없이 타락한 모든 인간의 악한 본성에서 기원한다.

습도 성경적 개혁의 대상이었다. 16세기 종교개혁이 당대의 비성경적 교리와 관습을 몽땅 개혁하지는 못했지만 실패했다고 결론 내리기는 더 어렵다.

거의 대부분 독신을 서약한 수도사나 사제였던 종교개혁자들은 각기 자신의 독신서약이 성경에 근거가 없음을 깨닫고 스스로 결혼하기를 주저하지 않았다. 하지만 당시 종교개혁자들의 결혼은 스캔들로 회자되기에 충분했다. 그들의 결혼에 대한 교황주의자들의 선동적 비판은 일반대중들이 종교개혁을 가차 없이 공격하고 비난할 수 있는 재료로 활용되었다. 중세 그리스도인의 삶은 이원화 되어 있었다. 왜냐하면 중세교회가 독신생활은 거룩한 반면에 결혼생활은 세속적이라고 가르쳤기 때문이다. 성직자의 삶과 평신도의 삶은 성과 속으로 분류되었다.

중세교회의 관점에서 결혼은 그 자체로 거룩하지 못한 선택이다. 왜냐하면 거룩한 삶의 삼대요소는 무소유의 가난과 독신의 순결, 그리고 상급자에 대한 복종이었기 때문이다. 그 세 가지를 서약해야만 수도사와 사제가 될 수 있었다. 결혼하지 않는 독신이 성결한 삶의 조건이었기 때문에 결혼은 그 자체로 성적인 불결을 전제한다는 교리가 성립될 수밖에 없다. 독신의 성직자가 천국으로 직행하는 일은 가능하지만 결혼한 평신도가 천국으로 직행하기란 불가능하기 때문에 천국에 직행하지 못하는 자들을 위하여 연옥교리가 만들어졌다.

독신제도와 연옥교리, 그리고 결혼은 중세시대 공로사상의 결정체이자 상호 불가분의 관계로 엮여있었다. 종교개혁자들은 그 단단한 교리적이고도 관습적인 연결고리를 성경의 망치로 깨뜨렸다. 그들은 연옥교리만 부정한 것이 아니라, 독신서약에 의해 독신으로 살아가는 모든 수도원도 없애고 결혼을 거룩한 제도로 인정하는 새로운 전통을 만들었다. 성경의 가르침에 따르면 결혼은 인간의 타락 전에 하나님께서 친히 세우신 거룩한 제도이다. 이것은 종교개혁 덕분에 새롭게 회복된 개신교 전통이고, 또한 여성의 지위 향상과도 연결된다.

II. 종교개혁과 성직자의 결혼

성경에 따르면 하나님께서 친히 사람을 자신의 형상과 모양으로 만드셨을 뿐만 아니라, 또한 자신의 형상인 그 사람을 친히 남자와 여자로 나누셨다. 그리고 그 둘이 합하여 한 몸을 이루도록 명령하셨다. 이와 같은 하나님의 인간 창조 원리와 명령은 모두 타락 이전의 일로써 기독교 결혼의 확고부동한 근거다. 이런 점에서 독신은 타락 이후 발생한 것이다. 따라서 비록 성경이 독신의 예외적인 경우를 인정하고 바울이 개인적으로 독신을 권장했음에도 불구하고 독신은 결코 하나님의 직접적인 명령으로 간주될 수 없다.

종교개혁자들은 무엇보다도 독신과 결혼에 관한 그와 같은 성경의 가르침에 주의를 기울였다. 왜냐하면 그들은 최고의 권위인 성경으로부터 결혼의 원리를 배우고 싶었기 때문이다. 그들에게 성경의 가르침 이외의 다양한 교리와 교회법 조항은 부차적인 참고자료였다. 그들은 성경으로부터 결혼이란 하나님께서 친히 세우신 신성한 제도라는 사실을 깨달았다. 그래서 독신보다 결혼이 하나님의 뜻에 부합한다고 보았기 때문에 독신생활을 거룩한 삶으로, 결혼생활을 거룩하지 못하거나 덜 거룩한 삶으로 규정한 중세교회의 교리들과 관습들을 거부했다.

중세교회는 결혼 자체를 7성례(sacramenta septem) 가운데 하나로 인정했음에도 불구하고 결혼생활을 거룩한 삶으로 규정하지 못하는 모순적인 교리를 가르쳤다. 부부의 성관계를 포함한 모든 성관계가 불경건한 행위라는 인식이 중세교회를 지배했기 때문이다. 중세교회처럼 종교개혁자들에게도 성경적 결혼의 모범은 에베소서 5장이 제시하는 그리스도와 교회의 관계다. 즉 그리스도와 교회는 남편과 아내의 거울이다. 중세교회와 달리 종교개혁자들은 결혼을 성례로 간주하지 않고 다만 약속에 의한 교회적 연합으로 보았다.

기독교 결혼은 한 남자와 한 여자의 영적이고도 육적인 연합을 의미하는 일부일처제다. 종교개혁자들에게 그것은 하나님께서 타락 전에 세우신 제도이기 때문에 결혼생활도 역시 하나님께서 권장하시는 신비한 연합이다. 중세교회는 그리스도의 가르침을 근거로 결혼의 불가분리성을 강조하는 교회법을 만들고 또한 결혼이 성례라고 가르쳤다. 하지만 종교개혁자들은 그와 같은 성례라는 중세의 결혼 개념을 거부했다. 결혼이 성례가 아니라 당사자나 가족 상호 간의 약속 즉 상호계약이라는 사회법적 개념으로 발전하는데 종교개혁은 결정적이었다.

성경의 가르침에 기초한 기독교 결혼은 자손을 낳고 믿음을 계승하기 위해 불가피한 일로 인식된다. 이 두 가지 요소는 종교개혁자들에게도 결혼의 중요한 목적이다. 하지만 부부의 성생활에 대한 부정적 시각이 일찍이 기독교 전통으로 자리 잡았는데 아우구스티누스의 영향이 결정적이었다.[2] 그 전

2 성관계에 대한 아우구스티누스의 금욕주의는 그가 한 때 매료되었던 마니교의 이원론 영향을 어느 정도 받은 것으로 보이는데, 이런 주장에 대해서는 다음 참조. J. van Oort, *Augustinus: Facetten van leven en werk* (Kampen: J. H. Kok, 1989), 92-103. 특히 98: "We dienen in de manichese mythe een expressie te zien van een zelfervaring. Mani en zijn volgelingen hebben geweten van de begeerte in de mens die het verstand verduistert. In het onbewuste woelt de seksuele drift en streeft naar bevrediging. De libido wordt gelokaliseerd in het lichaam en het lichaam is materie. Zelfs worden

통은 결혼하지 않는 독신생활이 결혼생활보다 더 거룩하다는 비성경적 결혼관을 낳았고 중세 유럽을 수도원 중심의 기독교 세상으로 만드는데 지대한 영향을 주었을 뿐만 아니라, 재세례파와 청교도의 금욕주의에도 상당한 영향을 끼친 것으로 보인다.

16세기 종교개혁자들은 성관계에 대해 상당히 보수적인 입장이었지만 적어도 부부 사이의 성관계까지 부정적으로 보진 않았다. 서유럽 전통은 가정(oecumenia)과 정부(politica)와 교회(ecclesia)의 세 가지 기독교 사회 질서를 대변하는 가장(Hausvater)과 국부(Landesvater)와 천부(Gottesvater)라는 세 가지 부성적 권위 위에 세워졌는데,[3] 이런 전통에 부합하는 것은 중세교회의 독신서약이 아니라, 종교개혁자들이 주장한 결혼서약이다. 1522년에 결혼한 부써는 종교개혁자로서 가장 일찍 결혼한 수도사 사제 가운데 한 명이었다.

루터는 자신의 유명한 1520년 저술들 가운데 하나인 『독일 그리스도인 귀족에게 고함』에서 모든 수도원의 공통적인 독신서약 즉 순결서약(gelubd der keuscheit)을 "그리스도에 의해 명령되지 않은 것"(vo(n) Christo nit gepoten)으로 단정하고 또한 "인간이 스스로 고안한 방법과 법"(menschliche eygene erfunden weysze vnd gesetz)으로 간주한다.[4] 거기서 그는 하나님께서 누구에게도 결혼을 금하지 않으셨다는 사실을 근거

dikwijls materie en seksuele begeerte, in de Perzische bronnen de vrouwelijke demon Ãz, met elkaar geïdentificeerd."

3 Joel F. Harrington, Reordering *Marriage and Society in Reformation Germany* (New York: Cambridge University Press, 1995), 39-40.

4 Hans-Ulrich Delius, ed., *Martin Luther. Studienausgabe* II (Berlin: Evangelische Verlagsanstalt, 1982), 134-135. 루터의 『독일 그리스도인 귀족에게 고함』은 1520년 8월 중순에 초판이 출간되었는데, 몇 일만에 4천부가 팔렸을 정도로 엄청났다. 참고. 스콧 헨드릭스, 『마르틴 루터: 새 시대를 펼친 비전의 개혁자』 (서울: IVP, 2017), 208.

로 주장하기를, "단지 연약함 때문만이 아니라, 오히려 가정살림 때문에 목사는 각자 자신의 아내 없이 지낼 수 없다."[5]

뿐만 아니라, 사제로 서품된 목사들의 거주지는 사제들만의 독립된 장소가 아니라, 자신이 담당한 교회 교인들이 사는 지역이어야 하므로 그들이 유혹과 죄를 피하기 위해서는 반드시 그들에게 결혼 허용은 필수라고 말한다. 따라서 결혼을 금지하는 독신서약은 성경적으로 결코 정당하지도 정당할 수도 없다. 루터가 보기에 성직자의 결혼은 당사자가 스스로 선택할 수 있도록 그 자신에게 맡겨진 "자유로운 양심"(ein frey gewissen)의 문제다.[6]

루터가 처음 공개적으로 자신의 저술을 통해 독신서약을 비성경적이고 인위적인 제도라고 비난한지 10개월 후인 1521년 6월에 그의 동료교수 카를슈타트(Andreas Karlstadt)는 독신서약을 무효라고 주장하면서 이미 독신서약을 깨뜨리고 결혼한 사제 세 명를 옹호했을 뿐만 아니라 성직자의 의무적인 독신서약에 대한 공개토론을 제안하기도 했는데, 이 때 루터는 순결을 잃고 지옥에 떨어질까 근심하는 젊은 남녀를 고려하여 하나님이 기뻐하시는 서약과 그렇지 않은 서약을 구분하기 시작한 저술 『수도원 서약에 관한 판단』을 그해 말에 출간했다.[7]

1523년에는 비텐베르크에서 루터와 유명한 화가 루카스 크라나흐(Lucas Cranach der Ältere)를 비롯하여 10여명의 사람들이 성직자의 결혼을 공식적으로 지지하는 사건이 벌어졌는데, 비텐베르크 교수들이 루터의 평생

5 Delius, ed., *Martin Luther. Studienausgabe* II, 137: "Es kan yhe nit ein yglicher pfar eynis weybes mangeln / nit alleinn der gebrechlickeit / szondern viel mehr / des hauszhalten halben."

6 Delius, ed., *Martin Luther. Studienausgabe* II, 136-137. 루터는 어떤 것도 양심을 억압할 수는 없다고 보는데, 그 이유는 그 양심이 믿음의 양심이며 곧 믿음이기 때문이다.

7 헨드릭스, 『마르틴 루터』, 249-250, 258-259.

친구 벤첼 링크(Wenzel Linck)의 결혼식(4월 14-15일) 증인으로 참여하기 위해 강의를 취소하고 몇 쌍의 시민부부와 함께 알텐부르크(Altenburg)로 2일 간 여행을 다녀온 것이다.[8]

사제이자 수도사로서 신학교 교수가 된 루터는 1523년 4월에 라이프치히(Leipzig) 근처 수녀원을 탈출하여 비텐베르크에 도착한 9명의 시토회 수녀 가운데 한 명인 카타리나 폰 보라(Katharina von Bora)와 1525년에 결혼했다. 당시 그의 나이는 42세였고 그의 아내 케테(Käthe)는 그보다 15세 어린 27세였다.[9] 숫총각 루터가 결혼한 1525년까지 그의 초기 동료 가운데 결혼하지 못한 성직자는 오직 암스도르프(Nicolaus von Amsdorf)와 슈팔라틴(Georg Spalatin) 둘뿐이었다.

루터처럼 칼빈도 독신서약을 부자연스럽고 인위적인 것으로 간주한다. 마태복음 19장 12절처럼 "하나님께서 특별은혜로 거세하신 자들"(quos singulari gratia Deus inde exemit)만 예외적으로 독신의 삶을 살고, 다른 모든 사람은 인간의 "본성적 조건으로, 또한 타락 후 추가된 정욕 때문에"(per naturae conditionem et accensa post lapsum libidine) 결혼을 해야만 한다. 마치 자신이 하나님의 도우심을 받기만 하면 금욕적인 독신의 삶도 가능한 것처럼 "모든 것을 할 수 있다"(omnia posse)고 지껄이는 말을 칼빈은 엄격하게 금지한다.[10]

영국에서도 순결서약 즉 독신서약은 종교개혁을 통해 완전히 폐지된다. 헨리 8세(Henry VIII)의 결혼 문제로 발생한 영국 종교개혁은 오늘날 영국

8 헨드릭스, 『마르틴 루터』, 296. 링크는 한 때 아우구스티누스수도회 소속 수도사로서 슈타우피츠(Staupitz)의 비텐베르크수도원장 자리를 물려받은 인물이었다.

9 C. Riemers, *Luther en het huwelijk* (Hoorn: 장소미상, 연도미상), 5. 루터는 아내를 종종 자신의 "주인 케테"(Herr Käthe)라는 애칭으로 불렀다.

10 *OS* III (『기독교강요』 2.8.42.), 381.

성공회를 탄생시켰으나, 정작 성직자의 결혼을 허용한 것은 헨리 8세의 통치 시절이 아니라 에드워드 6세(Edward VI)의 시대인 1549년 이후다. 성직자들의 순결서약이 하나님의 법을 떠난 발명품으로 간주되고 성직자들의 결혼금지가 거짓교회의 표지로 확정된 것은 에드워드 종교개혁의 특징이다.[11]

독신서약에 필수인 수도원제도와 성직제도는 16세기 종교개혁을 통해 개신교에서 완전히 사라졌다. 종교개혁자들은 독신서약을 하나님의 말씀에 반하는 비기독교적이고 작위적인 행태라고 비판했다. 따라서 개신교에는 독신서약 위에 세워진 일반수도원과 성직자수도원과 같은 수도원이 하나도 없다. 종교개혁자들은 중세교회가 만든 7성사 가운데 세례(세례성사)와 성찬(성체성사) 외에 어떤 것도 성례로 인정하지 않았다. 따라서 결혼은 이제 더 이상 성례가 아니라, 남녀가 하나님의 은혜와 신자 개인의 양심에 따라 서로를 선택하는 신앙적 결합이다.

종교개혁자들에게 남자와 여자의 순결을 지켜주는 자연스럽고 선한 방법은 독신서약이 아니라, 결혼제도다. 왜냐하면 결혼은 인간의 본성에 속한 성욕뿐만 아니라, 타락 후에 추가된 정욕까지도 해결해주기 때문이다. 따라서 결혼을 통한 성관계만이 정당하다. 중세교회의 인위적인 독신서약은 순결이 아닌, 수많은 부정과 성적 왜곡을 양산했을 뿐이다. 성경의 가르침에 따르면 독신이 예외적인 신앙 형태의 유용한 헌신이긴 하지만 결혼보다 더 탁월한 것으로 간주되어야 할 근거는 전혀 없다는 것이 종교개혁자들의 공통적인 결론이다.

11 참고. Helen L. Parish, *Clerical Marriage and the English Reformation: Precedent Policy and Practice* (Aldershot & Burlington: Ashgate, 2000).

Ⅲ. 부써의 결혼과 가정

수도사 부써는 1522년 5월에 16세기 기사들의 혁명을 일으킨 황제 막시밀리아누스1세(Maximilianus I)의 기사 프란츠 폰 지킹겐(Franz von Sickingen)이 다스리는 작은 마을 란트슈툴(Landstuhl)의 사제가 되었고, 그해 여름에 수도원 출신의 사제 부써는 수녀 엘리자베스 질버라이젠(Elizabeth Sibereisen)과 결혼했다.[12] 부써의 고백에 따르면 결혼생활을 통해 부써와 질버라이젠은 결혼이 경건한 삶에 매우 유익하다는 사실을 경험했다.[13]

1515년에 주교는 당시 만연한 도덕적 타락에 대해 날카롭게 비판했던 인문주의자들을 중심으로 개혁의 요구가 다른 도시보다 거세었던 스트라스부르와 같은 도시들의 사제들에게 결혼금지령을 내렸다.[14] 파문당한 수도사 기혼자 부써는 임신한 아내와 함께 야반도주하듯 란트슈툴을 빠져나와 1523년 5월경 스트라스부르에 도착했다.[15] 뉘른베르크(Nürnberg) 결혼금지령에 근거하여 주교는 부써를 당장 추방하도록 시 당국에 통보했으나 부써는 시의회에서 결혼의 정당성과 파문의 부당성을 변호할 기회를 잘 활용하여 추

---

12 Hastings Eells, *Martin Bucer* (New Haven: Yale University Press, 1931), 12-13. 질버라이젠에 대한 상세한 소개는 다음 참조. Herman Selderhuis, *Marriage and Divorce in the Thought of Martin Bucer* tran. by John Vriend & Lyle D. Bierma (Kirksville: Thomas Jefferson University Press, 1999), 116-123.

13 *BDS* 1, 174 (Verantwortung. 1523): "Ich hab ein jungkfraw zur Ee genummen, die in eim closter gewesen ist, und hat mich auch noch nit geruwen... Nun haben wir leyder erfaren, das uns christlich zu leben das closterleben in vil und unzalige weg ist hinderlich gewesen. so haben wir uns in Eelichen stadt begeben. do haben wir befunden, das er uns, gott zu gefallen, fürderlich ist."

14 Selderhuis, *Marriage and Divorce*, 59.

15 황대우, 『부써, 교회연합운동의 선구자』 (서울: 익투스, 2020), 78.

방 위기를 모면할 수 있었다.[16]

부써의 이 사건을 계기로 스트라스부르에서는 독신서약을 한 수도사와 사제와 같은 성직자의 공개적인 결혼식이 발생하기 시작했다. 시민이자 성직자였던 안톤 피른(Anthon Firn)이 1523년 10월 18일에 마르틴 엔더린(Martin Enderlin)를 아내로 맞이하겠다는 선언 후, 11월 19일에 결혼식을 올렸다. 피른의 공식 결혼식 3일 전인 11월 16일에는 수도사 볼프강 슐트하이스(Wolfgang Schultheiß)가 결혼식을 올리자마자 새 베드로성당의 보좌신부가 되었다.[17]

12월 3일에는 부써의 주례로 마태 첼이 유명한 여성 종교개혁자 카타리나 슈츠(Katharina Schütz)와 결혼했다. 이 결혼식에는 2천 명의 하객이 참석한 가운데 성찬식이 거행되었다. 1524년 1월 5일에는 콜라트 성모마리아 예배당 보좌신부 슈파칭거(Konrad Spatzinger)가, 하루 뒷날인 6일에는 수도사 한스 로니처(Hans Lonitzer)가, 20일에는 사제 누가 하크푸르트(Lukas Hackfurt)가, 26일에는 사제 요한 니블링(Johannes Niebling)이 결혼했다. 주교는 자신의 소환에 결혼한 모든 성직자이 나타나지 않았기 때문에 그들 모두를 파문했다.[18]

뉘른베르크 제국회의에서는 결국 결혼한 성직자들을 파문한 주교 측과 그들을 처벌하지 않은 시의회 측이 충돌했다. 결혼한 성직자들을 처벌해야 한다는 주교 측의 주장에 맞서 스트라스부르 시장 야곱 슈투름(Jacob Sturm)을 비롯한 시의회 대표들은 결혼한 성직자를 처벌하려면 몰래 간음과 축첩

---

16 황대우, 『부써, 교회연합운동의 선구자』, 79-80. 이 때 부써가 시의회에서 변호했던 자신의 입장을 글로 작성하여 1523년에 출간했는데, 그것이 "답변서"(Verantwortung. 변호)라는 작품이다. 원문은 다음 참조. *BDS* 1, 156-184.

17 황대우, 『부써, 교회연합운동의 선구자』, 83-84.

18 황대우, 『부써, 교회연합운동의 선구자』, 85-86.

을 저지른 사제들부터 먼저 처벌해야 한다고 반박했다. 결국 양쪽 모두 처벌한다는 내용의 합의가 이루어졌지만 양쪽 모두 실천하기도 어렵고 실천할 의지도 없었기 때문에 합의는 아무런 효력도 발휘하지 못했다.[19]

부써는 자신의 결혼을 철저하게 성경의 가르침에 근거한 것으로 확신했다. 그래서 그는 결혼을 정당한 것으로 변호한 자신의 입장에 대해 바울처럼 단호하게 선언할 수 있었다. "내가 지금까지 사람들의 기쁨을 구하였다면 그리스도의 종이 아니니라."(갈 1:10)[20] 결혼을 하거나 하지 않는 일은 그리스도인 남녀가 각자 선택할 수 있는 개인의 자유문제라는 것이 부써의 입장이다. 이 자유는 어떤 종류의 독신서약으로도 강제될 수 없다.[21]

부써와 질버라이젠이 어떻게 만나서 결혼하게 되었는지 정확히 알 수는 없지만 부써는 자신의 결혼을 하나님께서 도와주신 결과라고 확신했다. "하나님께서 우리를 연결시키시고 도와주셨다."[22] 부써는 자신이 아내와 함께 스트라스부르에 도착했을 때 독립된 거처를 마련할 때까지 자신의 아버지 집에서 살았다고 공개적으로 고백하기도 했는데, 이것은 그의 아버지 클라우스 부처(Klaus Butzer)가 아들의 결혼 때문에 아들 부부를 집안에 들이고 싶어 하지 않았다는 사람들의 오해를 바로 잡기 위해서였다.[23]

부써와 그의 결혼생활에 관하여 온갖 종류의 오해들이 난무했다. 출생에

---

19 황대우, 『부써, 교회연합운동의 선구자』, 86-87.

20 *BDS* 1, 158: "*Gefyel ich noch den menschen, so wer ich nit ein knecht Christi,* spricht Paulus Gal. i [10]."

21 참고. Selderhuis, *Marriage and Divorce*, 60-61.

22 *BDS* 1, 175: "...: gott hat uns zusamengefuget und geholffen..."

23 *BDS* 17, 61: "... ist das auch ein offenbare lugen, wie das auch fil ehrlicher leut wol wissen, das mein vatter selig mich, als ich von Weissenburg hieher kommen bin, nit habe beherbergen wollen, in des haus ich doch mit meiner hausfrawen seligen etlich wochen habe gewohnet, bis ich zu gelegner zeit zu haus gezogen bin."

대해서는 부써가 혼외자라든가, 유대인의 아이라든가 하는 풍문뿐만 아니라, 부써가 아내를 때린다는 비난과 다른 여인의 아이를 가졌다는 헛소문도 파다했다.[24] 하지만 부써는 이 모든 오해의 소문을 한 마디시원한 말로 묵살해 버린다. "이것들은 우리의 모든 이웃이 아는 것처럼 거짓말일 뿐이다."[25] 그러면서 자랑하듯이 부써는 자신의 아내와 싸움 한 번 하지 않았으며 하나님께서 허락하시는 한 자신의 아내와 계속 살고 싶다고 고백한다.[26]

부써와 엘리자베스 사이의 자녀가 몇 명이었는지 정확히 알 수는 없지만 멜랑흐톤이 언급한 13명 혹은 부써 자신이 언급한 11명이었을 것으로 보이는데, 후자가 더 신빙성 있는 것으로 보인다. 부써는 1533년 6월 20일에 마가렛 블라우러(Margaret Blaurer)에게 보낸 서신에서 다음과 같이 말했기 때문이다. "우리에게는 7명의 사내아이와 4명의 여자아이가 있다."(Wir sind sieben Knaben und vier Mädchen.)[27] 하지만 여기에 언급된 자녀들의 숫자만으로 부써가 첫 결혼을 통해 모두 몇 명의 자녀를 낳았는지 확정하기는 어렵다.

천주교와 개신교 사이의 연합을 위해 1540년 스트라스부르에 몇일 머문 적이 있는 라토무스(Bartholomew Latomus)의 진단에 따르면 부써는 선하고 총명한 가장이었고 아내 엘리자베스는 겸손하고 부지런한 가정주부였으며 자녀들은 착하고 매우 예의 바른 아이들이었다. 심지어 라토무스는 자신이 천주교 신학자였음에도 불구하고 부써의 결혼에 반대할 이유를 찾을

---

24 elderhuis, *Marriage and Divorce*, 118.

25 *BDS* 1, 183: "... dergleichen vil ander lügen mer, wie dann alle unsere nachburen wissen."

26 *BDS* 1, 183: "..., hab ich mit meiner haußfrauwen noch das erst mal zu zürnen. so ist sye solcher sytten und wandels, das ich kein zweifel hab, on allen unwillen mit ir zu leben, so lang uns gott der herr beyeinander zu wonen vergünnen würdt."

27 Eells, *Martin Bucer*, 517. 각주 13.

수 없었다고 말하면서 부써가 욕정 때문이 아니라 질서정연하고 명예로운 삶을 살고자 하는 열정 때문에 결혼했다는 사실을 인정했다.[28]

부써는 자신의 아내 엘리자베스가 집안일과 자녀들을 돌보는 일로 바빠서 편지 쓸 시간조차 없을 정도라고 언급했다. 심지어 그녀가 기침을 많이 하는 아이 하나를 돌보느라 거의 8주 동안 잠을 자지 못한 적도 있다고 언급했다.[29] 부도덕한 생활에 대한 하나님의 심판으로 부써가 해석한 전염병이 1541년에 스트라스부르를 휩쓸기 시작했는데, 당시 도시는 죽음의 먹구름이 뒤덮여 가족을 잃지 않은 가정이 거의 없었다. 부써 가정에서도 두 명의 하인과 한 명의 학생과 다섯 명의 자녀와 엘리자베스까지 최소 9명 이상이 목숨을 잃었다.[30]

부써는 엘리자베스를 "아주 경건하고도 유능한 내 아내"(piissimam atque utilissimam uxorem meam)라고 말했다.[31] 또한 그는 자신의 아내에 대해 헤센(Hessen)의 빌립(Philiph) 공에게 고백하기를, "그녀는 하나님을 경외하는 현명한 아내였고 20년 동안 모든 가사 및 육아 의무에서 나를 완벽하게 해방시켜주었으며 나와 남아 있는 나의 세 자녀에게 현세에서 더 이상 나쁜 일이 일어나지 않도록 헌신적이고 지혜롭게 모든 것을 돌봐주었습니다."[32] 엘리자베스는 자신의 죽음보다 남편과 자녀들을 걱정할 정도

---

28 Selderhuis, *Marriage and Divorce*, 120-121.

29 Selderhuis, *Marriage and Divorce*, 119-120.

30 Selderhuis, *Marriage and Divorce*, 121.

31 Selderhuis, *Marriage and Divorce*, 121, 각주 37.

32 Max Lenz, ed., *Briefwechsel Landgraf Philipp's des Großmüthigen von Hessen mit Bucer* II (Osnabrück: Otto Zeller, 1965), 38: "..., welche gar ein gotselige, geschickte frawe gewesen ist und mich alle hauß= und kindersorgen gentzlich nun ins zwentzigst jar enthebt und alles erbarlich und rathlich versehen, das mir und meinem ubrigen kindlin, dere nach drei sind, zeitlich nit hette wol ubler geschehen mögen."

로 신앙의 모범적인 여인이었다.

엘리자베스가 죽은 뒤 그녀의 유언대로 부써는 볼프강 카피토(Wolfgang Capito)의 미망인 비브란디스 로젠블라트(Wiblrandis Rosenblatt)와 재혼했다.[33] 1504년에 태어난 그녀는 1524년에 첫 남편 루트비히 켈러(Ludwig Keller = Cellarius)와 결혼하여 딸 하나를 낳았고, 1526년 여름에 남편이 죽자 1528년 가을에 두 번째 남편인 바젤(Basel)의 종교개혁자 외콜람파디우스(Oecolampadius)와 결혼했으나 둘째 남편도 3년 뒤에 죽었고, 1532년 4월에 부써의 중매로 6개월 된 홀아비 카피토와 세 번째 결혼했다. 이전 결혼을 통해 얻은 4명의 자녀를 데리고 어머니와 함께 스트라스부르로 온 그녀는 카피토에게서 5명 이상의 자녀를 낳았다.[34]

부써의 재혼일은 1542년 4월 16일이지만 이미 작성된 결혼서약이 합법적 효력을 발휘하기 시작한 날은 10월 4일이다.[35] 부써가 쓴 한 편지에 의하면 부써와 재혼할 당시 비브란디스 로젠블라트에게는 외콜람파디우스에게서 얻은 딸 하나와 카피토에게서 얻은 아들 하나와 어린 두 딸이 있었고 가진 돈은 거의 없었다. 이 편지에서 부써는 자신의 재혼 이유를 두 가지로 고백했는데, 하나는 외로움에 대한 무절제와 성마름(insolentia et impatientia solitudinis)이고 다른 하나는 낯선 사람에게 가정을 맡길 때 발생하는 위험성(periculum instituendi familiam alienis hominibus)이다.[36]

---

33 엘리자베스는 죽어가는 침상에 누워 자신이 죽고 나면 비브란디스 로젠블라트과 재혼하도록 남편에게 권유했을 뿐만 아니라, 또한 죽기 직전에 급하게 로젠블라트를 집으로 초청하여 그녀에게 자신의 남편과 재혼해달라고 부탁했다. 참고. Selderhuis, *Marriage and Divorce*, 122-123.

34 Selderhuis, *Marriage and Divorce*, 123. 비브란디스 로젠블라트에 관해서는 다음 참조. Roland H. Bainton, *Women of the Reformation in Germany and Italy* (Boston: Beacon Press, 1974), 79-94. 베인톤의 책 87쪽에는 그녀와 카피토 사이에서 태어난 5명이 2남(John Simon, Wolfgang) 3녀(Agnes, Dorothea, Irene)로 소개된다.

35 Selderhuis, *Marriage and Divorce*, 123.

슈말칼덴(Schmalkalden) 전쟁에서 패배한 개신교 연합군 도시들 가운데 하나였던 스트라스부르는 황제 카를 5세(Karl V)의 인테림(Interim)을 수용할 수밖에 없었기 때문에 이 수용을 반대하면서 황제를 비난했던 부써를 추방하지 않을 수 없었다. 추방된 부써는 1549년에 영국 왕 에드워드 6세(Edward VI)의 초청을 받아 캠브리지(Cambridge)대학의 왕립 교수로 부임하지만 2년을 채우지 못한 1551년 3월 1일에 59세의 나이로 사망했다.[37] 부써의 사망 후 비브란디스 로젠블라트는 아이들과 노년의 어머니와 함께 스트라스부르로 돌아갔다.[38]

Ⅳ. 부써의 결혼 신학

부써는 "결혼에 대한 정당한 돌봄과 관리를"(iustam matrimoniorum curam et administrationem) 교회와 정부가 연대적이면서도 또한 각각 고유하게 책임을 져야한다고 주장한다. "실로 결혼이 정치적인 일이기 때문에 사람들은 자신들이 혼인을 엄숙하게 계약하고 시작하며 거룩하게 보존하기 위해서뿐만 아니라, 또한 강제 추방이 필요할 경우 외에는 파혼하지 않기 위해서라도, 교회의 교리와 치리에 의해 세워져야 하고 소환되어야 할뿐만 아니라, 또한 공화국의 법률들과 법원들에 의해 이 [결혼]에 유익을 얻어야

---

36 Selderhuis, *Marriage and Divorce*, 124. 부써가 1542년 3월 초순에 슈파이어(Speyer)에서 암브로시우스 블라우러에게 보낸 편지 원문은 다음 참조. Ernst Staehelin, *Briefe und Akten zum Leben Oekolampads* II (New York & London: Johnson Reprint Corporation, 1971), 784-785.

37 부써의 말년과 죽음에 대해서는 다음 참조. 황대우, 『부써, 교회연합운동의 선구자』, 371-391.

38 Selderhuis, *Marriage and Divorce*, 127-128.

하고 도움을 받아야 하며 강제되어야 한다."[39]

부써는 결혼을 교회적인 동시에 국가적인 제도로 간주한다. 따라서 결혼과 이혼에 관한 세부 규정을 교회만 교회법으로 만든 것이 아니라 국가도 국가법령으로 만들어 선포해온 것인데, 이것이 성경적이다. 반면에 로마교회는 결혼을 교회적인 동시에 세상적인 제도로 인정하지 않고 결혼에 관한 모든 권한을 교황 중심으로 일원화했다고 부써는 비판한다. "결혼(들)이란 그리스도의 판단에 따라 계약되어야 하고 가꾸어져야 하며 정당한 이유 없이 파혼되지 않아야 한다는 것은 공화국의 품위와 안녕을 위해 매우 중요하다는 [사실]을 누가 모를까?"[40]

결혼제도는 교회의 일이면서 동시에 정부의 일이다. 그럼에도 불구하고 기독교국가나 기독교 도시에서는 왕이나 정부가 결혼제도의 첫 번째 관리책임자여야 한다는 것이 부써의 주장인데, 이것은 16세기 당시 뿌리 깊은 교황 중심의 중세교회와 중세신학에 대한 반발로 보인다. 하나님의 법과 황제들의 법이 공통적으로 금지하는 것은 직계 조상과 후손 간의 친족결혼뿐이며 두 법은 심지어 사촌지간의 결혼조차도 허락한다. 히포(Hippo)의 아우구

---

39 *BOL* 15, 152: "Cum etenim coniugium res sit politica, homines, ut connubia et rite contrahant et ineant, sancteque seruent atque non nisi extrema compulsi necessitate dissoluant, non tantum Ecclesiae dictrina et disciplina instituendi et adducendi, uerum reipublicae quoque legibus et iudiciis ad haec expediendi sunt, iuuandi atque compellendi." 여기서 'politicus'는 질서유지를 위한 사회제도 혹은 정치체제를 의미하는데, 이것은 국가나 정부뿐만 아니라, 교회에도 필요하다는 사실을 전제한다. 부써는 결혼을 위해 세 가지 라틴어 단어, matrimonium, coniugium, connubium을 주로 사용하는데, matrimonium은 결혼(혼인)을 의미하는 통상적 용어이고, coniugium은 한 쌍의 부부라는 뜻을 내포한 결혼(혼인)을 의미하며, connubium은 결혼식 등을 통해 이루어진 합법적 결혼(혼인)을 의미한다. 하지만 세 단어는 별 구분 없이 동의어로 사용된다. 이외에도 여성 복수형 nuptiae라는 단어도 결혼을 의미한다.

40 *BOL* 15, 153: "Quantum autem intersit ad reipublicae honestatem et salutem, ut matrimonia ex Christi sententia contrahantur et colantur, nec absque iustra causa dissoluantur, quis non intelligat?"

스티누스(Augustinus)는 사촌과 같은 가까운 친족 간의 결혼을 금지하면서 "낯선 자들과의 친화관계"(affinitas cum alienis)를 훨씬 높게 평가했는데, 이것은 부써의 재혼 이유와 정반대다.[41]

부써는 인간이 만든 것보다는 성경이 가르치는 결혼제도를 선호하고 강조한다. 부써에 따르면 우리 그리스도인은 그리스도의 자유 덕분에 구약 이스라엘의 의식법(leges caeremoniales)뿐만 아니라 모세의 시민법(Mosi leges ciuiles)으로부터도 자유롭지만, "하나님의 제도"(Dei constitutio)로서 "거룩한 결혼에 관하여"(de sancto coniugio) 주님께서 가르치신 것은 반드시 준수해야 한다.[42] 따라서 성경이 제시하는 결혼과 다른 인간적인 결혼제도와 교리를 만든 로마교회는 "하나님의 법과 교회의 법을 반대하는 적그리스도들"(Antichristi contra Dei et Ecclesiae leges)이다.[43]

예컨대 비록 양가 부모가 자신들의 보호 아래 있는 자녀의 결혼을 알지도 못하고 동의하지도 않았음에도 불구하고 사춘기의 두 당사자 사이에 "구두 계약으로 만들어진 결혼 동의서"(pactio matrimonii facta a contrahentibus uerbis)는 효력을 지닌다는 내용과 같은 것이 인간적인 결혼제도다. 이것을 부써는 경건한 황제들의 법뿐만 아니라 하나님의 법과 자연의 법, 심지어 국가들의 법과도 어긋나는 내용이라고 비판한다. 왜냐하면 그것은 "경솔하고도 불경건한 결혼 동의서"(non tam temeraria quam impia matrimoniorum pactio)이기 때문이다.[44]

청춘 남녀는 자신들의 결혼을 위해 양가 부모들의 권리(parentum

---

41 *BOL* 15, 154-155.
42 *BOL* 15, 156.
43 *BOL* 15, 157.
44 *BOL* 15, 157-158.

potestas)를 중시해야 한다. 그 근거로 부써는 창세기 2장 24절 말씀을 인용한다. "이러므로 남자가 부모를 떠나 그 아내와 합하여 둘이 한 몸을 이룰지로다." 이어서 주장하기를, "하나님 다음으로 최대의 영예와 존경은 확실히 자녀들에 의해 부모에게 돌려져야만 한다."(maximus honor et reuerentia)[45] 그런데도 만일 자녀가 부모 몰래 결혼한다면 그것은 경솔하고 불신앙적인 행위일 뿐만 아니라, 심지어 부모에게서 자녀를 도둑질하는 짓이다. 부써가 부모의 동의와 허락을 결혼의 중요한 전제 조건으로 보는 것은 확실하다.

부써에게 결혼의 가장 훌륭한 모델은 에베소서 5장 22-33절이 제시하는 그리스도와 교회의 결합이다. 이 말씀에 근거하여 부써는 아내를 남편의 "몸과 온 생명을 위한 도움"(corpus eius et adiutorium in omnem uitam)으로, 남편을 "그리스도께서 자신을 자신의 교회에 제공하시는 것과 같이 마땅히 자신을 머리와 구원자로 제공해야만 하는 자"(qui debeat se caput et seruatorem praebere, uit Christus se praebet Ecclesiae suae)로 정의한다.[46] 따라서 그리스도인의 결혼은 반드시 "정직하고 의롭고 거룩한 것"(honestum et iustum et sactum esse)이어야 하고 "육체의 경솔한 탐욕을 위한 것이 되지 않도록"(non pro temeraria carnis cupiditate) 주의해야 한다.[47]

거룩한 결혼이 되려면 결혼 당사자는 반드시 결혼 전에 양가 부모에게 자신들의 결혼을 알리고 동의를 받아야 할뿐만 아니라, "최소 3-4명의 경건하고 정직한 사람들의 논의와 동의와 증언"(ad minimum trium aut

45 *BOL* 15, 157: "Post Deum, maximus certe honor et reuerentia debetur a liberis parentibus."
46 *BOL* 15, 159.
47 *BOL* 15, 160.

quatuor piorum et honestorum uirorum consilio, assensu et testimonio)도 요구된다.[48] "무엇보다도 신앙이 있는 사람들은 이 [결혼] 계약과 더불어 교회 장로들로부터 약간의 [도움]을 활용하는데, 그것으로 모든 것이 더욱 진지하고 경건하게 완성되고, 또한 하나님의 말씀과 기도에 의해 이 언약이 더 큰 열심으로 성화된다."[49] 자녀의 결혼 서약이 정당하다면 부모라 해도 결혼을 허락하지 않을 명분은 없다. 부써가 볼 때 만일 부모가 자녀에게 자신의 권위를 남용하여 결혼을 방해할 경우에는 정부의 공적인 개입이 필요하다. 따라서 정부는 결혼이 정당하고 적법하게 이루어지도록 관리해야 할 의무와 책임이 있다.[50]

약속된 결혼(pactum matrimonium)인 약혼(sponsale)을 파기하는 문제에 대해 부써는 "결혼 약속만 있고 아직 육체적 결합이 발생하지 않았을 경우에는"(ubi sola matrimonii promissio, non etiam carnalis congressus intercesserit) 파혼이 가능한 것으로 본다. 왜냐하면 "영혼 사이의 참된 동의로 맺어지지 않은 자들 사이에는 참된 결혼이 없는 것과 같기" 때문이다.[51] "이런 동의와 사랑이 없는"(sine hoc consensu et amore) 결혼은 맺어지지 못하도록 해야 한다는 것이 부써의 입장이다. "왜냐하면 결혼예식이 거행되고, 그래서 육체적 혼합의 기회가 만들어진 다음, 충분히 적당한 시간이 이르렀을 때 [그들은] 자신들의 결혼 언약을 완전히 확실하게 받아들이기 때문이다."[52]

---

48 *BOL* 15, 160.

49 *BOL* 15, 160: "Plerique religiosi homines huic contractui adhibent etiam aliquem ex Ecclesiae presbyteris, quo grauius et religiosius omnia confiant, uerboque Dei et prece haec pactio maiore studio sactificetur."

50 *BOL* 15, 160-161.

51 *BOL* 15, 162: "Sicut etiam matrimonium uerum non est inter eos, qui non conueniunt uera animorum consensione,..."

심지어 부써는 근거로 부부가 긴 시간 동거하고 육체적 결합 후에도 이혼할 수 있다고 주장한다. 이것은 하나님께서 이스라엘 백성에게 이혼 증서로 이혼을 가능하게 하신 신명기 24장 1-3절의 말씀에 근거한 주장이다. 그럼에도 불구하고 부써는 결론 내리기를, "결혼이란 주님께서 세우신 것과 같이 결합하는 것이다. 확실히 모든 사람은 각자, 아담이 하와를 받아들여서 연합하는 바로 그 열정과 사랑으로 자신의 배우자를 받아들여야 한다. 그래야 결혼으로 합하여진 자들은 확실히 한 사람 즉 하나님의 사람으로 연합되기를 소망할 수 있다."[53]

목회자가 주례하는 결혼 예식이 경건하게 집행되는지 살피는 일뿐만 아니라, 결혼 당사자들이 결혼 예식을 가볍게 여기지 못하도록 감시하고 감독하는 일은 정부의 임무다. 정부는 결혼 예식이 하나님께 불명예가 되지 않도록 잘 살펴야 한다. 왜냐하면 "경건하게 혼약되어야 하는 거룩한 결혼(식)"(sanctum connubium pie paciscendo)은 곧 "언약의 정당한 승인"(pacti iusta comprobatio)이며 또한 "거룩한 출발이자 성결의 식"(sancta initiation atque consecratio)이기 때문이다.[54]

부써에 따르면 결혼과 결혼예식이 정부의 감시와 감독 아래 이루어져야 하는 것처럼 결혼 이후의 결혼생활에 대한 감시와 감독도 필요한데 이런 감찰의 일차적 의무는 각각의 지역교회가 감당해야 한다. 따라서 교회는 "합법

---

52 *BOL* 15, 162: "Celebrata enim nuptiarum festiuitate atque ita copia facta commixtionis carnalis, tum satis tempestiuum fuerit, nuptialem pactionem suam plenam accipere firmitatem."

53 *BOL* 15, 163: "..., ut matrimonia ita coeant, sicut Dominus instituit, ut nimirum quisque coniugem suam eo accipiat affectu et amore, quo Adam legitur accepisse Euam suam, ut sperari scilicet possit, eos, qui matrimonio iunguntur, in unum hominem et Dei hominem coalituros, etc. [Gen. 2, 24]"

54 *BOL* 15, 164.

적으로 계약되고 거룩하게 시작한 결혼이 유지되도록"(ut matrimonia legitime pacta et inita sancte seruentur) 부부들이 자신들의 결혼생활을 어떻게 하는지 감찰하는 "결혼 수호자들"(matrimoniorum custodes)을 임명하고 이들의 권면과 훈계를 통해 잘못된 결혼생활을 바로잡도록 할 필요가 있다. 뿐만 아니라 교회의 결혼 수호자들인 결혼 감찰관의 권위와 훈계를 무시하는 자들은 정부의 "일반 치안판사들"(ordinarii magistratus)에게 넘겨져 자신들의 범법에 합당한 처벌을 받도록 해야 한다.55

교회의 결혼 감시단 즉 결혼 감찰관들과 정부의 행정관들 즉 치안판사들은 부부가 결혼할 때 채결한 결혼계약에 부합하는 의무를 서로에게 다하는지, 그리고 경건하고 거룩하게 결혼생활을 유지하는지 감시하고 감독하며 잘못이 발견될 경우 훈계하고 처벌할 책임과 의무가 있다. 한 마디로 부부생활의 감시감독 즉 감찰 의무와 책임은 교회와 국가가 함께 져야 한다. 각각의 지역교회가 세워야 할 결혼 감시단 즉 결혼 감찰관들은 "특별히 신중하고 신앙적인 사람들을"(viri singulariter graues et religiosi)이어야 한다.

교회의 결혼 감시단인 감찰관들은 "남편들이 자신들을 아내들에게 구원자 같은 가장과 보호자로 제공하는지, 즉 자신들의 아내들을 진실로 사랑하고 모든 경건을 위해서뿐만 아니라, 이생의 확실한 편의들을 위해서도 신실하게 준비하고 유지하며 돕는지, 또한 아내들이 자신의 남자들에게 참으로 순종하고 모든 경건을 위해서뿐만 아니라 여생의 모든 유익을 위해서도 그들에게 자신들을 돕는 자들로 제공하려고 열심을 다하는지" 잘 살펴야 한다.56

55 *BOL* 15, 165.

56 *BOL* 15, 164: "... num mariti se praebeant uxoribus salutares moderatores et curatores, si uxores suas uere diligant et cum primis ad omnem pietatem, deinde ad certera uitae huius commoda fideliter instituant, foueant et adiuuent; sique uxores uiris suis vere subditae sint et adiutoria se illis praebere studeant, sicut in primis ad omnem pietatem, ita ad omnem etiam reliquum uitae usum."

V. 결론

중세교회는 결혼을 7성례 가운데 하나로 가르쳤음에도 불구하고 결혼생활을 거룩한 삶으로부터 떼어내었다. 왜냐하면 거룩한 삶은 하나님을 위해 홀로 살기로 서약한 수도사들 혹은 사제들로 구성된 성직자들에게만 해당하는 것으로 간주했기 때문이다. 따라서 중세교회에서 거룩한 삶이란 독신자들 즉 수도사들과 사제들에게만 해당하는 게토의 영역이었다. 하지만 종교개혁자들은 거룩한 삶의 중세 개념을 독신자들에게서 빼앗아 결혼한 사람들에게 돌려주었다. 그러므로 종교개혁자들에게 거룩한 삶의 현장은 다름 아닌 결혼생활이다.

부써에게 결혼은 하나님께서 친히 세우신 신적 제도로서 거룩하다. 이 거룩한 결혼을 시작부터 마지막까지 돌보아야 할 의무와 책임은 정부와 교회에 공통적이다. 국가는 결혼이 합법적인지 감시하고 감독해야 하며 교회는 결혼생활이 신앙적으로 유지되는지 감시하고 감독해야할 의무와 책임이 있다. 이런 의무와 책임을 다하기 위해 각 지역교회는 결혼 감시단인 감찰관들을 세워야 한다.

교회가 세운 결혼 감찰관들은 만일 어느 부부에게서 거룩한 결혼의 의무와 책임을 벗어나 무책임하고 순결하지 못한 결혼생활이 발견될 경우 그들이 서로에게 의무와 책임을 다하도록 그들을 훈계해야 한다. 결혼 감찰관들은 자신들의 훈계와 권위를 무시하는 부부가 있을 경우 그들을 정부의 행정판사에게 넘겨 결혼생활의 과오에 대해 처벌을 받도록 해야 한다. 따라서 거룩한 결혼 이후 결혼생활을 합법적이고 거룩하게 유지하는지 효과적으로 감시하고 감독하기 위해서는 교회와 정부가 함께 협력할 필요가 있다.

〈참고문헌〉

BDS = *Martin Bucers Deutsche Schriften.*

BOL = *Martini Buceri Opera Latina.*

OS = *Calvini Opera Selecta.*

신원하. 『죽음에 이르는 7가지 죄』. 서울: IVP, 2012.

헨드릭스, 스콧. 『마르틴 루터: 새 시대를 펼친 비전의 개혁자』. 서울: IVP, 2017.

황대우. 『부써, 교회연합운동의 선구자』. 서울: 익투스, 2020.

Bainton, Roland H. *Women of the Reformation in Germany and Italy*. Boston: Beacon Press, 1974.

Delius, Hans-Ulrich. Ed. *Martin Luther. Studienausgabe* II. Berlin: Evangelische Verlagsanstalt, 1982.

Eells, Hastings. *Martin Bucer*. New Haven: Yale University Press, 1931.

Harrington, Joel F. *Reordering Marriage and Society in Reformation Germany*. New York: Cambridge University Press, 1995.

Lenz, Max. Ed. *Briefwechsel Landgraf Philipp's des Großmüthigen von Hessen mit Bucer* II. Osnabrück: Otto Zeller, 1965.

Oort, J. van. *Augustinus: Facetten van leven en werk*. Kampen: J. H. Kok, 1989.

Parish, Helen L. *Clerical Marriage and the English Reformation: Precedent Policy and Practice*. Aldershot & Burlington: Ashgate, 2000.

Riemers, C. *Luther en het huwelijk*. Hoorn: 장소미상, 연도미상.

Selderhuis, Herman. *Marriage and Divorce in the Thought of Martin Bucer*. Trans. John Vriend & Lyle D. Bierma. Kirksville: Thomas Jefferson University Press, 1999.

Staehelin, Ernst. *Briefe und Akten zum Leben Oekolampads* II. New York & London: Johnson Reprint Corporation, 1971.

멜랑흐톤의 결혼과 가정

류성민

Philip Melanchthon(1497-1560)

서울대 산림자원학과를 졸업하고, 합동신학대학원대학교에서 M.Div 학위를 취득하였고, 독일 Kirchliche Hochschule Wuppertal/Bethel에서 고전어와 Magistergang을 수학하고, 네덜란드 Apeldoorn 신학대학에서 Th.M.과 Th.D. 학위를 취득하였다. 논문의 주제는 멜랑흐톤의 시편, 학개, 스가랴 주석연구였다. 예장 합신의 목사로 성가교회(합신)에 출석 중이며, 프랑스위그노연구소(조병수 소장)의 연구교수로 활동하고 있고, *Melanchthon Werke* (Bretten)의 편집위원이다. 한국연구재단이 지원하는 합동신학대학원대학교 개혁주의사상연구소의 연구원으로서 18세기 위그노의 이주와 정착을 연구하며, 조직신학과 역사신학의 과목을 가르치고 있다. 역서로는 『종교개혁, 인물과 중심지를 따라 읽다』(이레네 딩엘, 영음사)와 『교리의 기원』(알리스터 맥그래스, 생명의말씀사)가 있고, 저서로는 『멜란히톤, 깔뱅 그리고 위그노』(가르침)을 비롯한 다수의 공저와 논문들이 있다.

류성민

Ⅰ. 서론

중세 교회와 현대 교회의 가장 두드러지는 차이점은 결혼에 대한 인식에서 발견될 수 있다. 중세 전통에서 목회자의 결혼은 금지되었다. 그러나 현대 교회의 보수 교단들은 대부분 결혼하지 않은 사람을 목사로 세우는 것을 꺼려한다. 이전에는 결혼이 목회에 방해가 된다고 생각했지만, 이제는 결혼이 목회의 중요 요소라고 생각한다. 이런 발전은 종교개혁으로 인한 것이다. 물론 종교개혁 초기에는 중세 전통에서 벗어나기는 했지만 목회자에게 결혼의 여부가 크게 중요한 문제는 아니었다. 그러나 점차 성도의 결혼에 대한 실제적 관심과 사례들이 생겨나면서, 결혼에 대한 이론적 서술도 자연스럽게 발전하였다. 우리는 결혼에 대한 멜랑흐톤의 이론과 실제를 살펴보는 짧은 글을 통해 이런 발전의 한 사례를 찾으려 한다.

기술될 내용들은 멜랑흐톤의 결혼에 대한 견해의 이론과 가정의 실제라는 형식으로 짧게 정리될 것이다. 우선 이론적 내용을 시대별로 다루고, 이어 그의 결혼 생활 실제를 엿볼 것이다.

Ⅱ. 멜랑흐톤의 결혼에 대한 이론적 설명

1. 1521년 신학총론

(1) 십계명에서 결혼의 이해

멜랑흐톤은 하나님의 법을 다루면서, 십계명을 설명한다. 둘째 돌판에서

'간음하지 말라'는 계명은 단지 외적으로 부끄러운 행위를 범하지 말라는 것이 아니라, 마음의 자비와 순결이 요구된다고 지적한다.[1] 비록 복음서(마 19:12)와 서신서(고전 7:25-27)에서 독신에 대한 언급이 있다고 하더라도, 이것은 의무적 계명이 아니라, 권고일 뿐이라고 지적한다. 그리고 아무리 순결한 사람이라도 욕정을 통제하는 것은 불가능하기 때문에, 간음하지 말라는 계명은 성취할 수 없다고 단언한다. 그러므로 결혼한 사람들이 결혼하지 않은 사람들보다 욕정의 문제에 있어 더 낫다고 말할 수 있다.[2]

멜랑흐톤은 하나님께서 주신 계명을 사람이 온전히 지키는 것이 불가능하다고 이야기한다. 그런 점에서 결혼은 성도의 삶의 실제에서 욕정의 문제를 해결하는데 도움을 준다고 주장한다. 곧 결혼을 하지 않는 사람들이 더 위기에 있다고 말하는 것으로, 수도사들의 삶이 더 거룩하다는 주장을 거부한다.

(2) 수도사 서원에서 결혼에 대한 이해

멜랑흐톤은 1521년 신학총론에서 죄에 대한 주제를 다루고 나서 율법에 대한 내용을 다룬다. 그 중에 수도사의 서원에 대한 논의에서 결혼과 관련된 멜랑흐톤의 견해를 엿볼 수 있다. 멜랑흐톤은 수도사들이 서원하는 독신, 가난, 복종에 대해 언급하며, 특히 독신에 대하여 우리 육신의 연약함 때문에 그리스도께서도 모든 사람들에게 권고하기를 부정하신 것이라고 지적한다.[3]

---

1 Philipp Melanchthon, 이은선 역, "신학총론", 『멜란히톤과 부처』 (두란노아카데미: 서울, 2011) (기독교고전총서 17) (= Loci 1521), 100; Philipp Melanchthon, ed. Robert Stupperich, *Melanchthons Werke in Auswahl* (Gütersloher Verlagshaus Gerd Mohn: Gütersloh, 1951-) (= *MSA*) II/1, 49.

2 *Loci* 1521, 102f.; *MSA* II/1, 52

3 *Loci* 1521, 104; MSA II/1, 53. "Sed cum ea sit imbecillitas carnis nostrae, ut Christus etiam neget omnes capere sermonem de coelibatu, quid attinet vulgare in tot hominum millia rem adeo ancipitem et periculosam?"

이어 가난과 복종에 대해 다루면서 당시 수도원들이 기독교를 영적으로 판단하지 않고, 외적 공로의 방식으로 평가한다고 비판한다.[4] 물론 멜랑흐톤은 원래 수도원의 정신과 목적, 즉 학문에만 집중하는 독신 학자들, 공동생활을 하는 동료 학생들, 스승들에게 자유롭게 순종하는 삶과 같은 전통들은 좋은 것이라며, 자신의 학문적 삶에 대한 바램을 표현했다. 물론 이것이 특별한 어떤 것이나 완전한 상태를 가리키는 것이 아니라, 미성숙한 사람들의 훈련에 불과하다고 덧붙인다.[5]

수도사 서원과 관련된 논의에서 멜랑흐톤의 결혼에 대한 설명은 길지 않다. 그는 수도사 서원의 신학적 부적절함을 지적하지만 오히려 수도원의 삶이 자신의 학문적 이상과 유사하다며, 호의적 입장도 보이고 있다는 특징이 있다. 멜랑흐톤은 1520년 8월 말에 결혼했고, 그의 신학총론은 1521년에 출간되었다. 즉 수도원 삶에 대한 멜랑흐톤의 이 진술은 그의 결혼 초기에 나온 견해이다. 학문을 향한 순전한 열심과 관련하여 독신의 장점에 대해 호의적인 입장을 보인 것은 아마도 그의 만족스럽지 못한 결혼 초기의 상황과 관련된 것으로 생각된다.[6] 그러나 멜랑흐톤에게 독신이란 제도가 모두에게 통용될 수 없는 부자연스러운 것이며, 영적 선을 쌓는 것과는 전혀 상관없는 일이라는 생각은 초기부터 명확했다. 더하여 멜랑흐톤은 결혼을 은혜의 특별한 표지, 즉 성례로 인정하지 않았다.[7]

2. 1553년 신학총론

4 *Loci* 1521, 105(한글 번역은 "정신이 아니라"로 번역하였지만, "영적으로"(a spiritu)로 보는 것이 적절하다); MSA II/1, 54.

5 *Loci* 1521, 105; *MSA* II/1, 54.

6 이 부분은 멜랑흐톤의 결혼에 대한 초기 평가에 대해 다루면서 언급될 것이다.

7 *Loci* 1521, 198; *MSA* II/1, 144.

(1) 십계명에서 결혼의 이해

멜랑흐톤의 십계명 해설은 계명에 대한 이론적 설명과 실천적 제안이라는 두 부분으로 구분된다. 결혼에 대하여 언급되는 7계명의 해설도 마찬가지이다.[8] 첫 부분은 이론적 설명이다. 멜랑흐톤은 우선 '간음하지 말라'는 계명이 모든 혼인 관계 이외의 성적 교제를 금하는 것으로 결혼을 적극적으로 긍정하고 보호하고 있다는 것을 분명하게 밝힌다. 결혼이란 한 남자와 한 여자의 자연적이며 나누어질 수 없는 결합이고, 하나님은 그들에게 성적 교제를 금하지 않으셨고, 이를 통해 그들을 통해 자녀를 낳도록 하시고, 다른 성적 교제나 불결함으로부터 그들을 보호하셨다.[9]

멜랑흐톤은 이런 개념을 다시 상세하게 설명한다. 하나님은 창조의 질서 가운데 자신의 뜻을 나타내셨다. 곧 남자와 여자를 창조하시고, 그들로 하여금 부활 때까지 아이를 낳으며 살도록 하신 것이 창조의 질서라고 말한다. 그리고 하나님은 순수하시고, 순결하시며, 질서의 하나님이시기 때문에, 우리도 하나님을 따라 순결한 덕을 인정해야 한다. 하나님은 "둘이 한 몸이 되는 것"으로 결혼 제도의 순결함을 정하셨다. 그러므로 결혼 관계 이외의 성적 관계는 금지된다. 이것이 순결함의 의미이고, "간음하지 말라"는 명령 속

---

8 멜랑흐톤의 십계명의 읽기는 루터의 독법을 따르기 때문에 '간음하지 말라'는 계명은 그에게 6계명이다. 우리는 개혁파 전통을 따라 7계명으로 읽는다.

9 Philipp Melanchthon, Ralf Jenett und Johannes Schilling ed., *Heubtartikel Christlicher Lere. Melanchthons deutsche Fassung seiner Loci Theologici, nach dem Autograph und dem Originaldruck von 1553*, (Leipzig: Evangelische Verlagsanstalt 2002) (= *Heubtartikel*), 214. 한역본: 필립 멜란히톤, 이승구 역, 『신학총론』 (일산: 크리스챤다이제스트 2000) (세계기독교고전 39) (= *Loci* 1553), 237. "Und ist nemlich der ehestand ein naturliche, unzertrennliche zusamen fugung allein zweyer personen, eins mans und einer freuen, denen gott die vermischung nicht verbotten hatt, von gott also geordnet zur geburt und alle andere vermischungenen und unreinkeit zu verhuten."

에 있는 내용이다.[10]

멜랑흐톤은 이어서 이 내용을 증명하기 위해 성경의 근거를 제시한다.[11] 결혼은 하나님께서 기뻐하시는 것이며, 하나님께서 친히 정하신 것이고, 이를 어긴 것에 대한 형벌 또한 하나님께서 정하셨다. 지나간 역사와 우리가 경험하는 일상은 이런 죄의 결과를 잘 보여준다. 현세적 처벌은 비록 외면적 범죄와 관련되어 있지만, 마 5장의 설명처럼 우리는 자신의 마음을 잘 살피고, 죄의 욕정을 다스려야 한다. 우리의 연약함을 인정하고, 예수님께 돌이켜 은혜를 구하고, 우리의 연약함과 불결함에 대해 용서를 구하고, 성령의 인도를 간구해야 한다.[12]

둘째 부분은 7계명에 대한 실천적 제안이다. 실천적 제안은 선행(Gute werk nach disem gebot)과 악행(Sund wider dises sechst gebott)으로 구분된다. 우선, 그는 선행을 분명한 전제로 시작한다. "모든 행위는 하나님에 대한 바른 지식과 중보자 그리스도에 대한 믿음에 기초해야 한다."[13] 우리의 마음이 하나님을 향하고, 하나님을 향한 경외가 마음을 밝히고, 그것을 믿고, 그 안에 머문다면, 그 안에는 죄가 없다. 그러한 결혼은 하나님을 기쁘시게 하는 바른 행위가 된다. 이것의 다른 의미는 결혼 관계 밖에서는 성적으로 더러움 없는 흠 없는 삶을 살아야 한다. 이 원리는 모든 사람에게 해당된다. 하나님의 특별한 은사를 가진 사람이 아니고는 결혼하여 사는 것이 좋

---

10 『신학총론』 1553, 237-238; *Heubtartikel*, 215-216.

11 예를 들면, 고전 6:16; 창 2장; 마 18장; 고전 6장, 7장; 갈 5장; 레 18장.

12 *Loci* 1553, 240; *Heubtartikel*, 217.

13 *Loci* 1553, 240; *Heubtartikel*, 217. "Vor allen werken muß der grund geleget seyn mit rechter erkantnus gottes und glauben an den mittler Christum." 멜랑흐톤이 선행을 기록하기 전에 믿음이라는 전제를 강조하는 것은 당시 발생한 칭의논쟁과 관련이 있다고 할 수 있다. (참고. Heinz Scheible, *Melanchthon. Vermitteler der Reformation. Eine Biographie* (München: C.H.Beck ²2016), 249-251.)

다. 다음으로, 악행에서 멜랑흐톤은 결혼 관계 밖의 성적 결합은 죽음의 형벌에 해당한다고 밝히고 있다.[14]

로마 가톨릭의 사제와 수도사는 하나님을 잘 섬기는 데 있어 결혼보다 독신이 더 적절하다고 여겼다. 성적 즐거움을 터부시하며 금욕이 더 경건한 것이라고 생각했기 때문이다. 그러나 멜랑흐톤은 하나님께서 결혼을 오히려 기뻐하시며, 결혼이 일반적으로 사람들에게 더 적절한 것이라고 가르친다. 독신은 하나님의 특별한 은사가 없이는 불가능하다. 이런 사실은 당시 수도사와 사제들의 부적절한 성적 범죄와 관행에 대한 분명한 지적이기도 하다. 이런 범죄는 예외없이 죽음의 형벌에 해당한다는 그의 선언적 발언은 그런 점에서 의미심장하다.

(2) 수도사 서원에서 결혼의 이해

멜랑흐톤은 율법에 대한 설명 이후 계명과 권고의 구별에 대한 장(von unterschied der gepot und redte)에서 수도사 서원 중 결혼에 대한 내용을 순결(Von keuscheit)이라는 제목 하에 다룬다. 그는 우선 순결을 결혼 관계 밖에서 행해지는 성적 관계를 피하는 것으로 정의한다. 결혼 없이 순결한 삶을 살 수 있는 은사가 없는 사람은 결혼을 하라는 것이 명령이다. 그러므로 결혼은 모두를 위한 명령은 아니지만, 금지된 성적 관계를 피하는 것은 영원한 명령이다.[15] 하나님은 이 명령을 어긴 것에 대해 매우 엄격하게 징벌하신다. 그러므로 우리는 결혼 관계 안에서 혹은 밖에서 순수하고 순결한 삶

---

14 *Loci* 1553, 241; *Heubtartikel*, 218. "Alle vermischung und vergiessung des samens ausser dem ehestand sind todsund wider dises gebott."

15 *Loci* 1553, 274f.; *Heubtartikel*, 246. "Disen ist nicht gebotten, ehelich zu werden. Gleich wol bleibet dises unwandelbar, ewig gebot, das sie alle verbottne vermischungen und miβbrauch des samens meiden sollen."

을 살아 하나님께 순종해야 한다.

이 교훈의 실천에 있어 멜랑흐톤은 순결에 대한 하나님의 명령이 참된 교회에서만 지켜지고 있다고 주장하면서, 교황주의자들이 결혼을 금지함으로 무시무시한 범죄의 원인을 제공하고, 하나님의 참된 교리를 어기고 있다고 비판한다.16

멜랑흐톤은 기본적으로 결혼에 대해 부정적 견해를 가지고 있지 않고, 결혼에 대해 부정적 견해를 가지고 있는 사람들의 부조리함을 비판하고 있다. 그는 분명하게 하나님께서 순결한 삶을 위해 결혼을 허락하셨다고 주장한다. 더 이상 그는 수도원의 삶에 대한 호의를 보이고 있지 않다.

3. 멜랑흐톤의 결혼에 대한 이론의 소결론

멜랑흐톤은 직접 결혼과 가정에 대한 견해를 신학총론에서 주제로 나누어 다루고 있지는 않다. 다만 십계명에 대한 해설과 수도원 서약에 관한 내용에서 이에 대한 내용을 잘 설명하고 있다. 1521년 신학총론과 1553년 신학총론은 멜랑흐톤의 결혼과 가정에 대한 견해의 발전을 잘 보여준다. 우선 기본적으로 결혼이 하나님께서 허락하신 것으로, 좋고, 유익한 것이라는 견해는 처음부터 확실했다. 더하여 수도사 서약이 갖는 신학적 문제점에 대한 지적을 통해 당대 교회가 지향해야 하는 종교적 삶을 보여주려 했다.

흥미로운 것은 1521년 신학총론에서 멜랑흐톤이 수도사의 독신의 삶을 학문을 향한 순결한 삶의 추구로서 호의적으로 바라본 것이다. 이것은 아마 그의 초기 결혼의 삶이 그에게 낯설고, 힘든 것이었기 때문이다. 그러나 결

16 *Loci* 1553, 276; *Heubtartikel*, 247.

혼 초의 곤란함은 누구에게나 공통적이다. 이것을 이상하게 생각할 필요는 없다. 우리는 다만 그의 사적 편지를 현대의 출판물로 확인할 수 있어서, 그의 삶을 이렇게 들여다 볼 수 있었고, 그 결과 그의 삶의 민낯을 말할 수 있을 뿐이다.

분량에 있어 1521년 신학총론과 비교할 때, 1553년 신학총론은 결혼에 대해 많은 내용을 다루고 있다. 멜랑흐톤은 이미 30년이 넘게 결혼 생활을 유지하고 있었고, 4명의 자녀를 낳고 키운 이후였기 때문에, 젊은 시절 학문에 몰두하던 상황과 다른 입장을 가지게 된 것으로 생각된다. 더하여 가정 살림과 자녀 양육에 주도적이었던 주부에 대한 이해가 더 커졌고, 그들을 위한 신앙적 교육을 중요하게 여겼음을 짐작할 수 있다.

1553년 신학총론이 그의 친구의 아내 안나(Anna Camerarius)에게 헌정되었다는 것은 그런 점에서 매우 중요하다. 멜랑흐톤이 직접 작성한 유일한 민족언어(독일어) 신학총론이 가정의 삶을 가장 주요한 활동으로 삼고 있는 여성에게 드려졌다. 여성들이 그들이 일상에서 사용하는 언어로 요약되고, 해설된 하나님의 교훈들을 읽고, 배우고, 공부할 수 있도록 목적했다. 그리고 여성들의 교육은 자연스럽게 가정의 신앙 교육으로 이어진다. 멜랑흐톤에게 신학이란 학문의 영역에만 머무는 것이 아니라, 모든 사람이 접근할 수 있는 보편적 영역에, 특별히 가정의 일상적 삶을 영위하는 여성들에게도, 더하여 그들로 인해 양육받는 자녀들에게도 알려져야 하는 것이었다.

III. 멜랑흐톤의 결혼과 가정의 실제 모습

이제 멜랑흐톤의 결혼의 실제를 살펴보려고 한다. 멜랑흐톤이 사제가 아니라는 점에서 그의 결혼은 자연스럽다고 생각할 수 있다. 그러나 멜랑흐톤 자신은 젊은 시절 결혼보다는 학문에 대한 열정으로 가득했던 인물이다. 그래서 결혼 초기 갈등이 있었던 것은 그에게 자연스러운 일이었다. 그러나 결혼 초기의 갈등의 단면만을 보고, 그의 결혼이 평탄치 않았을 것이라고 생각하는 것은 옳지 않다. 이번 단락에서는 멜랑흐톤이 실제 결혼 생활을 통해 결혼을 어떻게 느끼고 있었고, 이를 자신과 이웃에게 어떤 방식으로 적용하고자 했는가를 살펴보려고 한다.

1. 멜랑흐톤이 결혼하게 된 배경

멜랑흐톤은 1518년 8월 비텐베르크 대학의 헬라어 교수로 초빙되었다. 그는 학자로서의 삶을 추구했고, 그런 삶에 만족했다. 그의 삶의 이상은 자신의 삶의 방식을 규정했다. 그는 하이델베르크에서 대학을 다닐 시절, 교수였던 팔라스 슈팡엘(Pallas Spangel)의 집에 거주하면서 학업을 했다. 슈팡엘은 15살짜리 학생인 멜랑흐톤을 자녀와 같이 잘 돌봐주었다.[17] 튀빙엔에서 그는 기숙사에 거주하며 배우고 가르치는 삶을 살았다. 멜랑흐톤은 이제 비텐베르크 대학의 교수로서 과거 자신이 경험했던 학문과 삶을 공유하는 학문 공동체의 이상을 실현해보고 싶었다. 1502년 새로 설립된 비텐베르크 대학에는 아직 충분한 기숙사가 없는 형편이었다. 그리고 1517년 이후 루터 주도하에 종교개혁을 주도하는 대학이 되었기 때문에 독신을 지향했던 당시까지의 수도원 교육 양식을 새로운 학생 세대에게 적용할 수 없었다. 종교개

17 Scheible, *Melanchthon*. 21.

혁과 학문의 새로운 시대로서 멜랑흐톤은 자신의 집에서 학생들과 함께 생활하며, 각 개인에게 적합한 교육 체제를 제공하려는 교육적 이상을 실천하고자 했다. 물론 여기에 경제적 이유가 전혀 없었던 것은 아니다. 멜랑흐톤은 경제적으로도 넉넉하지는 않았기 때문이다. 멜랑흐톤은 대학의 교수로서, 학자로서 힘든 삶을 스스로 받아들였고, 기독교 인문주의자로서 새로운 대학의 시대와 역사 인식을 자랑스럽게 여기며 학생들과 공동의 삶을 통해 자신의 경제적 상황을 개선하기를 바랐고, 학생들을 위한 개별적 교육의 이상에 가까이 가고자 했다.[18]

멜랑흐톤의 교육적 이상의 실천과는 별개로 그의 삶의 현실은 상당히 열악했다. 젊고 어린 남자들의 공동생활이 어떤 모습이었을지에 대한 예상은 당시나 지금이나 다르지 않은 듯하다. 루터는 멜랑흐톤의 집안 일에 어떤 어려움이 있는지를 바로 알게 되었다. 멜랑흐톤의 집은 무질서로 가득했다. 집을 돌보는 집사가 있었지만, 그 사람 한 명으로 충분하지 않았다. 루터는 집안의 무질서함이 멜랑흐톤의 건강에 악영향을 줄 것이라고 보았다. 그래서 1519년 혹은 1520년 이전에 이미 결혼할 것을 조언했다. 멜랑흐톤은 루터의 조언을 받아들이지 않았다. 루터는 개인적 문제에 개입하는 것에 소극적이었기 때문에 넘어갔지만, 1520년 6월 슈팔라틴(Georg Spalatin)은 이 상황을 매우 심각한 것으로 보고 특별한 제안을 했다. 멜랑흐톤의 집안의 무질서 문제는 당시 비텐베르크의 상황과 직결된 것이라는 지적이었다. 비텐베르크의 개신교 상황이 멜랑흐톤의 질병이나 이주를 통해 손해를 볼 수 있다는 것이었다. 이 문제를 대비하기 위해 슈팔라틴은 멜랑흐톤의 급료를 인

---

18 멜랑흐톤의 학문적 공동생활의 이상을 추구한 집단을 멜랑흐톤의 *Schola Privata*라고 부른다. 참고. Wilhelm Maurer, *Der junge Melanchthon. zwischen Humanismus und Reformation. Band 2. Der Theologe* (Göttingen: V-R, 1969), 99f.

상시켜 더 이상 경제적 문제가 걸림돌이 되지 않도록 하고, 가정을 꾸릴 수 있도록 하려고 했다.[19] 멜랑흐톤의 결혼은 더 이상 개인적인 문제가 아니었다. 멜랑흐톤의 학문적 이상의 현실은 많은 사람들의 우려를 낳았고, 멜랑흐톤은 강권적인 상황에서 결혼에 내몰리게 되었다.

2. 멜랑흐톤의 아내는 누구인가?

멜랑흐톤의 결혼은 멜랑흐톤이 의도한 것이 아니었다. 1520년 6월 슈팔라틴의 강권적 제안 이후 7월 22일까지 멜랑흐톤은 결혼을 아직 결정하지 않았다. 그러나 8일 후 그가 결혼하기로 했다는 소문이 퍼져나갔고, 8월 18일 루터는 멜랑흐톤의 결혼을 공개적으로 알렸다. 대중들은 루터가 결혼의 중매자였을 것이라고 의심했다. 8월말 멜랑흐톤은 라이프치히의 요한네스 랑(Johannes Lang)에게 보내는 편지에서 그 여인의 이름을 밝히고 있다. 그녀의 이름은 카타리나 크라프(Katharina Krapp)였다.[20] 그녀는 비텐베르크 시장의 딸이었고, 나이는 멜랑흐톤과 같이 23세였다. 당시 결혼하는 여성의 나이로는 적은 나이가 아니었다.

멜랑흐톤이 적극적으로 원한 결혼은 아니었다는 것은 사실이다. 그가 원했던 학문에 몰두하는 삶은 그 혼란스러움 때문에 주변의 사람들로 하여금 큰 우려를 낳게 했고, 결국 그의 주변 사람들은 멜랑흐톤을 그냥 두기 어렵다고 결론 내리고 결혼을 통해 안정된 삶을 살게 하기로 했고, 그를 압박했다. 물론 멜랑흐톤은 결혼 후에도 학자들의 공동생활을 유지하려고 했다. 그

19 Maurer, *Der junge Melanchthon*, 100f.

20 Heinz Scheible hg. *Melanchthons Briefwechsel. Kritische und kommentierte Gesamtausgabe, im Auftrag der Heidelberger Akademie der Wissenschaften* (Stuttgart-Bad Cannstatt: frommann-holzboog, 1977ff.) (= *MBW*) 105.

러나 그의 약혼자는 멜랑흐톤의 이상적 삶을 반대했다. 그 결과 멜랑흐톤은 학생들과의 공동생활을 더 이상 유지할 수 없었다. 또한 결혼의 소식이 전파되면서 약혼자의 나이가 많았던 것 때문인지 그녀의 윤리적 품행에 대한 좋지 않은 소문도 나기 시작했다. 이런 상황으로 인해 멜랑흐톤은 더욱 낙담했다. 루터는 이런 상황에서 결혼이 깨지지 않도록 힘을 썼고, 결혼식 일정도 앞당겼다. 1520년 8월 25, 26일 혹은 27일 멜랑흐톤과 카타리나 크라프의 결혼식이 열렸다.

3. 멜랑흐톤의 결혼에 대한 초기 견해

멜랑흐톤은 친구에게 결혼식 피로연에 초대하는 편지를 헬라어로 작성하면서 피로연 당일이 "나의 슬픔의 날이 될 것이다"라고 한 적이 있다.[21] 이런 일련의 고백들을 통해 우리는 멜랑흐톤이 자신의 결혼 자체에 대해 부정적으로 생각했다는 것을 알 수 있다. 다만 그런 감정은 비밀이었기 때문에 이 서신은 독일어로 작성하지 않았다. 그는 학문에 대한 자신의 이상적 열정이 이루어지지 못하는 현실에 대해 안타까워하는 마음을 자신의 학문의 정수를 담은 헬라어로 작성했다. 그래서 전문적으로 헬라어를 공부한 학자인 자신의 인문주의 동료들만이 읽을 수 있도록 헬라어로 편지를 썼던 것이다. 진정한 인문주의학자만이 멜랑흐톤의 입장과 이상을 이해하고 동감할 수 있으리라 생각했을 것이다. 결혼이 학문적 이상에 주는 손실에 대한 공감을 인문주의 학자들에게 요구한 것이다. 멜랑흐톤은 자신의 학문적 이상이 결혼이라는 현실 때문에 실현되지 못할 것으로 여겼고, 그에 대한 슬픔을 인문주

21 *MBW* 111. "»Η τῶν θλίψεών μου ἡμερα« ἔσεται XXVII. Novembris."

의 방식으로 표현한 것이었다. 물론 멜랑흐톤이 결혼에 대해 이렇게 생각했다고 하지만, 그가 자신의 약혼자를 싫어했거나, 강제로 결혼을 했다거나 이렇게 생각할 필요는 없다. 그의 동료들은 멜랑흐톤의 학문적 삶을 위해서라도 안정된 가정이 필요했다고 그를 설득했다. 그리고 멜랑흐톤은 자신의 현실을 인정할 수밖에 없었다. 그렇다고 하더라도 멜랑흐톤이 기꺼운 마음으로 결혼을 맞이한 것은 아니었고, 또한 학문적 이상에 대한 아쉬움이 없었던 것도 아니다.

멜랑흐톤은 결혼을 했지만, 여전히 경제적으로 넉넉하지 못했다. 공동생활을 포기했기 때문에 학생들로부터 얻는 소득도 사라졌다. 급료가 약간씩 올랐지만 결코 풍족하지는 않았다. 1524년 그는 자신에게는 빚은 없지만, 저축도 없다고 고백하고 있었다. 결혼하지 4년이 되었지만 그는 아내에게 새 옷을 사줄 형편이 안 되었다. 당시 상황도 좋지 않았다. 그는 자기 자녀들에게 과일도 충분히 못 가져다 줄 상황이었고, 비텐베르크의 공기도 좋지 않았고, 농민전쟁의 발발로 모든 사람이 라이프치히(Leipzig)로 피신가야 하는 상황도 발생했다. 결혼 초기 멜랑흐톤은 가정을 넉넉하게 부양하지 못하는 상황이었다.[22]

멜랑흐톤의 초기 결혼 생활은 그렇게 순탄하지 않았다. 그가 결혼을 적극적으로 원해서 한 것이 아니었다. 그리고 그의 결혼은 자신의 교육적 학자적 이상을 무너뜨리는 계기가 되었다. 비록 그를 돌봐줄 가족이 생겼지만, 그 가족을 부양할 경제적 능력은 여전히 부족했다. 멜랑흐톤이 매우 열정적인 교수로 비텐베르크에서 활동하고 있었고, 영향력을 크게 키워가고 있었지만, 그의 삶의 현실은 그의 명성이 커지는 것과는 괴리가 있었다. 그렇기 때문에

---

22 Maurer, *Der junge Melanchthon*, 99.

결혼 자체에 대한 멜랑흐톤의 현실적 감정이 부정적였다. 그러나 그 사실에 너무 놀랄 필요는 없다. 더욱이 그는 아직 20대였다. 이런 부정적 견해는 단지 그의 결혼 초기의 현실적 어려움 때문에 발생한 것이다. 그렇기 때문에 그가 성장한 이후에도 결혼에 대해 같은 견해를 가졌을 것이라고 여기는 것은 정당하지 않다.

4. 루터의 결혼에 대한 이견?

멜랑흐톤의 결혼을 주도한 루터는 1525년 6월 13일이 되어서야 카타리나 폰 보라(Katharina von Bora)와 결혼을 했다. 그녀는 루터의 종교개혁의 영향으로 수녀원을 떠난 수녀 출신이었다. 멜랑흐톤은 루터의 결혼에 대해 깜짝 놀랐고, 우려를 나타냈다. 물론 그 우려는 결혼 자체에 대한 것이 아니라, 이 결혼으로 인해 루터에게 좋지 않은 소문이 생길까 걱정했기 때문이다. 루터는 걱정하는 멜랑흐톤을 오히려 위로하고 힘을 북돋아 주었다.

멜랑흐톤이 루터의 결혼을 부정적으로 생각했다는 의혹이 꾸준히 제기되었다. 그것은 멜랑흐톤의 친구 카메라리우스의 전언의 해석으로 인한 오해일 뿐이다. 멜랑흐톤은 루터가 결혼하는 시기가 직접적으로 농민 전쟁의 한가운데였기 때문에, 시기에 있어 부정적 견해가 있었을 뿐, 루터의 결혼은 오히려 서둘러야 한다고 보았다.[23]

공교롭게도 멜랑흐톤과 루터, 두 종교개혁자의 아내의 이름은 같았다. 그러나 출신은 차이가 있었다. 한 명은 부유한 시장의 딸이었고, 다른 한 명은 몰락한 귀족 출신으로 수녀원을 탈출한 수녀였다. 둘 중 누가 상황이 더 좋

---

23 Scheible, *Melanchthon.* 183.

앉을지는 분명하다. 반면 후대의 평가는 분명히 루터의 아내를 더 중요한 인물로 여겼고, 더 유능한 주부로 생각했다. 그러나 후대의 평가가 개별 가정에서 자신에게 맡겨진 일을 돌보는 주부에게 얼마나 중요한 것일까? 그 명성을 그들이 얼마나 추구했을까? 그리고 그렇게 명성을 얻은 것이 후대의 사람들이 따라야할 본이 될 수 있을까? 반대로 그런 명성을 얻지 못한 것이 따르지 말아야할 반면교사의 본이 되는 것일까? 우리는 누군가의 삶을 평가할 때 주관적일 수밖에 없지만, 그렇다고 하나님의 위치에서 그들의 삶을 판단할 수는 없고, 그렇게 해서도 안 된다. 그들이 성실하게 자신에게 맡겨진 삶을 잘 감당한 것에 찬사를 보내는 것이 더 적절하다.

5. 멜랑흐톤의 결혼이 가진 의미, 첫 번째 기혼자 학장

1523/24년 겨울학기 멜랑흐톤은 비텐베르크 대학의 학장으로 선출되었다. 이것은 당시의 규정에 위반되는 것이었다. 왜냐하면 당시까지 대학의 학장은 미혼인 사람만이 될 수 있었기 때문이다. 다시 말하면 그는 결혼한 사람으로서 최초로 대학의 학장이 되었다. 이것은 단순하게 규정을 깰 만큼 멜랑흐톤이 대학에서 중요한 사람이 되었다는 것만을 의미하지 않는다. 특히 비텐베르크 대학이 종교개혁의 정신을 따르기로 결정한 상황에서 더 이상 학교의 정신을 세우는 학장을 미혼의 사제나, 수도사에게 맡기지 않고, 종교개혁 정신을 따르는 학자에게 맡기기로 한 상징적 행위였다.

즉 멜랑흐톤이 학장이 된 것은 종교개혁 정신에 따라 대학의 교육 시스템을 변경하겠다는 의미이고, 이것은 이제 확장되기 시작한 종교개혁의 정신을 따르는 학자들에게 새로운 시대의 모범이 되는 엄청난 변화였다.

멜랑흐톤은 학장이 되고 나서 자신의 교육에 대한 두 가지 주요 관심사들을 새로운 학제 가운데 넣기를 원했다. 첫째는 언어적 능력의 연습이었고, 둘째는 학생의 개별적 필요에 적합한, 그리고 개별 교사들에 의해 관리되는 학제의 규정을 실행하는 것이었다.[24]

멜랑흐톤은 결혼으로 인해 중단된 자신의 학문적 이상, 곧 공동생활을 통한 학생들의 교육에 대한 이상을 이제는 대학이라는 더 큰 장에서 실천해볼 수 있게 되었다. 개인적 이상은 결혼으로 좌절되는 것 같았지만, 그것은 이제 결혼으로 인해 새로운 종교개혁의 대학 전통을 세울 수 있게 되었고, 더하여 개인적 이상이 대학이라는 공적 이상의 장으로 확장되어 적용되고 실천될 수 있게 되었다. 그러므로 멜랑흐톤의 결혼은 그의 학문적 이상 실현의 관점에서 이제는 더 이상 부정적이지 않고, 더 크고 긍정적인 결과를 낳았다고 할 수 있다.

6. 멜랑흐톤의 가정 생활

멜랑흐톤과 그의 아내 크라프는 4명의 자녀를 낳았다. 첫째 딸, 안나(Anna, 1522-1547)는 인문주의 시인 게오르그 자비누스(Georg Sabinus)와 결혼했다. 둘째 아들, 필립(Philipp d.J. Melanchthon, 1525-1605)이 있고, 셋째 아들, 게오르그(Georg Melanchthon, 1527-1529)는 어린 나이에 사망하여 가족의 큰 슬픔이었다. 넷째 막달레나(Magdalena, 1531-1576)는 비텐베르크 대학 교수 카스파르 포이커(Caspar Peucer)[25]

24 Scheible, *Melanchthon*. 47.

25 포이커에 대해 짧은 소개는 다음을 참고. Uwe Neddermeyer, "Kaspar Peucer(1525-1602). Melanchthons Universalgeschichtsschreibung," in Heinz Scheible hg., *Melanchthon in seinen Schülern* (Wiesbaden: Harrassowitz Verlag,

와 결혼했다. 그의 가족 사항이 가정의 모든 것은 아니다. 우리는 이제 그의 가정의 실제 모습을 짧게 보려고 한다.

멜랑흐톤의 가정 생활에 대한 내용은 그의 막역한 친구 요하킴 카메라리우스(Joachim Camerarius)가 작성한 멜랑흐톤의 전기에서 찾을 수 있다.[26] 그는 멜랑흐톤의 가정을 호의적이면서도 사실 그대로 표현하려고 노력했다. 멜랑흐톤과 그의 아내, 카타리나에 대해서도 따뜻한 용어로 그들을 보호하지만, 사실적인 표현으로 그들의 실제 모습을 잘 보여주었다. 이제 카메라리우스가 멜랑흐톤의 가정 생활에 대해 소개한 것을 요약 정리하여 소개한다.

멜랑흐톤은 24세에 결혼하여 37년간 결혼 생활을 했다. 그의 아내는 2명의 아들과 2명의 딸을 낳았다. 그녀는 매우 경건하고, 남편을 사랑했다. 특히 부지런하고 신중한 집안의 안주인으로 모든 사람에게 친절하고 사랑을 베풀었다. 그녀는 가난한 사람들에 대한 염려로 그들을 돕기 위해 지속적인 기부와 기도를 하며, 그들에게 가능한 모든 혜택을 제공하려고 노력했다. 그 결과 오히려 자신의 소유와 삶에는 너무 적은 관심을 기울일 정도였다. 그래서 때로 불안한 시기에 이익을 추구하는 사람들을 비난하기도 했다. 그녀는 개인적으로 매우 순결한 생활 방식과 성격을 추구했고, 종교적 의무와 명예에 대해 지속적으로 관심을 기울였다. 오히려 일상의 생활과 가정의 준비에 부주의할 정도였다. 그러나 멜랑흐톤은 아내의 삶의 방식에 전혀 불쾌감을 보이지 않았다. 오히려 쾌락의 유혹에 사로잡히지 않는 경건한 삶을 추구하는 것을 좋아했다.[27]

1997) (Wolfenbütteler Forschungen, 73) 71-73.

26 Joachim Camerarius, übersetzt von Volker Werner, *Das Leben Philipp Melanchthons* (Leipzig: Evangelische Verlagsanstalt, 2010)

27 Camerarius, *Das Leben Philipp Melanchthons,* 61.

멜랑흐톤의 가정은 가족의 재산을 늘리기 위한 노력을 하지 않았다. 큰 소득을 얻을 때에도, 남을 돕는 일에 다시 사용하였고, 돈도 음식도 아끼지 않고, 요청하는 사람들에게 나누어 주었다. 그래서 그의 집에서는 나이, 성별, 사회적 지위, 출신이 다양한 무질서한 군중들이 드나드는 모습이 계속 목격되었다.

멜랑흐톤 집안에서 일종의 가훈이 있었는데, 그것은 "누구도 거부당하지 않는다."였다. 멜랑흐톤을 찾아온 대부분의 사람들은 추천서를 부탁하거나, 자신의 글을 읽고 도움을 달라거나, 문서의 발급을 요청했다. 또한 사업이나 거래에 대한 조언을 구하기도 하고, 사적이며 공적 문제에 대한 멜랑흐톤의 견해를 묻고, 도움을 요청하기도 하고, 다양한 종류의 불만들을 호소하기도 했다. 심지어 어떤 사람들은 공개적으로 금품을 요구하는 일도 있었다.[28]

그래서 일부 사람들은 멜랑흐톤이 이렇게 무례하고 뻔뻔한 사람들의 행위에 강력하게 대처하지 못한다고 비판하기도 했다. 이렇게 뻔뻔한 사람들 중에는 멜랑흐톤의 아내나, 자녀를 찾아 자신이나 친척을 위한 도움을 요청하는 사람들도 있었다. 그러나 이렇게 요청한 사람들 중에 선물을 받지 못하거나 안타깝게 그냥 돌아간 사람은 한 명도 없었다.

멜랑흐톤은 부자가 되기 위해 재산을 증식하려 하지 않았고, 심지어 그런 혜택을 거절하기도 했다. 그래서 만약 하나님의 마술 지팡이가 그에게 필요한 모든 것을 필요 이상으로 주지 않았다면, 아마도 그는 자신과 가족을 먹여 살리지도 못했을 것이다. 만약 그가 자신의 재산에 조금이라도 주의를 더 기울였다면, 친족들에게 더 큰 유산을 남길 수 있었을 것이다. 그나마 그의 곁에는 충실하게 집안의 살림을 돌봐준 사람이 있었다는 점이 다행이다. 슈

---

28 Camerarius, *Das Leben Philipp Melanchthons*, 62.

바벤(Schwaben) 출신의 요한네스 코크(Johannes Koch)는 충성스럽고, 성실하고 헌신적인 사람으로 멜랑흐톤의 집안의 모든 물건을 구입하고, 관리하고, 집안의 모든 것을 돌보는 일을 했다. 그의 조심스러움, 부지런함, 신중함, 배려심, 영리함은 멜랑흐톤의 가족으로 하여금 당할 수 있었던 많은 불이익을 피할 수 있도록 했다. 그는 1553년 사망했는데, 많은 사람들이 그의 성실함에 찬사를 보내고 그를 기억했다.

멜랑흐톤이 이렇게 베풀며 산 것의 한 예를 소개한다. 멜랑흐톤은 오래된 금화와 은화를 많이 받았다. 그러나 그 동전들은 주로 처음 그를 방문한 사람들이 대부분 가져갔다. 한번은 데나리온 동전을 다수 수집했는데, 멜랑흐톤은 그 동전들의 표식, 비문, 그림을 매우 흥미롭게 여겼다. 그는 이 동전을 낯선 한 방문자에게 보여주었는데, 그 사람이 매우 좋아하자, 그에게 마음에 드는 동전 한두 개를 가져가라고 했다. 그러나 그는 전부를 달라고 요구했다. 멜랑흐톤은 나중에 이런 요구에 상당한 불쾌감을 느꼈다고 고백했다. 그러나 결국 그 동전들을 그 뻔뻔한 사람들에게 주었다. 왜냐하면 그 동전들이 오히려 다른 사람들의 욕심을 자극할까봐 그렇게 했다고 말했다.29멜랑흐톤의 이런 삶은 그가 결혼하기 이전부터 가졌던 삶의 방식이었다. 그는 선물을 줄 때, 자신이 선행을 숨기고 비밀리에 베풀려고 했다. 종종 돈이 없을 때에도, 귀중한 컵을 상인에게 가져다주기도 했다.30

카메라리우스의 멜랑흐톤의 삶에 대한 설명은 멜랑흐톤의 삶의 방식이 결혼 전이나 후에나 별 차이가 없었다는 것을 보여준다. 그는 개혁자와 교수로서의 삶을 너무 분주하게 또한 너무 열심히 살았다. 반면 가정의 여러 필요에는 크게 관심을 갖지 않았다. 여유가 생기면 베풀기에 빨랐고, 남을 돕는

---

29 Camerarius, *Das Leben Philipp Melanchthons,* 63.
30 Camerarius, *Das Leben Philipp Melanchthons,* 64.

일이 일상이었고, 그렇게 사는 것을 즐거워했다. 놀랍게도 멜랑흐톤의 아내도 같았다. 그렇게 가정에 큰 관심을 쏟지 않는 남편에 불만을 가지거나, 어떻게든 가정의 살림이나 부를 늘려가는 일에 관심을 갖거나 하지 않았다. 그녀는 남편과 마찬가지로 경건한 삶, 나눔의 삶을 좋아했고, 남편의 삶에 동참하여 자신도 나누며, 베풀며, 기도하며 살아갔다. 물론 이것은 카메라리우스의 표현대로 "하나님의 마술 지팡이"의 도움으로 가능했다. 그런 면에서 멜랑흐톤과 그의 아내는 같은 성품을 지닌 사람이었다고 할 수 있다. 겉으로 보기에 가정을 잘 돌보지 않고, 오히려 자신의 것을 다른 사람들에게 퍼주기를 좋아하는 사람들이었다. 그래서 카메라리우스는 멜랑흐톤의 아내를 의로운 사람이며, 사랑이 넘치는 사람이요, 남편에게 친절과 애정으로 대하는 사람이라고 평가했다.

멜랑흐톤은 오랜 결혼 생활을 경험했고, 그의 결혼 생활은 큰 충돌 없이 지속되었다. 오히려 가정은 순조로웠다. 멜랑흐톤은 아내와 자녀를 사랑했고, 멜랑흐톤의 아내는 드러나지 않았고, 조용했지만, 그녀는 자신의 일을 자신의 본분에서 잘 감당했다.

Ⅳ. 결론

종교개혁을 통해 결혼에 대한 인식이 큰 변화를 겪게 되었다. 이는 가정에서 여성의 역할에 대한 인식의 변화와도 관계된다. 이전에는 하나님의 거룩한 교회를 섬기는 일에서 여성은 남성인 사제의 장애물로 여겨졌고, 극복해야 하는 욕구였다. 그러나 이제는 완전히 상황이 바뀌었다. 개신교 목회자가 결혼을 하는 것은 너무나 당연한 것이었고, 여성은 남성과 함께 가정이라는 하나님의 거룩한 공동체를 지키고 세우는 중요한 역할을 감당하게 되었다. 종교개혁에서 여성의 역할은 긍정적으로 받아들여졌다. 일례로 종교개혁은 가정에서 건전한 삶과 자녀들에 대한 신앙 교육을 매우 중요하게 생각했다. 종교개혁의 정착에서 중요한 역할을 한 것이 바로 가정에서 신앙의 교육과 삶의 실천이었다. 교리 문답과 경건 생활에 대한 교육은 가정을 중심으로 이루어진 대표적인 신앙 교육이었다. 여기에서 부모의 역할 특히, 여성의 역할은 매우 중요했다.

또한 결혼은 종교개혁의 주요한 신학적 문제였다. 사제와 수도사의 결혼 금지와 서원은 구원론적으로 타파해야할 주요한 주제였기 때문이다. 사제와 수도사가 서원을 통해 하나님께 더 헌신한 사람으로 구원에 더 가깝다는 것은 옳지 않은 교리였다. 모두 죄인이고, 구원은 은혜로 얻는 것이지, 사람의 거룩한 행실로 얻는 것이 아니기 때문이다. 그래서 루터의 종교개혁이 확산되면서, 수도원이 위기에 처한 것은 우연이 아니었다. 그러므로 결혼에 대한 논의는 논쟁의 맥락에서 다루어져야 했다.

멜랑흐톤은 종교개혁의 시작에서 완성까지 주도적인 역할을 한 개혁자이다. 그는 결혼에 대한 분명한 입장을 드러냈다. 그는 결혼에 대한 신학적 논의를 서원이나, 수도사의 결혼 금지와 관련해서 설명했고, 십계명의 '간음하지 말라'는 계명에서도 논의하였다. 결혼의 신성함에 대한 논의가 주로 이루어졌고, 결혼을 금지하는 것의 부당함을 이야기하며, 사제의 성적 욕구에 대한 현실적 이야기도 논의되었다.

특히 멜랑흐톤의 경우 20대 결혼 초기의 견해와 50대 중반의 견해를 비교해 볼 수 있다. 초기의 견해는 젊은 시절 자신의 학문적 탐구와 결혼이라는 현실적 상황의 갈등을 엿볼 수 있지만, 후대에는 원숙한 결혼에 대한 견해를 통해 훨씬 안정된 입장을 볼 수 있다.

멜랑흐톤의 결혼은 종교개혁이 시작하는 시점에서 의미가 있다. 멜랑흐톤은 종교개혁자들 가운데 가장 결혼을 빨리 한 편이었다. 멜랑흐톤의 경우 사제가 아니었기 때문에 결혼에 대한 장애는 없었다. 그러나 그의 결혼은 자신이 적극적으로 원한 것은 아니었다. 오히려 그는 학문과 결혼하고 싶었던 사람이었다. 그는 학문에 집중하기 위해서 독신이 더 낫다고 생각했다. 그러나 그는 주변의 강권으로 결국 결혼하게 되었다. 결혼한 종교개혁자로 유명한 루터보다 더 빨리 결혼했다. 멜랑흐톤의 결혼의 한 가지 중요한 의미는 그의 결혼이 당시 대학의 전통에서 상당히 중요한 분기점이 되었다는 점이다. 그가 매우 유력한 교수였고, 대학 교육 시스템의 개혁에 앞장 선 사람이었기 때문에, 그가 대학의 학장으로 선출되는 것은 자연스러운 일이었다. 그러나 이전의 대학 학자들은 결혼하지 않은 사제들이었다. 그래서 멜랑흐톤이 최초의 기혼자인 대학 학장이라는 점은 의미심장하다. 일단 대학이 종교라는 틀을 벗어났다는 점에서 그렇고, 종교개혁이 가진 발전적 의미도 그렇다.

멜랑흐톤의 가정 생활은 그의 학자로서의 삶에 비해 그리 많이 다뤄지지도 않고, 또 솔직히 우리가 현대에 생각하는 기준에 비하면 그는 가정에 그렇게 성실하지도 않았다. 그러나 그는 그의 아내와 자녀들을 사랑했고, 큰 어려움이 없는 가정을 꾸렸고, 그 가운데 주어진 삶을 누렸다. 멜랑흐톤과 그의 아내는 그리스도인의 마땅한 삶, 나눔과 사랑의 삶을 실천하려고 노력했고, 이것은 그들의 경건의 발로였다. 비록 그들의 가정의 삶이 주목을 받지 못했다고 하더라도, 그들은 하나님 앞에서 성실한 삶을 살려고 노력했다고 평가할 수 있다.

마지막으로 본문에서 따로 언급하지는 않았지만, 아내의 상에 대해 이야기하는 것으로 멜랑흐톤의 결혼과 가정에 대한 내용을 마무리하려고 한다. 멜랑흐톤이 루터와 함께 종교개혁을 이끌었다는 점에서 멜랑흐톤의 아내와 루터의 아내에 대한 비교도 늘상 있었다. 우연찮게도 멜랑흐톤의 아내와 루터의 아내의 이름은 카타리나로 같았다. 그러나 둘의 성격은 완전히 달랐다. 루터의 아내인 카타리나 폰 보라는 매우 유능하고 적극적인 아내로, 루터의 종교개혁을 잘 보조한 것으로 알려진다. 그러나 멜랑흐톤의 아내는 그에 비해 잘 알려지지 않았다. 마우러(Maurer)의 표현처럼 그녀는 조용히 있었다.[31] 그래서 많은 사람들은 루터의 아내를 더 높게 평가한다. 그러나 과연 멜랑흐톤의 아내가 위대한 종교개혁자의 아내로서 별로 중요하지 않은 인물일까? 루터의 아내보다 더 가치가 떨어지는 인물일까? 이런 질문은 현대의 결혼과 가정과 여성에 대한 질문과도 맞닿아 있다. 우리는 평범한 사람들의 소중함을 잊고 산다. 그러나 현실은 그렇지 않다. 우리는 일상의 소중함을 기억해야 한다. 평범한 사람의 드러나지 않은 존귀함을 존중하고, 기억할 필요가 있다.

우리는 영웅의 시대를 보고 있다. 그래서 그 시대의 영웅 곁에 같은 영웅이 있기를 기대한다. 그러나 실상 우리는 그저 평범한 한 사람일 뿐이다. 자신의 삶의 경계에서 자신을 지키고, 그 자리에서 자신의 최선을 다해 하나님께서 맡기신 자리에서 버티는 사람이다. 혹자는 루터의 아내와 멜랑흐톤의 아내를 비교한다. 루터의 아내는 이름을 널리 알렸고, 추앙받기도 한다. 한편 멜랑흐톤의 아내는 무덤조차 남아있지 않다. 그러나 후대가 얼마나 기억을 하는가가 하나님께서 그들의 삶을 평가하는 기준이 될 수는 없다. 각자의

---

31 Maurer, *Der junge Melanchthon.* 101.

상황에서 최선을 다해 삶을 살아갈 뿐이다. 비록 많은 사람들에게 주목과 각광을 받는 여인은 아니라고 할지라도, 자신의 가정에서 최선을 다해 남편과 자녀들을 위해 헌신한 멜랑흐톤의 아내는 존중받아야하며, 평범한 것처럼 보이는 모든 시대의 여인들도 하나님께서 그들에게 정하신 풍성한 상급을 받게 될 것이다.

〈참고문헌〉

Camerarius, Joachim. Übersetzt von Werner, Volker. *Das Leben Philipp Melanchthons.* Leipzig: Evangelische Verlagsanstalt, 2010.

Maurer, Wilhelm. *Der junge Melanchthon. zwischen Humanismus und Reformation.* Band 2. Der Theologe. Göttingen: V-R, 1969.

Melanchthon, Philipp. Ed. Stupperich, Robert. *Melanchthons Werke in Auswahl.* Gütersloher Verlagshaus Gerd Mohn: Gütersloh, 1951-. (= *MSA*)

__________. "신학총론". 『멜란히톤과 부처』. 이은선 역. 두란노아카데미: 서울, 2011 (기독교고전총서 17), 34-218. (= *Loci* 1521)

__________. Ed. Ralf Jenett und Johannes Schilling. *Heubtartikel Christlicher Lere. Melanchthons deutsche Fassung seiner Loci Theologici, nach dem Autograph und dem Originaldruck von 1553.* Leipzig: Evangelische Verlagsanstalt 2002. (= *Heubtartikel*) 한역본: 필립 멜란히톤. 이승구 역. 『신학총론』. 일산: 크리스챤다이제스트 2000. (세계기독교고전 39) (= *Loci* 1553)

Neddermeyer, Uwe. "Kaspar Peucer (1525-1602). Melanchthons Universalgeschichtsschreibung". In Scheible, Heinz hg.

Melanchthon in seinen Schülern. Wiesbaden: Harrassowitz Verlag, 1997 (Wolfenbütteler Forschungen, 73) 69-102.

Scheible, Heinz. *Melanchthon. Vermittler der Reformation. Eine Biographie.* München: C.H.Beck ²2016.

______________ hg. *Melanchthons Briefwechsel. Kritische und kommentierte Gesamtausgabe, im Auftrag der Heidelberger Akademie der Wissenschaften.* frommann-holzboog: Stuttgart-Bad Cannstatt, 1977ff. (= *MBW*)

결혼과 가정에 관한 버미글리의 사상

김진흥

Peter Martyr Vermigli (1499–1562)

서울대학교(B.A.)와 대학원(수료)에서 서양사학을 6년간 공부하였고, 고려신학대학원에서 신학을 전공하였다(M.Div.). 그후 네덜란드 개혁교회(GKV) 캄펜신학교에서 종교개혁사를 전공으로 신학석사(Drs.) 및 신학박사(Th.D) 학위를 취득하였다. 시드니신학대학(Sydney College of Divinity) 직영 한국신학부(Korean School of Theology)의 senior lecturer로서, 교회사와 조직신학을 가르쳤다. 주요 저서로는 『피터 마터 버미글리:신학적 평전』(고신대 개혁주의학술원, 2018), Jin Heung Kim, *Scripturae et patrum testimoniis* (Apeldoorn: Instituut voor Reformatieonderzoek, 2009), 『오직 하나님의 메시지만 전파하라』(팜트리, 2011), 『교리문답으로 배우는 장로교신앙』(생명의 양식, 2017), 『마르틴 루터의 95개 논제와 하이델베르크 명제』(성약, 2017)가 있고, 주요 역서로는 얀 판 브뤼헌, 『네덜란드 신앙고백서 해설』(성약, 2021), 프란시스 쉐퍼, 『그리스도인의 선언』(생명의 말씀사, 1995), 『환경오염과 인간의 죽음』(생명의 말씀사, 1995), 『예술과 성경』(생명의 말씀사, 1995), 데이빗 베빙톤, 『역사관의 유형들』(조호연 공역, IVP, 1990), 『거룩한 기도들:버미글리의 시편 기도문』(고신대 개혁주의학술원, 2022)등이 있으며, 다수의 신학 논문이 있다.

김진흥

Ⅰ. 들어가는 말

버미글리의 결혼과 가정에 관한 사상을 찾아볼 수 있는 자료들은 그의 방대한 성경 주석들과 논문들에 산재해 있지만, 그 가운데 가장 대표적인 자료는 그의 사후에 편집된 '신학총론'(*The Common Places*)의 십계명 강해 중 제7계명에 관한 해설이다(제2권 10장). 또한 113개의 신학적 주제들(loci)을 다룬 보기 드물게 방대한 사사기 주석에서도, 이 주제와 관련하여 '결혼 제도의 정의, 결혼 제도를 주신 목적과 많은 자녀들을 축복으로 주신 뜻, 결혼 생활을 든든히 하기 위하여 공통된 신앙을 나누어야 할 필요성, 합법적 혼인을 해치는 간음과 호색에 대한 비판' 등 중요한 논의들을 전개하고 있다.[1] 또한 성직자의 독신 서약에 관한 그의 논박 및 박해 아래에서 피신할 때 일어날 수 있는 부부의 별거 혹은 이혼의 정당성 문제에 관한 그의 논문들도 결혼에 관한 버미글리의 사상을 엿볼 수 있는 주요한 자료들이다.[2] 그리고 버미글리의 사회적 윤리적 사상을 개관한 도널리(John Patrick Donnelly, S.J.)의 논문에서 이 이탈리아 출신 개혁파 신학자의 결혼과 가정에 관한 요약된 견해를 발견할 수 있다.[3] 본고에서는 주로 버미글리의 '신학

---

1 Mariano di Gangi, *Peter Martyr Vermigli, 1499-1562* (Lanham: University Press of America, 1993), 133-135.

2 성직자의 독신 제도에 관한 로마 가톨릭의 주장을 논박하는 버미글리의 저서에 관해서는 J. Andreas Löwe, "Peter Martyr Vermigli and Richard Smyth's *De Votis Monasticis*", Emidio Campi ed., *Peter Martyr Vermigli, Humanism, Republicanism, Reformation* (Geneve: Librairie Droz.S.A 2002), 143-172를 참조하라. 한편 박해 아래 부득이한 별거 혹은 이혼에 관한 버미글리의 견해는, Peter Martyr Vermigli, "Letter No 5: "On Flight in Persecution" in *Life, Letters and Sermons* (Kirksville: Sixteenth Century Essays & Studies, 1999, PML 5), 88-89를 참조하라.

3 John Patrick Donnelly, "The Social and Ethical Thought of Vermigli" in Joseph C. McLelland ed., *Peter Martyr Vermigli and Italian Reform* (Waterloo: Wilfrid Laurie University Press, 1980), 107-119.

총론'에 나타난 자료를 중심으로 결혼과 가정에 관한 그의 개혁주의적 견해를 소개하려고 한다.

본고의 구성은 크게 두 부분인데, 첫번째 부분에서는 버미글리의 결혼과 가정 생활을 짧게 개관하고, 두번째 부분에서는 결혼과 가정에 관한 그의 신학적인 견해를 신학총론을 비롯한 여러 자료들에 근거하여 소개한다. 특히 이 주제와 관련하여 종교개혁 당대에 중요하게 논의되었던 이슈들은 무엇이며, 오늘날 개혁신학과 신앙에 참고해야 할 교훈들이 무엇인지 살펴보려 한다.

II. 버미글리의 결혼과 가정 생활

1511년 6월 버미글리는 12세의 소년 시절에 부친의 뜻에 따라 성당의 미사에서 봉사하고 교구 교회를 청소하는 직분을 맡을 정도로 신앙에 헌신하는 모습을 보여주었다. 성경을 연구하고 가르치는 일을 자신의 삶에서 가장 중요하게 생각한 버미글리는, 그로부터 5년 후 기꺼이 수도사의 길을 선택하였으며 그것은 곧 독신생활을 서약하는 것을 의미하였다.[4] 십대의 나이에 버미글리는 결혼을 기꺼이 포기할 정도로 성경에 대한 열심과 헌신을 뚜렷하게 보여주었다. 1514년 여름 버미글리가 아우구스티누스 수도회 라테란 회중(Lateran Congregation of Canons Regular of St. Augustine) 소

---

4 "Inaugural Oration Delivered at Zurich When He Took the Place of Doctor Konrad Pelikan" in J.P. Donnelly ed., and trans., *Life, Letters and Sermons*, PML 5 (Kirksville, MO: Sixteenth Century Eassays & Studies, 1999), 322.

속의 산 바르톨로메오(San Bartolomeo) 수도원의 수련수사가 된 이래로, 그리고 4년 후에 1518년에 정식으로 수도사가 되어 '피터 마터'(Peter Martyr)라는 이름을 얻은 이래로, 1542년 이탈리아의 종교재판소의 위협을 피하여 알프스산을 넘어 프로테스탄트 진영으로 오기까지 버미글리는 신실하게 독신의 서약을 지켰다. 이탈리아의 아우구스투스 수도회에서 중요한 직분과 직책을 맡아 순회설교자로, 또한 볼로냐, 스뽈레토, 나폴리, 그리고 루까에서 수도원장으로 섬길 때, 버미글리는 수도자로서의 올바른 삶의 모범을 보였고 도덕적 개혁운동을 일으켰다.[5]

버미글리는 개혁된 도시 스트라스부르 시절에서 처음으로 결혼하였다. 1523년에 루터의 영향을 받은 매튜 젤과 그의 아내 카타리나 쉬츠 젤 부부의 헌신적인 사역으로 포용적이면서도 개혁적인 도시로 변모하기 시작한 스트라스부르에서는 1524년에 성직자들이 대거 결혼하여 로마 가톨릭의 성직자의 독신 제도를 공공연하게 벗어버렸다.[6] 이 개혁된 도시의 가장 중심적인 지도자였던 마틴 부써의 집에서 첫 몇 주간을 지냈던 버미글리는 '참된 성경적인 주교의 모습'을 목격하였다고 고백하는데,[7] 그 때 부써는 이미 결혼하였을 뿐만 아니라, 여러 동료 개혁자들의 결혼을 주선하기도 하였다. 버미글리는 성직자의 독신 서약의 비성경적인 무거운 부담에 대한 신학적인 반성

---

5 이탈리아 시절 버미글리의 사역에 관한 요약적 설명을 보려면, 김진흥, 『피터 마터 버미글리: 신학적 평전』(부산: 개혁주의학술원, 2018), 20-31을 참조하라.

6 E.A. McKee, "Katharina Schütz Zell (1498-1562)" in C. Lindberg ed., *The Reformation Theologians* (Oxford: Blackwell, 2002), 225-226.

7 김진흥, 『피터 마터 버미글리: 신학적 평전』, 46. 부써에 대한 버미글리의 이런 평가는 버미글리가 루까의 교회에 있는 신실한 자들에게 보낸 편지에 언급된 것이다. Peter Martyr Vermigli, "To All the Faithfull of the Church of Lucca Called to Be Saints" in J.P. Donnelly ed., *Life, Letters, and Sermons* PML 5 (Kirksville, MO: Sixteenth Century Essays & Studies, 1999), 98-99.

과 더불어 이런 개혁된 목사들의 성경적인 실천의 모범을 따라, 이탈리아 시절의 독신 생활을 청산하고 믿음 안에서 결혼하는 인생의 새로운 걸음을 내디뎠다.

1. 첫 번째 결혼과 혼인생활

트렌트 공회회가 개최된 1545년에 버미글리는 메츠 출신의 캐서린 담마르틴(Catherine Dammartin, c.1520-1553)이라는 존경 받는 귀족 출신의 처녀와 결혼하였다. 후일 버미글리의 송덕문을 작성한 시믈러(Josiah Simler)는 그녀를 '참된 경건을 사랑하는 여인'으로 평가하였다.[8] 참된 신앙을 찾아 스트라스부르로 망명한 이 여인과의 결혼으로 버미글리는 개신교 목사의 가정을 이루었다. 버미글리 부인은 하나님을 경외하며 남편을 사랑하고 신중하며 열심히 가사 운영을 하였으며, 가난한 자들을 물심양면으로 도왔던 선량하고 탁월한 부인으로 모든 이들의 존경을 받았다.[9] 버미글리와 캐서린 사이의 결혼은 8년간 지속되었는데, 그녀가 옥스포드에서 소천할 때 두 사람 사이에 자녀는 없었다. 캐서린이 말년을 보낸 옥스포드에서 '버미글리 부인'은 가난한 사람들에 대한 친절하고 자애로운 돌봄 때문에 평민들에게 사랑을 받았으며, 또한 특별히 의학적 지식과 충고로써 평민들의 부인들의 질병과 특히 출산에서 크게 도움을 주었기 때문에 사랑받았다.[10] 그러나

---

8 Josiah Simler, "Oration on the Life and Death of the Good Man and Outstanding Theologian, Docter Peter Martyr Vermigli, Professor of Sacred Letters at the Zurich Academy" in *Life, Letters, and Sermons*, PML 5 (Kirksville, MO: Sixteenth Century Essays & Studies, 1999), 31; Mariano di Gangi, *Peter Martyr Vermigli, 1499-1562* (Lanham: University Press of America, 1993), 74.

9 Simler, *Orations*, 31.

다른 한편으로, 이전 수 백 년 동안 '결혼한 성직자'를 경험해 본 적이 없는 옥스포드에서 '아내를 가진 첫 번째 고위성직자' 버미글리의 등장은 강경한 로마 가톨릭 세력들에게는 커다란 걸림돌이 되었으며, 이로 말미암아 성직자의 독신 서약과 관련된 논쟁이 일어나기도 하였다.[11] 버미글리는 부인과의 사별을 대단히 슬퍼하였으나 기독교인의 소망을 빼앗기지 않기 위하여 성경의 메시지에 마음을 기울였고, 자기보다 먼저 사별의 아픔을 겪은 마틴 부써의 미망인에게 보낸 편지에서 공통의 아픔을 위로하였다.[12] 1553년 2월 15일 캐서린과 사별한지 5개월이 지날 무렵 에드워드 6세가 승하하고 메리 튜더가 즉위함으로써 잉글랜드는 다시 로마 가톨릭으로 복귀하였으며, 버미글리의 옥스포드 활동도 중단되었다.

2. 버미글리의 두 번째 결혼과 가정 생활

옥스포드에서 스트라스부르를 거쳐 취리히에 정착한 버미글리는 6년간의 홀아비 신세를 벗어버리고 1559년 5월 9일 취리히에서 카테리나 메린다(Catherina Merinda)와 결혼하였다. 이탈리아 브레치아의 명망가 집안에서 태어난 카테리나는 종교개혁의 신앙을 확신하여 이탈리아를 떠나 제네바

---

10 Simler, *Orations*, 32.

11 당대 옥스포드의 이런 보수적인 분위기에 관해서는, J. Andreas Löwe, "Peter Martyr Vermigli and Richard Smyth's *De Votis Monasticis*", 144-148 참조하시오. 고린도전서 7장에 관한 버미글리의 강의를 둘러싸고, 그의 전임자인 강경한 로마 가톨릭 신학자 리처드 스미스(Richard Smyth)와의 사이에 독신 서약에 관한 신학적 논쟁이 일어났다.

12 당대 옥스포드의 이런 보수적인 분위기에 관해서는, J. Andreas Löwe, "Peter Martyr Vermigli and Richard Smyth's *De Votis Monasticis*", 144-148 참조하시오. 고린도전서 7장에 관한 버미글리의 강의를 둘러싸고, 그의 전임자인 강경한 로마 가톨릭 신학자 리처드 스미스(Richard Smyth)와의 사이에 독신 서약에 관한 신학적 논쟁이 일어났다.

로 망명하여 그 도시의 이탈리아 회중에 속한 개혁파 신자였다. 버미글리와 카테리나 사이에는 자녀가 있었으나, 안타깝게도 모두 요절하였는데, 그 가운데 한 아기는 생후 8일만에 숨을 거두어 버미글리를 슬프게 하였다. 버미글리 생전에 태어난 모든 자녀들이 장성하지 못하고 어린 시절에 세상을 떠났지만, 1562년 버미글리가 소천할 때 그는 유복자를 남겼다. 그 아이에 대한 버미글리의 유언 중, 만일 아들이 태어나 신학을 공부하려 한다면 반드시 취리히에서 하게 하라는 내용은, 이 개혁주의 도시에 대한 버미글리의 사랑을 뚜렷이 드러내는 증거로 언급된다.[13] 그 이듬해 유복자로 태어난 딸 마리아 역시 비교적 일찍 소천하였고, 이탈리아 플로렌스의 명망가였던 버미글리 가문은 더 이상 이어지지 않았다.

Ⅲ. 결혼과 가정에 관한 버미글리의 사상

인간 사회의 핵심적인 사회적 제도로서 '결혼'에 관한 버미글리의 신학적 사상을 몇 가지 요점들을 중심으로 요약하여 살펴보자. 우선 결혼에 관한 그의 성경적 신학적 정의를 소개하고, 결혼과 관련한 그 당대의 다양한 이슈들을 검토해보자.

1. 결혼에 대한 버미글리의 정의

13 Simler, *Orations*, 45.

'신학총론'에서 결혼에 관한 논의를 시작하면서 버미글리는 우선 결혼이라는 사회적 제도에 관한 균형 잡힌 정의를 제시한다. 우선 그는 기독교 정신이 크게 반영되었다고 평가된 유명한 유스티니아누스 법전(Codex Justinianus)의 결혼에 대한 정의를 소개한다: "결혼은 남자와 여자 간의 결합이며, 분리할 수 없는 삶의 교제이며, 하나님의 법과 인간의 법의 교류이다."14 그러나 버미글리는, 나름대로 잘 규정된 이 로마법의 결혼에 대한 정의가 '성경의 가르침에 따라' 완성되어야 한다고 강조한다. 결혼에 관한 성경의 가르침으로 제일 먼저 강조되어야 할 것은, 결혼 제도는 '하나님께서 친히 제정하신 제도'라는 점이다. 또한 결혼 제도를 제정하신 하나님의 목적으로 성경에서 발견할 수 있는 중요한 세 가지 교훈이 있는데, 첫째, 자녀들을 출산하기 위함이며, 둘째, 음란을 제거하기 위함이며, 그리고 셋째, 돕는 배필을 주심으로써 남자의 삶이 도움과 편리를 얻도록 하기 위함이다.15

결혼에 대한 버미글리의 이런 균형 잡힌 성경적 정의에서 핵심적인 개념으로서 '친교'를 주목할 수 있는데, 결혼은 '남자와 여자의 결합'으로서 '분리할 수 없는 삶의 교제'라는 것을 그는 강조한다: 결혼의 주요점은 '교제'(friendship)이며 그리고 교제는 주로 '정의'(justice)에 있다. 여기서 '정의'란, 남편과 아내가 '각각 상대방에게 마땅히 주어야 할 것을 줌'으로써 결

14 Peter Martyr Vermigli, *Common Places*, II.10-18 (Reformed Retrieval), 1. (이 책은 버미글리의 신학총론을 현대판으로 새롭게 편집하여 출판한 것으로서, 서지학적 정보가 따로 없다.) 이 정의는 버미글리의 사사기 8장 28-31에 관한 주석에서 가져온 것이다. 구약시대 종종 등장하는 일부다처제 현상과 관련하여, 버미글리는 먼저 결혼에 대한 올바른 정의를 제시하고, 거기에 비추어 첩을 가지는 것이 어떻게 결혼과 다른지 밝힌다. Peter Martyr Vermigli, *Commentary on Judges* (Reformed Retrieval), 428.

15 J.P. Donnelly, "The Social and Ethical Thought of Vermigli", 112. "결혼은 남자와 여자 사이의 결합으로서, 자녀를 낳고, 성적 타락을 제거하고, 남자에게 도움과 조력을 제공하기 위하여 하나님께서 제정하신 것이다."

혼의 책임들을 성취하는 것이다. 만일 그러한 정의가 절뚝거리면, 결혼은 불구가 된다.[16] 남자와 여자는 이런 뜻과 목적을 염두에 두고 결혼해야 하며, 결혼이 성립되면 남자와 여자는 모두 이 끊을 수 없는 교제라는 강조점을 염두에 두어야 한다: '한 번 결합되었으므로, 간음으로 인하여 그 결합이 깨뜨려지지 않는 한, 그들은 함께 거하고 함께 살아야 한다.' 또한 이 결혼의 정의에 함축된 내용으로서, 남자와 여자 모두 하나님의 법과 인간의 법에 따른 교류(communication)가 있어야 하는데, 그것은 즉 그들은 둘 다 '같은 신앙'(one religion)을 가져야 하며, '인간적인 것들'(humane things)도 서로 교류해야 한다는 의미이다. 이런 관점에서, 결혼 생활에는 그리스도와 교회 사이의 관계를 본받은 탁월한 신앙적 일치가 마땅히 있어야 한다.[17] 또한 여자는 남자의 집에 들어가며 남편과 한 몸으로 간주되므로, 결혼한 두 사람의 소유들은 당연히 모든 점에서 두 사람의 공유물이 된다.

결혼 제도의 효과적인 원인(efficient cause)은 하나님 자신으로서, 처음부터 그분은 아담에게 돕는 배필을 만들어 주셨다. 그 결혼제도의 목적은, '생육하고 번성하라'는 말씀대로, 경건한 자녀를 낳는 것이다.[18] 한편, 결혼의 두 번째 목적으로 제시한 '음란'(whoredom), 곧 성적 타락을 피하는 것과 관련하여, 버미글리는 사도 바울의 고린도전서를 중요한 근거로 제시한다. 이 서신은 결혼의 목적과 관련하여, 성도들의 성적 정결에 관한 성경의 가르침을 명료하게 잘 서술하고 있다고 평가된다.

---

16 Peter Martyr Vermigli, *Common Places*, II.10-18 (Reformed Retrieval), 10-11.

17 Peter Martyr Vermigli, *Common Places*, II.10-18 (Reformed Retrieval), 51-52. 버미글리는 '경건을 사랑하지 않는 사람과의 결혼에 내포된' 위험들을 경고하였는데, 불신자는 신자를 우상숭배로 꾀어갈 수 있기 때문이다.

18 Peter Martyr Vermigli, *Common Places*, II.10-18 (Reformed Retrieval), 1.

기독교시대 이후의 로마법대전을 활용하면서도, 그러나 성경의 교훈과 무관한 사회적 관습에 관해서는 버미글리는 잊지 않고 지적한다. 예를 들어, 고대 로마 이래로 결혼과 관련된 중요한 사회적 관습으로 자리잡은 지참금 제도는 결혼 제도의 본질이 아니며, 그것이 없이도 결혼은 성립한다고 지적한다. 반면, 성경의 교훈에 일치하는 규정들이라면, 명시적인 성경적 근거가 없어도 인정하는 태도를 보인다. 예를 들어, 교회법령들(canons)은 결혼 관계가 '사적으로 이루어지지 말아야 한다'고 규정하는데, 버미글리가 볼 때 이것은 유익한 조치라고 평가된다. 왜냐하면 증인없이 비밀스럽게 이루어진 결혼에 대한 남녀의 동의는 재판장이 효력 있게 선언할 근거가 없기 때문이다.[19] 이런 점에서 결혼에 관한 버미글리의 정의는 성경의 교훈을 토대로 한 균형 잡힌 견해라고 평가할 수 있다. 버미글리는 제7계명에 대한 해설과 관련하여 성경적 결혼 개념을 논의하기 위하여 성경 자체의 교훈들, 교부들의 가르침, 동료 개혁자들의 견해, 그리고 필요할 경우에는 교회법의 규정들 및 고대 철학자들의 주장도 폭넓게 활용한다. 그러나 버미글리는 개혁주의 신학자답게 항상 '성경이라는 최고의 권위'의 지도 아래 그것들을 활용한다.

2. 혼인하지 말아야 할 사유들

(1) 불신 결혼

버미글리는 불신 결혼, 즉 이교도와의 결혼에 대하여 강력하게 반대하는 입장을 밝히며, 구약의 솔로몬을 비롯한 여러 왕들의 불신 결혼의 비극적인

19 Peter Martyr Vermigli, *Common Places*, II.10-18 (Reformed Retrieval), 2.

결과들을 지적한다. 그런데, 서른 두 가지의 다양한 성경적이고 교부적인 논의들을 제시하여 버미글리가 반대한 그 불신결혼의 형태들에 관한 논의는, 그리스도인과 이교도 사이의 결혼에 관한 논의라기보다 실제로는 종교개혁 당대에 두드러지게 나타난 '복음주의자와 로마 가톨릭' 혹은 '복음주의자와 재세례파' 간의 결혼에 대한 논박으로 볼 수 있다.[20] 결혼으로 하나가 되는 부부가 공통으로 고백해야 할 기독교 신앙의 주요한 요점들로서 버미글리가 제시하는 바는, 1) 삼위일체 하나님을 고백하는가 여부, 2) 우리의 죄사함을 위하여 오직 한 중보자이신 예수 그리스도를 필요로 한다고 고백하는지 여부, 3) 예수 그리스도께서 두 본성으로 계시며 그 속성들이 그대로 유지된다고 고백하는지 여부, 4) 우리는 공로 없이 신앙에 의하여 칭의된다고 고백하는지 여부, 5) 부활과 모든 사람들에 대한 심판을 고백하는지 여부 등이다.[21] 이와 관련하여, 버미글리는 종교개혁 당대의 상황에서 '신앙이 서로 다른' 남자와 여자 사이의 결혼을 평가할 때 특히 '이신칭의'(*sola fide*)라는 종교개혁의 핵심적인 원리를 핵심적인 평가 기준으로 삼는다. 로마 가톨릭 신자와의 결혼을 용납할 수 없는 '불신 결혼'의 형태라고 판단하는 것은 바로 오직 믿음, 오직 은혜의 성경적 원리를 받아들이는가 여부이다. 또한 버미글리는 다양한 논의들을 통하여, 그 당대의 재세례파 성도와의 결혼 역시 '신앙이 다른' 사람과의 결혼으로 간주하였다. 앞서 살펴본 대로, 결혼에 대한 정의에서 버미글리는 '교제'를 대단히 중요하게 여겼는데, 깨뜨릴 수 없는 부부의 교제에서 '신앙의 하나됨'은 필수적인 요소였다. 그래서 버미글리는 부

20 Peter Martyr Vermigli, *Common Places*, II.10-18. (Reformed Retrieval), 51-58.
21 Peter Martyr Vermigli, *Common Places*, II.10-18. (Reformed Retrieval), 58.

부 중 한 사람이 이단에 빠진 경우, 이혼하고 복음적 신앙을 가진 배우자와 재혼하는 것을 용인하였다.[22]

신앙의 하나됨을 결혼에서 이처럼 중요한 핵심 요소로 간주한 버미글리의 관점과 그 의의를 오늘날의 개혁신학과 개혁교회에서 다시 한번 돌이켜볼 가치가 있다. 서로 다른 기독교 신앙 간에, 나아가서 서로 다른 종교들 간의 대화와 화해의 분위기가 16세기 종교개혁 시대와는 비교할 수 없을 정도로 긍정적으로 평가되고 활성화된 오늘의 형편에서, 버미글리의 단호한 입장은 교조주의적이거나 교리중심적인 입장으로 폄훼되기 쉽다. 그러나 그의 논의는 '결혼' 제도를 세우신 하나님의 뜻이 무엇이고, 그 뜻을 가장 올바르게 받들기 위하여 필요한 조건이 무엇인지를 우리에게 일깨워주기 때문이다. '신앙의 하나됨'은 부부간의 참된 하나됨, 진실한 교제와 깊은 사귐에 꼭 필요한 조건이라는 사실은 오늘날에도 변함이 없다.

(2) 부모의 동의 없는 결혼

버미글리는 '부모의 동의 없이 자녀들이 결혼하는 것은 합법적인가'라는 주제를 신학총론에서 11꼭지에 걸쳐 다루는데, 그의 논의의 중요한 기초는 '네 부모를 공경하라'는 제5계명의 정신과 관련된 교훈이다.[23] 결혼을 결정함에 있어서 부모를 존중하는 것은, 사회적 관습이나 일반적 도덕을 넘어서, 모세의 율법으로 부모를 공경하라고 가르치신 하나님의 뜻을 받드는 일이다. 그것은 부모에 대한 자녀로서의 정직성과 감사하는 마음의 문제이며, 따라서 결혼의 결정에서 부모의 뜻을 중요하게 고려하는 것은 당연한 일이다.

---

22 J.P. Donnelly, "The Social and Ethical Thought of Vermigli", 113.
23 Peter Martyr Vermigli, *Common Places*, II.10-18. (Reformed Retrieval), 27-40.

버미글리는 자녀의 결혼에서 부모의 적극적인 역할과 관련하여, 구약의 족장들의 사례에서 아브라함은 이삭을 위하여 그리고 이삭은 야곱을 위하여 믿는 배우자를 갖도록 조처하였다는 사실을 지적한다. 또한 버미글리는 출애굽기 22장의 규정에 주목하는데, 거기서 '약혼하지 않은 처녀와 동침한 경우, 납폐금을 주고 아내를 삼도록' 명령하지만, 그러나 '그 처녀의 아버지가 그 딸을 그 남자에게 아내로 주기를 거절하면, 납폐금만 돈으로 낼 것'을 규정한다(출 22:16-17). 버미글리에 따르면, 이 구약의 사례는 딸의 혼인과 관련한 아버지(부모)의 결정의 권위를 잘 보여준다.[24] 한편, 버미글리는 신약성경에서 사도 바울이 '네 부모를 공경하라'는 제5계명을 해설할 때, '하나님의 계명에 어긋나는 명령'을 제외하면, 그 어떤 예외를 두지 않았다는 사실을 지적한다.[25] 따라서, 결혼과 같은 중차대한 문제에서 부모가 하나님의 말씀을 따라 가르치고 지도하는 것은 당연히 자녀로서 순종해야 할 일이다.

이런 성경적인 관점에서 버미글리는 교회법들 가운데 '부모의 동의 없는 결혼을 합법화하는 규정들'을 그다지 우호적으로 평가하지 않고, 그 당대의 대부분의 개혁자들과 마찬가지로 부모의 동의 없는 결혼 주장을 논박하고 배척한다. 그런 규정들은 성경의 빛으로 볼 때 옳지 않을 뿐만 아니라, 그 이전에 선포된 규정들, 곧 좀더 순전한 시절에 만들어진 교회법에 따르더라도, 올바른 결혼이라고 인정할 수 없는 것이다. 이와 관련하여 버미글리는 엄격한 입장을 취한다: 신부가 부모의 손으로 공개적으로 신랑에게 인도되지 않는 방식은 결혼이 아니며, 매춘행위(whoredom)이며, 부정직한 동거이며, 간음이며 호색이다.[26] 그러므로 버미글리는 오늘날의 낭만적인 자유

---

24 Peter Martyr Vermigli, *Common Places*, II.10-18. (Reformed Retrieval), 28.
25 Peter Martyr Vermigli, *Common Places*, II.10-18. (Reformed Retrieval), 29.

연애보다는 주의 깊게 계획된 가족간의 연합이라는 개념을 선호하는 입장을 분명히 하였다.

그런데 이런 보수적인 입장과 관련하여, 그 당대에 아주 일반적이었던 결혼 지참금 관습에 대해서 버미글리가 강력하게 반대한 점을 함께 주목할 필요가 있다. 고대 로마법에 호소하여, 버미글리는 지나친 지참금 및 남편이 그 지참금을 낭비하는 것을 반대하였다.[27] 이런 사례들은 버미글리가 단지 보수적인 입장에서 그 당대의 관습들을 옹호한 것이 아니라, 성경적 원리들에 따라 결혼에 관한 이슈들을 정리하고 있는 모습을 보여 준다.

개인주의적 성향이 팽배한 21세기의 사회에서, 개혁주의 신앙을 따르는 그리스도인들조차 왕왕 부모의 허락이 없는, 나아가 부모가 반대하는 결혼이라는 현실에 부딪힐 때가 있다. 이럴 경우 우리는 흔히 변화된 시대와 문화를 앞세우는 반면, 하나님께서 우리에게 주신 거룩한 뜻을 깊이 묵상하는 경건한 자세를 놓칠 수 있다. 오늘날 '부모의 허락이 없는 결혼'에는 실로 부모와 자녀 양편 모두가 하나님의 뜻을 돌아보아야 할 필요가 있다. 혹시 부모들이 원하는 결혼 및 그 자녀들의 배우자의 조건이 성경이 가르치는 경건한 신앙 외에 여타 세상적인 기준이라서 결혼을 앞둔 자녀들과 갈등을 일으키는 원인일 수 있다. 이런 경우에 자녀들은 그 부모를 사랑하고 길러주신 은혜에 감사하는 마음으로 설득하되, '주 안에서' 부모를 순종하는 자세를 가져야 할 것이다. 반면에, 자녀들이 경건한 신앙의 기준에서 벗어난 결혼을 선택하려 할 때, 부모는 무엇보다도 하나님을 경외하는 믿음으로써 그들을

---

26 Peter Martyr Vermigli, *Common Places*, II.10-18. (Reformed Retrieval), 30.
27 Peter Martyr Vermigli, *Common Places*, II.10-18. (Reformed Retrieval), 75-81, 126-133.

권면하고 일깨우며 기도해야 할 것이다. 부모의 동의 없는 결혼에 관한 버미글리의 논의는 무엇보다도 제5계명을 주신 하나님의 뜻을 순종해야 한다는 성경적 교훈에 근거하고 있다. 그것을 오늘의 상황에서 어떻게 잘 받들어 지키며 적용할 것인가 하는 것이 우리의 과제이다.

(3) 근친 결혼

레위기 18장에 규정된 근친 간의 결혼을 금지하는 규례에 관하여, 버미글리는 그 규정들을 주신 하나님의 뜻이 무엇인지, 랍비들이 그 규정에 덧붙인 내용들이 무엇인지, 구약의 규례들로부터 자유롭게 된 신약의 그리스도인들은 왜 여전히 이 '도덕적' 규례들을 지켜야 하는지, 그리고 아브라함과 옷니엘과 같은 구약의 신앙의 인물들은 왜 이런 규례에서 벗어난 결혼을 하였는지, 혹은 그런 사례들을 어떻게 올바르게 이해할 수 있는지 여부를 논의한다.[28]

여기서는 이 이슈에 관한 버미글리의 입장을 잘 보여주는 사례로서, 옷니엘의 근친결혼에 관한 그의 해명을 살펴보자. 첫째, 아버지라는 단어가 조부 혹은 증조부 등을 광범위하게 의미하는 사례에서 볼 수 있듯이, 구약에서 친족관계를 표현하는 단어는 광범위한 의미를 포함하고 있다. 따라서 만일 옷니엘이 갈렙의 조카이며 악사는 갈렙의 딸이라는 그 구절(삿 1:11-12)이 광범위한 의미로 해석된다면, 그는 레위기의 규정을 어긴 것이 아니다. (많은 사람들이 이런 해석을 선호한다.) 그러나 그 친족관계에 관한 표현을 엄격하게 해석된다면, 옷니엘은 고모와 결혼한 것이므로 레 18:12의 규정을 위반

28 Peter Martyr Vermigli, *Common Places*, II.10-18. (Reformed Retrieval), 61-72.

한 것이다. 이렇게 해석될 경우, 버미글리에 따르면, 옷니엘은 위대한 신앙의 용사였지만 그러나 그도 죄로부터 자유로운 사람은 아니었다고 평가되어야 한다. 또한 이런 경우, 옷니엘의 이 특별한 결혼이 하나님께서 허락하신 특권이나 특전으로 허락된 것이라고 하더라도, 그것을 다른 사람들을 위한 모범으로 삼는 것은 논란의 여지가 있다.[29] 이런 논의에서 뚜렷하게 나타나는 바, 버미글리는 하나님의 백성이 이방민족과 구별된 거룩한 민족으로 살아가도록 주어진 '근친상간 금지'의 계명은 반드시 지켜져야 할 규례로 옹호하고 있으며, 취리히를 비롯한 종교개혁 당대의 여러 개혁주의 도시들에서도 그렇게 규정하고 있다는 사실을 소개한다.

3. 이혼에 관한 견해

하나님께서 제정하신 혼인의 신성함과 위대함을 강조하는 버미글리는 그 연합을 깨뜨리는 사유에 대해서도 성경의 교훈에 입각하여 엄격하고 보수적인 견해를 피력한다. 성경이 허용하는 이혼의 사유로서 버미글리는 우선 결혼의 연합을 깨뜨리는 간음을 지적하며, 거기에서 한 걸음 더 나아가 결혼에 대한 성경적인 정의에서 벗어나는 사례들을 논의한다.

(1) 간음과 불신앙

혼인 관계의 신성함과 중요함에 대한 강조와 일치하여, 그리고 종교개혁 당대의 대부분의 개신교 신학자들과 마찬가지로, 버미글리는 간음죄에 대한

29 Peter Martyr Vermigli, *Common Places*, II.10-18. (Reformed Retrieval), 72.

형벌로서 사형을 옹호하였다. 왜냐하면 결혼한 사람의 외도는 가정과 가족들을 파괴하는 행위로서, 성경에서는 종종 우상숭배에 비유되는 심각한 범죄이기 때문이다. 심지어 일반 시민법에서는 간음보다도 더 경미한 범죄들에 대해서도 사형을 언도하는 것과 비교하면, 제7계명을 어기고 결혼 관계를 파탄내는 간음의 죄에 대하여 가장 심각한 형벌을 내리는 것은 타당하다. 이와 관련하여 버미글리는 구약의 사형제도를 회복하길 원하였다.[30]

또한 모세의 이혼증서와 관련된 예수님과 바리새인의 논쟁(마 19장, 막 10장)에 관하여, 버미글리는 이혼의 조건을 가볍게 만든 랍비들의 해석을 배척하고, 오직 한 몸을 이룬 부부의 결합을 깨뜨린 간음만을 이혼의 합당한 사유로 지적하신 주님의 말씀을 가리킨다. 이 논의에서 버미글리는, 하나님이 창설하신 혼인 제도를 예수 그리스도께서 확인하신 사실에 입각하여, 결혼제도와 관련된 모든 인간의 법들은 이 영원한 하나님의 법에 의하여 평가되어야 한다고 강조한다. 다른 모든 인간적인 법들은 뒤에 만들어진 법들이 앞선 법들의 효력을 폐지하지만, 그러나 예수 그리스도께서 확인해주신 대로, 결혼을 창설하신 하나님의 법은 그렇지 않다.[31] 구약의 히브리인들과 이방인들에게는 아내를 버리는 것이 비교적 가벼운 일이었고, 갖가지 이유를 근거로 들어 이혼을 합법화하였지만, 그러나 그리스도인들은 그렇게 해서는 안 된다. 바로 이런 맥락에서 버미글리는 처음에는, 그리스도의 명백한 말씀에 따라, 그리스도인이 간음의 이유 외에는 이혼해서는 안 된다는 엄격한 입장을 고수하였다.[32] 이와 관련하여, '고린도전서 주석'(1551)에서 버미글리

---

30 Peter Martyr Vermigli, *Common Places*, II.10-18. (Reformed Retrieval), 133-160. 여기서 버미글리는 '간음에 대한 형벌들'을 논의한다.
31 Peter Martyr Vermigli, *Common Places*, II.10-18. (Reformed Retrieval), 8-9.
32 Peter Martyr Vermigli, *Common Places*, II.10-18. (Reformed Retrieval), 81.

는 구약성경의 비교적 손쉬운 이혼 법령을 기독교의 결혼 개념과 대조한다. 예수님께서 친히 모세의 율법을 논박하시고 결혼 제도를 세우신 본 뜻으로 돌아갔다(마 19:3-9). 종교개혁 당대에 이혼에 관한 규정은 시민법의 영역에 속한 것이지만, 관리들은 성경의 가이드에 따라야 하며, 신약성경에서 인정된 두 가지 사유, 곧 간음과 다른 신앙에 의해서만 허용되어야 한다고 버미글리는 주장한다.33

버미글리는 신실한 아내가 그 신앙의 연고로 남편에게 버려질 경우, 또는 그 남편이 불신자로 변할 경우에도, 부부의 하나됨의 유대가 끊어진 것이라고 보아야 한다고 판단한다. 이와 관련하여 버미글리는 사도 바울이 하나님의 소명을 '속박이 아니라 자유로 우리를 부르셨다'고 한 것을 이 경우에 적용한다.34

이혼에 관한 버미글리의 전반적인 가르침은 루터파와 개혁파를 망라하여 당대의 주요한 개혁자들의 견해와 기본적으로 일치한다. 그러나, 버미글리는 균형 잡힌 성경적 견해에서 좌우로 치우친 견해들을 비판적으로 평가하는데, 한편으로는 음행의 연고라도 이혼을 반대하는 로마 가톨릭 신학자들의 견해와, 다른 한편으로는 성경의 엄격한 규정을 쉽게 적용하려는 일부 개혁자들의 견해였다. 로마 가톨릭 신학자들은 아우구스티누스의 견해에 호소하여 간음의 연고라고 하더라도 이혼과 재혼의 권리를 허락하지 않고, 다만 별거하도록 하는 규정을 내세웠다. 그러나 버미글리는 '음행의 연고로' 이혼을 허락하는 마태복음의 구절을 강력하게 지지하였으며, 그런 이혼의 경우

---

33 Peter Martyr Vermigli, *Common Places*, II.10-18. (Reformed Retrieval), 81-84, 93-94, 97-98.

34 Peter Martyr Vermigli, *Common Places*, II.10-18. (Reformed Retrieval), 9.

남자뿐 아니라 여자도 새 배우자를 찾을 권리가 있다고 옹호하였다. 이 점에서는 여자도 남자와 동등한 권리를 가진다. 물론 버미글리는 그런 이혼의 합법적인 근거가 있더라도 무조건 이혼을 명령하는 입장이 아니라, 우선 실수를 저지른 배우자에 대하여 인내할 것을 권고한다. 왜냐하면 친절은 종종 간음을 저지르거나 혹은 믿지 않는 배우자를 덕과 진리의 길로 돌아오게 할 수 있기 때문이다.[35] 이혼에 관하여 다른 쪽으로 치우친 주장은 '좀더 자유로운 이혼'을 주장하는 인문주의적 경향을 가진 사람들에게서 나왔다. 버미글리는 그 대표자로 에라스무스를 언급하며, 그와 유사한 입장을 가진 주요한 개혁파 신학자들(마틴 부써, 울리히 츠빙글리, 그리고 하인리히 불링거)을 암시한다. 이들의 온건한 이혼 규정에 대하여 버미글리는 이혼의 근거들이 '성경이 인정하는 바를 넘어서 유추한 논의에 의하여 확장되어서는 안 된다'라고 온건하게 논박한다.[36]

(2) 결혼의 연합을 깨뜨리는 다른 사유들

버미글리는 하나님께서 세우신 결혼제도의 목적을 1) 자녀를 낳고, 2) 음란을 방지하며, 3) 돕는 배필이 되는 것으로 정의하였다. 또한 참된 교제로서의 혼인 관계를 위해서는 부부의 신앙이 참으로 성경에 근거한 일치를 이루어야 한다는 것도 강조하였다. 이런 정의에 입각하여 버미글리는 간음과 신앙적 불일치라는 분명한 성경적 사유들에 더하여 이혼을 허락할 수 있는 또 다른 사유들을 논의한다.

35 Peter Martyr Vermigli, *Common Places*, II.10-18. (Reformed Retrieval), 86-100.
36 J.P. Donnelly, "The Social and Ethical Thought of Vermigli", 114-115.

성불능(impotency)의 경우

여기서 성불능은 불임(sterility)과는 구별되는 것으로서, 부부 사이의 육체적인 합일을 이루지 못하는 상태를 뜻한다. 이 이슈에 관한 버미글리의 논의는 당대 종교개혁자들의 표준적인 견해들을 반복한다. 즉, 우선 인내심을 갖고 노력하되 삼 년이 지난 후에도 부부관계를 할 수 없다면 혼인관계를 무효로 선언해야 한다는 것이다. 왜냐하면 그 성불능이 혼인 관계에서의 육체적 하나됨을 온전히 이루지 못하는 원인이 되어 '하나됨의 친교'로서의 결혼생활을 불가능하게 하기 때문이다. 이 경우에 아내는 새 남편을 찾을 자유가 있다. 이와 관련하여, 버미글리는 물리적인 나이의 차이를 이유로 결혼을 막는 당대의 사회적 관습을 비판적으로 평가하는데, 부부의 육체적인 하나됨은 나이에 의하여 크게 좌우되지 않는다는 근거에서 그러하였다. 이처럼, 부부가 신앙적인 일치와 더불어 육체적으로 하나되어 참된 교제를 나누는 것을 버미글리는 중요하게 간주하였다.[37]

피할 수 없는 장기간의 별거의 경우

신앙의 연고로 박해를 받아 고향을 떠나야 했던 일이 빈번하였던 종교개혁의 시절에, 그 자신도 망명자였던 버미글리는, 박해를 피하기 위하여 부부가 장기간 별거하여 사실상 혼인의 연합이 깨어질 수 있는 사례에 관하여 논의한다.[38]

---

37 Peter Martyr Vermigli, *Common Places*, II.10-18. (Reformed Retrieval), 72-74.
38 J.P. Donnelly, "On Flight in Persecution" Letter No 5, *Life, Letters, and Sermons*, PML 5, 88-89.

결혼으로 연합한 부부 가운데, 아내가 박해를 피하기 위하여 남편을 저버리는 것은 합법적이지 않다. 다만, 그 아내의 연약한 신앙 때문에 남편이 일시적으로 별거에 동의하는 경우는 예외적으로 허용될 수 있다. 그러나 하나님의 법은 아내를 남편에게 복속시키므로, 아내는 남편의 의사에 반하여 그를 떠날 수 없다. 여기서 버미글리는 그 결정의 권한이 부부관계에서 머리의 역할을 해야 할 남편에 있다는 점을 분명히 한다. 따라서, 부부가 평화롭게 위험이 없이 함께 살기 위하여 남편이 박해를 피하여 떠날 때, 아내는 그 남편을 따라가는 것이 의무이다. 그런데, 그럴 만한 이유들이 있어서 아내가 남편을 따라갈 수 없거나 혹은 아내의 고집스런 마음으로 기꺼이 남편을 따라가지 않으려고 할 경우에도, 남편과 아내 둘 모두의 정숙함이 위태롭게 되지 않도록, 남편은 아내를 내버려두어서는 안 된다. 사도 바울의 교훈(고전 7:4)에 따라, 결혼 생활에서 배우자는 함께 살아야 할 필요가 있으며, 남편과 아내는 자신의 몸을 자기 것이라고 주장해서는 안 된다. 그러므로 남편이 박해를 피하지 않고 머물러 있는다면, 그는 박해 아래에서도 (아내의) 도움을 얻을 것을 기대할 것이다. 왜냐하면 그는 머물라는 명령을 명백하게 받았기 때문이다. 그러나 만일 남편과 아내 모두가 예외적일 정도로 정숙함을 가진 사람들이라면, 일시적으로 떨어져 있을 수도 있는데, 그것은 바울이 온 세상에 복음을 전하기 위하여 여행하였을 때, 다른 사도들이 아내를 데리고 다닌 것과는 달리, 그는 홀로 활동한 것과 같다(고전 9:5).[39] 그러나 이 경우에 정절의 맹세는 합당하지 않다. 왜냐하면, 비록 별거해야 한다고 하더라도 부부 관계는 율법의 요구사항이기 때문에 장기간의 별거 상태로 인한 독신

39 버미글리의 이 서신의 영역자인 도넬리(J.P. Donnelly)는 사도 바울의 이 구절이 그의 결혼에 대한 증거구절로 확증적인 것은 아니라고 역주를 붙이고 있다.

생활에서 정절의 맹세를 요구하는 것은 합당하지 않다. 고린도전서 7장에서 주님은 그리스도인 부부가 사탄의 유혹에 빠질 위험에 처하지 않도록 서로 연합하라고 명하신다.

이 논의를 살펴보면, 버미글리는 박해를 피하기 위하여 합법적인 부부가 장기간 별거하는 것보다는 오히려 박해를 감수하고서라도 부부됨의 교제를 신실하게 유지하는 것이 더 좋다고 생각하는 것을 알 수 있다. 그러므로 버미글리는 이런 사유를 이혼의 합당한 근거로 간주하지 않는 입장임을 알 수 있다.

버미글리의 이 논의는 6.25 동란으로 인한 이산 가족과 그에 뒤이은 장기간의 별거 상태를 경험한 한국인 그리스도인들에게 시사하는 바가 크다. 여기서 이 개혁파 신학자는 하나님의 말씀의 빛에 따라 무엇이 더 중요하고 무엇이 덜 중요한지 분명한 의견을 제시한다. 우리는 역사적 형편과 사정을 따라 이런 중요한 문제들을 얼버무리거나 혹은 자신을 옹호할 논리들을 찾는 대신에, 버미글리가 제시한 이런 의견이 과연 성경적인지 여부를 먼저 평가하고, 그에 따라 우리 자신의 신앙적 처신을 돌아보아야 할 것이다.

4. 일부다처제에 관한 버미글리의 논의

일부다처제(polygamy)는 오늘날에는 교회 안팎에서 그다지 중요하게 다가오는 이슈가 아니었지만, 버미글리 당대의 종교개혁의 교회에서는 여전히 심각한 이슈였다. 급진적인 재세례파가 장악한 뮌스터에서 중혼제도의 합법화로 인하여 일어난 성적인 문란은 말할 것도 없고, 루터파의 지도적인 영주들 가운데 하나인 헤세의 필립의 중혼(bigamy) 사건은 루터와 멜랑흐톤과 같은 종교개혁의 지도자들에게도 커다란 비난의 원인을 제공하였다.[40] 한편, 중혼은 구약시대의 신앙의 인물들에게서도 흔히 나타난 일이었기 때문에 이 문제에 관하여 성경적으로 올바르게 해명하는 것은 버미글리에게 중요한 일이었다. 그래서 그는 '신학총론'의 제7계명에 대한 해설에서 17개의 논점에 걸쳐 중혼에 관한 풍부한 논의를 제공한다.[41] 버미글리는 주로 구약에서 이끌어 낸, 일부다처제를 옹호하는 22가지 주장들을 나열한 후, 그것을 논박하는 16가지 이유들을 제시한다. 그의 논의는 성경에 근거한 논증과 더불어 부분적으로는 남편과 아내의 관계에 대한 철학적 법리적 분석에 근거하고 있다. 무엇보다도 주목할 만한 논증으로는, 남편과 아내의 관계를 그리스도와 교회의 관계에 비유한 엡 5:27과 관련하여, 버미글리는 그리스도께서는 오직 한 교회를 신부로 두셨으므로, 결혼은 일부일처제도를 따라야 한다고 주장하는 점이다.[42]

(1) 축첩제도와 일부다처제의 구별

버미글리는 우선 일부다처제의 한 형태라고 할 수 있는 축첩제도에 관하여, 로마법의 규정들과 구약성경의 사례들을 들어 논의한다. 로마 시민법은 첩을 결혼의 한 형태로 인정하는데, 많은 경우 이 첩은 매음부가 아니며, 또한 합법적인 부인과 더불어 살아가는 매음부도 아니다. 첩과 부인의 차이점은 첩에 대한 정의(definition) 로 구별된다: 첩은 홀로 사는 자와 사실혼 관계를 유지하고 있는 자이다. 그러나 참된 아내와 뚜렷하게 구별되는 특징은,

40 헤세의 필립의 이중결혼 스캔들에 관한 간략한 요약으로는, 헤르만 셀더하위스, 『루터 루터를 말하다』(서울: 세움북스, 2016), 459-464를 참조하라.

41 Peter Martyr Vermigli, *Common Places*, II.10-18. (Reformed Retrieval), 1-27.

42 Peter Martyr Vermigli, *Common Places*, II.10-18. (Reformed Retrieval), 4-26.

첩과의 관계는 해소될 수 있는 것이라는 점이다. 또한 첩과 아내는 그 법적 인 지위가 다르다. 첩은 남편의 가족에 속하지 않으며, 따라서 그들의 소유는 공유되는 것이 아니다.[43] 마찬가지로, 첩과의 사이에서 난 자녀들은, 군주의 특별한 은총이 없으면, 자녀로서의 합법적인 지위와 권리를 누리지 못한다. 로마법은 여러 명의 첩들을 동시에 두는 것은 금지되어 있다. 또한 로마법은 처녀와 25세 이하의 과부를 강간하여 이루어진 첩 관계를 인정하지 않는다. 이런 경우, 합법적인 결혼 관계가 되거나 아니면 음란한 관계로 간주된다. 그러나 증인들 앞에서 선언된 경우 과부는 첩이 될 수 있다. 또한 첩은 아내가 될 수 있는 자격이 있다.[44]

(2) 구약 일부다처제에 관한 평가와 비판

거룩한 족장들과 신앙의 인물들이 아내 외에 가지고 있었던 첩들에 관하여 논의하면서, 버미글리는 구약의 그 시절에 소위 첩으로 혹은 하녀들로 일컬어졌던 그 여인들은, 법률적이고 민사적 관점에서 자유민들이 합법적으로 결혼 관계에 들어갈 수 없는 여인들로 여겨지며, 아마도 그에 따라 구약성경에는 그녀들을 첩이라고 불렀을 것이라고 해석한다. 그러나 혼인의 법을 제정하신 하나님 앞에서 그들은 사실상의 아내들이었다.[45] 이와 관련하여 버미글리는 로마법과 히브리법 사이의 두 가지 차이점을 지적하는데, 1) 로마법에 따르면, 그 여인들은 종의 신분이기 때문에 그것은 결혼관계가 될 수 없지만, 유대인들은 하나님 앞에서 그 하녀들과의 결합을 결혼관계로 보았다.

---

43 Peter Martyr Vermigli, *Common Places*, II.10-18. (Reformed Retrieval), 2.
44 Peter Martyr Vermigli, *Common Places*, II.10-18. (Reformed Retrieval), 2.
45 Peter Martyr Vermigli, *Commentary on Judges*, 430.

2) 유대인들은 하녀들을 아내로 삼을 수 있었지만, 로마인들을 그것이 허용되지 않았다.[46]

구약시대에 상당히 일반적으로 나타난 일부다처제와 관련하여, 버미글리가 고려하는 성경적 주장들 가운데는 신중하게 살펴보아야 할 것들이 있다. 예를 들어, 아브라함과 다윗과 같은 일부다처의 여러 사례들이 하나님 앞에 범죄하는 일이었다면 왜 하나님께서는 그들을 처벌하지 않고 내버려 두셨는가? 또 그들은 그 중혼에 관하여 회개한 기록이 없는데, 그렇다면 그들은 회개 없이 죽었다는 말인가? 또한 선지자 나단이 밧세바의 일로 다윗을 꾸짖을 때, 하나님께서는 다윗에게 이미 '아내들'을 주셨다고 언급하며 책망하며 일부다처제로 책망하지 않았다는 사실, 그리고 사랑받지 못하는 아내에게 사랑받는 아내보다 적은 몫을 주지 말라는 율법의 규정(신 21장)은 사실상 하나님께서 구약시절에 일부다처제를 용인하신 증거가 아닌가? 무엇보다도, 이스라엘 백성 중에 그 이름이 끊어지지 않도록 형사취수제도를 명령하신 것은 일부다처제에 대한 분명한 승인이 아닌가? 사실상 구약의 율법에서 일부다처제에 관한 분명한 규정이 없는 것이 사실이 아닌가?[47]

이런 주장들과 관련하여, 우선 버미글리는 구약 시대의 하나님의 섭리하심의 특징들을 인정하는 논리들을 제시한다. 구약의 거룩한 족장들의 일부다처제에서 하나님은 그 시대의 형편을 고려하여 결혼에 관한 본래의 율법을 완화시켜 적용하였다. 이것은 명제집의 대가 롬바르드(Peter Lombard, 1100-1160)의 주장인데, 특히 그 제도를 허용하여 거룩한 자녀들, 즉 하나

46 Peter Martyr Vermigli, *Common Places*, II.10-18. (Reformed Retrieval), 4.
47 Peter Martyr Vermigli, *Common Places*, II.10-18. (Reformed Retrieval), 5-8.

님을 경외하는 이스라엘 백성들이 크게 번성하도록 배려한 것이라는 해석이다. 형사취수제에 관한 율법의 규정은 이런 점에서 뚜렷한 증거가 된다.

버미글리는 기본적으로 이런 설명 방식을 찬성한다. 구약의 이스라엘 역시 가장 완전해야 할 하나님의 교회이지만, 그 당시의 불완전한 시대적 상황을 고려하여 하나님께서 일부다처제를 허용하시는 방식으로 섭리하였다는 것이다. 버미글리는 전체 역사를 유아기, 청소년기, 장년기로 구분할 때, 장년기에는 허용되지 않는 많은 일들이 청소년기에는 허용될 수 있다는 논리를 전개한다. 이런 것을 고려할 때, 비록 구약의 거룩한 족장들은 모두 개인적으로 보면 아주 거룩한 인물들이지만, 그러나 그들이 살았던 시대는 우리의 시대와 비교할 때 어두움으로 가득하였다.[48] 버미글리는 여러 유력한 교부들도 이런 해석을 지지한다는 사실을 제시한다: '거룩한 족장들의 시대에 하나님께서 일부다처제를 허락하셨다'(알렉산드리아의 클레멘스), '하나님께서 족장들에게 일부다처제를 허용하셨다'(크리소스토무스), '족장들의 중혼 문제는 외적인 행위들에 의하여 판단되어서는 안 되며, 그들의 욕정을 가지고 중혼했는지 여부를 살펴보아야 한다. 욕정 없이 거룩한 자손의 번식을 위한 중혼은 죄로 여겨져서는 안 된다'(아우구스티누스).[49] 그러므로 그들의 시대에 하나님께서 일부다처제를 허용하셨으므로, 족장들의 중혼은 옹호될 수 있다. 거룩한 족장들과 그들의 후손들의 그들의 시대에 일부다처제를 연고로 하나님께 질책을 받지도 않았고, 그 이후에 모세를 통하여 주어진 율법을 통하여 그 제도가 금지되지도 않았기 때문이다. 버미글리는 크리소스토무스

---

48 Peter Martyr Vermigli, *Common Places*, II.10-18. (Reformed Retrieval), 14-15.
49 Peter Martyr Vermigli, *Common Places*, II.10-18. (Reformed Retrieval), 17.

의 권고에 따라 '우리는 우리 자신의 이유들에 의거하여 족장들을 판단해서는 안 된다'는 신중한 입장을 받아들인다.[50]

그러나, 다른 한편으로, 버미글리는 아주 명료하게 종교개혁 당대에 일부다처제는 결코 하나님 앞에서 합법적인 것이 아니라고 주장한다. 무엇보다도 버미글리는 결혼의 정의로부터 일부다처제가 올바르지 않은, 그래서 구약시대에 특별히 허용되었으나 이제는 더 이상 옹호해서는 안 되는 제도라고 논증한다. 결혼제도의 그 시초에 있어서 하나님께서는 두 사람의 결혼을 창설하셨지, 셋이나 넷의 결혼 제도를 만들지 않으셨다. 아담은 그 자신의 입으로 '내 뼈 중의 뼈요, 살 중의 살이며, 이런 이유로 부모를 떠나 그 아내와 연합하여 둘이 한 몸이 될 것이라'는 말로 그 결혼 제도를 선포하였다(창 2:22-24). 그러므로 그 이후에 결혼 제도에서 그 본래의 모습과는 다른 무슨 일이 일어난다면, 그리고 그것이 인간의 법령으로 세워진다면, 그 모든 인간적인 법령들은 결혼제도를 창설하신 하나님의 법에 비추어 그 옳고 그름을 평가되어야 한다.[51] 그런데, 일부다처제의 경우, 불가피하게 한 사람이 다른 사람에게 속임과 사취를 당할 수밖에 없다. 그런 결혼의 관계에서 여러 부인들은 마치 전장터에 있는 것처럼 갈등과 다툼을 겪게 된다. 결혼의 핵심적인 개념은 친교(friendship)이며, 그 친교는 정의(justice), 곧 마땅히 주어야 할 것을 주는 것에 있다. 부부 관계에서 그런 정의가 정지하면 결혼관계는 절름발이가 될 수밖에 없는데, 남편이 두 번째 아내를 가질 때 그는 첫 번째 아내에게 부정의를 행하지 않을 수 없다.[52] 일부다처제는 혹시 자녀 출

---

50 Peter Martyr Vermigli, *Common Places*, II.10-18. (Reformed Retrieval), 21. 이 충고는 마태복음에 관한 크리소스토무스의 56번째 설교에서 발견된다.
51 Peter Martyr Vermigli, *Common Places*, II.10-18. (Reformed Retrieval), 10.
52 Peter Martyr Vermigli, *Common Places*, II.10-18. (Reformed Retrieval), 11,

산에는 도움이 될 수 있을지 모르지만, 결혼 제도를 제정하신 하나님의 목적 중에 '돕는 배필'을 주신 것과 관련하여, 일부다처제는 이런 목적에는 거의 도움이 될 수 없다. 남편이 모든 아내들을 똑같이 돕는 것은 가능한 일이 아니다. 결혼 관계에 있어야 마땅히 할 탁월한 사랑(singular charity)은 여러 사람들 속에 존재할 수 없다. 부당한 취급을 받는 아내들의 호소를 증거하는 말라기 선지자의 메시지는 이런 현실을 잘 보여준다. 또한 여러 아내들을 가지는 것은 그 아내들 사이의 적대감뿐 아니라 그들의 자녀들 사이의 적대감으로 이어진다.[53]

일부다처제의 문제는 구약시대에 일반적이었을 뿐만 아니라 고대교회에서도 종종 문제가 되었던 사안이었다. 버미글리는 구약의 시대적 형편에 대한 적절한 해석을 제시하면서도, 그러나 하나님의 교회가 장성한 시절에 이른 종교개혁기에는 결혼제도를 세우신 하나님의 원래의 뜻을 분명하게 고수해야 한다는 주장하였다. 비록 종교개혁의 시대에도 이 문제로 인한 스캔들이 없지 않았지만, 버미글리를 비롯한 개혁자들의 분명한 가르침을 통하여 개혁된 교회들에서는 하나님께서 제정하신 혼인 제도의 신성함이 다시 뚜렷하게 빛을 발하게 되었다.

5. 성직자의 독신에 관한 견해

옥스포드 대학에서 1548년 3월부터 그 이듬해까지 진행된 버미글리 고린도전서 강의는 심각한 논쟁들을 불러 일으켰다. 가장 대표적인 것은 성찬론

53 Peter Martyr Vermigli, *Common Places*, II.10-18. (Reformed Retrieval), 12.

을 둘러싼 1549년의 옥스포드 논쟁(Oxford Disputation)이지만, 성직자의 독신제도 및 수도사의 맹세에 관련하여 고린도전서 7장을 강해한 버미글리 입장 역시 상당한 논쟁을 불러일으켰다. 버미글리는 고린도전서 7장을 성직자의 영구적인 독신생활에 관한 성경적 근거로 해석하는 로마 가톨릭의 전통적인 견해는 사도 바울의 취지를 벗어난 잘못된 해석이라고 주장하였다. 버미글리에 따르면, 그 본문은 결혼 이전의 간음을 반대하는 메시지이며 결혼을 금지한 것이 아니라 교부들의 해석을 제시하면서, 이 구절을 근거로 성직자의 독신 제도를 옹호하는 것은 성경적 근거가 없다.[54]

앞서 언급하였듯이, 수 백 년 동안 결혼한 고위성직자를 경험하지 못하였던 옥스포드에서 버미글리의 이런 주장은 로마 가톨릭 신학자들에게는 자기 변호로 비추어졌으며, 격렬한 신학적 논박으로 이어졌다. 특히 버미글리에 앞서 옥스포드의 왕립석좌신학교수(regius professor) 직책을 맡았던 로마 가톨릭 신학자 리처드 스미스(Richard Smyth)는 성찬론에 관한 옥스포드 논쟁 직후 망명한 벨기에 루벵에서 바로 이 이슈를 제기하여 버미글리를 공격하였다. 그가 출판한 '수도사 서약에 관하여'(*De Votis Monasticis*, 1550)는 여전히 옥스포드와 잉글랜드에 남아 있던 로마 가톨릭 세력에게 강력한 자극이 될 위험이 있었다. 보수적인 로마 가톨릭 문화가 여전히 지배적이었던 당시 옥스포드에서, 버미글리 부인의 덕스럽고 칭송받는 삶에도 불구하고, 강경한 로마 가톨릭 세력은 바로 이 성직자의 독신 서약의 문제에서 버미글리를 공격하는데 아주 자극적이고 효과적인 방편을 찾을 수 있었다. 그것은 부분적으로 고대교회의 많은 교부들이 성직자의 독신 제도를 옹호하

---

54 Marvin W. Anderson, Pet*er Martyr, A Reformer in Exile: A chronology of biblical writings in England and Europe* (Niewkoop: B de Graaf, 1975).

고 실천한 사례들이 무수히 많았기 때문이다. 따라서 버미글리는 무엇보다도 이 주제에 관한 성경의 증거들을 통하여 종교개혁의 결혼관을 옹호해야 했다. 버미글리는 '리차드 스미스의 책들에 대하여'(*ad Richardi Smythaei libellos*), 그리고 '리차드 스미스에 반대한 옹호'(Defensio ad Richardi Smythaeim)라는 두 권의 책으로 응수하였는데, 그 주요한 내용을 핵심적인 성경 구절들과 관련하여 해설하였다.[55] 그 가운데 특히 마태복음 19:12("어머니의 태로부터 된 고자도 있고 사람이 만든 고자도 있고 천국을 위하여 스스로 된 고자도 있도다. 이 말을 받을 만한 자는 받을지어다")에 기록된 예수님의 교훈은 스미스를 낭패하게 만든 성경적 증거로서, 버미글리의 자신의 독신 서약을 종결하고 결혼하는 것을 교리적으로 용납할 만한 것으로 만들어 주었을 뿐만 아니라, 성직자의 독신 서약들 자체를 비성경적으로 간주하게 하는 말씀이다.[56] 또한 성직자의 독신과 관련하여 로마 가톨릭에서 대단히 중요한 성경적 근거로 제시하는 사도 바울의 권고(고전 7:8 "내가 결혼하지 아니한 자들과 과부들에게 이르노니 나와 같이 그냥 지내는 것이 좋으니라")에 관해서, 버미글리는 성직자의 독신 생활은 '은사'이지 '의무'가 아니라는 점을 분명히 밝힌다.[57]

한편, 결혼과 독신 생활 사이의 상대적인 장점들에 관한 논의에서, 버미글리는 독신 생활이 이 세상의 어떤 염려들로부터 자유롭게 해준다는 이유에서 아주 경미하게 독신생활을 더 높이 평가한다. 그렇지만, 고린도전서 7장

---

55 이 논쟁에 관한 자세한 분석으로는, J. Andreas Löwe, "Peter Martyr Vermigli and Richard Smyth's *De Votis Monasticis*", Emidio Campi ed., *Peter Martyr Vermigli, Humanism, Republicanism, Reformation* (Geneve: Librairie Droz.S.A 2002), 143-172을 참고하라.

56 J. Andreas Löwe, 156.

57 J. Andreas Löwe, 168.

에 관한 논의에서, 버미글리는 구약의 제사장들과 대부분의 사도들을 포함한 초대교회의 성직자들이 모두 결혼하였다는 사실을 지적한다.[58] 그러나, 독신제도는 매우 드문 은사이기 때문에, 이것을 성직자에게 필수적인 의무로 부과하면 많은 훌륭한 사람들이 성직에 들어가지 못하게 막는 부작용을 일으킨다. 목회서신에서 가르치는 바에 따르면, 아내와 가족이 있다는 사실이 그 사역을 방해하는 것은 아주 드문 경우들이다. 오히려 독신의 은사를 받지 못한 로마 가톨릭 성직자들이 종종 그 독신제도를 지키지 못하고 스캔들에 빠진다. 그러므로 독신의 은사를 받지 못한 사람이 성직자가 되기 위하여 정절의 맹세를 하는 것은 옳지 않다.[59]

Ⅳ. 나가는 말

이상으로 종교개혁자이자 개혁파 신학자인 버미글리의 결혼에 관한 견해를 간략하게나마 개관해 보았다. 다양한 성경 주석들에서 그가 이 주제에 관하여 가르친 바를 모아둔 '신학총론'의 제7계명 해설에서, 버미글리의 방대한 학식과 치밀한 논리 전개를 다시 한번 확인하게 된다. 비록 그 가운데 일부에 지나지 않지만, 결혼에 관한 버미글리의 성경적 기초 및 그 위에 든든하게 세워진 개혁주의적 통찰을 소개할 수 있어서 감사할 따름이다. 오직 성경이라는 종교개혁의 근본적인 원리 위에 든든하게 서서, 결혼이라는 주제와 관련된 풍성한 교부적, 스콜라적, 법률적 지식들을 풍성하게 사용하는 그의 포괄적인 접근방식을 새롭게 인식하게 된다. 개혁주의 신학은 그 든든한

58 Donnelly, "The Social and Ethical Thought of Vermigli", 115.
59 Donnelly, "The Social and Ethical Thought of Vermigli", 116.

기초만큼이나 풍성한 열매를 가지고 있다. 종교개혁 당대에 버미글리의 신학적인 기여와 그의 경건한 삶의 영향력에 대해서는 이제 익히 알려져 있다. 그의 풍성한 개혁주의 신학을 통하여, 오늘날 개혁교회의 신학과 경건이 한층 더 풍성해지길 기대한다.

〈참고문헌〉

1차 자료

Peter Martyr Vermigli. *Common Places*. II.10-18. Reformed Retrieval.

______________________. *Commentary on Judges* (Reformed Retrieval), 428

______________________. *Life, Letters and Sermons*. PML 5. Kirksville, MO: Sixteenth Century Eassays & Studies, 1999.

______________________. "Inaugural Oration Delivered at Zurich When He Took the Place of Doctor Konrad Pelikan" in J.P. Donnelly ed., and trans. *Life, Letters and Sermons*. PML 5. Kirksville, MO: Sixteenth Century Eassays & Studies. 1999. 321-334.

______________________. "Letter No 5: "On Flight in Persecution" in *Life, Letters and Sermons*. PML 5. Kirksville: Sixteenth Century Essays & Studies, 1999. 88-89.

______________________. "To All the Faithfull of the Church of Lucca Called to Be Saints" in *Life, Letters, and Sermons*. PML 5. Kirksville, MO: Sixteenth Century Essays & Studies, 1999), 155-169.

2차 자료

김진흥. 『피터 마터 버미글리: 신학적 평전』. 부산: 개혁주의학술원, 2018.
헤르만 셀더하위스. 『루터 루터를 말하다』. 서울: 세움북스, 2016.
Anderson, Marvin W. *Peter Martyr, A Reformer in Exile: A chronology of biblical writings in England and Europe.* Niewkoop: B de Graaf, 1975.
Gangi. Mariano di. *Peter Martyr Vermigli, 1499-1562.* Lanham: University Press of America. 1993.
Donnelly, John Patrick. "The Social and Ethical Thought of Vermigli" in Joseph C. McLelland ed., *Peter Martyr Vermigli and Italian Reform* (Waterloo: Wilfrid Laurie University Press, 1980), 107-119.
Löwe, J. Andreas. "Peter Martyr Vermigli and Richard Smyth's *De Votis Monasticis*", Emidio Campi ed., *Peter Martyr Vermigli, Humanism, Republicanism, Reformation* (Geneve: Librairie Droz.S.A 2002), 143-172.
McKee, E.A. "Katharina Schütz Zell (1498-1562)" in C. Lindberg ed., *The Reformation Theologians* (Oxford: Blackwell, 2002), 225-226.
Simler, Josiah. "Oration on the Life and Death of the Good Man and Outstanding Theologian, Docter Peter Martyr Vermigli, Professor of Sacred Letters at the Zurich Academy" in *Life, Letters, and Sermons,* PML 5. Kirksville, MO: Sixteenth Century Eassays & Studies, 1999. 9-62.

하인리히 불링거의 기독교 가정생활

박상봉

Heinrich Bullinger(1504-1575)

스위스 취리히 대학교 신학부에서 종교개혁사를 전공했는데, 취리히 종교개혁자인 하인리히 불링거(Heinrich Bullinger)의 신앙교육서에 대한 연구로 박사학위(Dr. Theol.)를 받았다. 현재 수원에 있는 합동신학대학원대학교에서 역사신학 교수로 재직 중이다. 16세기 스위스 종교개혁, 하인리히 불링거, 종교개혁의 다양한 주제 등에 관한 연구와 번역에 집중하고 있다. 최근 저서로 에미디오 캄피 공저, 『하인리히 불링거의 교회와 신앙고백』(수원:합신대원출판부, 2021), 『불링거』(서울: 익투스, 2021) 등이 있으며, 역서로 강승완 공저, 『하인리히 불링거의 교회론』(수원:합신대원출판부, 2019) 등이 있다.

박상봉

1184년에 로마가톨릭교회에서 결혼이 '성례'로 규정된 이래로 표면적으로 더욱 안정된 것처럼 보였다. 하지만 중세 후기에 면죄부 판매와 관련하여 가정의 무질서와 성적인 범죄들이 매우 보편적으로 발생되었기 때문에 당시 결혼은 다양한 문제들을 가지고 있었다. 인간의 본성에 반하는 사제들에 대한 독신제도는 로마가톨릭교회 안에서 성적으로 심각한 문제들을 일으켰다. 종교개혁이 공론화될 무렵에 많은 사제들이 비밀리에 가정을 이루었거나 내연관계에 있었다.

이러한 현실 속에서 종교개혁자들은 사제의 독신제도를 비판하며 결혼제도에 깊은 관심을 가졌다. 특별히, 종교개혁 당시 성례로서 결혼에 대한 중세적 사상을 고수하는 로마가톨릭교회와 성경의 이해 속에서 결혼을 새롭게 규정한 개신교 사이에 큰 차이점는 '취소될 수 없는 것에 대한 거절'에 있었다. 종교개혁자들은 사제의 독신제도를 거절하고, 성례로 규정된 것 때문에 정당한 사유가 있어도 이혼할 수 없는 것을 거절하였다. 즉, 사제도 결혼할 수 있고, 정당한 사유가 있다면 이혼을 할 수 있다는 것을 밝혔다.

종교개혁자들은 기독교 가정생활을 다른 신학적 주제들과 함께 혹은 독립적으로 다루었다. 대표적으로, 취리히 종교개혁자였던 하인리히 불링거(Heinrich Bullinger)도 이 주제에 대해 깊은 관심을 가졌다. 그의 결혼과 가정에 대한 기록뿐 아니라, 그가 1540년에 출판한 『기독교 가정생활』[1]이 그 증거이다.

1 Heinrich Bullinger, "Der christliche Ehestand", in *Heinrich Bullinger Schriften*, ed. Emidio Campi, Detlef Roth & Peter Stotz, Bd. I (Zürich: TVZ, 2004).

I. 중세 후기(1250-1500) 여성의 삶[2]

중세의 전통 속에서 여성의 삶은 매우 고달팠다. 하와는 아담을 돕기 위해 창조되었기 때문에 여성은 남성에게 절대복종해야 하며, 하와가 아담의 머리나 심장이 아닌 갈비뼈로 창조되었기 때문에 여성은 남성보다 열등하다고 농락되었다. 그리고 하와가 아담보다 먼저 사단의 유혹에 빠져 타락을 했기 때문에 여성은 항상 잠재적 죄인으로서 남성의 지배 아래 머물러 있어야 한다고 위협되었다. 창조의 순서와 하와의 범죄에 대한 굴레 아래서 남성의 소유물과 속박이라는 차별적 운명에 갇혀 있었다. 그 결과로, 여성은 겸손과 순종을 배우기 위해 어려서는 아버지에게 또 결혼 후에는 남편에게 통제를 받아야 했는데, 육체적이고 정신적으로 남성에게 종속되어 있었다.

중세 후기에 결혼[3]은 일반적으로 거의 동일한 신분계층 안에서 이루어졌다. 대부분의 여성은 12살에서 16살 사이에 결혼을 했으며 신랑과 나이 차이가 컸다. 만약, 신분이 높은 여성이 신분이 낮은 남성과 결혼했을 경우에 그녀의 신분은 남편의 신분으로 예속되었다. 왕가나 귀족 가문에서 결혼은 가문과 가문 사이의 결합을 통해서 힘을 유지하거나 혹은 신분상승을 위해 정략적으로 이용되었다. 가정은 남녀 간의 사랑으로 맺어진 것이 아니라, 엄

---

2 Edith Ennen, "Das späte Mittelalter(1250-1500)" in *Die Frauen im Mittelalter* (München, 1999), 134-231.

3 중세 시대의 결혼 방식은 세 가지 형태였다: 먼저, 보호 결혼(Muntehe)은 남편이 부인에 대한 합법적인 지배권을 가진 결혼이다. 다음으로, 결혼(Friedelehe)은 남녀 간의 사랑으로 이루어진 결혼인데, 하지만 남편은 부인에 대한 지배권을 가질 수 없다. 당연히, 부인 역시도 합법적인 결혼으로 얻게 되는 권리를 가질 수 없다. 아이가 태어나도 상속권을 가질 수가 없었다. 그래서 애정 결혼은 정략적으로 결혼한 정실부인 옆에 진심으로 사랑하는 여인을 정부로 드리는 결혼을 의미한다. 마지막으로, 축첩 결혼(Kebsehe)은 중세 초기에 등장한 결혼의 형태로 영주(주인)와 종 사이에 혹은 자유인과 비자유인 사이에 이루어진 결혼이다. 주인이나 자유인이 종이나 하층민과 맺은 결혼이다.

밀히 말하면 정치적으로 맺어진 '결혼동맹'이었다. 이 때문에 '결혼장사'라는 표현은 결코 낯설지 않았다.[4] 여성은 가문의 이익을 얻게 하는 잘 포장된 상품으로 팔려나갔다. 여성은 신랑에 대한 개인적 선택권을 가질 수 없었기 때문이다. 결혼에 대한 정략적인 조건만 충족되면 신랑과 신부의 나이 차이는 그렇게 중요하지 않았다. 다른 나라에 있는 가문끼리 맺어지면 신랑과 신부가 사용하는 언어도 달랐다. 대화를 위해 통역사가 필요할 정도였다. 결혼 전날까지 신랑과 신부는 서로의 얼굴을 보지 못하는 경우도 있었다. 결혼을 통해 집안끼리 연결되면 전쟁을 막을 수도 있고, 영토를 보호하거나 확장할 수도 있는 정략이 더 중요했기 때문에 부수적으로 따르는 불편함은 문제되지 않았다.

여성의 성(性)은 자신의 고유한 소유가 아니었다. 남편의 성적 욕구를 채워주고, 자녀를 생산하는 것과 결속되어 있었다. 그리고 자손을 낳는 일은 여성이 감당해야 할 절대적 의무였다. 이 때문에 왕가나 귀족 여성들은 신랑 측의 요구로 결혼 전에 자녀를 잘 낳을 수 있는지 건강검진을 받기도 했다. 중세 시대의 자손에 대한 염원은 남자가 생식능력이 없는 경우에 자신의 부인을 '결혼을 도와주는 남자'에게 보내는 것도 자연스럽게 여겼다. 중세 후기에도 아기를 낳는 것은 쉽지 않았다. 출산 도중에 많은 아이가 죽었기 때문이다. 그래서 로마가톨릭교회는 산파가 유아 세례를 주는 것을 허용하기

4 대표적 실례로, 신성로마제국의 황제인 막시밀리안 1세(Maximilan I, 1459-1519)의 딸 오스트리아 마가레테(Margarete d'Austria)는 영토를 넓히기 위한 정략 때문에 3살 때 프랑스 왕국의 열세 살 왕자인 루이 11세(Louis XI, 1423-1483)의 아들 샤를 8세(Charles VIII)와 결혼을 해야 했다. 심지어, 이러한 결혼장사는 아직 태어나지도 않는 뱃속 아기인 경우에도 해당되었다. 아이가 태어나기 전에 부모들이 미리 사돈을 맺는 것이다. 신성로마제국의 황제 카를 5세(Carl V.)의 동생 마리아는 한 살 때 혼약이 정해졌는데, 아직 신랑은 태어나지도 않은 상태였다. 일 년이 지나서 신랑이 태어났는데 이후에 헝가리 왕이 된 러요시 2세(Lajos II.)이다. (양태자, 『중세의 뒷골목 풍경』 (서울: 이랑, 2012), 98.)

도 했다.

부부의 이혼사유로는 일반적으로 간음, 남성의 성불능, 3년 이상 불임, 여성의 알콜중독, 여성 재산에 대한 남성의 낭비, 나병, 이단적 성향 등이 속했다. 이혼하면 여성은 자신의 물품이나 재산을 취할 수 있었다. 가업을 가진 도시 여성의 경우에는 그 가업도 유지할 수 있었다. 역사적으로 결혼이 성례로 규정된 이래로 일반 사람들이 이혼하는 것은 결코 쉽지 않았다. 하지만 왕족과 귀족은 정치적 이유로 결혼하고 이혼하는 것이 매우 자유스러웠다. 물론, 교회법 때문에 이혼을 하기 위해서는 왕이나 귀족도 표면적으로 정당한 이유가 필요했다. 한 실례로, 당시 법적으로 근친간의 결혼이 금지되어 있는 것과 관련하여 프랑스 왕 필리프 2세(Philipp August, 1165-1223)는 이혼하기 위해 다음과 같은 구실을 내세웠다: "결혼할 때는 몰랐는데, 지금 알아보니까 내 부인은 너무 가까운 친척이었다." 몇 년 후에 필립프 2세는 가까운 친척과 다시 결혼하였다.[5]

직업적 선택과 관련하여 여성은 계층적으로 큰 차이가 있었다. 먼저, 귀족 여성은 삶의 선택에 있어서 수녀원으로 가거나 궁중(영주)의 시녀가 되고 혹은 궁중의 다른 봉사자로 살 수 있었다. 교회는 수녀원 재정에 크게 기여하는 돈 많은 귀족 여성을 수녀로서 유인하는 데 심혈을 기울였다. 다음으로, 도시 여성은 수공업 기술을 가질 수 있었으며, 술집종업원, 사환, 상인 등으로도 일할 수 있었다. 그들 중에 극히 일부는 학자, 미술가, 산파, 의사 등으로 활동하기도 했다. 마지막으로, 농촌 여성은 농사와 관련된 일들 외에 거의 아무런 선택의 여지가 주어지지 않았다. 농촌 여성은 농번기에 하루 평균

5 양태자, 『중세의 뒷골목 사람』, 117.

14시간 정도를 일해야 했다. 당시 신분의 여하를 막론하고 여성의 자유로운 삶은 오직 집안과 의무 지워진 일터로만 국한되었다. 신분이나 혹은 실력에서나 아무리 탁월한 여성이라도 해도 거의 대부분은 배움을 위한 학문의 영역과 모든 공적 직무로부터 배제되었다.

물론, 교육적 면에서도 남성과 여성 사이에 큰 차이가 있었다. 그리고 귀족, 도시 그리고 농촌 여성 사이에도 큰 차이가 있었다. 농촌 여성에게 교육의 기회는 전혀 주어지지 않았다. 농촌에서는 오직 생존을 위해서 하루를 살아야 했기 때문이다. 귀족 여성은 자수, 뜨개질, 승마, 체스, 춤, 시 등을 배웠고, 기사들의 무술시합 때 의무적으로 배석해야 해야 했다. 그 밖에 귀족 여성이 신앙교육 및 읽고 쓰는 교육을 받았지만, 교육적 가치나 기회는 크게 중요하게 여겨지지 않았다. 14세기 이래로 기록문화가 발달하면서 여성 교육에 대한 관심도 조금씩 높아지면서 귀족 여성이 학문에 관심을 두는 경우도 간혹 있었다. 하지만 결혼 후에는 남편의 요구에 따라서 중지되었다. 실제로, 귀족 여성보다 더 자유롭고, 더 많은 기회를 가진 계층은 도시 여성이었다. 도시 여성은 직업 교육을 받을 수 있었고, 이를 통해서 스스로 돈도 벌 수 있었다. 수공업과 상공업 분야의 다양한 직업을 가질 수 있었기 때문이다. 부모의 관심과 경제적 능력에 따라 여자아이도 모국어로 공부하는 여학교를 다닐 수 있었지만, 귀족 여성과 마찬가지로 전문교육을 받는 라틴어 학교나 대학교에는 들어갈 수 없었다.

14세기 이래로 도시의 발전과 시민의식의 성장 속에서 한편으로 경제적이고 직업적인 면에서 여성의 독립성이 성장하기도 했지만, 그러나 다른 한편에서 이러한 여성의 독립성은 남성의 적대성을 크게 부축인 것도 사실이다. 정부가 폭력을 행사하는 피해자들에 대해 엄격한 판결을 내렸음에도 불구하고, 성적인 것을 포함한 남성의 다양한 물리적 억압은 많은 여성에게 현실적 문제로 등장하였다. 남성의 폭력에 대해 여성은 늘 불리한 입장에서 피해자의 삶을 살았다.[6] 이러한 여성의 이해는 교회 안팎의 일반적 인식이었고, 당연히 여성의 일상적 삶은 대체적으로 매우 고단했다.

II. 종교개혁과 여성 지위의 변화

16세기 초에 종교개혁이 공론화되면서 여성은 분명히 새로운 시각 속에서 이해되었다. 새로운 신학은 창조, 타락, 구속이라는 이해 속에서 여성의 본래적 지위를 회복하는 데 이론뿐 아니라 현실적으로도 기여했다. 종교개혁자들이 가정생활에 관한 신학적 지식을 발전시킴으로써 가정과 교회에서 여성의 인식이 새롭게 되었다. 한 실례로, 루터는 이렇게 밝혔다: "남편과 아내 사이에는 '나'와 '너'의 문제가 없습니다. 두 사람은 모든 것을 공유해야 하며, 구분이나 차별이 없어야 합니다."[7]

종교개혁이 시작된 이래로 성직자 독신제도에 나타나는 것과 같은 금욕적인 특성은 종교개혁자들과 로마가톨릭교회의 사제들을 구분하는 중요한 차이였다. 종교개혁자들의 결혼은 엄청난 사회적 파장을 일으킨 것이 사실이었다. 이미 독신제도가 본래 의도에서 벗어나 온 사제들이 성적방종에 빠져 있었다는 것을 알고 있었음에도 불구하고 교황주의자들은 종교개혁자들이

---

6 Sunanna Burghartz, "Rechte Lungfrauen oder unverschämte Töchter? Zur weiblichen Ehre im 16. Jahrhundert", in *Frauengeschichte – Geschlechtergeschichte* (Campus Verlag, 1992), 181.

7 마틴 루터, 『탁상담화』, 이길상 옮김 (서울: 크리스챤다이제스트, 2005), 419.

성적인 욕구를 채우기 위해서 교황에게 반기를 들었다고 비난했다.[8] 하지만 로마가톨릭교회 안에서 독신제도가 경건과 삶에 있어서 최우선이 되는 목적이 아니었던 것처럼, 종교개혁자들에게서도 성직자의 결혼은 개혁의 한 내용이었을 뿐이지 개혁을 위한 원인이 결코 아니었다.

종교개혁을 통하여 새롭게 정의된 결혼과 가정이라는 제도는 과거와 전혀 달리 인식된 것이 사실이다. 특별히, 종교개혁자들이 결혼을 하면서 교회는 목회자의 가정생활과 관련하여 중세 시대에 겪어 보지 못한 도전에 직면하게 되었다. "목회자의 가정은 어떠해야 하는가?" 혹은 "신자의 가정은 어떠해야 하는가?"에 대한 질문 속에서 종교개혁자들은 신자의 가정에 대한 이상을 이론적으로 그려줘야 했다. 그리고 실천적으로 가장 모범적인 가정을 세워야 하는 책임이 주어졌다. 이러한 점에서 종교개혁은 인류의 문화사에서 결혼과 가정에 대한 새롭고 중요한 장을 열었다고 할 수 있다.

종교개혁자들은 결혼과 가정을 성경의 원리에 따라서 바르게 가르쳤다. 법적인 효력을 가진 새로운 결혼생활의 규범을 만들었을 뿐 아니라 감독하는 기관도 도입했다. 모든 종교개혁 지역에서 종교개혁자들의 제안에 근거하여 설립된 가정법원(Ehegericht)은 법적 평등성에 있어서도 여성의 권리를 신장시키는 데 크게 기여하였다.[9] 경제적인 면에서도 여성은 상공업과 수공업 분야에서 남성과 동등한 권리를 가질 수 있었으며, 부부 혹은 가족 경영이라는 구조 속에서 여성의 역할은 증대되었다.[10]

---

8 필립 샤프, 『독일 종교개혁』, 박종숙 옮김 (서울: 크리스챤다이제스트, 2004), 384.

9 Sunanna Burghartz, "Jungfräulichkeit oder Reinheit? – Zur Änderung von Argumentationsmustern vor dem Baseler Ehegericht im 16. und 17. Jahrhundert", in *Dynamik der Tradition*, ed. Richard van Dülmen (Fischer, 1992), 13.

10 Sunanna Burghartz, "Zwischen Integration und Ausgrenzung: Zur Dialektik reformierter Ehetheologie am Beispieln Heinrich Bullinger", in *L'HOMME* -

종교개혁자들은 스스로 모범을 보임으로써 가정에 대한 새로운 가치를 제시하는 것에 관심을 두었다.[11] 결과적으로, 종교개혁은 결혼생활에 대한 윤리적 표준과 이상을 새롭게 바꾸었다. 결혼과 가정을 인간 본성에 근거하여 죄를 경계하면서도 창조 목적에 맞게 재정립했다. 로마가톨릭교회에서 이상적인 경건은 금욕적이고, 오직 천상만을 추구하는 세상 도피적이었다. 하지만 종교개혁은 천상의 가치를 현실에 끌어들여 모든 삶의 영역 속에서 하나님이 창조로부터 본래 허락하신 육체적, 가정적, 종교적, 사회적 가치들을 회복하는 것이었다. 사제들은 육체, 세상, 마귀의 정욕을 마음에서 온전히 떨어버릴 수 없음을 알면서도 세상의 유혹들로부터 도피하는 것으로 세상을 이기고자 했다. 그러나 종교개혁자들은 세상에 살면서도 인간의 정욕이 창조 원리와 하나님의 말씀에 근거한 위치에서 본래 기능으로 작동될 수 있도록 하면서 세상을 이기려고 한 것이다. 로마가톨릭교회의 사제들은 본성적으로 그럴 수 없었음을 알면서도 여성을 유혹자로 보고 경계해야 할 대상으로 생각했다. 하지만 종교개혁자들은 여성을 창조하신 하나님의 뜻을 생각하며 가정과 사회를 위해 반드시 필요한 구성원으로 인식한 것이다.[12] 즉, 여성의 성향과 덕성이 남성의 연약한 부분을 보완하고 다듬어 줄 수 있음을 시인하면서 교회, 가정, 사회에서 여성이 차지하는 위치와 누릴 수 있는 지위를 분명히 인정해 주었다.

표면적으로 볼 때, 남성 중심의 가부장적인 인식이 온전히 극복되었다고 할 수는 없겠으나, 종교개혁자들은 성경원리에 따른 여성의 권리를 회복시

Zeitschrift für Feministische Geschichtswissenschaft (Wien, 1997), 30f.

11 Burghartz, "Zwischen Integration und Ausgrenzung: Zur Dialektik reformierter Ehetheologie am Beispieln Heinrich Bullinger", 31.

12 샤프, 『독일 종교개혁』, 386.

켜 준 것이다. 그들은 아내들을 가정과 교회사역의 합법적인 동역자로 인정했으며, 최우선에 있어서 특별소명에 따른 교회의 직무에 집중했을지라도 결코 가정과 분리된 채 자신들의 사역을 감당하지 않았음을 기억해야 한다. 한 실례로, 루터의 동료이자 당대 '독일의 선생'으로 불릴 정도로 명성이 자자했던 신학자 필립 멜랑흐톤(Phillip Melanchthon)은 개신교 목사가 된 후에 집에서는 아이의 요람을 밀어주면서 책을 읽었다고 그의 동료에게서 증언되었다.[13] 그 당시에 이는 남성에게는 매우 낯선 풍경이었다. 멜랑흐톤은 매우 자상한 네 자녀의 아버지고, 한 아내의 신실한 남편으로서 종교개혁으로 시작된 근대 가장의 면모를 보여준 것이다. 물론, 다른 종교개혁자들의 가정생활도 이러한 멜랑흐톤의 모습과 크게 다르지 않았다. 분명히, 종교개혁자들의 가정생활은 전혀 새로운 풍경이었고, 성경적 가르침 속에서 가정생활이 어떻게 영위되어야 하는가를 실천적으로 보여준 최초의 사례들이었다.

종교개혁 이래로 성직자의 결혼은 사회와 국가적인 면에서도 크게 공헌한 것이 사실이다. 먼저, 다양한 연구에 의하면 종교개혁 이후 2세기 동안 성직자 독신제도와 금욕주의가 폐지된 것에 힘입어 유럽 인구가 천만 명에서 천오백만 명까지 증가된 것으로 보고되었다.[14] 그리고 개신교 성직자 가정에서 교회와 사회에 배출한 인재들의 비율 역시도 매우 높았는데, 그들은 각 영역에서 변혁을 이끌며 빛 된 삶을 살았다.

이러한 이해 속에서 필립 샤프는 종교개혁자들의 결혼과 관련하여 그 의미를 다음과 같이 표현했다:

---

13 Carl Schmidt, *Philipp Melanchthon* (Elberfeld, 1861), 712.
14 샤프, 『독일 종교개혁』, 389.

"로마가톨릭교회나 러시아 정교회의 사제들은 성직자답지 못한 행실로 손가락질을 당할지라도 오직 자신의 직위를 내세워 권위를 행사한다. 하지만 개신교 목사는 인격에 따라서 세워지기도 하고 넘어지기도 하는데, 모든 개신교 국가에서 목사는 기독교인으로서, 신사로서, 남편과 아버지로서 존경을 받고 있다. 이 사실이 의미하는 바는 성직자 독신제도를 철폐한 종교개혁자들의 지혜를 가장 뚜렷이 입증해 주는 증거라는 것이다."[15]

종교개혁자들의 결혼을 통해서 새롭게 인식된 것은 여성의 지위이다. 가정과 교회-사회적인 면에서 여성의 직무가 과거와 비교할 때 크게 변화된 것은 없지만, 그러나 여성이 남성의 돕는 배필이고, 교회와 사회의 핵심적 구성원으로서 반드시 필요하다는 인식이 새롭게 생겨났다. 종교개혁자들은 초기 중세로부터 여성에게 씌워져 있었던 '오직 남자에게 절대복종하는 하와의 후예'라는 굴레를 신학적으로 벗겨주었다. 그리고 만인제사장론에 근거하여 여성도 남성과 동일하게 존중받아야 할 하나님의 자녀라는 지위를 공적으로 천명한 것이다. 종교개혁자들의 아내 존중과 가정생활은 동일한 신앙정신을 가진 일반 가장들과 가정들의 모범이 되었고, 유럽 전역에서 여성의 인식에 대한 새로운 전기를 맞게 하는 데 기여했다.

III. 하인리히 불링거의 가정생활

15 샤프, 『독일 종교개혁』, 392.

종교개혁은 여성에 대해 아직도 여러 면에서 극복되어야 할 여러 현실적 과제가 눈앞에 있었음에도 불구하고 중세 시대와는 다른 여성과 가정에 대한 근대적 이론과 실천을 제공했다고 볼 수 있다. 특별히, 하인리히 불링거의 결혼과 가정은 이 사실에 대한 전형이었다.

1. 불링거의 결혼과 가정

(1) 결혼

알비스 카펠(Kappel am Albis) 수도원의 교사로 활동할 당시 1527년에 불링거는 5개월 동안 취리히에 체류하며 신학을 공부할 수 있는 기회가 가졌다. 이때 그는 결혼에 대해 깊이 생각했다. 이미 20살을 넘긴 청년에게 자연스럽게 생겨난 마음이었다. 종교개혁 1세대인 루터와 츠빙글리와 다르게 불링거에게 로마가톨릭교회의 독신서약에 대한 강요는 아무런 장애요인이 되지 않았다. 그의 아버지가 사제로서 가정을 이룬 것 때문에 합법적인 혼인 증서는 가지고 있지 않았지만, 그는 자신의 부모로부터 가정의 중요성을 깊이 인식하고 있었다. 과거 수도사가 되겠다는 꿈을 포기한 이래로, 불링거는 가정을 이루지 않은 삶을 상상해 본적이 없었다. 취리히 종교개혁이 공론화된 이래로 카펠 수도원의 수도사들도 이미 가정을 이루었다. 그 수도원의 원장이었던 요너도 1527년 2월 25일에 결혼을 했다.[16] 당연히, 그는 불링거에게도 빨리 가정을 이룰 것을 권면했다.

1527년 여름에 불링거는 취리히에서 안나 아드리슈빌러(Anna Adlischwyler)를 알게 되었다. 그녀는 취리히 외텐바흐(Oetenbach)에 있

16 Fritz Blanke, *Heinrich Bullinger: Vater der reformierten Kirche* (Zürich, 1990), 93.

는 도미니카 수녀회(Kloster der Dominikanerinnen)의 수녀였는데, 취리히 종교개혁의 여파 속에서 1525년에 그 수녀원이 폐쇄되면서 수녀 서약을 파기했다. 아마도 불링거와 같은 나이로 추측되며, 취리히 종교개혁을 매우 호의적으로 받아들였다.[17] 안나는 당장 갈 곳이 없는 다른 여성들과 그 수녀원에 머물고 있었지만, 더 이상 수녀로서의 삶이 의미 없다는 것을 분명하게 알고 있었다. 새로운 신앙을 받아들이면서 자신의 앞길에 대해서 진지하게 고민하는 중이었다. 이 시기에 안나 앞에 불링거가 나타난 것이다.

불링거는 1527년 9월 30일에, 당시 일반적으로 중매쟁이를 통해서 결혼의 여부를 물었던 관행을 깨뜨리고, 매우 용기 있게 직접 무려 30여 장이 되는 장문의 서신을 썼다.[18] 단순한 연애편지가 아니라 한 여인에게 배우자가 되어 줄 것을 정중하게 밝힌 청원서와 같았다. 불링거는 여기에서 결혼의 의미와 필요성을 성경의 가르침에 따라서 세밀하게 밝혔다. 주님 앞에서 결혼은 신자의 참된 경건이 훈련될 수 있는 수단임을 강조하였다. 그리고 불링거는 며칠이 지난 후에 곧바로 안나에게 온 마음을 담아서 직접적으로 청원 고백을 했다: "영혼과 마음을 담아서 … 당신은 내가 (결혼하기로) 결심한 오직 유일한 여성입니다. 당신이 나에게 왜 지정되었는지는 오직 하나님만 아시며, 오직 나의 선택은 당신의 언행에 근거하고 있습니다. 그래서 나는 이 시간에 당신이 하나님을 경외하는 여인이기를, 내가 당신과 함께 사랑과 고난에 동참하며 그리고 모든 하나님의 뜻 가운데서 살고 싶다는 것을 마음에 그려보았습니다."[19]

---

17 Fritz Büsser, *Heinrich Bullinger (1504-1575): Leben, Werk und Wirkung*, Bd. I (Zürich: TVZ, 2005), 77.

18 Büsser, *Heinrich Bullinger (1504-1575): Leben, Werk und Wirkung*, 70.

19 *Heinrich Bullinger Werke, 2.* Abt.: Briefwechsel 1, bearb. von Ulrich Gäbler u. a., Zürich 1973-5, Nr. 24, 13214-22: "Herz und Gemüt gesetzt ... Du allein bist

안나는 불링거가 어떤 사람인지를 유심히 살폈다. 카펠 수도원 학교의 교사이며, 많은 사람들에게 신망을 받고 있다는 것을 알았다. 불링거가 학문적으로도 매우 잘 준비된 인물이라는 것도 확인했다. 인격적이며, 성숙한 믿음의 소유자라는 것도 의심되지 않았다. 안나는 1527년 10월 27일에 불링거에게 답장하면서 결혼을 약속했다.[20] 그리고 이틀 후에 취리히 그로스뮌스터 교회에서 두 사람 사이에 약혼 서약이 이루어졌다. 하지만 두 사람의 결혼은 2년 후에 이루어졌다. 안나의 홀어머니가 결혼을 반대했기 때문이다.[21] 불링거가 브렘가르텐(Bremgarten)에서 협력 목사로 청빙되어 사역하고 있을 때 1929년 7월 20일에 안나의 홀어머니가 사망했다.[22] 두 사람은 긴 약혼 생활을 끝내고 1529년 8월 17일에 많은 사람의 축복 속에서 결혼했다. 이 기쁜 날에 불링거는 안나를 위해 직접 지은 한 편의 시를 낭송했다.[23]

〔...〕
나의 가장 사랑스러운 여인
나의 여왕이여!
〔...〕
당신은 나의 위로이자
나의 친구요 방패이며

---

die einzige, die ich mir vorgenommen habe. Gott weiss allein, ob du mir verordnet bist, und meine Wahl stützt sich auf dein Reden und Benehmen. So habe ich mir mit der Zeit vorgestellt, du seiest eine solche [Frau], in der Gottesfurcht und Zucht sei, mit dir ich in Liebe und Leid und in allem, was Gottes Willen ist, leben möchte."

20 Büsser, *Heinrich Bullinger (1504-1575): Leben, Werk und Wirkung*, 71.

21 Büsser, *Heinrich Bullinger (1504-1575): Leben, Werk und Wirkung*, 85. 불링거는 안나의 홀어머니가 결혼을 매우 강하게 반대한다는 것을 밝히고 있다.

22 Blanke, *Heinrich Bullinger*, 87.

23 Patric Müller, *Heinrich Bullinger* (Zürich: TVZ, 2004), 30.

내 마음의 항구입니다.
나는 오직 당신만을 사랑하며
이제 나는 오직 당신의 것입니다.
〔...〕
나는 지금 당신의 가장 사랑스러운 분신입니다.
내가 당신 곁에 있을 때
나는 평화를 누리며
나의 행복은 가장 충만합니다.
〔...〕
내가 그토록 소망했던
가장 사랑스러운 보물인
당신을 소유했기 때문입니다.

16세기 초에 불링거와 안나는 자신들의 의지와 상관없이 오랜 연애 기간을 보냈으며, 현대와 비교해서도 단연 돋보인 낭만적 결혼식을 올렸다. 1540년에 저술한 『기독교 가정생활』[24]에서 볼 수 있듯이 불링거는 결혼을 하나님의 뜻에 근거한 것으로 남녀가 사랑과 공동체 삶을 실현할 수 있는 현장으로 간주했다. 그리고 자녀는 결혼이 맺은 열매로 인식하면서, 부모는 하나님의 뜻에 따라서 자녀를 양육해야 한다고 밝혔다. 불링거에게 안나는 이러한 가정을 함께 만들어 갈 수 있는 이상적인 배우자였다.

(2) 안나 아드리슈빌러 – 가정의 신실한 수호자

24 Bullinger, "Der christliche Ehestand", 417-575.

안나 아드리슈빌러는 1541년 흑사병과 다른 병 때문에 발생한 세 자녀의 죽음으로 큰 슬픔에 잠길 때도 있었다. 하지만 그녀는 1564년 흑사병으로 생을 마감할 때까지 종교개혁 시대에 가장 이상적인 가정생활을 경험했던 행복한 여인들 중에 하나였다. 불링거가 평생 동안 사랑했던 안나는 어떤 사람이었을까?

태어난 날짜는 정확히 확인되지 않지만, 안나는 1504년 스위스 취리히에서 출생한 것으로 알려져 있다. 요리사로 식당을 경영했던 아버지 한스 아드리슈빌러(Hans Adlischwyler)는 안나가 8살 때 사망했다. 그녀의 병약한 어머니는 독실한 로마가톨릭교회의 신자였으며 외동딸이 수녀가 되는 것을 소원했다. 실제로, 어머니의 뜻에 따라서 안나는 취리히 외텐바흐(Oetenbach)에 있는 도미니카 수녀원의 수녀가 되었다.

취리히 종교개혁 이래로 1525년 의회의 결정 속에서 그 수녀원이 폐쇄되었지만, 안나는 그곳에서 여전히 생활하고 있었다.[25] 그녀가 그 폐쇄된 수녀원에서 계속 머물러야 했던 이유는 정확히 확인되지 않는다. 안나가 불링거를 처음 만난 시점은 1527년 7월 중으로 알려져 있다. 물론, 두 사람이 누구를 통해서 혹은 어떤 경로로 만났는지도 전혀 확인되지 않는다. 불링거도 자신의 일기장에 안나의 만남에 대해 아무런 기록도 남기지 않았기 때문이다. 16세기 당시 중매인을 통해서 만남과 결혼이 성사되었던 관행에 비추어 볼 때 두 사람의 관계는 매우 파격적인 사건이었다.[26]

불링거와 결혼한 이래로 안나는 17년 동안 모두 합하여 다섯 명의 여자아이들(Anna, Margarita, Elisabeth, Veritas, Dorothea)과 여섯 명의 남자아이들(Heinrich, Rudolph, Christoph, Johannes, Diethelm, Felix)을

25 Blanke, *Heinrich Bullinger*, 73-4.
26 Blanke, *Heinrich Bullinger*, 75.

출산하였다.[27] 안나가 살아있는 동안 세 자녀가 어린 나이에 목숨을 잃었다. 하지만 그녀의 헌신 속에서 가정은 안정적이었고, 남편은 근심 없이 교회사역에 전념할 수 있었으며, 자녀들은 행복하게 성장할 수 있었다. 취리히 대표 목사인 불링거를 방문한 수많은 손님으로 인하여 늘 분주할 뿐 아니라 취리히에 살고 있는 가난한 사람들을 돌보는 것 때문에 늘 바빴지만, 안나는 그 일들을 기쁨으로 감당하였다. 사실, 불링거의 집은 자신의 가족만 머무는 공간이 아니었다. 유럽 전역에서 찾아온 방문객들이 짧게는 며칠 혹 길게는 몇 달씩 머물렀다. 여행객들, 친척들, 학생들, 목회자들, 신학자들, 정치인들, 신앙망명자들 등이 끊임없이 불링거를 찾아왔기 때문이다. 특별히, 츠빙글리 사후에 그의 미망인 안나 라인하르트(Anna Reinhart)[28]와 자녀들이 불링거의 집에 가장 오랫동안 머물렀다. 물론, 그들은 손님이 아니라 한 가족이었다. 불링거의 아내는 집에 찾아온 모든 손님을 정성껏 섬겼다. 경제적으로 넉넉한 살림은 아니었지만 모든 가족과 방문자에게 불편이 없도록 최선을 다했다. 과거 수녀로서 삶이 안나에게 부족한 가운데서도 지혜를 발휘할 수 있도록 큰 도움이 되었다.

불링거의 삶은 안나 없이 상상될 수 없었다. 취리히 교회의 의장이었던 불링거의 과도한 사역도 그녀의 후원 없이 감당될 수 없는 것이었다. 결혼한 순간부터 죽는 순간까지 안나는 불링거의 '돕는 배필'로서 늘 함께 했다. 다른 어떤 여성도 그녀의 역할을 대신할 수 없었다. 안나가 죽은 후에도 불링거의 마음 안에 여전히 그녀가 살아있었다. 그녀에 대한 많은 추억들이 간직

---

27 Büsser, *Heinrich Bullinger (1504-1575): Leben, Werk und Wirkung*, 74.

28 첫 번째 결혼에서 세 자녀를 두고 있었던 안나 라인하르트는 1524년 4월 2일에 츠빙글리와 두 번째 결혼을 했다. 두 사람 사이에 네 자녀가 태어났다. 그녀는 츠빙글리가 죽은 이후에 7년을 더 살았다. 그녀는 1538년 12월 24일에 불링거의 가족과 그녀의 자녀들이 지켜보는 가운데 눈을 감았다. (Edward J. Furcha, "Women in Zwingli's World", in: *Zwingliana XIX*, Zürich 1992, 131-142.)

되어 있었기에 불링거는 죽는 날까지 다른 여성을 생각할 수 없었다.[29] 불링거가 주변 사람들의 권면에도 불구하고 재혼을 하지 않고 혼자 살았던 이유이다.

안나는 16세기에 살았던 종교개혁자의 아내로서 한 모범을 보여준다. 그녀의 가정을 위한 헌신적 삶과 관련하여 셋째 사위 요시아스 심러(Josias Simler)은 자신의 장모를 '가족의 신실한 수호자'(fida custos familiae)로 칭송하였다.[30] 안나의 헌신은 단순히 가정주부와 어머니로서 자연적인 역할에만 근거한 것이 아니다. 무엇보다도, 그녀의 신앙 동기에 근거한 '개혁주의 성도의 가정'이라는 새로운 가치 속에서 발현된 것임을 잊지 않아야 한다.[31] 안나의 삶은 종교개혁 당시 개신교 가정 안에서 여성의 역할이 얼마나 중요했는지를 그려주고 있다.

(3) 가정의 비극

취리히 교회에서 불링거가 사역한 시기인 1535년, 1541년, 1549년, 1564-5년, 1569년에 흑사병이 창궐하였다. 1564-5년에 창궐한 흑사병이 가장 비극적이었다. 취리히 인구의 3분의 1이 죽음의 그림자를 피하지 못했기 때문이다. 이때 불링거와 그의 가족들이 흑사병에 감염되었을 뿐 아니라, 그의 동료들도 이 죽음의 사신을 피할 수 없었다. 대표적으로, 취리히 학교의 구약 교수였던 테오도르 비블리안더(Theodor Bibliander)가 흑사병을 피하지 못하고 죽음에 이르렀다.[32] 불링거도 흑사병에 걸렸지만 죽음 직전에

---

29 Büsser, *Heinrich Bullinger(1504-1575), Leben, Werk und Wirkung*, 77-8.

30 Büsser, *Heinrich Bullinger(1504-1575), Leben, Werk und Wirkung*, 77.

31 Müller, *Heinrich Bullinger*, 42.

32 Christine C. Wedel Hg, "Theodor Bibliander in seiner Zeit" in *Theodor Bilbliander 1505-1564* (Zürich: Verlag Neue Zürcher Zeitung, 2005), 32-35.

구사일생으로 회복되었다. 1564년 취리히 흑사병의 공포를 자세히 기록한 그의 일기장에서 생생히 확인할 수 있다:

"서기 1564년 9월 15일 저녁. 그날은 금요일이었다. 나[불링거]는 식사 후에 흑사병으로 인하여 생명의 위협을 느꼈다. 이 죽음의 병은 이미 취리히에 만연하고 있었다. 나는 세 곳에 흑사병 종기들로 고통을 받고 있었다. 하나는 왼쪽 허벅지 앞면 가장 근육이 많은 부위 중간에 생겼다. 무릎 아래 오른쪽 종아리에 있는 것은 바깥쪽 근육 위에서 곪았는데 상태가 매우 좋지 않았다. 나는 같은 오른쪽 허벅지 위쪽에도 동일한 종류의 종기를 가졌다. 이 종기들 때문에 나는 낮과 밤에 잠을 거의 이룰 수 없었다. 말로 표현할 수 없는 강렬한 통증을 머리와 옆구리 쪽에서 느꼈다. 의사들이 규칙적으로 나를 방문하여 치료했다. 요한네스 무랄토(Johannes Muralto)은 무릎 아래 있는 종기를 불로 태우는 소독을 했다. 그러나 오직 하나님만이 유일한 치료자이시다. 나는 9월 17일에 교회의 모든 사역자를 불러 모았다. 그들에게 감사의 말을 전했으며, 그들이 의연하고 충성스럽게 주님의 일을 감당하고 결속했다는 것을 상기시켰다. 그리고 나는 그들에게 교회에 대한 책임을 전달하였다. [⋯] 나는 11월 16일에 간신히 병상에서 다시 일어날 수 있었다. 나는 12월 4일 거의 6주가 지난 후에 완치된 종기를 절개하였는데 [⋯] 특별히 나는 매우 긍휼함을 받은 것이다. 그때 대부분의 사람들이 "내가 하나님께 돌아가며, 다른 가족들처럼 교회에서 다시금 환송될 것이다"라고 생각하면서 나의 생명을 위해서 하나님께 솔직하게 기도했었다. 의사들과 다른 모든 동료도 나의 생명을 장담하지 못했으며 [⋯] 내가 죽을 것이라는 소문이 이미 널리 퍼져 있었다. 나의 대적들은 기뻐했고, 신자들은 슬퍼했다. 하지만 하나님은 나에게 자신의 놀라운 은혜를 선물하셨다. [⋯] 나는 11월 16일에 간신히 병상에서 다시 일어날 수 있었다. 나는 12월 4일에 거의 6주가 지난 후에 완치된 종기를 절개하였는데 ⋯ 특별히 나는 매우 긍휼함을 받은 것이다. 그 당시에 거의 대부분의 사람들이 "내가 하나님께 돌아가며 다른 가족들처럼 교회에서 다시금 전송될 것이다"라고 생각하면서 나의 생명을 위해 하나님께 솔직하게 기도했었다. 그리고 의사들과 다른 모든 동료들이 나의 생명을 이미 포기했으며 〔…〕 내가 죽을 것이라는 소문이 이미 널리 퍼져 있었다. 나의 대적들은 기뻐했으며, 성도들은 슬퍼했다. 하지만 하나님은 나에게 자신의 놀라운 은혜를 선물하였다."[33]

하지만 불링거의 가족들은 하나님의 치료하시는 은혜를 누리지 못했다. 취리히를 공포로 몰아넣었던 흑사병은 그의 가족들에게 큰 비극을 안겨 주었다. 1564-5년은 불링거의 생애에서 가장 비극적인 해였다. 1564년 말에 그의 아내 안나 뿐 아니라 둘째 딸 마가리타(Margarita Lavater)와 그녀의 태어난 지 4일 된 아들 베른하르트(Bermhart)가 이 죽음의 사신을 피할 수 없었기 때문이다. 그리고 1565년 초에 흑사병은 츠빙글리의 아들과 결혼했던 큰 딸 안나(Anna Zwingli)와 셋째 딸 엘리자베스(Elisabeth Simler)를 가족과 영원히 이별하도록 만들었기 때문이다. 불링거는 1564년 9-10월에 발생했던 안나, 둘째 딸 그리고 손자의 죽음도 자신의 일기장에 매우 상세하게 기록으로 남겼다:

"다음날 밤에 흑사병은 내가 진심으로 사랑하는 아내인 안나 아들리슈빌러를 불러갔다. 그녀가 9일 동안 병으로 누워 있었을 때 깊은 신뢰로 하나님께 간구했지만, 그러나 9일째 되던 날 병상 위에서 숨을 거두었다. 이 일은 (1564년) 9월 25일 월요일 정오에 발생했다. 그녀는 다음 날(26일) 정오 12시에 모든 도시로부터 온 많은 일반 사람들과 명망이 있고 존경을 받는 인사들의

---

33 Müller, *Heinrich Bullinger*, 44-5.

화려한 환송 가운데서 엄숙하게 묘지에 안장되었다. […] 10월 27일 새벽 4시에 흑사병은 나의 사랑하는 딸 마가리타 라바터(Margareta Lavater)를 엄습했다. 그녀는 다음날인 10월 28일에 아들 베른하르트(Bernhard)을 출산했는데, 그는 이틀이 지난 10월 30일에 유아 세례를 받았다. […] 그 아이는 다음 날 밤에 죽었고, 그의 엄마는 이미 10월 30일 밤 11시경에 세상을 떠났다. 그녀는 31일 오후 4시에 흙 속에 묻혔다. 많은 사람이 교회 입구에서 그녀를 마지막으로 환송했다. 그녀는 칼스투엄(Karlsturm) 묘지에 안장되었다."[34]

불링거보다 오래 생존한 자녀들은 11명 중에 겨우 4명이었다. 이 비극적인 가족사는 그에게 큰 슬픔과 상실감을 갖게 했을 것이다. 하지만 불링거는 가족에 대한 아픔을 밖으로 표출하지 않고 하나님의 뜻을 붙들고 묵묵히 견뎌냈다. 그가 목회자와 위로자로서 모든 사람들에게 칭송이 된 것은 이러한 가족사와도 관련이 있다. 불링거는 자신의 다양한 경험들로부터 고난에 처한 성도들을 위해서 무엇을 실천해야 하는지를 분명히 알고 있었기 때문이다.

이미 1535년에 불링거는 『병자들의 보고서』[35] 라는 목회 저술을 통해서 신자들이 질병, 고통, 죽음 등에 대해 어떻게 신앙적으로 대처해야 하는지를 밝혔다. 1564-5년에 흑사병으로 가족들을 잃었을 때, 그는 이 저술에서 밝힌 대로 모든 슬픔을 가슴에 품고 신앙적으로 반응하였다. 하나님을 향한 신뢰 속에서 삶의 고난을 묵묵히 감당하며 천국의 소망을 더욱 힘있게 붙들었다. 참된 위로는 오직 예수 그리스도 안에 있는 영원한 생명에 있다는 것을

---

34 Müller, *Heinrich Bullinger*, 44.

35 Heinrich Bullinger, *Bricht der Krancken. Wie man by den krancken vnd sterbenden menschen handlen* ⋯ ⋯ M.D.XXXV.

온몸으로 모범을 보였다. 당시 함께 가족을 잃은 많은 신자가 불링거의 신앙적 자세를 보면서 위로를 얻고 인내할 수 있었다.

2. 불링거의 『기독교 가정생활』

불링거는 결혼 후 11년이 흐른 1540년에 『기독교 가정생활』을 출판했다. 결혼의 성경적 근거를 제시하면서 특별히 배우자 선택, 결혼식, 성관계, 가정을 돌보는 일, 자녀교육, 이혼 등에 관한 많은 실천적 조언들을 설명한 것이다. 불링거는 이미 1525년부터 이 주제에 대해 깊은 관심을 가진 것으로 알려져 있다. 1525년 2월 5일에 막스 로젠(Marx Rosen)에게 보낸 편지,[36] 1526-7년에 카펠 수도원에서 학생들을 가르쳤던 히브리서에 관한 해설,[37] 1527년 9월 30일에 안나 아드리슈빌러에게 보낸 편지[38] 등에서 확인되기 때문이다. 이렇게 볼 때, 불링거의 『기독교 가정생활』은 오랫 동안 숙고되어 정리된 것으로 간주된다.

(1) 저술 동기

불링거는 1539년 12월 8일에 샹 갈렌(St. Gallen)의 종교개혁자인 요하킴 바디안(Joachim Vadian)에게 한 통의 편지를 보냈다. 이 편지에서 불링거는 바디안에게 기독교 가정생활에 관한 글을 부탁받은 때부터 계속 자료

---

36 *Heinrich Bullinger Werke*, Briefwechsel Band 1 (Briefe des Jahres 1524-1531), bearb. von Hans Ulrich Bächtold und Rainer Henrich (Zürich: TVZ, 1974), 57-66. (이하 *HBBW.*)

37 *Heinrich Bullinger Werke*, 1. Abt.: Theologische Schriften, bearb. von Hans-Georg vom Berg u. a., Zürich 1983, 246-258.

38 *HBBW* 1, 124-125.

를 찾고 고민하고 있지만 쉽지 않다는 것을 밝히고 있다.[39] 의심의 여지없이, 이 서신의 내용으로 볼 때 기독교 가정생활에 관한 글은 바디안의 요청 속에서 써진 것은 분명하다. 하지만 바디안이 불링거에게 언제 또 어떤 방식으로 요청했는가는 알려진 것이 없다. 바디안은 불링거에게 앞서 언급한 서신을 받은 시기에 바덴(Baden)에 머물고 있었다. 아마도 그가 샹갈렌에서 그 도시로 갈 때 취리히를 방문하여 그곳 대표 목사에게 결혼과 가정에 대한 글을 요청한 것으로 추측된다. 1540년 1월 2일에 불링거는 바디안에게 보낸 서신에서 지금 쓰고 있는 결혼과 가정에 대한 글에서 어떤 세부적인 주제들을 담았는지를 구체적으로 언급하였다.[40]

바디안의 요청과 함께 불링거 역시도 취리히 교회의 대표 목사(Antistes)로서 종교개혁 당시 풍속에 대한 무질서와 관련하여 그곳 신자들을 위해 결혼과 가정에 대한 관심을 갖지 않을 수 없었다.[41] 불링거는 1540년 2월 28일에 바덴의 대표 목사인 오스발드 미코니우스(Oswald Miconius)에게 보낸 서신에서 취리히의 동료 목회자들과 시민들뿐 아니라 독일어권의 개신교 신자들의 유익을 위해 『기독교 가정생활』을 출판했다는 것을 언급하고 있다.[42] 그리고 당시 중세 시대로부터 전해오는 결혼과 가정에 대한 다양한 글들이 있지만, 그 글들에는 잘못되고 불필요한 내용들이 많아서 기독교 가정

---

39 1539년 12월 8일 하인리히 불링거가 요아킴 바디안에게 보낸 서신 (HBBW, Nr. 1334, 258): "[...] de matrimoniis rite contrahendis scriberem, nunquam desii inquirere, quid commode et pie ea de re dici possit, et reperio copiosissimam materiam, sed multis difficultatibus implicatissimam."

40 1540년 1월 2일 하인리히 불링거가 요아킴 바디안에게 보낸 서신 (*HBBW* 10, Nr. 1346).

41 Detlet Roth, "Heinrich Bullingers Eheschriften" in: *Zwinglana XXXI*, Zürich 2004, 284-285.

42 1540년 2월 28일 하인리히 불링거가 오스발드 미코니우스에게 보낸 서신 (HBBW 10, Nr. 1366, 61). 불링거는 이 서신을 미코니우스에게 보낼 때, 미코니우스의 아내를 위해 『기독교 가정생활』도 함께 보냈다.

생활을 바르게 개선할 수 있는 지식이 시급히 요청되었다는 것도 덧붙였다. 불링거는 『기독교 가정생활』을 통해서 취리히뿐 아니라 종교개혁이 일어난 모든 지역에서 성경적 가치에 근거하여 결혼이 시행되고 기독교 가정이 새롭게 회복되기를 기대했음을 알게 한다.

결과적으로, 불링거는 바디안의 요청과 당시 시대적 필요 속에서 『기독교 가정생활』을 저술하였다. 당시 결혼과 가정에 대한 무질서를 주님의 가르침에 근거하여 바로 세우고, 성경이 가르치는 윤리적 규범에 근거하여 가정생활이 이루어지도록 돕기 위한 것이었다.

(2) 구조와 내용

『기독교 가정생활』은 서론과 함께 전체 25장으로 구성되어 있다. 내용적으로 크게 세 부분으로 나뉜다: 먼저, 1-3장은 결혼의 성경적 기원과 성경이 말하는 결혼에 대한 이해를 설명하고 있다. 다음으로, 4-14장은 결혼한 부부의 가정생활에 대한 기독교 윤리를 매우 구체적으로 다루고 있다. 끝으로, 15-25장까지 결혼과 가정생활에 대한 실천적 지침을 매우 자세히 제시하고 있다. 불링거의 『기독교 가정생활』은 내용적으로 성경이 말하는 결혼과 가정을 신학적으로 정리한 "결혼의 신학"(Theologie der Ehe)이라고 간주할 수 있다.[43]

불링거는 첫 번째 부분에서 결혼의 성경적 기원과 성경이 말하는 결혼을 다룰 때 창세기 2장 18-24절에 대한 주석과 함께 기독교 결혼의 기원과 가치를 설명하였다. 특별히, 불링거는 "2장 결혼은 무엇인가?"(Was ist die Ehe?)에서 결혼의 정의를 다음과 같이 밝혔다:

---

43 Büsser, *Heinrich Bullinger(1504-1575), Leben, Werk und Wirkung*, 79.

"결혼(Ehe)은 [...] 때때로 법적 의미로 사용되었으며, 때때로 협정적 의미로 사용되었다. 그래서 결혼은 하나님이 구약 백성과 신약 백성에게 주시고 또 하나님과 두 시대의 백성들과 체결한 언약에 기초한 규범과 관련이 있기 때문에 [...] 결혼은 언약이고, 협정이며, 연합이라고 할 수 있다. [...] 한편으로, 결혼은 서로의 동의와 함께 이루어진 남자와 여자의 연합이고, 하나님으로부터 기원한 것이다. 그리고 결혼은 합법적이고, 하나님을 기쁘시게 하며, 서로가 친절하고 정직하게 서로를 의지하며 살려는 목적과 함께 서로에게 도움이 되는 것이다. 이뿐만 아니라, 결혼은 서로를 격려하고, 타락을 예방하며, 자녀들을 양육하는 것이다. [...] 다른 한편으로, 결혼은 하나님의 말씀에 근거하여 또 서로의 동의와 함께 서로 연합하는 남자와 여자의 부부 관계인데, 즉 두 사람이 죽는 날까지 함께 하는 것일 뿐 아니라 모든 일들에 대해 온전히 결속되어 있는 자세로 자녀를 낳고, 부도덕을 예방하고, 하나님의 뜻에 근거하여 서로를 돕고, 외로움을 예방하기 위해 서로를 의지하며 사는 것이다."44

결혼에 대한 정의 아래서 불링거는 이와 관련된 다양한 주제들을 『기독교 가정생활』에서 다루었다. 대표적으로, 결혼에 대한 부모의 동의, 신자와 불신자의 결혼, 부모가 반대하는 결혼, 결혼할 수 없는 친족의 경계, 결혼의 이유와 목적, 독신의 문제, 성적 타락, 배우자 선택, 결혼의 악습, 결혼 예식, 가정의 질서, 자녀 교육, 여자아이의 양육, 옷과 장신구의 치장 등을 자세히 설명하고 있다. 우리가 흥미롭게 여길 수 있는 몇 가지 주제들을 소개하면 다음과 같다:

첫째로, 불링거는 "7장 결혼이 금지된 친족관계"(Die verbotenen

44 Bullinger, "Der christliche Ehestand", 433-434.

Grade der Blutsverwandschaft)와 관련하여 레위기 18장을 근거로 남자와 여자가 결혼할 수 없는 친족(근친혼)의 경계를 매우 구체적으로 다루었다.[45] 그가 밝힌 결혼하지 않아야 할 친족의 경계는 4촌까지이다.[46] 남자 쪽이든 여자 쪽이든 이를 동일하게 규정하고 있다. 레위기 18장에 기록된 결혼이 금지된 친족의 경계는 구약 시대의 유대인들뿐 아니라, 기독교인들을 포함한 다른 모든 민족에게도 유효한 것이다. 불링거는 주님이 오신 후로 모세의 율법이 폐지되었음에도 불구하고 바울이 고린도교회와 관련하여 지적한 사안(고전 5:1)을 근거로 결혼과 관련된 친족의 경계는 인류 보편적 규범임을 밝혔다.[47]

둘째로, 불링거는 10장에서 남녀가 결혼해야 하는 이유를 자세히 설명하였다. 그 이유는 자녀 출산, 음란 예방 그리고 외로움 예방이다.[48]

셋째로, 불링거는 11장에서 결혼의 목적도 구체적으로 밝혔다: "[...] 결혼의 목적은 [...] 외롭지 않고, 기쁨과 슬픔 속에서도 서로를 격려하고, 서로 사랑하고 사랑받는 동반자를 갖는 것이다. 우리가 가진 연약함과 탐욕스런 육체를 위한 치료와 안정을 찾게 하며, 음란과 모든 불결함이나 더러움을 예방하게 하며, 자녀들이 하나님의 영광을 위해 살게 하며, 우리 서로에게 또 우리 이웃에게 유익을 주기 위함이다."[49] 이와 관련하여 불링거는 모든

---

45 Bullinger, "Der christliche Ehestand", 447.

46 불링거는 결혼할 수 없는 친족관계를 이렇게 제시하고 있다. 남자 쪽과 관련하여 소개하면 다음과 같다: 친모, 딸, 계모, 의붓누나 혹은 의붓여동생, 이복누나 혹은 이복여동생, 누나 혹은 여동생, 아들의 딸, 딸의 딸, 할머니, 고모, 이모, 형이나 남동생의 딸, 누나나 여동생의 딸, 친부 형제의 부인, 친모 형제의 부인, 아내 오빠나 남동생의 딸, 아내 언니 혹은 여동생의 딸, 아들의 부인, 장모, 형 혹은 남동생의 부인, 아내의 언니 혹은 여동생, 아내 아들의 딸, 아내 딸의 딸, 할아버지의 부인. (Bullinger, "Der christliche Ehestand", 454).

47 Bullinger, "Der christliche Ehestand", 461.

48 Bullinger, "Der christliche Ehestand", 467-472.

49 Bullinger, "Der christliche Ehestand", 472.

사람이 결혼을 통해서 풍성한 삶을 누릴 수 있다고 주장했다.

넷째로, 불링거는 15장에서 결혼할 상대를 어떻게 선택해야 하는지도 조언하고 있다. 가장 중요한 점은 결혼의 목적에 맞는 사람을 선택하는 것이다. 이를 위해 불링거는 배우자가 세 가지 부요함을 가지고 있어야 한다고 강조했다. 먼저, 마음의 부요함을 가진 사람이다. 마음의 부요함은 하나님을 향한 경외, 믿음, 경건 등과 관련된 다양한 요소들이다.[50] 다음으로, 육체의 부요함을 가진 사람이다. 즉, 정신적이고 신체적으로 건강한 사람을 말한다.[51] 끝으로, 경제적 부요함을 가진 사람이다. 물론, 이 경제적 부요함은 단순히 돈이 많은 것을 의미하지 않는다. 불링거는 결혼할 상대를 선택할 때 재산의 규모에만 관심을 가질 뿐 그의 재산형성과 인간됨을 고려하지 않은 것은 치명적 실수임을 주지시켰다.[52] 그래서 배우자의 소유물보다 명예, 성실, 능력에 더 많은 관심을 가져야 한다고 밝혔다. 또한, 이미 가진 재산보다 생활에 필요한 수입을 위해 성실히 일할 뿐 아니라, 이를 통해서 온 가족이 하나님의 영광 가운데 양육되는 것이 중요하다는 것도 덧붙였다.[53]

다섯째로, 불링거는 21장에서 "자녀를 어떻게 교육해야 하는가?"(Wie soll man die Kinder ercht erziehen?)에 대해서도 섬세히 다루었다. 엄마가 아이를 가질 때부터 성장기에 이르기까지 어떤 목적으로 또 어떻게 교육해야 하는지를 성경의 가르침에 따라서 소개한다. 불링거는 어릴 때부터 자녀에게 하나님을 경외하고 의롭게 살도록 하는 교육이 이루어져야 한다고 강조했다:[54] 신앙교육과 관련하여 자녀가 어릴 때부터 성경의 기본 진리를

---

50 Bullinger, "Der christliche Ehestand", 501.
51 Bullinger, "Der christliche Ehestand", 503-504.
52 Bullinger, "Der christliche Ehestand", 505.
53 Bullinger, "Der christliche Ehestand", 505.
54 Bullinger, "Der christliche Ehestand", 547.

가르쳐야 하고, 자녀가 성장할수록 나이와 지적 수준에 맞게 기독교 교리를 가르쳐야 한다. 그리고 자녀가 5살 혹은 7살 때부터 12살 혹은 더 많은 나이 때까지 교리교육이 단계적으로 이루어져 한다.[55] 12살이 넘는 청년기부터는 예정론 같은 논쟁적 주제의 교리들과 교리에 근거한 성경해설이 이루어지는 신앙교육을 받게 하였다. 당연히, 신앙교육은 가정, 교회, 학교가 서로 연계되어서 단계적이고 조화롭게 이루져야 한다고 밝혔다. 불링거는 자녀를 교육할 때 양심을 조작하거나 훼손될 정도로 너무 엄격하고 강압적으로 이루어지지 않도록 권면했다. 당시 모든 자녀가 학교에 다닐 수 없었다. 대표적으로, 라틴어 학교는 목사, 가르치는 학자, 법률가, 의사 등이 되기 위해 전문학교(Hochschule)나 대학교(Universität)를 진학하려는 소수의 자녀만이 다니는 곳이었다. 대부분의 자녀들은 특정한 기술을 배우도록 하였다. 불링거는 자녀들이 어디에 다니든 신앙의 원리에 따라서 모든 학업과 기술에 대한 배움이 이루어져야 한다고 강조했다.[56] 이미 잘 알려진 것처럼, 당시 여자 자녀들은 공적 배움에서 제외되었다. 불링거는 그녀들이 각 가정에서 엄마나 다른 성인 여성들을 통해서 교리를 배우고, 글을 읽고 쓰는 것을 학습하며, 가정생활을 위해 필요한 모든 것을 습득할 수 있어야 한다고 밝혔다.[57]

끝으로, 불링거는 마지막 장(25장)에 이혼에 대해 다루었다. 합법적 이혼을 “약”(Arznei)으로 규정하며 필요하다는 것을 밝혔다. 다른 종교개혁자들과 마찬가지로 불링거도 간통, 이혼을 요구하는 쪽의 불신앙, 성적 무관심,

---

55 Bullinger, “Der christliche Ehestand”, 549-150.

56 Bullinger, “Der christliche Ehestand”, 556-557.

57 Bullinger, “Der christliche Ehestand”, 567-571. 불링거는 “24장 어떻게 여자 아이들과 젊은 여성들은 교육되고 보호되어야 하는가?”에서 모든 여자 자녀의 교육에 대해 매우 구체적으로 설명하고 있다.

성불구(Impotenz), 살인이나 독살 같은 심각한 범죄, 도움을 받을 수 없는 폭력(가정 폭력) 등과 관련하여 이혼의 가능성을 설명하였다.[58] 그리고 이 장에서 불링거는 재혼에 대해서도 짧게 소개한다. 이혼한 사람은 굴욕적으로 사는 사람이 아님을 언급하면서 만약 재혼이 허락되지 않으면 강제적으로 부도덕을 행하게 하는 것과 같다고 주장하였다.

(3) 출판

불링거의 『기독교 가정생활』은 취리히에서 1540년, 1548년, 1579년에 독일어로 출판되었다. 그리고 영국에서 마일스 커버데일(Mils Coverdale)의 번역을 통해서 1541년과 1571년에 영문으로 출판되었다.[59] 이 저술은 개혁주의적 시각 속에서 당시 독일어권과 영어권의 사람들에게 기독교 가정을 이해하고 세우는 것과 관련하여 많은 영향을 준 대표적 글이라고 할 수 있다.[60] 불링거의 『기독교 가정생활』은 오늘을 사는 기독교인들에게도 믿음의 가정에 대해 정립할 수 있는 종교개혁의 귀중한 유산이다.

Ⅳ. 정리하며

불링거는 결혼을 하나님께서 제정하신 것으로 이해했다.[61] 여기에는 하나님과 인간 사이에 맺어진 언약과 성경이 교훈한 결혼을 연결하여 결혼의 중

58 Bullinger, "Der christliche Ehestand", 573-574.
59 Büsser, *Heinrich Bullinger(1504-1575), Leben, Werk und Wirkung*, 77.
60 Roth, "Heinrich Bullingers Eheschriften", 280.
61 Bullinger, "Der christliche Ehestand", 499.

요성이 전제되어 있다.[62] 그리고 하나님이 인간의 연약함을 고려하신 것뿐 아니라, 남녀가 힘을 합하여 창조의 원리를 실현하도록 하신 하나님의 뜻도 담겨 있다. 불링거는 결혼과 관련하여 파생되는 가정, 부부관계, 행복 등의 가치를 높였다. 결혼을 단순히 땅의 것으로만 보지 않고, 오히려 천상의 가치를 땅에서 실현하는 것으로 보았기 때문이다. 특별히, 불링거의 『기독교 가정생활』에서 제시된 내용은 단순히 이론적 지식이 아니다. 불링거가 현실 속에서 천상의 가치를 실현하려고 했던 기독교 가정의 실천적 이상이다. 결혼은 하나님의 뜻을 이루는 것이고, 하나님께서 맺어주신 남녀가 서로에 대한 사랑과 공동체적 삶을 실현할 수 있는 공간이다. 당연히, 자녀는 결혼이 맺어낸 아름다운 열매이다. 불링거의 결혼과 가정에 대한 이해는 과거의 신자들에게만 국한된 것이 아닌, 현대의 신자들에게도 필요한 지극히 현실적인 것이다.

62 Roth, "Heinrich Bullingers Eheschriften", 277.

〈참고문헌〉

1차문헌

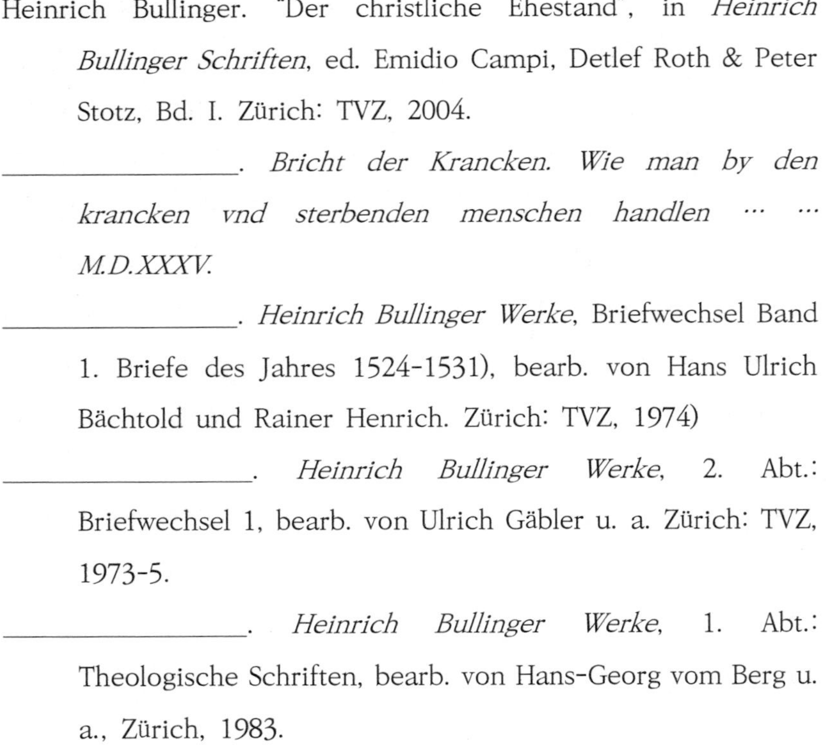

Heinrich Bullinger. "Der christliche Ehestand", in *Heinrich Bullinger Schriften*, ed. Emidio Campi, Detlef Roth & Peter Stotz, Bd. I. Zürich: TVZ, 2004.

__________________. *Bricht der Krancken. Wie man by den krancken vnd sterbenden menschen handlen … … M.D.XXXV.*

__________________. *Heinrich Bullinger Werke*, Briefwechsel Band 1. Briefe des Jahres 1524-1531), bearb. von Hans Ulrich Bächtold und Rainer Henrich. Zürich: TVZ, 1974)

__________________. *Heinrich Bullinger Werke*, 2. Abt.: Briefwechsel 1, bearb. von Ulrich Gäbler u. a. Zürich: TVZ, 1973-5.

__________________. *Heinrich Bullinger Werke*, 1. Abt.: Theologische Schriften, bearb. von Hans-Georg vom Berg u. a., Zürich, 1983.

1539년 12월 8일 하인리히 불링거가 요아킴 바디안에게 보낸 서신 (HBBW 10, Nr. 1334, 258)

1540년 1월 2일 하인리히 불링거가 요아킴 바디안에게 보낸 서신 (HBBW 10, Nr. 1346)

1540년 2월 28일 하인리히 불링거가 오스발드 미코니우스에게 보낸 서신 (HBBW 10, Nr. 1366)

2차문헌

Edith Ennen. "Das späte Mittelalter(1250-1500)" in *Die Frauen im Mittelalter.* München, 1999.

Edward J. Furcha. "Women in Zwingli's World" in *Zwingliana XIX.* Zürich, 1992.

Christine C. Wedel Hg. "Theodor Bibliander in seiner Zeit" in *Theodor Bilbliander 1505-1564.* Zürich: Verlag Neue Zürcher Zeitung, 2005.

Carl Schmidt. *Philipp Melanchthon.* Elberfeld, 1861.

Detlet Roth. "Heinrich Bullingers Eheschriften" in *Zwinglana XXXI*, Zürich, 2004.

Fritz Blanke. *Heinrich Bullinger: Vater der reformierten Kirche.* Zürich, 1990.

Fritz Büsser. *Heinrich Bullinger (1504-1575): Leben, Werk und Wirkung.* Bd. I Zürich: TVZ, 2005.

Patric Müller. *Heinrich Bullinger.* Zürich: TVZ, 2004.

Sunanna Burghartz. "Rechte Lungfrauen oder unverschämte Töchter? Zurweiblichen Ehre im 16. Jahrhundert", in *Frauengeschichte – Geschlechtergeschichte.* Campus Verlag, 1992.

____________________. “Jungfräulichkeit oder Reinheit? – Zur Änderung von Argumentationsmustern vor dem Baseler Ehegericht im 16. und 17. Jahrhundert”, in *Dynamik der Tradition*, Ed. Richard van Dülmen. Fischer, 1992.

____________________. “Zwischen Integration und Ausgrenzung: Zur Dialektik reformierter Ehetheologie am Beispieln Heinrich Bullinger”, in *L`HOMME - Zeitschrift für Feministische Geschichtswissenschaft.* Wien, 1997.

한글 번역본

마틴 루터. 『탁상담화』. 이길상 옮김. 서울: 크리스챤다이제스트, 2005.

양태자. 『중세의 뒷골목 풍경』. 서울: 이랑, 2012.

필립 샤프. 『독일 종교개혁』. 박종숙 옮김. 서울: 크리스챤다이제스트, 2004.

존 낙스가 가르친 결혼과 가정

박재은

John Knox (1513-1572)

총신대학교(B.A. 신학과)와 총신대학교 신학대학원(M.Div.)을 졸업하고, 미국 칼빈 신학교(Calvin Theological Seminary)에서 조직신학 전공으로 신학석사(기독론, Th.M.)와 철학박사(구원론, Ph.D.) 학위를 취득했다. 박사논문 출판본은 네덜란드 개혁신학 전통의 칭의론과 성화론을 논구한 *Driven by God: Active Justification and Definitive Sanctification in the Soteriology of Bavinck, Comrie, Witsius, and Kuyper* (Vandenhoeck & Ruprecht, 2018)이다. 지은 책으로는 『삼위일체가 알고 싶다』(넥서스CROSS, 2018), 『질문하는 성도, 대답하는 신학자』(디다스코, 2018), 『칭의, 균형 있게 이해하기』(부흥과개혁사, 2016), 『성화, 균형 있게 이해하기』(부흥과개혁사, 2017)가 있으며, 헤르만 바빙크의 『계시 철학』(다함, 2019), 『찬송의 제사』(다함, 2020), 제임스 에글린턴의 『바빙크: 비평적 전기』(다함, 2022), 존 볼트의 『헤르만 바빙크의 성도다운 성도』(다함, 2023), 웨인 그루뎀의 『성경 핵심 교리』(솔로몬, 2018) 등을 번역했다. 한국복음주의신학회 신진학자상(2018년)을 수상한 바 있으며, 국내외 주요 저널에 다양한 신학 주제로 다수의 소논문을 게재했다. 출판된 소논문들은 https://calvinseminary.academia.edu/JaeEunPark에서 전문을 읽을 수 있다. 현재는 총신대학교 신학과 교수와 교목실장을 겸하며 학교와 학생들을 섬기고 있다.

박재은

I. 들어가는 글

한 신학자에게 있어 신학은 마치 책의 '본론'(本論, main body)과도 같다. 그러므로 후대가 한 신학자를 기억할 때는 그가 평생에 몸 바쳐 사수하고 전개하려고 했던 본론, 즉 신학을 기억한다. 한 신학자의 신학이 본론이라면, 그 신학자의 결혼이나 가정과 같은 주제는 '부록'(附錄, appendix)과도 같은 느낌이 강하다. 그러므로 한 신학자의 신학 족적이 아무리 후대에 방대하게 찍혀 있더라도 그 신학자의 개인적인 삶, 결혼, 가정, 자녀 같은 문제는 늘 방대한 신학의 언저리에서 그림자 느낌으로 논외적 형식 가운데 남아 있는 경향이 크다.

하지만 한 신학자의 신학을 보다 더 포괄적으로 이해하기 위해서는 단순히 신학적 내용만 건조하게 고찰하고 마치면 안 된다. 그 이유는 한 신학자의 '신학'과 그 신학자의 '삶'은 떼려야 뗄 수 없는 유기적 관계성을 밀접하게 지니고 있기 때문이다.[1] 한 신학자의 신학은 그의 삶 속에서 형성되었고, 그의 삶은 신학이라는 근저(根底) 위에서 형성된 것이다. 신학과 삶은 하나요, 삶과 신학은 하나이다. 아니, 더 정확히 묘사하자면, 신학과 삶은 반드시 하나가 되어야만 한다. 그렇게 되지 않으면, 결국 삶과 괴리된 표리부동(表裏不同)한 신학만 덩그러니 애처롭게 남을 뿐이다.[2]

종교개혁은 단순히 종교만 개혁한 개혁 운동이 아니었다. 오히려 종교개혁은 '삶'을 궁극적으로 개혁시키고자 몸부림쳤던 개혁 운동이었다. 사실 삶

---

1 이런 관점에서 볼 때, 한 신학자의 전기(biography) 작품의 제목이 흔히 누구누구의 '신학과 생애'(theology and life)라는 점은 결코 우연이 아니다.

2 이런 측면에서 청교도 신학(Puritan Theology)의 근본적 성격을 '삶을 위한 신학'(doctrine for life)으로 명명한 Joel R. Beeke & Mark Jones, *A Puritan Theology: Doctrine for Life* (Grand Rapids: Reformation Heritage Books, 2012), passim의 시도는 옳다.

을 개혁한다고 해서 종교가 개혁되는 것은 아니다. 우선순위를 정확히 지켜야 한다. 오히려 반대다. 종교가 개혁되면 그 결과 삶도 개혁된다. 이처럼 신학적 우선순위는 분명 존재하지만, 실존적으로 봤을 때는 마치 우선순위가 존재하지 않는 것처럼 종교와 삶 이 둘은 유기적으로 밀접하게 연결되어 상호 작동한다.

삶의 핵심에는 결혼과 가정이 있다. 그러므로 청교도 신학 전통에서는 "교회의 힘은 가정의 경건과 결합되어 있다"[3]라고 명시적으로 가르쳤다. 수신제가치국평천하(修身齊家治國平天下)라는 옛말을 굳이 소환하지 않더라도, 결혼과 가정의 중요성과 그 가치는 아무리 많이 강조되어도 결코 과언이 아니다. 그 이유는 결혼과 가정이 무너질 경우 그 어떤 개혁적 메시지나 복음적 선포도 근원적으로는 그 동력을 잃기 마련이기 때문이다.

스코틀랜드의 종교개혁자 존 낙스(John Knox, c.1514-1572)[4]도 예외는 아니다. 낙스가 벌였던 개혁 운동의 진정성이 확보되기 위해서는 낙스의 개인적 삶 속에도 개혁 운동의 진정성이 반드시 살아 움직여야 한다. 본고의 존재 목적이 바로 이것이다. 본고의 목표는 스코틀랜드의 종교개혁자 낙스

---

3 "The Puritans taught that usefulness in the church is wedded to godliness in the home." Beeke & Jones, *A Puritan Theology*, 859.

4 낙스에 대한 전기적 자료로는 다음을 참고하라. W. Stanford Reid, *Trumpeter of God: A Biography of John Knox* (New York: Scribner, 1974), 『하나님의 나팔수: 죤 낙스의 생애와 사상』, 서영일 역 (서울: 기독교문서선교회, 1984); Richard G. Kyle & Dale Walden Johnson, *John Knox: An Introduction to His Life and Works* (Eugene: Wipf & Stock, 2009); Richard G. Kyle, *The Ministry of John Knox: Pastor, Preacher, and Prophet* (Lewiston: E. Mellen Press, 2002); Jane E. A. Dawson, *John Knox* (New Haven : Yale University Press, 2015); 김요섭, 『존 녹스: 하나님과 역사 앞에 살았던 진리의 나팔수』 (서울: 익투스, 2019); 황봉환, 『스코틀랜드 종교개혁과 존 낙스의 신학』 (서울: 예영커뮤니케이션, 2001); 김중락, 『스코틀랜드 종교개혁사』 (안산: 흑곰북스, 2017); 마틴 로이드 존스·이안 머리, 『존 녹스와 종교개혁』, 조계광 역 (서울: 지평서원, 2011); 데이비드 캠벨, 『존 녹스와 떠나는 여행』, 이용중 역 (서울: 부흥과개혁사, 2006); G. 바넷트 스미스·도로시 마틴, 『존 녹스와 종교개혁: 스코틀랜드의 위대한 종교 개혁자』, 편집부 역 (서울: 보이스사, 1988).

의 결혼과 가정사를 넌지시 조망해 보며 낙스가 가르친 결혼과 가정에 대해 포괄적으로 살펴보는 것이다.

사실 낙스는 결혼관이나 가정관에 대해 구체적인 글을 기록하지는 않았다. 그런 까닭에 낙스의 결혼관이나 가정관에 대한 구체적인 연구물도 전무한 형편이다. 물론 낙스 집안의 족보 및 가계도에 대한 연구는 종종 존재한다.[5] 다만 이런 연구들은 낙스의 가계도에 대한 역사적 진술 위주의 연구이지 이에 대한 신학적 평가, 정황적 평가, 역사적 판단 등이 포함된 연구물은 아니다. 낙스의 결혼관이나 가정관에 대한 연구보다는 오히려 낙스의 여성관에 대한 연구물이 더 꾸준히 발표되었다.[6] 하지만 이런 연구물들도 낙스의 결혼관이나 가정관과 직결되는 연구물은 아니었다.

본고는 낙스의 결혼관과 가정관 영역에 존재하는 이런 학문적 공백을 최소화하려는 시도의 일환이다. 본고의 전개 순서는 다음과 같다. 먼저 낙스의 가정사를 결혼, 재혼, 그리고 자녀를 중심으로 살펴볼 것이다. 이를 위해 총 6권인 『낙스의 전집』(*The Works of John Knox*, 1854, 이후부터는 *Works*로 표기)[7]을 참고할 것이다. 그 후 하나님의 예정을 결혼의 맥락으로

---

5 예를 들면 다음과 같은 가계도 연구들을 살펴보라. Charles Rogers, *Genealogical Memoirs of John Knox and of the Family of Knox* (London: Printed for the Grampian Club, 1879); William Crawford, *Knox Genealogy: Descendants of William Knox and of John Knox The Reformer* (G. P. Johnston: Edinburgh, 1896); Hattie S. Goodman, *The Knox Family: A Genealogical and Biographical Sketch of the Descendants of John Knox of Rowan County, North Carolina, and Other Knoxes* (Richmond: Whittet & Shepperson, 1905); Hew Scott, *Fastie Ecclesiae Scoticanae: The Succession of Ministers in the Church of Scotland from the Reformation* (Edinburgh: Tweeddale Court, 1920).

6 A. Daniel Frankforter, "Correspondence with Women: The Case of John Knox," *Journal of the Rocky Mountain Medieval and Renaissance Association* 6 (1985), 159-172; idem, "Elizabeth Bowes and John Knox: A Woman and Reformation Theology," *Church History*, 56.3 (September 1987): 333-347; Susan M. Felch, "The Rhetoric of Biblical Authority: John Knox and the Question of Women," *The Sixteenth Century Journal*, 26.4 (Winter 1995), 805-822.

풀어가는 낙스의 관점[8]을 조망할 것이며, 낙스 중심으로 집필된 『제1치리서』(*The First Book of Discipline*)[9]의 내용을 분석하며 결혼과 가정에 대한 낙스의 신학적 입장을 조망해 볼 것이다.[10] 마지막으로는 도출된 실천적 적용 지점을 고찰한 후 내용을 총정리하며 글을 마무리 짓도록 하겠다.

이런 일련의 작업을 통해 종교개혁 신학이 추구했던 결혼과 가정에 대한 관점은 어떤 것이었는지가 스코틀랜드의 종교개혁자 낙스의 삶을 통해 투영되고 반추될 것이다. 종교개혁은 결국 삶의 개혁을 통해서만 그 가치가 오롯이 입증될 것이다. 그 입증의 핵심에는 결혼과 가정이 있을 수밖에 없다는 사실만큼은 자명하다.

II. 낙스가 가르친 결혼과 가정

낙스가 전개했던 신학, 예를 들면 칭의론(the doctrine of justification)[11]이나 신앙론(the doctrine of faith)[12]도 낙스의 가정사와 독립적으로

7 John Knox, *The Works of John Knox*, ed. David Laing, 6 vols. (Edinburgh: J. Thin, 1854). 이후부터 녹스의 전집을 인용할 때는 Laing판을 사용할 것이며 철자는 현대 영어 표기법으로 수정하지 않고 1854년판 그대로 기재하겠다.

8 낙스의 예정론에 대한 구체적인 연구로는 Jae-Eun Park, "John Knox's Doctrine of Predestination and Its Practical Application for His Ecclesiology," *Puritan Reformed Journal*, 5.2 (July 2013), 65-90을 참고하라.

9 Knox, *Works*, 2:245-249(OF MARIAGE 부분).

10 『제1치리서』에 대한 개괄적인 논의로는 다음을 참고하라. W. Stanford Reid, "The Book of Discipline: Church and State in the Scottish Reformation," *Fides et historia*, 18.3 (October 1986), 35-44.

11 Cf. 박재은, "존 낙스의 칭의론," 『종교개혁과 칭의』, 개혁주의 신학과 신앙 총서 16권 (부산: 개혁주의학술원, 2022), 197-234.

12 Cf. 박재은, "존 낙스의 신앙론," 『종교개혁과 신앙』, 개혁주의 신학과 신앙 총서 17권 (부산: 개혁주의학술원, 2023), 165-195.

생각할 수 없다. 그 이유는 낙스는 신학을 신선놀음 식으로 속세를 거세한 채 한 것이 아니라, 오히려 삶의 구석구석 언저리 속에서, 즉 한 가정의 가장으로, 한 부모의 자녀로서, 여러 자녀들의 아버지로서, 교회의 지도자로서, 국가의 한 시민으로서, 삶의 폐부 곳곳에서 신학을 전개했기 때문이다. 즉 콘텍스트(context, 맥락)가 거세된 텍스트(text, 본문)는 존립 자체가 불가능하다. 바로 이 점이 낙스의 가정사를 살펴봐야 하는 당위성이다.[13]

1. 낙스의 가정사: 결혼, 재혼, 그리고 자녀

낙스의 가정사를 살펴보기 위해서는 그의 장모(첫 번째 아내의 어머니), 첫 번째 아내, 두 번째 아내, 첫 번째와 두 번째 아내 사이에서 둔 그의 자녀들을 조망할 필요가 있다. 이런 주요 등장인물들을 통해 낙스의 가정사를 재구성해 볼 수 있으며, 이를 통해 결혼과 가정에 대한 낙스의 관점을 가늠해 볼 수 있다.

(1) 낙스의 장모: 엘리자베스 보우스(Elizabeth Bowes, 1505-c.1572)

엘리자베스 보우스는 향후 낙스의 장모가 된 여성이다. 보우스는 낙스와 약 30여 통의 편지를 주고받았는데 대부분의 편지는 교리적 질문, 신앙적 질문, 목회적 상담과 관련된 편지였다.[14] 향후 낙스의 장인이 된 보우스의 남편 리처드 보우스(Richard Bowes, c.1497-1558)는 로마 가톨릭교회의 신자로서 자신의 다섯 번째 딸인 마조리 보우스(Marjorie Bowes, d.1560)

13 낙스의 가정사에 대해서는 다음을 참고하라. Knox, *Works*, 6:lxi-lxxix(IX. KNOX'S FAMILY AND DESCENDANTS).

14 Frankforter, "Elizabeth Bowes and John Knox," 333-347; Frankforter, "Correspondence with Women," 159-172.

를 낙스에게 시집 보내는 것에 대해 반대한 인물이었다.[15] 아마도 엘리자베스 보우스도 로마 가톨릭 신자였는데 낙스의 영향으로 개신교로 개종을 한 것으로 보인다.[16]

물론 엘리자베스 보우스가 낙스보다 9살 연상이었고 리처드 보우스와의 30년간의 결혼 생활을 통해 15명의 자녀를 둔 여성이었지만, 30여 차례가 넘는 낙스와의 빈번한 서신 왕래는 많은 이들로 하여금 그들의 관계를 의심의 눈초리로 바라보게끔 만드는 데 충분했다. 아무리 목양적, 목회적 서신 왕래라고 하더라도 결혼도 안 한 남성과 유부녀가 서신을 지속적으로 주고받은 것에 대해서는 그 당시 문화를 통해 보건대 설왕설래가 전혀 없지 않을 수 없었다.[17]

낙스도 이런 의심의 눈초리와 근거 없는 비방에 대해 충분히 인식하고 있었다.[18] 낙스는 하나님 앞에서 자신의 결백을 토로했다. 낙스는 "이런 비판 가운데서도 저를 공정하게 대해 달라"(equitable to me in judgement)[19]고 하나님 앞에서 보우스 여사와 자신 사이에 그 어떤 문제도 없음을 고백했다. 심지어 낙스는 하나님의 얼굴 앞에서(befoir His face) "자신의 양심이 증거"(The testimony of my awn conscience)[20]가 된다고 고백하며 결백을 토로했다. 『하나님의 나팔수』(*Trumpeter of God*)의 저자 스탠포드 리

---

15 "Her husband, I presume, was a bigoted adherent of the Roman Catholic faith, and this may serve as the key both to his opposition to Knox's marriage with his daughter, and to the mother's attachment to her son-in-law." Knox, *Works*, 6:lxii.

16 Dawson, *John Knox*, 65-70.

17 Reid, 『하나님의 나팔수』, 107; 김요섭, 『존 녹스』, 92-93; Lloyd-Jones & Murray, 『존 녹스와 종교개혁』, 139.

18 Knox, *Works*, 3:355.

19 Knox, *Works*, 3:355.

20 "The testimony of my awn conscience absloves me befoir His face." Knox, *Works*, 3:355.

드(Stanford Reid)는 "그 때에 저는 피조물들 가운데 저만큼 유혹을 받은 것은 없으리라는 생각을 했습니다 … 당신의 괴로움을 위해 탄식하지 않을 수 없었습니다"(in verie deid I thought that na creature had bene temptit as I was … and fra my heart lament your sair trubell)[21]라는 낙스의 기록 때문에 더 많은 의심과 해석의 여지가 분분해졌다고 기록했다.[22]

그렇다면 낙스가 받은 유혹은 무엇이었으며, 보우스 여사가 겪은 괴로움은 무엇이었을까? 혹자들이 의심하듯 유부녀와의 적절치 못했던 관계와 관련된 유혹이었을까? 부적절한 관계로 인한 괴로움이었을까? 결론은 그렇지 않았던 것으로 보인다. 낙스는 서간문의 서문에서 보우스를 "나의 소중한 어머니"(my deare mother)라고 부르며 하나님께서 이 모든 의심과 비방에 "자비"(mercy)를 베풀어 달라고 기록했다.[23] 낙스는 보우스와 자신 사이의 "큰 친근함"(great familiaritie)의 원인은 "육체도 아니고 피도 아니다"(nether fleshe nor bloode)라고 명시하며, 오히려 "그녀의 힘든 양심"(a troubled conscience upon hir part) 때문이었다고 명시했다.[24] 즉 낙스는 보우스 여사가 겪었던 신앙의 문제, 교리적 문제, 양심의 문제에 대해 편지를 통해 목양했었다는 사실에 대해 밝히고 있는 것이다. 리드는 이에 대해 더 명시적으로 다음과 같이 기록했다. "그녀가 낙스보다 상당히 나이가 많았으며, 이미 많은 자녀를 두고 있었다는 사실을 생각하면, 이 때 보우스

---

21 Reid는 각주에서 Knox, *Works*, 3:348, 387, 394를 인용하고 있다. Reid, 『하나님의 나팔수』, 107n48.

22 Reid, 『하나님의 나팔수』, 107.

23 "God now in his mercy hath put end to the battell of my deare mother, Maistres ELIZABETH BOWES). Knox, *Works*, 4:513.

24 Knox, *Works*, 4:513.

부인은 육체적 매력을 거의 상실했을 때라고 생각할 수 있겠다."[25]

낙스는 서간문의 서문 막바지에 가서는 다음과 같이 더 강하게 피력했다. "그녀의 시험은 육체의 시험도 아니요 육체에 속한 그 어떤 시험도 아니다(아니다, 그녀가 가장 외로웠던 때가 아니다). 오히려 그녀의 시험은 영적인 시험이었다"(her tentation was not in the fleshe, nor for any thing that apperteyned to fleshe (no, not when she was in greatest desolation), but it was in spirite).[26] 낙스는 부정어를 여러 차례 사용하며(not, nor, no) 보우스 부인이 가졌던 어려움은 육적인 어려움이 아니라 "영적인"(in spirite) 어려움이었다고 명시했다.

낙스가 『낙스의 전집』 곳곳에서 보우스 부인을 줄곧 존중하고 있으며 훌륭한 영적 멘티로 대했다는 사실을 여러 차례 피력하는 것으로 봐서 당시 항간에 떠돌았던 소문 및 비방은 역사적 사실이 아니었다는 결론에 더 무게 중심이 실린다. 낙스에게 보우스는 "나의 사랑하는 어머니"(Derlie Belovit Mother)[27]였지 그 외 상상력의 나래를 펼치는 것은 역사적 사실과 비교해 보건대 옳지 않아 보인다.[28]

(2) 낙스의 첫 번째 아내: 마조리 보우스(Marjorie Bowes, d.1560)

엘리자베스 보우스는 낙스와의 서신 교환 및 영적 교제를 통해 낙스를 마음 깊이 신뢰했던 것으로 보인다. 그 대표적인 증거가 바로 보우스 부인의 다섯 번째 딸인 마조리 보우스가 무려 20세 이상 연상인 낙스와 결혼한 것

---

25 Reid, 『하나님의 나팔수』, 108.
26 Knox, *Works*, 4:513-514.
27 Knox, *Works*, 3:369, 379.
28 Dawson, *John Knox*, 65-70.

이다.[29] 물론 보우스 부인의 남편인 리처드 보우스는 이 결혼에 대해 반대했지만, 결국 1553년 어간에 이 둘은 공식적으로 약혼을 했고 1556년에 드디어 결혼을 하게 된다.[30]

낙스와 마조리 보우스, 그리고 그녀의 어머니 엘리자베스 보우스는 어렵고 험난한 시절을 함께 겪었는데 메리 여왕의 박해가 있었을 때 마조리 보우스와 그녀의 모친은 잉글랜드에서 도망쳐 낙스가 머물고 있었던 제네바로 와서 낙스와 함께 지내기도 했다.[31] 낙스의 아내가 된 마조리 낙스가 스코틀랜드에서 가정을 꾸릴 당시에는 스코틀랜드가 매우 혼란스러운 시절이었기 때문에 낙스는 그때를 다음과 같이 회상했다. “내 아내가 이곳에 도착했을 때 주변 상황은 매우 불안정했다”(The rest of my Wife hath been so unrestfull since her ariving heir).[32] 아마도 낙스와 마조리 낙스는 어렵고 힘든 시절을 함께 보내며 서로를 더 깊이 의지했던 것으로 보인다.

하지만 안타깝게도 낙스와 마조리 낙스의 결혼 생활은 그리 오래가지 못했다. 어린 시절부터 몸이 약했던 마조리 낙스는 결혼한 지 몇 해 지나지 않은 1560년 12월에 에든버러에서 병으로 세상을 등지게 되었다.[33] 낙스는 또 혼자가 되었다. 비록 함께했던 시간은 너무나도 짧았지만 낙스와 마조리 낙스의 결혼 생활은 행복했었던 것으로 보인다. 그 증거들은 여럿 남아 있다. 예를 들면, 존 칼빈(Jean Calvin, 1509-1564)은 낙스에게 보낸 편지에서 낙스의 아내 마조리 낙스를 다음과 같이 애도하고 있다. “저는 당신의 혼

---

29 Dawson, *John Knox*, 63-65.

30 Knox, *Works*, 6:lxi.

31 Knox, *Works*, 6:lxi-lxv.

32 Knox, *Works*, 6:104.

33 “Marjory Bowes, Mrs. Knox, appears to have died at Edinburgh in December 1560.” Knox, *Works*, 6:124n1.

자됨이 비통하고 원통합니다 … 당신의 아내는 그 어디에서도 찾아볼 수 없는 그런 아내였습니다"(Your widowerhood is to me grief and bitterness … You found a Wife whose like is not found everywhere).[34] 칼빈은 1561년 4월 23일 제네바에서 크리스토퍼 굿맨(Christopher Goodman)에게 편지를 보냈는데[35] 이 편지에서도 칼빈의 애도는 이어지고 있다. "우리의 형제 낙스가 너무나도 사랑스러웠던 아내를 잃게 되어 몹시 슬픕니다"(I am not a little grieved that our brother Knox has been deprived of the most delightful of wives).[36] 그럼에도 칼빈은 아내를 잃은 낙스를 바라보며 절망만 하지 않았다. 오히려 꿋꿋이 이겨내고 있는 낙스를 바라보며 칼빈은 다음과 같이 희망 섞인 마음도 내비쳤다. "그럼에도 낙스가 아내의 죽음으로 인해 너무 괴로워하지 않고 그리스도와 교회를 위해 열심히 일하고 있으니 저는 참으로 기쁩니다"(yet I rejoice that he has not been so afflicted by her death as to cease his active labours in the cause of Christ and the Church).[37]

아버지와 일가친척들의 거센 반대를 무릅쓰고 변변하게 가진 것 하나 없는 20살 연상인 망명객 개혁자 신분의 낙스와 결혼을 결심했을 뿐만 아니라, 비록 짧은 기간이었지만 주변 지인들로부터 아내로서 훌륭한 평가를 받았던 낙스의 첫 번째 아내 마조리 낙스를 통해 넌지시 살펴보건대 낙스는 하

---

34 Knox, *Works*, 6:124(LVI. CALVIN TO KNOX).

35 Knox, *Works*, 6:125(LVII. CALVIN TO CHRISTOPHER GOODMAN).

36 Knox, *Works*, 6:125. 이에 대한 칼빈의 라틴어 기록은 다음과 같다. "Fratrem nostrum *Knoxum* etsi non parum doleo suayissima uxore fuisse privatum." Ioannis Calvini, "*Epistolae*, 3378," in *Ioannis Calvini opera quae supersunt omnia*, eds. Guilielmus Baum, Eduardus Cunitz, Eduardus Reuss, 59 vols. (Brunswick: Schwetschke, 1863-1900), 18:435.

37 Knox, *Works*, 6:125.

나님께 큰 은혜를 받은 남자요 남편이었음은 분명해 보인다.

(3) 낙스의 두 번째 아내: 마가렛 스튜어트(Margaret Stewart, 1547-c.1612)

낙스는 마조리 낙스가 세상을 등진 4년 후, 즉 1564년에 마가렛 스튜어트(Margaret Stewart, 1547-c.1612)와 두 번째 결혼을 하게 된다.[38] 낙스의 첫 번째 결혼과 두 번째 결혼은 연속성과 비연속성 둘 다가 동시에 존재한다.

연속성으로는 낙스는 이번에도 나이 차이가 크게 나는 여성과 결혼을 하게 된다. 첫 번째 아내였던 마조리 낙스와는 20살 이상 차이가 났지만, 두 번째 결혼은 더 어린 여성과 결혼해서 나이 차이가 무려 32살 이상 차이가 났다. 두 번째 결혼 당시 낙스는 약 59세였고 마가렛 스튜어트는 17세였다. 다만 남편과 아내의 나이 차이가 2-30년가량 차이가 나는 것은 그 당시 문화에서는 아주 이상한 일은 아니었다.[39]

첫 번째와 두 번째 결혼 사이에 존재하는 불연속성은 마가렛 스튜어트의 집안과 관련이 깊다. 첫 번째 아내였던 마조리 낙스의 아버지 리처드 보우스는 잉글랜드와 스코틀랜드 국경에 위치한 노만 성(Norham Castle)의 수비대장으로 로마 가톨릭교회 신자였지만, 두 번째 아내인 마가렛 낙스의 아버지는 오칠트리의 스튜어트 경 앤드류(Andrew Lord Stewart of Ochiltree)로서 독실한 개신교인이었다. 게다가 마가렛은 메리 여왕과 인척관계였다. 리처드 보우스는 낙스와의 결혼에 적극적으로 반대했지만, 마가

---

38 Knox, *Works*, 6:lxv-lxvii.

39 Reid, 『하나님의 나팔수』, 276. “일부 후세인들이 낙스가 이처럼 나이 어린 여인을 아내로 맞은 것에 대해 눈살을 찌푸리기도 했으나, 당시의 습속으로는 그다지 보기 드문 일도 아니었다.”

렛의 아버지는 낙스의 열렬한 지지자였다.[40]

메리 여왕은 낙스와 마가렛 스튜어트의 결혼에 대해 강하게 비판했는데 그 이유는 낙스가 자신과 인척 관계에 있는 인물과 결혼했기 때문이고, 동시에 그 당시 풍습에 따라 여왕과 인척 관계에 있는 사람의 결혼은 여왕 본인이 허락을 해줘야만 했는데 이 둘은 여왕의 허락 없이 결혼을 감행했기 때문이다.[41]

마가렛 낙스는 1572년 낙스가 사망한 다음 2년 후인 1574년에 팔돈사이드의 앤드류 커 경(Sir Andrew Ker of Faldonside)과 재혼을 하게 된다. 낙스의 아내로서의 마가렛 낙스에 대한 평가는 마조리 낙스에 비해 후대에 많이 남아 있지 않다.

(4) 낙스의 자녀들

지금까지 살펴본 대로, 낙스는 총 두 번의 결혼을 했고 그 두 번의 결혼에서 총 5명의 자녀를 두었다.

마조리 낙스와의 결혼 생활에서는 2명의 아들, 즉 나다니엘 낙스(Nathaniel Knox, 1557-1580)와 엘르아살 낙스(Eleazar Knox, 1558-1591)를 두었다. 두 아들 다 제네바에서 태어났다. 안타깝게도 첫째 아들은 4살 때, 둘째 아들은 3살 때 어머니의 따뜻한 품도 제대로 기억할 새 없이 어머니 마조리 낙스를 잃게 된다. 낙스는 엄마 잃은 두 아들을 홀로 키워야만 했다. 하지만 아내 없이 두 아들을 키우는 일은 불굴의 개혁자 낙스에게도 결코 녹록지 않은 일이었다. 낙스는 아내가 떠난 2년 후인 1562년에

---

40 Knox, *Works*, 6:lxv. 마가렛 스튜어트의 집안은 그 당시 아주 큰 영향력이 있는 집안도 아니었고 그렇다고 재력이 아주 높았던 집안도 아니었다. "the family was not at the time either of great influence or wealth."

41 Reid, 『하나님의 나팔수』, 276.

윌리엄 세실 경(Sir William Cecill, 1572-1598)에게 편지를 보내 아이들 양육을 위해 엘리자베스 보우스 장모를 보내달라는 간청을 한다. 이 편지에서 낙스는 "홀로 지내는 남자"(a sole man)으로 그려지며, 보우스 장모께서 오셔서 "집안일과 아이들 양육의 힘듦"(the burdayne of howsehold and bringynge up of chyldren)[42]을 도와달라는 간청이 기록되어 있다. 나다니엘과 엘르아살 둘 다 평생 독신으로 살았다.

마가렛 낙스와의 두 번째 결혼 생활에서는 총 3명의 딸, 즉 마르다 낙스(Martha Knox, c.1565-1592),[43] 마가렛 낙스(Margaret Knox, b.1567/1568),[44] 엘리자베스 낙스(Elizabeth Knox, c.1569-1625)[45]를 두었다. 독신으로 살았던 나다니엘과 엘르아살과는 다르게, 첫째 딸 마르다는 알렉산더 페어리(Alexander Fairlie)와 결혼해 아들 셋과 딸 하나를 낳았고, 둘째 딸 마가렛은 사가랴 폰트(Zachary Pont)와 결혼해 아들 둘을 낳았으며, 셋째 딸 엘리자베스는 존 웰시(John Welsh)와 결혼해 아들 셋과 딸 둘을 낳았다.[46]

첫째 딸 마르다의 아들 중 윌리엄 페어리(William Fairlie)는 의사가 되었고, 셋째 딸 엘리자베스의 아들 중 요시아스 웰시(Josias Welsh)는 글래스고우 대학(Glasgow University)의 인문학 교수로 재직 후 아일랜드의 템플 패트릭의 장관(Minister of Templepatrick)이 되었다.[47]

아마도 낙스는 첫 번째 아내 마조리 낙스의 이른 죽음과 아들 둘의 독신

42 Knox, *Works*, 6:141.
43 Knox, *Works*, 6:lxix.
44 Knox, *Works*, 6:lxix.
45 Knox, *Works*, 6:lxxi.
46 Crawford, *Knox Genealogy*, Table No.1.
47 Knox, *Works*, 6:lxxiv; Crawford, *Knox Genealogy*, Table No.1.

생활로 인해 마음이 가히 편치만은 않았겠지만, 두 번째 아내와의 결혼과 그 결혼 사이에 낳은 세 명의 딸, 그리고 총 8명의 손자와 3명의 손녀를 보면서 가정 속에 한량없는 선물을 베풀어 주시는 하나님의 은혜를 깊이 경험했을 것이다.

지금까지의 논의를 살펴보건대, 낙스는 배우자의 죽음, 재혼, 자녀들의 독신생활, 자녀들의 결혼생활, 손자와 손녀 경험 등 파란만장한 가정생활을 다채롭게 맛보았던 인물로 능히 평가할 수 있는 인물이다. 그의 이런 삶은 결혼과 가정에 대한 신학적 관점을 형성하는데 긍정적으로든 부정적으로든 지대한 영향을 끼쳤음은 분명하다.

〈표1〉 존 낙스의 가계도48

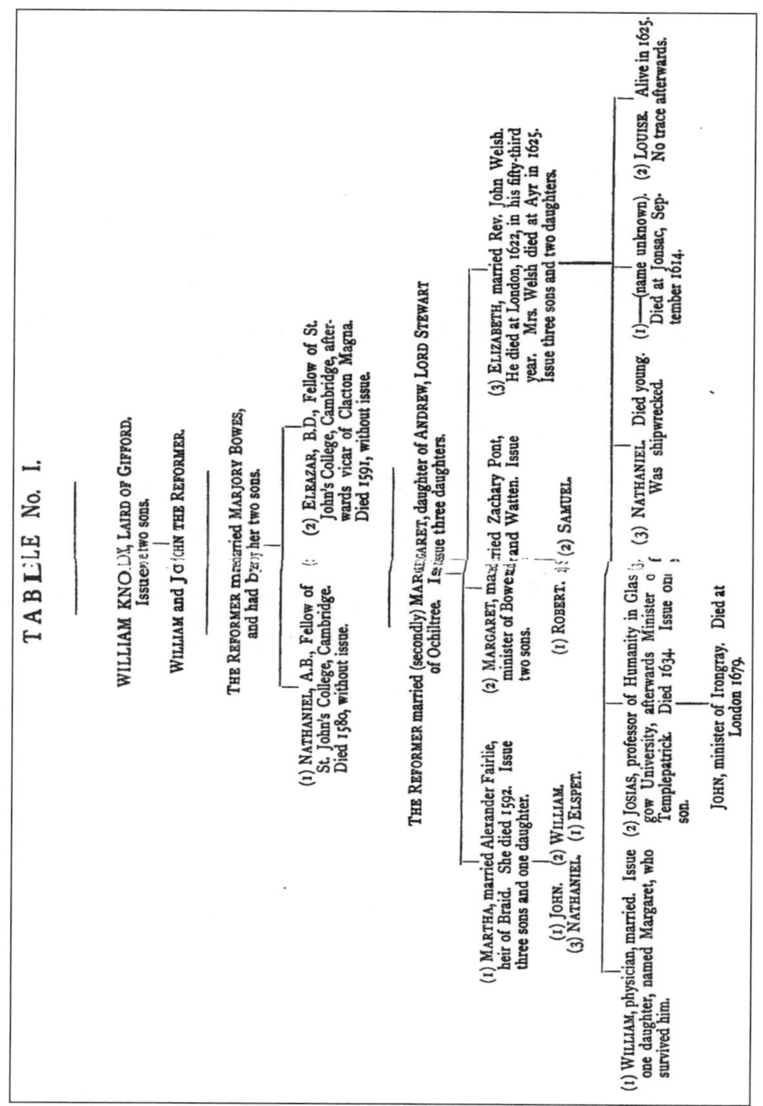

48 Crawford, *Knox Genealogy*, Table No.1.

2. 결혼과 예정론

낙스는 예정론(the doctrine of predestination)[49]을 전개하면서[50] 여러 가지 비유를 사용했는데 그중 하나가 바로 예정을 '결혼'에 빗댄 것이다.[51] 물론 낙스가 결혼에 빗대어 예정을 설명할 때 자신의 결혼사를 염두에 두고 신학을 전개했는지는 정확히 알 길이 없지만, 최소 『낙스의 전집』 제5권에서 전개하는 예정론 논의는 1560년[52], 즉 첫 번째 아내 마조리 낙스가 죽은 해에 기록한 논의였으므로 자신의 가정사와 아예 동떨어져 기록된 것은 아니라고 볼 수 있다.

낙스는 예정론을 결혼에 빗대어 설명하면서 크게 세 가지의 핵심 논점, 즉 죄의 노예로부터의 해방은 곧 하나님과의 결혼을 의미한다는 것, 결혼 상대자인 하나님은 자비로운 속성을 가지고 계신다는 점, 그리고 메시아 언약은 새로운 결혼에 대한 언약이라는 점을 지적하고 있다.[53]

첫째, 낙스는 죄의 노예 상태로부터의 해방(delivered from that bondage)은 하나님과 결혼을 해야만(should be maried with God) 가능하다고 지적한다.[54] 낙스는 그다음 맥락에서 죄로부터의 해방과 하나님과의 결혼을 위해서라면 반드시 선택받아야 함(so shoulde be chosen)에 대해 강조한다.[55] 낙스는 이스라엘 민족의 역사를 염두에 두면서, 이스라엘 민족

49 Knox, *Works*, 5:7-468(ON PREDESTINATION IN ANSWER TO THE CAVILLATIONS BY AN ANABAPTIST, 1560).

50 Cf. Park, "John Knox's Doctrine of Predestination and Its Practical Application for His Ecclesiology," 65-90.

51 특히 Knox, *Works*, 5:264-265를 살펴보라.

52 Knox, *Works*, 5:7.

53 Knox, *Works*, 5:265.

54 "… they shoulde be delivered from that bondage; that they should be maried with God." Knox, *Works*, 5:265.

은 자기들의 죄로 인해 하나님과 멀어지게 되었지만 결국 하나님은 "이스라엘을 다시 선택하실 것"(God shall choose Israel againe)이며 이를 통해 이스라엘 민족은 전보다 더 위대한 존엄성을 가진 채 회복될 것임을 강조하고 있다.[56] 낙스는 이 지점에서 하나님은 언제나 먼저 이스라엘을 "다시"(againe) 선택하시고, 그들과 또 "다시"(againe) 결혼하신다는 점을 거듭 강조하고 있다.[57]

둘째, 낙스는 하나님께서 습관적으로 죄악에 빠지는 이스라엘을 다시 선택하시고 재차 결혼하시는 핵심 이유를 하나님의 '속성'에서부터 바르게 찾고 있다. 하나님께서 범죄한 이스라엘과 또다시 결혼하시는 이유는 하나님은 "자비가 충만하시며, 일관적이시고, 그의 약속에 있어 불변"(he was God, merciful, constant, and immutable of his promes)[58]하신 분이기 때문이다. 낙스는 하나님이야말로 그리스도의 몸 된 교회의 구성원들에게는 끝까지 "가장 일관적으로 동일"(the same moste constantly)하신 분이라는 사실을 반복적으로 천명한다.[59] 그러므로 이스라엘과 하나님 사이에 맺어진 결혼은 언제든 서로 맞지 않으면 쉽게 틀어질 수 있는 가변적인 논리 구조 내에 위치하지 않는다. 오히려 정반대다. 이스라엘과 하나님 사이에 맺어진 결혼은 하나님의 속성에 근거하기 때문에 "영원하며, 불가해하며, 불변하다"(is eternall, incomprehensible, and immutable).[60] 하나님의 불변하고도 일관적인 속성에 근거한 하나님의 결혼 작정 및 선택은 그 자체로

---

55 Knox, *Works*, 5:265.

56 "…shal restore them to the former dignitie, yea, to a greater." Knox, *Works*, 5:265.

57 Knox, *Works*, 5:264-265.

58 Knox, *Works*, 5:265.

59 Knox, *Works*, 5:48.

60 "God is eternall, incomprehensible, and immutable, so are his counsels constant, subject to no mutabilitie nor change." Knox, *Works*, 5:108.

불변하고 일관적이다. 즉 하나님은 결혼에 있어서 신실하신 분이시다. 이처럼 낙스는 하나님의 속성에 기대어 결혼에 대한 '신실함'을 줄기차게 강조하고 있다.[61]

셋째, 낙스는 하나님께서 이스라엘을 사랑하셔서(God favored Israel) 그들에게 메시아라는 "새로운 선택"(the New election)과 "새로운 결혼"(New mariage)을 허락해 주셨음을 지적한다.[62] 낙스는 설명하길, 이 새로운 선택과 새로운 결혼은 다른 민족의 씨로부터 나오지 않고 오히려 아브라함과 다윗의 가문의 씨로부터 나온다는 사실을 천명한다(not that the Messians and blessed seede shoulde descend of any other nation, but of the seede of Abraham and house of David).[63] 이스라엘은 죄로 인해 "극심한 병"(grievous plagues)에 걸려 "상처"(wounde) 투성이가 되었지만, 하나님은 여전히 이스라엘을 사랑하셔서 그들에게 메시아를 허락하셨고 이 메시아를 통해 새롭게 결혼을 갱신하실 것이라고 낙스는 지적하고 있다.[64]

이처럼 결혼에 빗대어 예정론을 설명하는 낙스의 모습 속에서 낙스가 생각하는 결혼에 대한 관점이 넌지시 드러난다. 낙스는 결혼이야말로 신적인 권위를 지닌 것이며, 그 신적인 권위의 핵심은 바로 '언약적인 신실함'이라고 생각했던 것 같다. "자비가 충만하시며, 일관적이시고, 그의 약속에 있어 불변하신"[65] 하나님으로부터 예정을 이끌어 낸 후 하나님의 그 예정을 결혼으로 빗대어 묘사한 것을 볼 때, 낙스가 생각하는 결혼이란 '약속에 있어서

61 Knox, *Works*, 5:265.
62 Knox, *Works*, 5:265.
63 Knox, *Works*, 5:265.
64 Knox, *Works*, 5:265.
65 Knox, *Works*, 5:265.

의 불변성'이 담보되고 확보되어야 할 성질의 것으로 이해한 것만큼은 분명하다.

게다가 이스라엘의 죄악 됨을 염두에 두면서 결혼은 극심한 병과 상처투성이가 될 수도 있지만, 메시아 예수 그리스도를 통해 얼마든지 "새로운 결혼"으로 회복될 수 있다는 소망을 내비친 것을 통해 볼 때, 결혼에 대한 낙스의 관점은 지나치게 절망적이거나 비관적이지 않고 오히려 회복론적 관점을 담지했던 것으로 보인다.

3. 『제1치리서』(*The First Book of Discipline*, 1560)의 결혼관과 가정관

『제1치리서』는 낙스 중심으로 기록된 개혁 문서였는데, 그 핵심 내용은 스코틀랜드 교회 제도의 구체적인 개혁 방안에 대한 재고였다.[66] 『제1치리서』는 총 9장으로 구성되는데, 1장은 '교리에 관하여', 2장은 '성례에 관하여', 3장은 '우상숭배의 폐지에 관하여', 4장은 '목회자들과 그들의 합법적 선출에 관하여', 5장은 '목회자의 사례와 교회에 합법적으로 적합한 임대와 소유에 관하여', 6장은 '교회의 임대수입과 상속수입에 관하여', 7장은 '교회 치리에 관하여', 8장은 '장로와 집사 선출에 관하여', 9장은 '교회 제도에 관하여'이다.[67]

---

66 『제1치리서』의 개괄적인 조망을 위해서라면 James K. Cameron, *The First Book of Discipline* (Edinburgh: Saint Andrew Press, 1972); 『제1치리서』와 설교의 관계성에 대해서라면 Robert M. Healey, "The Preaching Ministry in Scotland's First Book of Discipline," *Church History*, 58.3 (Sep 1989), 339-353; 『제1치리서』에 나타난 프랑스 개혁운동의 영향력에 대해서라면 W. Stanford Reid, "French Influence on the First Scots Confession and Book of Discipline," *The Westminster Theological Journal*, 35.1 (Fall 1972), 1-14를 참고하라.

이 중에서 마지막 장인 9장의 구체적인 내용은 '설교와 성경해석에 관하여', '장례에 관하여', '교회의 보수(補修)에 관하여', '성례를 모독하는 자들, 하나님의 말씀을 업신여기는 자들, 합법적으로 임명을 받지 않았는데도 감히 목사를 사칭하는 자들에 대한 처벌에 관하여' 등인데 이 가운데 '결혼에 관하여'[68]라는 내용도 포함되어 있다. 이 부분을 살펴보면 결혼에 대한 낙스의 관점과 스코틀랜드 종교개혁의 관점이 드러날 것이다.

『제1치리서』에 나타난 결혼관은 크게 세 가지로 요약 정리 가능하다. 첫째, 결혼의 신적 권위에 대한 강조, 둘째, 하나님이 기뻐하시는 결혼 방식에 대한 설명, 셋째, 결혼을 바라보는 바람직한 태도와 자세에 대한 설명이 바로 그것들이다. 하나씩 살펴보도록 하겠다.

첫째, 『제1치리서』는 결혼이 가지고 있는 '신적 권위'를 줄곧 강조한다. 결혼을 논하는 『제1치리서』의 첫 문장에서부터 결혼의 신적 본질에 대해 정확히 지적하고 있다. 즉 『제1치리서』는 결혼을 "하나님께 복 받은 법령"(the blessed ordinance of God)[69]이라고 적시하고 있다. 『제1치리서』는 결혼을 하나님의 '법령'이라고도 말하고 동시에 '언약'(covenant)이라고도 말한다.[70] 결혼을 신적인 법령과 언약의 맥락에서 이해할 때 비로소 결혼에 대해서 진중하게 생각할 수 있고 너무 가볍게 대하지 않을 수 있다. 특히 『제1치리서』는 결혼에 대한 신적 통제권을 교회에 위임하고 있는데 대표적인 예가 바로 다음과 같은 문장이다. "마음을 나눈 당사자들은 하나님의 교회에 다른 입장이 공포될 때까지는 어떤 언약도 맺어서는 안 된다"(yit must not the

67 Knox, *Works*, 2:183-260.
68 Knox, *Works*, 2:245-249(OF MARIAGE).
69 Knox, *Works*, 2:245.
70 Knox, *Works*, 2:246.

pairteis whose heartis ar tweiched mak ony covenant till farther delcaratioun be maid unto the Churche of God).[71] 이 문장에서는 크게 두 가지가 강조되고 있는데 결혼이 '언약'이라는 점과 하나님의 교회의 허락이나 공포 없이는 그 언약은 무효라는 점이다. 그만큼 『제1치리서』는 결혼이 가지고 있는 신적인 언약적 권위와 교회의 다스림을 강조하고 있다.

『제1치리서』는 결혼이 신적 권위를 지니기 때문에 결혼은 '거룩한' 것이라는 사실을 천명한다. 『제1치리서』는 남녀 두 사람의 결혼이야말로 "거룩한 결속"(holy band) 그 자체라고 강조한다.[72] 이 맥락에서의 거룩은 "이전에 어떤 부정한 일도 범한 적이 없는"(without filthynes befoir committit)[73] 거룩을 지칭하기도 하고, 동시에 "세속적인 인간의 왜곡된 욕망에 의해 방해받지 않은"(not to be hyndered by the corrupt affectionis of wordlie men)[74] 거룩을 지칭하기도 한다. 그러므로 『제1치리서』는 거룩한 결혼을 가리켜 인간의 일이 아니라 "하나님의 일"(the work of God)[75]이라고 표명한다.

그렇다면 왜 결혼이 인간의 일이 아니라 하나님의 일일까? 『제1치리서』는 그 이유에 대해 다양하게 묘사한다. 결혼이 인간의 일이 아니라 하나님의 일인 이유는 결혼은 "영원하신 하나님의 이름으로"(in the name of the Eternall God)[76] 행해지는 것이기 때문이며, 결혼은 "하나님의 존재 앞에서

71 Knox, *Works*, 2:246.

72 "The work of God we call, when two heartis (without filthynes befoir committit) ar so joyned, that boyth requyre and are content to live together in that holy band Matrimonye." Knox, *Works*, 2:246.

73 Knox, *Works*, 2:246.

74 Knox, *Works*, 2:246.

75 Knox, *Works*, 2:246 & passim. "the work of God aught not to be hyndered by the corrupt affectionis of worldlie men.

76 Knox, *Works*, 2:247.

이루어진 약속"(promeis, which in Goddis presence)[77]이기 때문이다.

결혼이 하나님 이름으로 행해지는 약속이며 하나님의 존재 앞에서 이루어진 약속이므로 『제1치리서』는 결혼의 신의(信義)의 깨트리는 간통 및 불륜에 대해 하나님 앞에 행해지는 심각한 죄악으로 다음과 같이 규정한다.[78] "간통, 매춘, 간음은 이곳에서 가장 일반적으로 일어나는 죄이므로, 우리가 영원하신 하나님의 이름으로 당신들에게 요청하는 것은 하나님께서 명령하신 대로 그런 악한 범죄자들에게 혹독한 처벌을 내려달라는 것이다"(becaus that fornicatioun, huredome, and adulterye, ar synnes most commoun in this Realme, We requyre of your Honouris, in the name of the Eternall God, that severe punishement, according as God hath commanded, be executed against suche wicked offendaris).[79] 이를 통해 가늠해 보건대, 앞서 살펴보았던 장모 엘리자베스 보우스와 낙스 사이의 관계에 대한 오해 및 비방은 재고할 필요가 있는데, 그 이유는 만약 낙스와 보우스의 관계가 흔히들 오해하듯 부적절한 관계였다면 양심의 가책 상 낙스가 간음에 대해 '혹독한 처벌'(severe punishement)을 강하게 요청(requyre)할 수 있었을까 라는 점이 심각히 의문시되기 때문이다. 물론 사람은 죄인이므로 얼마든지 양심에 화인 맞아 표리부동한 삶과 더불어 표리부동한 글까지 능히 남길 수 있는 존재이긴 하나, 그 당시 개혁의 물결 속에서, 또한 일거수일투족에 대해 밀접하게 서신으로 주고받았던 주변 사람들과의 관계 속에서 이토록 대놓고 양심의 화인 맞을 일을 할 수 있었을까도 의문이다.

---

77 Knox, *Works*, 2:247.

78 Knox, *Works*, 2:247-248.

79 Knox, *Works*, 2:247.

이처럼 『제1치리서』는 결혼이야말로 하나님 앞에서, 하나님의 이름으로 행해지는 '신적인 언약' 혹은 '신적인 법령'이라는 점과 하나님의 속성인 거룩성을 닮아 있는 '하나님의 일'이라는 점을 줄곧 강조하고 있다.

둘째, 『제1치리서』는 바람직한 결혼의 방식에 대해서도 논하고 있다. 바람직한 결혼 방식의 핵심은 "하나님의 판단을 받는"(judge to be of God)[80] 방식이다. 이는 당연한 것인데 그 이유는 앞서 살펴본 대로 결혼은 인간의 일이 아니라 하나님의 일이기 때문이며, 결혼은 신적인 언약 및 법령이기 때문이다. 결혼 당사자들은 하나님의 판단을 받는 방식이 어떤 방식인지를 부모에게 여쭤봐서 조언과 도움을 받을 필요가 있다(askyng of thame counsall and assistance).[81]

'하나님의 판단을 받는' 방식과 같은 의미는 곧 "하나님의 율법에 따라"(by the law of God) 결정한다는 의미이다. 『제1치리서』는 판단하기 어려운 문제나 까다로운 문제에 대해서는 하나님의 법을 최대한 존중하라고 권면한다. 예를 들면 『제1치리서』는 "처녀성을 잃은 딸을 둔 아버지나 가장 가까운 친구는 자신의 딸에게 해를 가한 남자에게 하나님의 율법을 따라 자신의 딸과 결혼하도록 강제할 권한을 갖게 된다"(the father, or neyrest friend, whose dowghter being a virgine is deflored, hath power by the law of God to compell the man that did that injurie to marie his dowghtter)[82]라고 명시한다. 물론 『제1치리서』가 작성된 16세기와 구약 율법 시대 사이의 시간적 간극은 크고도 넓다. 그럼에도 불구하고 『제1치리서』는 남녀 사이의 관계나 결혼, 가정, 육아와 관련된 문제에 대해서는 하

80 Knox, *Works*, 2:246.
81 Knox, *Works*, 2:246.
82 Knox, *Works*, 2:246.

나님의 법에 입각해 '원리·원칙'을 세우려는 모습을 줄곧 보여준다.

『제1치리서』가 강조하는 바람직한 결혼 방식은 비밀 결혼이 아닌 '공개적인' 결혼이다. 이에 대해 『제1치리서』는 다음과 같이 힘주어 강조한다. "개혁교회에서의 결혼은 절대 비밀리에 이루어져서는 안 되고, 교회의 회중 앞에서 공개적으로 면면이 이루어져야 한다"(In a Reformed Churche, Mariage ought nott to be secreatlic used, but in open face and publict audience of the Churche).[83] 비밀 결혼이 아닌 공개적 결혼을 천명하는 이유에 대해서는 『제1치리서』가 정확히 밝히고 있지 않지만, 아마도 결혼식은 하나님의 언약을 공개적으로 확증하는 시간으로 하나님께 복받은 법령의 공개적 공표식이기 때문에 그렇다고 가늠해 볼 수 있다.

『제1치리서』는 가장 적합한 결혼식 시간을 주일날 설교를 듣기 전이라고 말한다. "우리는 주일날 설교가 있기 전이 결혼식을 위한 가장 편리한 시간이라고 생각한다"(The Sunday befoir sermon we think most convenient for mariage).[84] 이는 아마도 그 당시 남녀가 마음 맞아 비밀리에 결혼하는 행태를 염두에 두고 주일날 설교 듣는 예배 시간 전에 교회-공동체적으로, 혹은 교회-언약론적으로 결혼식을 갖게 만드는 권면인 듯하다.

이처럼 『제1치리서』는 바람직한 결혼의 방식을 하나님의 판단에 대한 존중과 하나님의 율법의 권위 아래서 논하고 있으며, 비밀 결혼을 지양하고 공개 결혼을 지향함으로써 결혼이라는 예식을 교회-공동체적인 축복의 장(場)으로 확장시키려는 모습이 내비쳐진다.

---

83 Knox, *Works*, 2:247-248.

84 Knox, *Works*, 2:248. 1621년 개정판에서는 "가장 편리한"(most covenient)이라는 문구의 영단어가 most expedient로 수정되었다.

셋째, 『제1치리서』는 결혼을 바라보는 바람직한 태도와 자세에 대해서도 논한다. 앞서 살펴본 것처럼, 결혼이 하나님의 일이고 하나님의 법령이라면 결혼을 대하는 태도는 "하나님에 대한 두려움"(in the fear of God)[85]이 담지된 태도로 거듭나야 한다. 잘못된 두려움은 죄악으로부터 오지만,[86] 선한 두려움은 하나님의 영광과 위엄을 인식함으로부터 온다. 결혼에 대한 관점도 마찬가지이다. 결혼이 인간의 일이라면 인간의 죄악으로 인해 온갖 반목과 갈등이 조장될 뿐이지만, 결혼이 하나님의 일이라면 하나님 앞에서 두렵고 떨림으로 겸비하게 결혼을 대할 필요가 있다. 바로 이 지점을 『제1치리서』는 건드리고 있다.

'하나님에 대한 두려움'을 가지고 결혼을 대하다 보면 결혼 생활 속에서 필연적으로 불거질 수밖에 없는 온갖 종류의 어려움들을 극복할 힘을 선물로 받게 된다. 『제1치리서』는 결혼 생활 속의 어려움들을 해결하는 태도와 자세는 "하나님께서 우리에게 주신 가장 훌륭한 조언"(the best Counsall that God gaveth unto us)[87]을 따라가는 것이라고 밝힌다. 그렇다면 하나님께서 우리에게 주신 가장 훌륭한 조언은 무엇일까? 그것은 바로 "하나님의 신속한 계명"(his expresse commandiment)[88]이다. 하나님의 계명은 그 어떤 어려움에 대해서도 신속하고도 명백한 답변을 제시한다. 복잡한 사안일수록 복잡하게 고민하다 보면 복잡함에 함몰되어 문제 해결에까지 전혀 이를 수 없다. 오히려 복잡한 사안일수록 뇌리에 순식간에 스쳐 지나가는 원리·원칙의 목소리에 귀 기울일 필요가 있다. 하나님의 계명은 그 어떤 문제

---

85 Knox, *Works*, 2:249.

86 "이르되 내가 동산에서 하나님의 소리를 듣고 내가 벗었으므로 두려워하여 숨었나이다"(창 3:10).

87 Knox, *Works*, 2:249.

88 Knox, *Works*, 2:249.

들도 능히 해결할 수 있는 '가장 훌륭한 조언'이며 '신속한 계명'이다.

이처럼 『제1치리서』는 하나님 앞에 두려운 마음을 품고 결혼을 대하라는 기본 원칙을 제시하고 있으며, 그 기본 원칙을 지키는 유일한 길은 하나님께서 주신 계명과 조언을 마음 깊이 청종하는 길이라는 것에 대해 강조에 강조를 거듭하고 있다.

결혼의 신적 기원, 바람직한 결혼 방식, 결혼을 대하는 바람직한 태도와 자세에 대해 『제1치리서』가 얼마나 요목조목 핵심만을 건드리며 전개하고 있는지를 살펴보았다. 낙스의 주도로 작성된 문서라는 점을 감안할 때, 『제1치리서』가 전개하고 있는 결혼관이 곧 낙스의 결혼관과 뚜렷한 연속성을 지닐 수밖에 없다는 사실만큼은 의심의 여지가 없어 보인다. 낙스에게 있어서 결혼은 하나님의 일이었으며, 그러므로 하나님의 판단을 받아야 하며, 그러므로 하나님 앞에서 두렵고 떨림으로 대해야 할 성질의 것이었다.

III. 실천적 고찰 및 적용

혹자는 21세기 포스트모던 세대 가운데 16세기 스코틀랜드 종교개혁자 존 낙스의 생애와 신학, 16세기 문서인 『제1치리서』 등이 과연 여전히 유효한가에 대한 짙은 의문을 가지고 있다. 특히 16세기의 고리타분한 결혼관과 가정관이 어떻게 21세기 해체주의 시대에도 여전히 유효할 수 있는지에 대한 감정 섞인 자조까지도 난무하는 형편이다. 그럼에도 불구하고 낙스의 결혼관과 가정관을 살펴봐야 할 시대적 당위성은 충만하다. 크게 세 가지로 고찰해 보도록 하겠다.

첫째, 결혼과 가정은 시대를 타지 않는, 아니 더 정확히 표현하자면, 시대를 타서는 안 되는 일이다. 그 이유는 결혼과 가정은 최초의 문화명령인 "생육하고 번성하여 땅에 충만하라"(창 1:28)라는 명령을 이행함에 있어 가장 기본적인 '필수 전제'이기 때문이다. 결혼과 가정은 신적인 명령이며, 신적인 질서이고, 신적인 기초 원리이다. 신적인 기원은 시대를 타지 않는다. 오히려 반대다. 신적인 기원은 시대를 거스르고, 시대를 변혁시키며, 시대를 회복시킨다. 즉 결혼과 가정이 파괴되면 시대도 파괴된다. 반대로 결혼과 가정이 세워지면 시대도 같이 세워진다. 앞서 살펴본 것처럼, 낙스는 예정론과 결혼을 연결시키며 하나님의 예정에 근거한 구원이야말로 하나님과 맺은 결혼 언약이므로 영원·불변함을 천명했다. 결혼이 가진 신적인 권위와 불변성, 영원한 본질, 신적 질서에 대해 선명히 선포하는 낙스의 가르침은 분명 전통적인 결혼관과 가정관이 사정없이 산산조각 파편화되는 작금의 포스트모던 현실 속에서 백신(vaccine)과도 같은 가르침인 것만큼은 분명하다.

둘째, 『제1치리서』에 나타난 결혼관은 분명 '진중'하다. 결혼에 대한 이런 진중한 태도와 자세가 반드시 필요하다. 우리는 결혼이라는 테제가 너무나도 가벼워질 대로 가벼워진 시대를 살고 있다. 연애와 결혼에 대해 진중하게 대하는 태도와 자세가 너무나도 쉽게 경멸당하고 조롱당하는 시대가 바로 지금 이 시대이다. 미디어는 소위 '환승 연애'를 부추기고 있으며, '결혼 전 동거'는 이제 기본적인 문화로 자리를 잡아버렸다. 소위 '비혼주의'는 자기 자율권과 자기 행복권을 위해 응당 추구해야 할 권리로 멋지게 포장되어 버렸다. '딩크족'(DINK, Double Income, No Kids, 맞벌이 무자녀 가정)은 사회적 트렌드가 되어서 한국의 출산율은 날이 갈수록 최저점을 경신하고 있는 형편이다. 소위 '원나잇'(one night) 문화는 젊은이들 사이에서 기본적인 밤 문화가 되어버렸다. 이 시대는 결혼과 가정이라는 진중함을 싫어하는 시대다. 진중함 자체를 경멸하는 시대다. 하지만 낙스의 결혼관과 가정관, 『제1치리서』의 핵심 결혼관을 통해 드러난 것처럼, 결혼은 하나님 앞에서 두렵고 떨림으로 응당 진중하게 대해야 할 하나님의 일이라는 사실이 다시금 선포될 필요가 있다. 이는 이 시대 속에서 당위의 문제이지, 선택의 문제가 아니다. 누군가는 선지자적인 자세와 태도로 진중하게 외쳐야 한다. 그 외침의 씨앗을 자라나게 하시는 분은 하나님이심을 믿으며 외쳐야 한다(고전 3:6).[89]

셋째, 한 신학자의 '신학'과 그 신학자의 '삶' 사이를 구체적으로 연구하는 연구물들이 더 많이 탄생 될 필요가 있다. 낙스의 신학이 정당화되기 위해서 무엇보다 선행되어야 할 것은 바로 낙스의 삶의 열매의 건강함이다. 산상수훈의 가르침은 다음과 같다. "이와 같이 좋은 나무마다 아름다운 열매를 맺고 못된 나무가 나쁜 열매를 맺나니 좋은 나무가 나쁜 열매를 맺을 수 없고 못된 나무가 아름다운 열매를 맺을 수 없느니라"(마 7:17-18). 종교개혁 신학이 좋은 열매로 남기 위한 필수 전제는 종교개혁 신학을 전개했던 사람들의 삶의 건강함이다. 좋은 신학은 좋은 가정을 이끌어 낼 것이며, 좋은 가정은 좋은 신학이었다는 사실에 대한 증명일 것이다. 그러므로 본고의 주제는 부담스러운 주제이다. 본고의 실천적 고찰 지점 역시 이런 점에서 부담스러운 고찰이다. 그 이유는 낙스의 결혼과 가정에 대한 관점을 익힌 자에게 남는 것은 '거룩한 결혼'과 '거룩한 가정'을 위한 날카로운 요구이기 때문이다.

낙스는 자신의 삶을 통해서, 자신의 결혼과 가정을 통해서, 『제1치리서』의 가르침을 통해서 우리에게 무엇이 바른 결혼관이고 무엇이 바른 가정관

89 "나는 심었고 아볼로는 물을 주었으되 오직 하나님께서 자라나게 하셨나니"(고전 3:6).

인가를 효과적으로 피력했다. 이제 우리에게 필요한 것은 '행함'이라는 몸부림이다. 이 몸부림의 강도와 횟수만큼 우리의 결혼과 가정은 더 아름답게 거듭날 것이며 더 거룩하게 성화될 것이다. 이를 통해 하나님의 "영예와 영광"(his honour and glorie)[90]만이 영원토록 무궁하게 남을 것이다.

IV. 나가는 글

종교개혁신학을 한 단어로 요약하는 것은 거의 불가능에 가깝지만, 그럼에도 호기롭게 한 문구로 최대한 정리한다면 '하나님의 절대 주권'으로 겸비하게 묘사할 수 있겠다. 개혁신학이 강조하는 하나님의 절대 주권은 단순히 영적인 영역에만 미치는 하이퍼 칼빈주의식의 주권은 아니며, 신령한 지식의 영역에만 미치는 영지주의식의 주권도 결코 아니다. 오히려 개혁신학이 겸비하게 고백하는 '하나님의 절대 주권'은 영과 육, 초자연과 자연, 객관과 주관, 초월과 내재, 지·정·의 모든 영역에 미치는 하나님의 절대적 주권이다.

결혼과 가정도 마찬가지이다. 하나님의 절대 주권은 결혼과 가정에도 응당 미친다. 바로 이 지점을 본고는 주목했다. 특히 16세기 스코틀랜드의 종교개혁자 존 낙스의 신학과 삶을 통해 얼마나 하나님의 절대 주권이 모든 영역 속에 전인적으로 미치는지가 잘 드러났다. 예정을 하나님이 우리와 맺는 결혼이라는 맥락에서 이해하는 낙스를 통해 얼마나 낙스가 결혼이 가지고 있는 신적 권위를 존중했는지를 가늠해 볼 수 있었으며, 낙스 주도로 작성된 『제1치리서』의 결혼관을 통해 얼마나 낙스가 결혼을 하나님께서 세우신 복

90 Knox, *Works*, 2:249.

된 법령, 즉 인간의 일이 아닌 하나님의 일로 대했는가를 여실히 맛볼 수 있었다. 낙스의 가르침대로 결혼을 하나님의 일로 볼 경우 비로소 결혼을 두렵고 떨림으로 진중하게 대할 수 있게 된다. 이런 낙스의 가르침은 깃털보다 더 가볍게 결혼을 대하는 작금의 행태 속에서 큰 울림을 주는 가르침인 것만큼은 분명하다.

낙스의 첫 번째 결혼과 아내와의 사별, 장모와의 관계에 대한 비방 및 모함, 두 번째 결혼, 자녀들, 손자, 손녀들의 이야기를 통해 느끼는 점은 기개 어린 스코틀랜드 종교개혁자 낙스도 '한 인간'이었다는 사실이다. 인간이라는 존재는 연약한 죄성을 뼛속 깊이 담지하고 있는 죄악 덩어리이다. 물론 종교개혁자도 죄악 덩어리이며, 최고의 신학자도 죄악 덩어리이다. 낙스의 생애와 신학을 통해 우리는 어떻게 한 죄악 덩어리가 결혼과 가정과 신학과 삶을 통해 자기 안에 있는 죄악 덩어리와 싸워내는지를 살펴보았다. 이런 싸움과 다툼은 한 신학자만의 전유물이 아니요, 오늘날 우리 모두의 이야기이기도 하다.

한 가지 분명한 사실은 낙스는 자기 안에 있는 죄악 덩어리와 싸우면서 결혼과 가정이 원천적으로 가지고 있는 '신적 기원성'과 '신적 질서'에 대해 존중하고 또 존중했다는 점이다. 이 점만 분명히 하면 될 것 같다. 이 점을 분명히 하고 바로 그 점을 따라 살아내려고 몸부림친다면 어제보다 더 거듭난 결혼과 가정, 어제보다 더 거룩한 결혼과 가정으로 탈바꿈될 줄 믿는다. 이 점을 위해 결혼과 가정에 대한 낙스의 가르침은 대단히 훌륭한 신학적 마중물임에는 틀림없다.

〈참고문헌〉

김요섭. 『존 녹스: 하나님과 역사 앞에 살았던 진리의 나팔수』. 서울: 익투스, 2019.

김중락. 『스코틀랜드 종교개혁사』. 안산: 흑곰북스, 2017.

박재은. "존 낙스의 칭의론." 『종교개혁과 칭의』. 개혁주의 신학과 신앙 총서 16권. 부산: 개혁주의학술원, 2022.

______. "존 낙스의 신앙론." 『종교개혁과 신앙』. 개혁주의 신학과 신앙 총서 17권. 부산: 개혁주의학술원, 2023.

황봉환. 『스코틀랜드 종교개혁과 존 낙스의 신학』. 서울: 예영커뮤니케이션, 2001.

Bannatyne, Richard. *Memorials of Transactions in Scotland.* Edinburgh: Edinburgh Printing Company, 1836.

Baron, Eustace Percy. *John Knox.* Richmond: John Knox Press, 1965.

Beeke, Joel R. & Mark Jones. *A Puritan Theology: Doctrine for Life*. Grand Rapids: Reformation Heritage Books, 2012.

Calhoun, David B. "The Scots Confession: 'Craggy, Irregular, Powerful, and Unforgettable.'" *Presbyterion*, 43.2 (Fall 2017), 3-14.

______________. "John Knox (1514-1572) After Five Hundred Years." *Presbyterion*, 40.1-2 (Fall 2014), 1-13.

Cameron, James K. *The First Book of Discipline*. Edinburgh: Saint

Andrew Press, 1972.

Campbell, David. 『존 녹스와 떠나는 여행』. 이용중 역. 서울: 부흥과개혁사, 2006.

Crawford, William. *Knox Genealogy: Descendants of William Knox and of John Knox The Reformer*. G. P. Johnston: Edinburgh, 1896.

Dawson, Jane E. A. *John Knox*. New Haven: Yale University Press, 2015.

Felch, Susan M. "The Rhetoric of Biblical Authority: John Knox and the Question of Women." *The Sixteenth Century Journal*, 26.4 (Winter 1995), 805-822.

Frankforter, A. Daniel. "Correspondence with Women: The Case of John Knox." *Journal of the Rocky Mountain Medieval and Renaissance Association* 6 (1985), 159-172.

______________________. "Elizabeth Bowes and John Knox: A Woman and Reformation Theology." *Church History*, 56.3 (September 1987), 333-347.

Goodman, Hattie S. *The Knox Family: A Genealogical and Biographical Sketch of the Descendants of John Knox of Rowan County, North Carolina, and Other Knoxes*. Richmond: Whittet & Shepperson, 1905.

Hazlett, Ian. "The Scots Confession 1560: Context, Complexion and Critique." *Archiv für Reformationsgeschichte*, 78 (1987),

287-288.

Healey, Robert M. "The Preaching Ministry in Scotland's First Book of Discipline." *Church History*, 58.3 (Sep 1989), 339-353.

Knox, John. *The Works of John Knox*. Ed. David Laing. 6 Vols. Edinburgh: J. Thin, 1854.

Kyle, Richard G. & Dale Walden Johnson. *John Knox: An Introduction to His Life and Works*. Eugene: Wipf & Stock, 2009.

________________________. *The Ministry of John Knox: Pastor, Preacher, and Prophet*. Lewiston: E. Mellen Press, 2002.

________________________. "John Knox's Concept of History: A Focus on the Providential and Apocalyptic Aspects of His Religious Faith." *Fides et historia*, 18.2 (June 1986), 5-19.

Lloyd-Jones, David Martyn & Iain H. Murray. 『존 녹스와 종교개혁』. 조계광 역. 서울: 지평서원, 2011.

McCord, James I. "Faith of John Knox." *Theology Today*, 29.3 (Oct 1972), 239-245.

McEwen, James S. The *Faith of John Knox: The Croall lectures for 1960*. Richmond: John Knox Press, 1961.

Melville, James. *The Autobiography and Diary of Mr. James*

Melville. Ed. Robert Pitcairn. Edinburgh: Wodrow Society, 1841.

Park, Jae-Eun. "John Knox's Doctrine of Predestination and Its Practical Application for His Ecclesiology." *Puritan Reformed Journal*, 5.2 (July 2013), 65-90.

Reid, W. Stanford. 『하나님의 나팔수: 죤 낙스의 생애와 사상』. 서영일 역. 서울: 기독교문서선교회, 1984.

________________. "The Book of Discipline: Church and State in the Scottish Reformation." *Fides et historia*, 18.3 (October 1986), 35-44.

________________. "French Influence on the First Scots Confession and Book of Discipline." *The Westminster Theological Journal*, 35.1 (Fall 1972), 1-14.

Ridley, Jasper. *John Knox*. Oxford: Oxford University Press, 1968.

Rogers, Charles. *Genealogical Memoirs of John Knox and of the Family of Knox*. London: Printed for the Grampian Club, 1879.

Scott, Hew. *Fastie Ecclesiae Scoticanae: The Succession of Ministers in the Church of Scotland from the Reformation*. Edinburgh: Tweeddale Court, 1920.

베자의 결혼과 가정에 대한 이해

양신혜

Theodore de Beze(1519-1605)

총신대학에서 신학을 공부하고, 서강대에서 종교학(M.A)을 전공하였다. 이후 독일 베를린에 있는 훔볼트 대학에서 공부하였다. 합동신학대학원대학교에서 외래교수로 교회사를 가르쳤고, 지금은 총신대학교에서 겸임교수로, 그리고 수원신학교에서 강의하며 장지교회를 섬기고 있다. 저서로 『칼빈과 성경해석』과 『베자, 교회를 위해 길 위에 서다』, 『언더우드와 함께 걷는 정동』, 그리고 다수의 논문이 있다.

양신혜

Ⅰ. 들어가는 말

"로마 가톨릭교회나 러시아 정교회의 사제들은 성직자답지 못한 행실로 손가락질을 당할지라도 오직 자신의 직위를 내세워 권위를 행사한다. 하지만 개신교 목사는 인격에 따라서 세워지기도 하고, 넘어지기도 하는데, 모든 개신교 국가에서 목사는 기독교인으로서, 신자로서, 남편과 아버지로서 존경을 받고 있다. 이 사실이 의미하는 바는 성직자 독신도를 철폐한 종교개혁자들의 지혜를 가장 뚜렷이 입증해 주는 증거라는 것이다."[1]

종교개혁은 목사에게 새로운 직무를 주었다. 목사도 결혼하고 가정을 꾸려 한 여자의 남편, 그리고 자녀의 아버지로서의 직분을 부여받았다. 로마 가톨릭교회의 직제에서 사제가 가지지 못한 새로운 직무이다. 결혼은 하나님께서 제정한 고귀한 제도이다. 하나님께서는 인간을 남자와 여자로 만드시고 서로에게 끌리는 존재로 만들었다. 남자와 여자는 결혼이라는 제도에 매여 공식적으로 서로 의존하는 존재가 되었다. 결혼이란 남자와 여자가 서로 사랑으로 지지하고 위로하는 관계를 뜻하며, 그 관계를 통해서 자녀를 낳고 양육하는 책무를 지는 하나님께서 제정하신 은혜이다. 하나님께서는 결혼이라는 제도를 통해서 성적인 죄와 유혹으로부터 서로 보호받도록 묶어두셨다. 이제부터 목사는 교회의 아버지로서의 영적 직분과 더불어 이 땅의 아버지로서의 직무를 수행하게 된다. 종교개혁자가 새롭게 지평을 연 가정은 부부의 관계, 그리고 부모와 자녀의 관계에서 짊어져야 하는 직무를 새롭게 규정하고, 하나님께서 세운 가정의 모델을 세워가기 시작한다. 이 과정에서 중세의 로마 가톨릭교회가 결혼을 성례(sacrament)로 간주하는 오류에서

1 필립 샤프, 박종숙 옮김, 『독일 종교개혁』 (고양: 크리스챤다이제스트, 2004), 392.

벗어나야 할 뿐만 아니라 가볍게 체결하거나 파기할 수 있는 계약(contract)으로 간주하는 느슨함도 경계하는 '언약'의 의미와 그로 인한 책무를 부여해야 했다.

종교개혁자 루터와 칼빈의 결혼과 가정의 역할에 대한 논문을 중심으로 지금까지 다수 발표되었다.[2] 루터는 종교개혁의 포문을 연 개혁자이자 여성 수도원을 해방 시켜 수녀에게 어머니로서의 새로운 지위를 부여했기에 그가 일군 가정과 그 역할에 대한 논문은 지속해서 발표되었다. 칼빈의 결혼과 가정에 대한 논문도 마찬가지이다.[3] 제네바 목사회에서 다룬 판례를 결혼과 이혼에 대한 판례를 통해서 칼빈의 신학을 체계화하고자 하였다. 특히, 칼빈이 제네바에서 시의회에 제출한 『결혼법령』과 목사와 장로의 직무인 컨시스토리를 통한 사례를 중심으로 그가 꿈꾼 그리스도인으로서의 건강한 가정의 모습을 구현하려는 논문들이 발표되었다.

아쉽게도 칼빈의 뒤를 이어서 목사회를 이끈 베자의 결혼과 가정에 대한

---

2 이양호, "루터의 가정관," 「신학논단」 26(1999), 161-185; 이재하, "루터와 홈스쿨링-가정,사랑, 교육," 「기독교교육정보」 12(2005), 111-129; 김규식, "교회기반 결혼 교육을 위한 핵심가치로서 루터의 결혼관," 「신학과 목회」 36(2011), 211-234, "부부의 성 교육을 위한 핵심가치로서 루터의 결혼 사상 연구", 「기독교교육정보」 29(2011), 211-238, "루터와 칼뱅 결혼관의 교회교육적 함의," 「기독교교육논총」 36(2013), 369-394 ; 홍명희, "결혼예식의 신학적 이해와 실천," 「한국실천신학회」 1(1997), 55-77.

3 김동주, "칼빈의 결혼과 가정에 관한 소고," 「한국복음주의역사신학회」 6(2003), 157-175; 박계순, "고린도전서 7장에 나타난 칼빈의 성경해석 방법-결혼제도에 대한 해석을 중심으로," 「한국복음주의조식신학회」 12(2009), 82-100; 이오갑, "칼뱅의 결혼관," 「신학논단」 63(2011); "칼뱅에 따른 일부다처제와 독신주의," 「한국조직신학논총」 29(2011), 155-182: 175-198; 박경수, "16세기 제네바의 약혼, 결혼, 이혼에 관한 법령에 대한 연구," 「장신논단」 47(2015), 43-68; 헤르만 셀더하위스, "결혼의 개혁: 오늘을 위한 메시지," 「갱신과 부흥」 18(2016), 1-22; 윤형철, "칼빈의 제네바 혼인개혁: 세 가지 국면의 공공신학적 의의," 「성경과 신학」 82(2017), 361-395; 박효근, "칼뱅 종교개혁 시대 쥬네브 사람들의 결혼과 이혼: 1550년 컨시스토리 회의록을 중심으로," 「서양중세사연구」 39(2017), 173-203.

이해를 다룬 연구논문은 아직 발표되지는 않았다. 그래서 본 논문이 베자의 결혼과 가정에 대한 이해에 새로운 연구 지평을 열 수 있으리라 여겨진다. 우선, 베자의 비밀결혼과 공개적 결혼을 통해서 당시의 결혼에 대한 베자의 생각을 엿보고자 한다. 둘째, 칼빈을 이어서 목사회를 이끌면서 제네바의 다양한 사례를 중심으로 베자가 생각하는 부모로서 역할을 정리하고자 한다. 그리고 베자가 가정의 신앙교육을 위해서 작성한 기도문 『가정기도』와 교리교육서 『신앙교육서』를 중심으로 그 목적과 적용을 중심으로 그가 이루고자 한 경건한 가정의 모습을 유추하고자 한다. 이를 통해서 베자가 건강한 가정의 조건으로 삼은 부부 관계의 질서와 사랑, 그리고 신앙을 토대로 그가 꿈꾼 가정의 모습을 살펴보고자 한다.

II. 베자의 결혼과 가정

1. 베자의 결혼

베자는 부모의 동의가 없이 비밀리에 결혼을 단행하였다. 1544년인지, 아니면 그다음 해인지 정확하게 알 수 없지만, 비밀리에 귀족 가문의 시녀 출신의 클로딘 데노즈(Claudine Desnoz)와 비밀리에 결혼한다.

> 나는 악한 욕망에 완파 당하지 않기 위해서 비밀리에 결혼했다. 단지 나와 깊은 교제를 나눈 두세 명의 친구에게만 이 사실을 알렸을 뿐이다. 나는 스캔들을 피할 뿐만 아니라 내가 로마 가톨릭교회로부터 받은 저주받은 성직록을 잃지 않기 위함이었다. 그렇지만 나의 앞에 놓인 모든 장애물이 제거되자마

자, 하나님의 교회에서 나의 부인을 받아들이고 공개적으로 나의 결혼을 공증할 것이라고 형식적으로 약속했다. 그동안에 나는 가톨릭 신자의 어떤 성스러운 의무도 하지 않을 것이다.[4]

그가 비밀결혼을 한 이유는 첫째, 인간의 욕망에 넘어지지 않으려는 데 있다. 젊은 베자의 발목을 잡을지도 모를 정욕의 문제를 해결하기 위해서 결혼을 단행했다. 이때 베자의 나이가 25-26세로, 혈기 왕성한 젊은이였다. 그래서 칼빈이 제네바에서 사역하면서 젊은이들이 할 수 있는 것과 해서는 안 되는 것을 구체적으로 제시한 내용에 공감했을 것이라 여겨진다. 제네바에서 "유혹적인 복장, 화장, 위태로운 노래, 세속적 농담 또는 에로틱한 가사는 전혀 허용하지 않았다. 또한 과식, 술집 방문, 동행자 없이 돌아다니는 것, 목욕과 수영을 함께 하는 것, 그리고 성행위도 전혀 용납하지 않았다. 결혼하지 않은 커플에게 칼빈의 『기독교강요』를 읽는 것 외에 허락된 것은 없었다."[5] 지금의 눈에 지나치다고 여겨질 수 있지만 인간의 욕망과 탐심에서 나오는 모든 행위를 금하고 있음을 알 수 있다.

베자가 비밀결혼을 한 두 번째 이유는 경제적 이유였다. 그는 당시 로마 가톨릭교회로부터 성직록을 받고 있었다. 결혼이 공개적으로 알려졌을 때 받게 된 재정적 어려움을 염려했다. 만약 이것이 문제라면 그의 회심의 진정성이 곧바로 제기된다. 베자는 로마 가톨릭교회로부터의 성직록이 저주의 은총임을 분명하게 인지하였다.[6] 그는 분명 신앙의 결단에 따라 비밀결혼을

---

4 Geisendorf, *Thédore de Béze*, Genève, 26-7. Raitt, "Theodore Beza," 1519-1605, 90.

5 Selderhuis, Herman, "결혼의 개혁: 오늘을 위한 메시지," 「갱신과 부흥」 18(2016), 52.

6 Manetsch, "Journey toward Geneva," 52-54.

단행하였다. 단지 비밀결혼을 단행한 이유는 당시 공개하지 못하게 하는 장애물이 있기 때문이다. 적어도 로마 가톨릭교회에서 행하는 종교적 관습에 참여하지 않을 것을 결단한 베자이기에, 베자가 주저하게 만든 장애물이 무엇인지 궁금해지는 지점이다.

베자가 비밀결혼했으리라 추정되는 1543년에 소로본 대학은 전 직원에게 '신앙조항'에 서명할 것을 강요했다. 이를 거절한 사람은 화형대에 끌려가야만 했다. 실제로 인문학자이자 국왕의 친구인 에티엔 돌레가 무신론자라는 죄명으로 처벌받았다. 역사적으로 이 사건은 "정신활동을 포기하게 만다는 가장 슬픈 사례"라고 평가한다.[7] 신앙의 결단을 요구받는 시기이다. 프랑수아 1세가 세운 하나의 국가, 하나의 종교의 국가정책이 강화되어 로마 가톨릭 신앙을 거부하는 프로테스탄트 신앙을 박해하였다. 프랑수아 1세는 키브리에르와 메랭돌의 발도파를 이단으로 정죄하며 이 지역의 주민을 학살하도록 승인하였다.[8] 이런 상황에서 로마 가톨릭의 신앙을 포기하고 프로테스탄트의 신앙에 따라 살아가겠다고 공개하는 일은 목숨을 건 일이었다.

베자는 프로테스탄트 신앙을 박해하는 상황에서 최소한의 양심을 지키고자 했다. 당시 프랑스에는 개혁교회의 목사나 교회가 없었기 때문에 공개적으로 결혼식을 올릴 수 없었을 뿐만 아니라 공개적으로 결혼을 단행하여 아내 클로딘까지 고통의 늪에 빠지게 할 수 없었다. 베자는 로마 가톨릭교회의 신앙이 가진 오류를 직시했기에 참된 신앙을 지키고 싶었다. 하나님 앞에서 더 이상 죄를 범하고 싶지 않았다. 이 상황에서 젊은이의 정욕으로 인한 죄

7 앙드레 모르나, 신용석 옮김, 『프랑스사』 (서울: 김영사, 2016), 222-224.
8 양신혜, 『베자: 교회를 위해 길 위에 서다』 (서울: 익투스, 2020), 53-54.

를 피하고자 결혼을 단행하고자 하였다. 하지만 결혼과 함께 그는 한 여인의 남편으로 그의 안위를 걱정해야 하는 남편의 책무를 짊어져야 하기에, 결혼이 공개될 때 받게 될 아내 클로딘의 고통을 염려하지 않을 수 없었다. 베자는 적어도 사랑하는 아내의 안위도 생각해야만 했다. 베자는 결혼의 증인으로 개혁신학의 토대를 놓은 칼빈과 관계를 맺고 있던 노르망디의 로랭(Laurent de Normandie)과 장 크르스팽(Jean Crespin)을 증인으로 세움으로써 자신의 신앙의 정당성을 담보하고자 했다. 올바른 신앙으로 시대에 작은 항거를 하고자 결단한 베자가 비밀 결혼식을 단행한 것으로 판단된다.9

2. 공개 결혼

베자는 1548년에 흑사병으로 추정되는 병에 걸려 죽음의 목전에서 사경을 헤맸다. 그는 병으로 인한 육체적 고통을 견디며 고통 너머에 있는 영원한 삶을 소망했다. 하나님의 은혜로 병에서 회복된 베자는 하나님을 위한 올바른 삶을 살겠다고 결단하였다. 이 시기에 프랑수아 1세에서 그의 아들 앙리 2세로 왕위가 옮겨졌다. 앙리 2세는 즉위하자 종교법원을 설치하였고 프로테스탄트 박해를 공적으로 현실화하였다. 베자는 더 이상 프랑스에 머물러 있을 수 없었다. 죽음의 목전에서 새 생명을 얻은 베자는 신앙의 자유를 찾아서 아내 클로딘과 함께 제네바로 향했다. 칼빈은 베자가 종교개혁자로서 걸어가는 길에서 당당하게 그가 사역을 감당하도록 공식적으로 결혼식을 거행하도록 배려하였다. 이 결혼식의 증인으로 노르망디의 로랭이 참석하였다. 베자가 프랑스에서 비밀리에 거행한 결혼식의 증인을 공적 결혼의 증인

---

9 Manetsch, "Journey toward Geneva," 52-54.

으로 세운 하나님의 인도하심이 놀랍다. 이제부터 베자는 공적으로 가정을 꾸리며 살아간다.

칼빈은 언어적 달란트가 뛰어난 베자와 함께 사역하고 싶었으나, 제네바에는 베자를 위한 자리가 없었다. 베자의 탁월한 능력을 알아본 비레가 로잔 아카데미에 헬라어 교수직을 마련해주어서 1549년 11월 9일부터 그곳에 정착한다. 아쉽게도 하나님께서는 그의 가정에 자녀를 허락하지 않으셨다. 그래서 베자가 부모로서 자녀를 어떻게 양육하였는지 알 수 없으나, 베자와 그의 아내 클로딘은 당시 종교개혁자의 가정으로서 신앙의 본을 보였다. 베자는 그의 아내 클로닌을 "참되고 신실한 그리스도인 아내로서 모든 종류의 의무를 수행"한 아내였다고 고백했으니 말이다.[10] 그리스도인의 아내로서의 모든 임무를 수행할 정도로 신실한 아내였다면, 분명 기독교 가정의 어머니로서 충실하게 역할을 감당했을 것으로 생각한다.

베자는 아내가 먼저 하나님의 부름을 받아 떠나자 아내에 대한 사랑을 그의 『시집』(*Poemata*, 1597)에 다음과 같이 표현하였다.

> "나의 클로딘, 내 망명 생활의 신실한 동반자, 지난 40년 동안의 다양하고도 변화무쌍한 시간을 행복하게 살아 준 그대여 ... 그대는 꽃다운 나이에 나와 한 몸이 되었소. 그대는 내가 아플 때나 건강할 때나 항상 내 곁에 있어 준 신실한 친구였소. 그 어떤 아내도 남편의 사랑을 이처럼 받은 적이 없으며, 그 어떤 아내도 당신만큼 남편을 헌신적으로 사랑한 이가 없었소."[11]

---

10 Beza, *Theodoro Bezae Vezelii Poemata Varia*, 58, 60. 베자의 마지막 뜻과 유언은 다음에 기록되어 있다. Geisendorf, *Théodore de Bèze*, 325.

11 Beza, *Poemata*, 1597. 양신혜, 『베자』, 431-432.

베자에게 아내 클로딘은 "신실한 친구"였다. 클로딘은 남편 베자와 슬픔과 기쁨의 시간을 함께 나누었다. 그런 친구를 떠나보냈으니, 베자가 감당해야 할 슬픔이 얼마나 컸을지 짐작하고도 남는다. 베자는 아내를 향해 최고의 찬사를 보낸다. 베자는 남편을 섬기는 아내 클로딘을 진심으로 사랑했으며, 아내 클로딘은 남편의 사랑을 받은 여인이었다. 어느 부부가 베자와 그의 아내 클로딘만큼 서로 사랑하고 헌신했다고 고백할 수 있겠는가! 베자는 "자기 아내를 사랑하지 않는 사람은 괴물(portentum)"[12]이라고 한 스승 칼빈의 가르침을 실제로 살아내었고, 삶의 본보기를 보여주었다.

베자의 아내 클로딘은 현숙한 여인으로 덕망을 갖춘 부인이었다. 베자는 아내를 잠언 31장의 덕망 있는 현숙한 여인에 비교하여 그녀를 높였고, 이 세상에 숨겨진 보물을 발견하는 하나님의 은혜를 누렸다. 그 복을 베자는 "남자들 가운데 그 누가 덕망 있고 현숙한 여인을 찾아 얻겠는가? 그녀를 찾는 것은 보물을 찾는 것과 같으니, 그 어떤 진주보다 더 귀하니라!"[13]라고 칭송하였다. 현숙한 아내의 죽음을 맛본 슬픔을 다음과 같이 표현하였다.

> 나와 39년 5개월 28일을 함께 조화롭고 행복하게 지낸 그녀야말로 아내의 모든 덕목을 다 지닌 여인이었습니다. 아내는 정식 교육과정을 밟지 못했지만 내게 결핍되어 있던 모든 것을 채워주는 너무나 비범한 덕을 소유했습니

---

12 Geisendorf, *Thédore de Béze*, Genève, 26-7. Raitt, "Theodore Beza," 1519-1605, 90.

13 Beza, "Les vertus de da femme fidele et bonne mesnagere, commme il est escreit aux proverb de Salomon, chap. XXXI, in Poemes, CHestiens et Moraux, D4~D4v. 214.

> 다. 그녀의 죽음보다 이생에서 나에게 더 고통스러운 일은 없을 것입니다. 그 누구에게도 그녀가 주었던 위로를 받지 못할 것입니다. 주님의 뜻이면 이제 곧 내 나이 70이 되어 더욱 그녀의 도움이 필요한데, 나는 말로는 도무지 형용할 수 없는 헌신적인 아내를 잃었습니다. 그렇지만 주님의 거룩하신 이름이 영광을 받으시기를 소원합니다.[14]

당시 결혼의 연수가 평균 15년에서 21년이었던 것을 고려한다면, 공개 결혼 이후 40여 년을 함께 부부로 살았던 베자는 분명 하나님의 은혜를 받았다. 16세기와 17세기는 출산의 위험과 전쟁, 그리고 부족한 영양 공급과 질병으로 인해 대부분 짧은 결혼을 생활을 유지했다.[15] 그래서 당시 재혼은 일반적인 결혼 풍습으로 자리 잡았다. 베자는 한 여인과 40여 년을 동거했고, 이는 분명 하나님이 주신 복이다. 게다가 결혼생활 동안 행복했고 아내와 조화를 이루며 살았다고 고백했으니, 아내의 죽음이 그에게는 말로 표현할 수 없는 슬픔의 늪이었으리라 생각된다. 하지만 그는 신학자로서 인간의 죽음이 하나님의 손에 달린 일임을 분명하게 알고 있기에 하나님께 영광을 돌리는 일을 잊지 않는다. 베자는 마지막으로 아내와의 신의를 지키며 "사랑스러운 나의 첫째 아내 클로딘 데노즈 곁에 묻어 달라고"유언하였다.[16]

3. 베자의 재혼

---

14 Beza to Constantine Fabricius, April 20/May 10, 1588, Paris, Bibl. Ste. Genevieve, ms. 1455, fols. 19v-20v. Scott Manetsch, 214-215

15 Scott Manetsch, 신호섭 옮김, 『칼빈의 제네바 목사회의 활동과 역사』 (서울: 부흥과개혁사, 2019), 196.

16 Beza, *Theodoro Bezae Vezelii Poemata Varia*, 58, 60. 베자의 마지막 뜻과 유언은 다음에 기록되어 있다. Geisendorf, *Théodore de Bèze*, 325.

베자는 아내 클로딘이 죽은 후에 4개월만 홀로 머물렀다. 그는 자신보다 27세나 어린 카트린 델 피아노(Catherine del Piano)과 재혼하였다. 그때 베자의 나이는 70세였다. 지금의 관점에서 볼 때 나이가 어린 부인을 맞이하는 결혼이 낯설기만 하다. 하지만 그 당시에 사별한 후에 빠르게 재혼하는 일은 흔하였다. 칼빈이 비레가 아내 엘리자베스가 죽은 지 한 달 보름이 채 되지 않았을 때 새로운 배우자를 찾으라고 권하였다(1546).[17] 베자가 친구 같은 아내를, 그리고 자신에게 헌신적이었던 아내를 떠나보내고 4개월 만에 결혼을 단행한 이유는 무엇일까? 베자는 결혼생활을 통해서 홀로 있는 외로움을 덜어줄 상대가 필요했다. 하나님께서 남자와 여자를 부부로 맺은 이유는 서로 기대어 사는 데 있다. 외로움보다 아마도 그에게 더 큰 이유는 늙어가며 맞게 되는 어려운 일들 때문이라 여겨진다. 지금은 국가에서 시행하는 사회복지제도의 혜택을 받게 되지만, 당시 베자에게는 자녀도 없었기에 홀로 감당해야 할 생활의 짐이 컸다. 그가 아내를 떠나보내면서 "주님의 뜻이면 이제 곧 내 나의 70이 되어 더욱 그녀의 도움이 필요"한 시기에 아내를 데려가셨다는 아쉬움을 토로한 것도 이런 개인 사정에서 기인한 고백이다. 70이라는 나이는 아내의 도움과 헌신이 필요한 시기이다.[18] 실제로 1591년 소의회 회의록에는 "베자 선생을 도와줄 필요가 좀 있다"라고 적고 있다.[19]

---

17 Barnaud, *Pierre Viret*, 313-315. 파렐의 결혼에는 크게 화를 내며 비난했던 것과 대조를 이룬다. 그가 존경했던 파렐이 나이 차이가 많이 나는 루앙에서 온 과부와 결혼한다는 소식에 불편한 마음에 결혼식에도 참석하지 않았다. 칼빈은 나이 차이가 약혼을 무효화시키는 성경적 근거가 없다는 점을 인정했다.John Calvin, *Letters of John Calvin*, III, ed. Jules Bonnet (New York: Burt Franklin, rep. 1972), 475. 이것은 '자연의 법칙'(order of nature)과 '보편적 품위'(common decency)의 근거로 무효가 가능하다는 입장을 취했다.John Witte Jr. and Robert M. Kingdon, *Sex, Marriage, and Familiy in John Calvin's Geneva*, 278.

18 Geisendorf, *Théodore de Bèze*, 325-327.

19 *RC* 86, fol. 235f-v, Manetch, 『칼빈의 제네바 목사회의 활동과 역사』, 231.

베자는 수전증으로 인해 1594년에는 교수직을 은퇴해야 했다. 베자가 제네바에 끼친 영향력은 여전하여 강의와 설교를 했으나, 얼마 되지 않아서 1597년에는 경제적 어려움으로 인해 자신의 도서관을 폴란드에 팔았고, 1598년에는 칼빈에게서 받은 책까지 고타 도서관에 팔아야만 했다. 누군가의 도움이 없이는 생활이 힘들었기에 그의 재혼은 '어떤 의미에서' 사랑에 근거한 부부 관계라기보다는 노인의 삶을 돌볼 보호자를 얻기 위함이다. 베자는 마지막까지 스승이 남긴 책을 팔아 가정의 경제적 안정을 지원하는 후원자의 역할을 하여 충실한 가정의 보호자였다.

Ⅲ. 작은 교회: 가정

베자는 칼빈을 계승하여 가정을 작은 교회로 정의한다.[20] 한 가정의 부모에게 주어진 임무는 하나님이 주신 자녀를 하나님의 사람으로 양육하는 일이다. 베자에게는 자녀가 없었지만, 그의 집에 머물렀던 학생들을 통해서 베자의 가정이 어떠했는지를 짐작할 수 있다. 영국 대법관의 자제였던 에드워드 베이컨(Edward Bacon)은 개혁자 베자의 집에서 생활하며 베자의 삶을 관찰했다. 그는 식사 시간에 베자와 나누었던 대화와 매일 반복되는 일상의 삶을 관찰하였다. 베이컨은 그때의 경험을 기억하며 베자의 가정이 자신의 목회에 큰 영향을 끼쳤음을 고백한다. 그는 자신이 베자의 집에 머물렀던 그 시절을 선지자 사무엘이 제사장 엘리 집에서 자랐던 그 시절과 비교한다. 어린 사무엘이 제사장 엘리의 집에서 하숙하면서 제사장의 직분을 배우며 자

---

20 Beza, *Sermons sur l'histoire de la résurrection*, 206-207.

랐던 것처럼, 베이컨도 자신이 베자의 집에서 미래에 영국에서의 사역을 준비했다.[21] 이처럼 베자는 학생들의 영적 아버지로서, 그의 아내는 영적 어머니로서 참된 부부의 본을 보였고, 하나님께서 학생들에게 맡긴 책무를 온전하게 감당하는 직분자로서 성장하도록 양육했다.

종교개혁자들이 어린 나이에 결혼하는 것을 금하는 이유가 바로 여기에 있다. 부모에게는 자녀를 참된 그리스도인으로 자신의 책무를 감당할 수 있도록 양육할 책무가 있기 때문이다.[22] 부모는 하나님이 주신 자녀를 올바르게 양육해야 하며, 자녀는 부모의 가르침에 순종해야 한다. 이는 십계명의 제5계명 "네 부모를 공경하라"이 가르치는 바다. 하지만 실제 제네바의 부모는 자녀에게 폭력을 행사하였고, 부모의 명령에 따르도록 강제하였다. 부모에게 자녀는 하나님이 주신 기업임을 깨닫지 못하고 단지 자녀를 재산으로 간주하여 자녀를 경홀히 여긴 결과이다. 당시 제네바 컨시스토리에 잔 드 클라렌(Jeanne de Claren)이 조카를 홀대했다고 소환되었다. 그녀는 홀어미로 열 살 된 조카의 머리를 불타는 석탄으로 지지는 만행을 저질렀다고 한다. 이뿐만 아니라 발로 배를 찼고, 피가 나도록 때렸다고 한다. 심지어 어린 조카에게 마을을 돌아다니며 구걸해 오도록 강요하기도 했다고 한다. 이러한 이유로 컨시스토리는 그녀를 소환하여 권징을 하였고, 이 사실을 시의회에 알려 조카딸이 구빈원에서 치료받을 수 있도록 조치하였다.[23] 부모는 자녀를 하나님의 자녀로 양육해야 한다. 자녀는 부모의 가르침에 순종해야 한

---

21 *CB* 18:143, Thoma Cartwright to Beza, July 25[1577?].

22 Beza, *TRD*, 2: 76-82. 185-188. John Witte Jr. and Robert M. Kingdon, *Sex, Marriage, And Family in John Calvin's Geneva* (Grand Rapids, Mich: W.B. Eerdmans Pub. Co., 2005),186.

23 R. Consist. 33(1589), fol. 145v.

다. 자녀의 순종은 자발적으로 이루어져야 하며, 강제로 부모를 공경하는 일은 참된 공경이 아니다.

베자의 동료이자 로잔 아카데미의 신학 교수(1547-1558/1559)였던 장 리비는 자신의 글 "학문의 계획"(studiorum ratioi)에서 아버지로서 가정을 어떻게 돌보고, 어떻게 자녀들을 양육했는지를 보여주었다. 그는 오전 11시에 아내와 함께 가정에서 이루어지는 일을 나누었다. 이 시간에 리비는 가정의 재정 상태를 확인하였고 가족 간의 서신을 확인하고 대화를 나누었다. 육신의 가족을 돌보는 아버지로서 역할을 넘어서 오후 1시에는 아내가 읽어주는 성경을 들었다. 그동안에 아내가 읽는 성경 본문에 해당하는 원어 성경을 읽었다. 남편과 아내가 부부로서 그리고 가정의 돌보는 보호자로서 말씀 안에서 영적으로 하나됨을 경험했다는 점이 눈에 띈다. 그리고 저녁 7시에는 "자녀들을 위한 성경 교훈"의 시간과 저녁 8시에는 가정 예배를 인도하였다. 리비는 "만일 하나님께서 당신의 가정에 은총을 내리시기를 원한다면" 이 마지막 책무를 절대로 소홀히 하지 말라고 권면한다.[24] 종교개혁자는 부부의 영적 결합을 위한 시간과 자녀를 하나님의 자녀로 양육하기 위한 시간을 가정에서 갖도록 권면하였다. 이 시간을 베자도 가정에서 가졌을 것이라 여겨지며, 이 맥락에서 부모가 가정에서 자녀를 신앙으로 양육하는 책무를 감당할 수 있도록 『가정기도』와 『신앙고백서』를 작성했으리라 생각된다. 그래서 이 두 문헌을 통해서 부모가 가정에서 가르치고자 하는 바가 무엇인지를, 어떻게 신앙교육을 가정에서 수행해야 하는지를 살펴보고자 한다.

---

24 Meylan, "Professeurs et étudiants." 70-71. 201-202 각주 28.

1. 『가정기도』(*Household Prayers*)

베자는 항상 기도하라는 하나님의 말씀에 따라서 끊임없이 기도하기를 권한다. 하지만 매 순간 기도하지 못하기 때문에 정기적 시간을 정해두어 기도 훈련을 하도록 당부한다. "끊임없이 그렇게 할 수 없다면, 적어도 매일 특정한 시간을 정해 놓고 교회에서 또는 각 가정에서 그리고 은밀한 골방에서 아침과 저녁으로 기도하고 묵상해야 한다."[25] 베자는 시간뿐만 아니라 장소도 정하여 기도하고, 적어도 아침과 저녁으로 기도하라고 권한다. 매일의 기도는 그리스도인에게 "하나님을 향한 받으실만한 향기로운 제사"와 같으며 그리스도인이 일상의 활동에서 하나님의 복을 경험하게 해 주기 때문이다.[26] 이를 위해서 베자는 『가정기도』(*Household Prayers*, 1603)를 작성하였다. 이 기도서는 그리스도인이 실제로 성도의 길을 걸어가도록 인도하는 안내서이다. 이 땅에서 영생을 소망하며 살아가는 그리스도인에게 안내자가 필요하다. 마치 바울이 교회의 성도에게 자신의 길을 따르라고 권면하듯이 말이다. 아기가 부모의 말을 모방하여 말을 배우듯이 그리스도 안에서 더욱 성숙한 신앙의 길을 걸어가는 그리스도인에게 기도의 본이 된다. 베자의 『가정기도』는 28개의 기도문으로 이루어졌고, 그리스도인이 실제로 성도의 길을 걸어가도록 인도하는 안내자이다.

베자는 『가정기도』가 기도훈련뿐만 아니라 자녀가 하나님의 자녀로 온전하게 성장하길 바라는 소망을 담았다. 베자의 기도문에는 그리스도인이 알

25 *Maister Beza's Houshold Prayers*, B8v, B11v~B12r. 이 기도서에 대해서 Dufour, "Une oeuvre inconnue de Bèze?" 402-405.

26 *Maister Beza's Houshold Prayers*, B8v, B11v~B12r. 이 기도서에 대해서 Dufour, "Une oeuvre inconnue de Bèze?" 402-405.

아야 할 지식(교리)을 고스란히 담아내고 있다. 그래서 기도문을 함께 읽는 과정에서 자연스럽게 성경의 명령을 따르게 된다. 베자의 『가정기도』의 목차를 보면, 자연스럽게 주기도문(첫 번째 기도)으로부터 시작하여, 두 번째 기도에서는 사도신경, 세 번째 기도에서는 십계명을 배운다. 이는 그리스도인으로서 알아야 할 기본 교리로서 참된 그리스도인의 정체성을 형성한다. 그리스도인으로서 이 땅에서 살아가면서 바라보아야 할 대상, 즉 기도의 대상이 누구인지를 네 번째 기도에서 가르친다. 삼위일체 하나님께 기도하는 법을 통해서 기도의 대상에 집중한다. 5-16번째 기도에서는 하나님께서 그가 택한 백성에게 주시는 영적인 복을 간구한다. 특히 교회의 지체로 부르신 성도의 교제 안에서 누리게 되는 복을 구한다. 이 땅을 살아가는 그리스도인은 교회의 지체로서 성도의 교제를 통해서 영원으로 가는 순례를 길을 안전하게 걸어갈 수 있게 되길 간구한다(17-20, 28). 마지막으로 가족을 위한 기도와 식사 전의 기도와 식사 이후의 기도, 그리고 그리스도인이 걸어가는 걸림돌, 예를 들어 아플 때 하는 기도를 다룬다. 사람이 살아가는 생활의 때마다 기도하길 권한다. 이런 기도는 칼빈이 『기독교강요』에서 "아침에 일어나서 일상의 업무를 시작하기 전에, 식사를 위해 자리에 앉을 때, 하나님의 복으로 식사를 다 마쳤을 때, 그리고 잠자리에 들 때," 기도하라고 한 권면을 충실하게 계승하고 있음을 알 수 있다.[27]

베자가 가르치는 기도는 단순히 우리의 필요를 하나님께 간구하는 기도를 넘어선다. 그는 기도 안에 신앙의 성숙을 위한 간구와 이 땅의 그리스도인이 영원을 향해 걸어가는 여정을 온전하게 마칠 수 있기를 바라는 소망을 담는

---

27 *OS* IV, 366: 3.20.50.

다.28 예를 들어서 베자는 가족을 위한 기도에서 가족 구성원의 필요를 채우는 기도를 넘어선다. 베자는 가족을 위한 첫 번째 간구로 가족 구성원이 하나님의 부르심에 합당하게 살기를 간구한다. 하나님께서 그가 선택한 자를 불러 사명을 부여해 주셨기에 힘들고 어려울지라도 그 사명을 완수하길 소망한다. 연속되는 고난에 넘어질지라도 순례의 길이 속히 지나고 내세로 들어가게 됨을 상기시킨다. 둘째, 가족의 구성원이 온전하게 그리스도인이 걸어가야 할 순례의 길을 완성하길 기도한다. 이를 위해서 작은 교회로서 가정이 신앙 안에서 온전하게 그 사명을 감당할 수 있도록 가정의 안전을 담당한 국가를 위해서, 그리고 가족의 영적 건강을 돌보는 교회의 목회자를 위해서 기도한다. 셋째, 가정이 하나의 신앙으로 이루어진 공동체가 되길 기도한다. 하나의 신앙 위에 가족 공동체가 세워지길 바라는 마음으로 가족 구성원이 교회의 신앙고백인 사도신경을 올바르게 이해하고 고백하길 소망한다. 그리고 마지막으로 그리스도인이 따라야 할 행동의 기준인 십계명을 따라서 참된 그리스도인의 삶을 살아내길 기도한다. 이 기도 내용에서 볼 때, 그리스도인의 가족은 물질적 필요를 넘어서 그리스도인이 성취해야 할 영생을 완수하는 그 날을 소망하는 기도에 하나님의 말씀을 올바르게 알고 그 말씀대로 살아내는 그리스도인의 삶에 집중하고 있음을 알 수 있다.

베자의 『가정기도』를 통해서 종교개혁자가 얼마나 기도를 중요하게 여겼는지를 엿볼 수 있다. 그는 이 땅의 물질적 필요를 넘어서 영생을 바라는 기도를 추구한다. 물론 이 땅에서 살아가는 데 필요한 물질을 위한 기도도 중요하다. 하지만 그리스도인은 하늘에게 계신 아버지께로 나아가는 기도를

28 Shawn D. Wright, *Theodore Beza: The Man and the Myth* (Christian Focus Publications Ltd, 2015), 220-221.

해야 한다는 점을 상기시킨다. 육신에 매여 있기에 영원한 삶을 잊고 살아갈 때가 많기 때문이다. 영원의 렌즈를 통해서 이 땅을 바라보는 방법을 터득한다면 삶의 시련과 고난을 이겨 낼 수 있다. 그래서 예수 그리스도의 도움을 청해야 한다. 베자는 새벽의 기도를 강조하였고, 스스로 그리스도인이 행해야 할 기도훈련의 본을 보여주었고, 교회의 성도들도 함께 그 길을 안전하게 걸어가길 바라는 마음으로 실제로 어떻게 기도해야 하는지를 『가정기도』로 제시해 주었다.

2. 어린이 교리교육

부모는 하나님께서 맡긴 자녀를 양육해야 하는 책무를 진지하게 수행해야 한다. 제네바의 목사회는 복음적 교리를 자녀에게 가르치도록 명령했다. 당시 하나님에게서 책임을 위임받은 부모가 자녀에게 성경과 교리를 가르치지 못해 컨시스토리에 소환되는 일이 있었다. 프랑수아 포레스티에(Françoise Forestier)는 아버지로서 책임을 올바르게 수행하지 못할 뿐만 아니라 자녀들에게 무엇을 가르쳐야 하는지를 스스로 알지 못한 이유로 소환되었다. 아버지의 신앙교육을 받지 못한 딸 잔도 목사회에 기소되었다. 컨시스토리의 목사들은 "하나님께서 그를 경외하는 자를 버리지 않기" 때문에 프랑수아에게 딸들을 "하나님의 말씀으로 가르치며 일하고 기도할 것"을 명령했다.[29] 하나님의 사역을 위임받은 부모는 영적 보호자와 지도자로서 가정을 작은 교회로 만들어야 한다. 이를 위해서 부모와 자녀는 제네바의 모든 교회에서 매 주일 시행되는 교리문답반에 참여하여 배워야 했다.

---

29 Geisendorf, *Thédore de Béze*, Genève, 26-7. Raitt, "Theodore Beza," 1519-1605, 90.

베자는 1549년 제네바 시의회가 "모든 가정의 아버지는 그들의 자녀와 남녀 하인들을 가르치는 일에 부지런해야 하고, 주일 설교와 교리문답 반에 반드시 참석해야 한다"는 법령을 계승하여 충실하게 수행하였다.[30] 그는 강력하게 부모의 의무를 선포하였다.

> "아내와 함께 집에서 남편이 질문을 던짐으로써 아버지들은 아브라함의 모범을 따라 그들의 가정의 하인들을 가르쳐야 합니다. 어린이들은 아버지로부터 점검받고 어머니 역시 자녀들을 가르쳐야 합니다. 바로 이런 이유로 가정이 '교회'라는 통상적인 영예로운 칭호를 얻는 것입니다."[31]

부모는 자녀를 양육해야 하는 영적 선생이다. 실제적 가르침은 어머니의 몫으로 여겼다. 어머니는 자녀의 실제적 양육자이자 선생으로서 맡겨진 역할을 온전하게 수행해야 한다. 이 맥락에서 종교개혁자는 여자에게 글을 가르쳤고 학교에서 여성도 배울 수 있는 기회를 마련해 주었다.[32] "교리문답이 없이 교회가 유지될 수 없기"때문에 신앙의 교사로서 어머니가 자녀에게 교리문답을 가르쳐야 한다. 베자는 칼빈의 가르침을 계승하여 올곧게 1550년 중반 신명기 설교에서 다음과 같이 선포하였다.

> "하나님께서 자녀를 선물로 주신 자들은 모든 노력을 기울여 그들의 자녀를 충분히 교육할 책임이 있습니다. 만일 그들이 자녀를 잘 교육하기를 원한다

30 Grosse, *Les rituels de la cène*, 481. 506.

31 Beza, *Sermons sur l'histoire de la résurrection*, 206-207.

32 종교개혁이 여성에게 배움의 기회를 보편화시켰다는 논제는 정당한다. 차영선, "16-17세기 프랑스의 여성교육-수도원 학교를 중심으로-,"「프랑스고전문학연구」20(2017), 37-58 참조.

면, 무엇보다도 먼저 믿음으로 시작해야 합니다. 어린이들이 비록 세상의 모든 미덕을 잘 드러낼지라도 그들이 하나님을 두려워하고 경외하지 않는다면 그 모든 것은 결국 무가치해질 것입니다."33

부모는 자녀에게 '믿음'을 가르쳐야 한다. 이 신앙교육은 하나님의 경외하는 법에 기초한다. 아무리 세상의 학문을 통해서 인간이 갖추어야 할 덕을 함양할지라도 하나님의 경외하는 법을 알지 못하는 자녀의 삶은 무가치하기 때문이다. 베자는 칼빈이 작성한 『제네바 신앙교육서』가 있음에도 불구하고 효과적으로 가르치기 위해서 새롭게 신앙고백서를 작성하였다. 칼빈이 1542년에 학생이 재미있게 교리를 배울 수 있도록 문답의 형식으로 작성하였다. 하지만 칼빈의 『제네바 신앙교육서』는 교회에서 실제로 사용하기에는 너무나 많은 문답(373문답)으로 구성되어 있기 때문이다.

둘째, 베자는 여전히 로마 가톨릭교회에 머물렀던 아버지와 같은 잘못된 신앙에 빠진 자들을 위한 간결한 교리교육서가 필요했다.

"나는 프랑스어로 이 글을 씁니다. 나의 아버지가 신앙을 받아들일 수 있도록 하기 위해서 말입니다. 어떤 사람들은 나의 아버지에게 내가 불경건하고 이단이라고 중상하여 나에게서 멀어지게 만들었습니다. 더 긴 안목으로 가능하다면, 늙은 아버지를 그리스도인으로 개종하기 위해서 말입니다."34

올바른 신앙에 벗어나 로마 가톨릭교회에 머물러 있던 아버지가 개종하기

---

33 *CO* 27, 658. 『신명기 설교』 121.

34 Theodre Beza, "Autobiographical Letter of Beza to Wolmar," in Baird, *Theodore Beza*, 366.

위해서 '이해'와 '변증'을 위한 교리교육서의 필요성을 절감하였다. 잘못된 신앙에 머물러 있는 가족에게 신앙에 머물고 계신 아버지께서 프로테스탄트로 개종하길 바라는 직접적인 동기에서 작성하였다. 그래서 베자의 신앙고백서는 구원을 간결하게 설명하는 변증 체계를 지녔다.

셋째, 올바른 믿음의 길을 걸어가도록 이끌기 위해서 그 대상의 특성에 주목하여 신앙교육서를 단순하게 요약하여 가르칠 필요가 있다고 판단하였다.

> 그것은 신앙고백서를 살아있는 사람에게 규정하려는 것이 아니라, 우선 내 하나님의 영광을 위해 나의 신앙고백을 듣고 싶어 하는 모든 이들에게 그것이 무엇인지를 선포하는 데 있습니다. ... 나는 또한 나보다 비할 것이 없이 더 잘 제공할 수 있는 자들에게 훨씬 더 완성된 무언가를 주기를 바라며 ... 그들의 판단을 거부하기는커녕 오히려 누군가가 그것을 보면 그도 부지런히 성경을 참고하기를 바라는바, 성경이야말로 참된 교리를 입증하기 위한 유일하고도 참된 시금석입니다.[35]

베자는 교리교육의 목적을 하나님의 말씀에 귀를 기울이고 그 안에서 하나님께 영광을 돌리는 삶을 깨닫게 하는 데 있음을 명확하게 가르쳤다. 신앙교육의 목적은 성경의 내용을 아는 데만 있는 것이 아니라 그리스도인으로서 삶을 살아내는 데 있기 때문이다. 이를 위해서 베자는 성도들을 가르치는 "최선의 순서"에 따라서 신앙고백서를 작성하였다. 그는 "신실한 성경 해석자들의 합의를 토대로 성경을 읽으면서 배웠던" 순서에 따랐다.[36]

---

35 *CB* 3, 262.

36 Theodore Beza, *A Brief and Pithy Sum of Christian Faith, in Reformed Confessions of the 16th and 17th Centuries* in English Translation: Volume 2, 1552-1566, ed.,

마지막으로 베자는 자신이 체험한 회심과 경건의 훈련에서 체득한 경험을 목회자들에게 전하고 싶었다. 그는 잘못된 신앙을 고백하는 성도들을 가르쳐야 하는 목사들에게 하나의 지침서가 되어 주길 소망했다. 목사들에게 어떻게 성도들을 가르쳐야 하는지를 알려주어 "당시의 잘못된 선지자와 이리 떼로부터 보호"하기를 원했다.[37] 한 걸음 더 나아가서 성도들이 스스로 하나님의 말씀을 더 잘 이해할 수 있도록 울타리가 되도록 하고자 하는 마음에서 신앙고백서를 출판하였다. 교회를 돌보는 목회자에게 도움을 주고자 하는 베자의 교회 사랑이 밑바탕에 깔려있다. 그는 목회자가 성도들에게 생명의 말씀을 좀 더 성경적이고 경건한 방식으로 먹이기 위해서 출판하였다.[38]

베자의 교리교육서는 교회를 위한, 그리고 교리교육의 대상자를 고려한 신앙교육서였다. 그가 사역한 당시는 로마 가톨릭교회와 대척점에 있었고, 일상의 삶에서 만나는 수많은 로마 가톨릭교회의 교도에게 올바른 신앙을 전해야 했다. 베자는 당시 교회가 처한 상황과 성도의 삶을 고려하여 올바른 믿음을 요약하여 전달하고자 하였다. 이 믿음의 내용을 유용하게 가르치기 위해서 질문과 답변의 논리를 통해서 '설명'하고자 하였다. 신앙의 선배인 칼빈이 만든 교리교육서가 있음에도 불구하고 교회를 위해서 구원론에 집중하여 간략한 신앙교육서를 작성하였다(1559). 실제로 교회에서 활용하기에 유용한 신앙고백서였기에 베자의 신앙교육서는 1595년까지 11번 인쇄할 정도로 인기를 누렸다. 1562년에는 헝가리 개혁교회가 베자의 신앙교육서

James T. Dennison Jr.(Grand Rapids: Reformation Heritage, 2010), 239.

37 Beza, *Brief and Pithy Sum*, 239.

38 Beza, *Brief and Pithy Sum*, 239.

를 개혁교회의 공식적인 신앙고백 문서들 가운데 하나가 되었다. 1563년, 1572년, 1585년에는 영어로 번역되어 런던에서 출판되었고, 독일어, 네덜란드어, 이탈리아어로 번역되어 출판되었다.[39] 이처럼 당시 유럽교회에 폭넓게 영향을 끼칠 정도로 베자의 신앙교육서는 실천적 교리교육서이자 자녀에게 가르치기에 유용한 실용적 신앙교육서였음을 알 수 있다.

Ⅳ. 건강한 가정

베자는 1564년 5월 27일 칼빈의 뒤를 이어서 목사회의 의장이 되어 제네바의 교회를 이끌었다. 그는 칼빈이 서거한 이후 컨시스토리를 더욱 확장 시켰고(1556-1569), 안정기(1570-1609)에 이르게 하였다. 이 시기에 권징으로 수찬이 정지된 사건 1위는 말다툼과 가정불화였다(22%). 이 문제가 안정기에 들어서는 31%를 차지한다. 2위는 간음과 간통으로, 가정의 분열을 낳는 죄로 인해 수찬 정지에 이른다. 이 두 시기를 비교할 때 권징으로 인한 수찬 정지 문제는 확장기에 3위였던 신성모독은 안정기에 들어서 8위로 떨어졌다.[40] 이는 제네바의 종교개혁이 교회와 가정을 통해서 '어느 정도' 정착해가고 있다는 사실을 증명한다. 로마 가톨릭교회의 거짓된 예식에서 벗어나 올바른 예배와 신앙생활로 하나님께 영광을 돌리도록 교회와 가정이 그 역할에 충실했다는 증거다. 그러면 자녀의 양육을 위해 부부가 어떤 관계를 맺어야 하는지, 그리고 건강하고 경건한 가정을 위한 부부의 결혼 조건에 대해서 살펴보고자 한다.

---

39 Wright, *Theodore Beza*, 69.
40 Manetsch, 『칼빈의 제네바 목사회의 활동과 역사』, 395. 도표 7.4.

1. 부부 관계: 권위의 질서

남편과 아내는 '사랑으로' 결합한다. 이 결합은 한 몸과 한 영혼의 거룩한 유대이다. 그러므로 부부의 일치 내지는 하나됨이 결혼의 본성이다. 하지만 가정의 머리로서 남편이 아내를 폭행하여 컨시스토리에 고소되는 일이 많았다. 1561년에 장 프라데르(Jean Pradaire)는 자기 아내를 구타하여 컨시스토리에 소환되었다. 그가 아내를 폭행하고 학대하는 모습을 본 목격자가 여섯 명이나 되었으며, 그 목격자들은 프라데르가 아내를 폭행하는 모습을 적나라하게 묘사하였다. 프라데르는 여인을 모욕했고, 심지어 뜨거운 인두로 허벅지를 지지기까지 했다. 아내의 얼굴과 배를 때렸을 뿐만 아니라 심지어 질식시켜 죽이려는 시도까지 했다고 한다. 그는 아내의 머리를 탁자 위로 내리쳐 의식을 잃게 하였다. 남편의 폭행으로 부인은 두개골에 금이 간 상태였고, 다른 부분의 부상으로 인해 병상에 누워있어야 했다. 목격자의 구체적인 진실을 받은 컨시스토리는 프라데르의 출교를 결정했다. 그리고 "다시는 아내에게 손을 대거나 학대하지 말라"고 명령했다. 이뿐 아니라 프라데르의 범행은 신체의 형벌을 받아야 마땅하다는 판단에 따라 권고장과 함께 행정당국에 고소하였다.[41] 이런 일은 베자가 목사회의 의장이 된 이후에도 일어났다. 1580년 토마스 토마세(Thomas Thomasset)는 아내를 폭행하여 소환되었고, 이에 만일 다시 아내를 구타하기만 하면 행정당국으로 소환시키겠다고 경고하였다.[42] 장 마르샹(Jean Marchand)이 자기 아내 카트린과 어린 두 아이를 버리고 비참한 가난 가운데 방치했다. 그의 잘못된 행동이 알려지

---

41 R. Consist. 18(1561), fol. 172-172v, 408-409.
42 R. Consist. 25(1568), fol. 137v. 408.

자 컨시스토리는 프랑스에 있는 그녀의 가족에게 돌아갈 수 있는 여비를 지원해 달라고 집사들에게 요청했다.[43] 남편은 아내를 재산 일부로 여겨 폭행했고, 가정의 불화가 일어났다. 사랑으로 맺어진 거룩한 유대에서 남편은 아내에게 어떤 태도로 대해야 하며, 반대로 아내는 남편에게 어떤 태도로 대해야 하는가? 베자는 다음과 같이 부부의 관계를 선포하였다.

> "남편들이여, 그 무엇보다도 하나님의 명령으로 여러분이 아내의 머리인 것은 사실입니다. ... 그러나 하나님은 여자를 아담의 뒤꿈치에서가 아니라 갈비뼈에서 취했다는 사실을 기억하십시오. 이것은 아내가 참으로 그대들보다 아래에 있으며 약하다는 것을 보여줍니다. 그러나 또한 그녀가 그대들 옆에 있음을, 즉 아내들이 그대들의 노예가 아님을 분명하게 보여줍니다. 그러므로 이 가득한 모욕과 교만과 구타와 다른 모든 종류의 폭력적 행위를 멀리하십시오! 나는 그런 행동을 결코 '지배력'이라고 부를 수 없습니다. 그것은 '학대'이며 교회에서 결코 발생해서는 안 되는 참을 수 없는 비인간성입니다."[44]

남편은 아내의 머리이기 때문에 아내는 남편에게 복종해야 한다. 이는 하나님의 말씀이다. 베자는 남편에게 아내를 폭행해서는 안 된다고 경고하였다. 이렇게 아내의 머리가 된다는 것을 아내를 폭력으로 지배할 수 있다는 의미가 아님을 명확하게 가르쳤다. 아내를 학대하는 일이 교회 안에서 일어나서는 안 된다고, 그런 일은 비인간적 행위임을 주장했다. 그리고 베자는 여자가 남성보다 약하다는 것은 기억하라고 권면한다. 아내는 노예가 아니다. 아내를 재산 일부로 취급하여 노예를 대하듯이 폭력을 사용해서는 안 된

---

43 R. Consist. 31(1578), fol. 220.
44 Beza, *Semons sur l'histoire de la passion,* 708. Manetsch, 216.

다. 남편은 아내의 역할과 의무를 존중해야 하며 이를 하나님의 뜻 안에서 수행하도록 존중하고 협력해야 한다. 결혼이라는 언약 관계에서 아내와 남편은 상호적 사랑과 협력의 관계이며 동반자의 관계이기 때문이다. 이 사랑과 협력의 관계에는 하지만 질서가 존재한다. 이 질서를 아내가 지켜 자발적으로 남편에게 존중해야 한다. 이 질서가 남편과 아내의 부부 관계를 유지한다. 아내는 가정의 보호자로서 남편에게 순종하고 따라야 하는 질서이다.[45] 아내를 학대하는 행위는 비인간적인 행위이지만 베자는 이를 이혼의 근거로 삼지 않았다. "프로테스탄트 아내가 로마 가톨릭 남편에게 심하게 구타당했다 하더라도 그녀가 생명의 위협을 받는 것이 아니라면 그를 떠나서는 안 된다."[46] 이 입장은 제네바의 종교개혁자 칼빈의 입장을 계승한 것이다.

2. 부부의 사랑: 간통

간통은 하나님의 율법을 범한 죄이자 결혼의 언약 관계를 더럽히는 죄이다. 제네바 목회자들에게 간통은 "결혼의 신성함을 오염"시킨 죄이고 "인간 사회에 매우 유해하며," 도덕적으로 볼 때 살인 다음으로 중대한 범죄였다.[47] 제네바 종교개혁을 시작한 10여 년간에는 간통을 범한 자에게 일반적으로 교회 공동체에서 파문했다. 이후에 제네바 시의회는 형벌을 강화하여 태형과 함께 추방했다.[48] 이 형벌은 1560년대 초반에 이르러서는 형벌을 더

45 "하나님은 인류공동체가 정상적으로 형성되어 작동되도록 남성과 남성 그리고 남성과 여성 사이에 이루어지는 일종의 관계 질서를 기름 부어 세우셨다." *CO* 49, 476. 고전 11:8.

46 Geisendorf, *Thédore de Béze*, Genève, 26-7. Raitt, "Theodore Beza," 1519-1605, 90.

47 Geisendorf, *Thédore de Béze*, Genève, 26-7. Raitt, "Theodore Beza," 1519-1605, 90.

48 Geisendorf, *Thédore de Béze*, Genève, 26-7. Raitt, "Theodore Beza," 1519-1605,

욱 강화하여 사형을 선고하기도 했다. 심지어 1566년에 간통자에게 사형을 형벌로 선고하는 법을 제정하기에 이르렀다.[49] 시의회가 간통자에게 사형을 선고하는 법을 제정하자 1568년에 베르나르드 오키노(Bernard Ochino)가 출판한 『30계명』(*Thirty Dialogue*, 1563)으로 인해 일부일처제와 이혼에 대한 논쟁이 일어났다.[50] 이탈리아 학자이자 설교가이며 프란체스코 교단의 리더였던 오키노는 칼빈과 우호적 관계를 유지하였다. 1545년에 칼빈이 쓴 편지에서 오키노를 추천하기도 하였다.[51] 하지만 그가 쓴 『30계명』으로 인해 둘의 관계가 틀어졌다. 오키노는 『30계명』에서 일부다처제를 소크라테스의 사유법에 따라서 그 타당성을 논증하여 그리스도인이 두 번째 부인을 맞이할 수 있는 길을 열어주었기 때문이다. 그는 이 문제를 하나님의 율법이 아니라 그리스도인의 양심으로 문제로 삼았다. 그러므로 일부다처제의 문제는 각 성도가 하나님의 조명 아래에서 양심에 따라서 결정해야 할 사안이라고 간주하였다.[52] 성경 어디에도 일부다처제를 금한 계명이나 명령이 없기 때문이다.

이에 대항하여 베자는 간통은 하나님의 율법을 거역하는 행위이며 하나님의 언약으로 맺어진 가정의 순수함을 더럽히는 일이라는 종교개혁자 칼빈의 신학적 입장을 계승하였다. 그리고 칼빈의 일부다처제에 대한 비판을 적극

90.

49 Emile Rivoire and Victor van Berchem, *Les sources du droit du canton de Genève*, 3:170.

50 Geisendorf, *Thédore de Béze*, Genève, 26-7. Raitt, "Theodore Beza," 1519-1605, 90.

51 Geisendorf, *Thédore de Béze*, Genève, 26-7. Raitt, "Theodore Beza," 1519-1605, 90.

52 Geisendorf, *Thédore de Béze*, Genève, 26-7. Raitt, "Theodore Beza," 1519-1605, 90.

적으로 수용하여 일부일처제를 논증하였다.

> "그는(라반) 그런 불법적인 거래를 하게 됨으로써 그에게 닥칠 불명예를 생각하지 않고, 거기에서 어떤 이득이 생기기만 한다면 상관하지 않은 채 심지어 자기 딸을 매물로 내어놓기까지 한다. 그는 자기 조카를 일부다처제에 빠뜨리게 할 뿐만 아니라 그와 자기 딸들을 근친상간적 결혼으로 더럽히는 중죄를 저지르고 있다. 만일 어떤 아내가 남편으로부터 조금도 사랑받지 못할 때, 남편은 아내를 볼모로 잡아둔 채 다른 아내를 얻어서 슬퍼 죽게 만드느니 내보내는 것이다. 그래서 주께서 말라기를 통해서 이혼이 일부다처보다 더 용납할만하다고 선언하신 것이다."[53]

그 결과 칼빈 사후에도 베자는 간통자를 일정 기간 동안 교회에서 추방하였고, 교회 앞에서 고백하는 수치를 당하게 하였다. 하지만 시의회가 법으로 정한 사형을 권하지는 않았다. 간통자에게 하나님께로 돌아올 기회를 주고자 함이었다. 예를 들어, 1595년 컨시스토리는 제네바를 떠나 여행 중에 창녀와 성관계를 통해 얻은 질병을 얻은 장 메르시에(Jean Mercier)를 출교시켰고 그에게 태형과 추방을 명했다.[54] 그가 얻은 질병으로 인해 그의 아내와 자녀들에게 매독을 전염시켰다는 사실이 발견되었기 때문이다. 제네바 목회자는 원론적으로 시의회의 간통자에게 살인을 형벌로 선고하는 법을 지지했지만, 이 형벌을 실제로 실행하기에는 현실적 어려움에 직면하였다. 여전히 제네바에는 일부다처제 가족이 있었기 때문이다. 그래서 제네바의 목회자는 간통을 범했다 하더라도 완화된 형벌을 적용하고자 하였다. 간통을 범한 성

---

53 *CO* 23: 404, 창 29:27.

54 Theodre Beza, "Autobiographical Letter of Beza to Wolmar," in Baird, *Theodore Beza*, 366.

도가 가정의 순수한 언약 관계를 깨는 범법행위를 행했다는 것을 깨닫게 하고 하나님 앞에서 바른 그리스도인의 길을 걸어가기를 바라는 목회자의 소망 때문이었다.

3. 부부의 신앙: 불신자와의 결혼

베자는 "불신자와의 결혼"에 대한 글에서 바울이 고린도전서 7장에서 다룬 내용을 기초로 불신자와의 결혼이 이루어지는 경우를 구체적으로 다루고 있다. 결혼을 약속할 때 신자였지만, 나중에 부부 중 한 사람이 불신자가 되는 경우, 불신자끼리 결혼했는데, 둘 중 한 사람이 신자가 되는 경우, 다양한 경우를 통해서 불신자와의 결혼에서 어떤 태도로 대해야 하는지를 다루었다. 다양한 경우를 살핀 후 베자는 네 가지의 원칙을 세운다. 우선, 유대인과 이슬람교도와의 결혼을 거부했다. 왜냐하면 성경이 불신자와 멍에를 함께 매지 말라고 가르치기 때문이다. 하나님을 믿으나 예수 그리스도의 교리를 바르게 알지 못하는 유대인, 이슬람교도와 결혼해서는 안 된다. 둘째, 이단자와의 결혼을 반대하였다. 베자는 이단자를 단지 길을 잃은 사람과 자신의 오류를 변호하고 '뻔뻔하게' 다른 사람들을 자신의 종파로 끌어들이는 사람을 구별한다. 누구든지 교리를 이해하는 과정에서 혼돈할 수 있다. 우리는 온전하지 못하기에 실수할 수도 있다. 하지만 적극적으로 이단에 속하도록 강권하는 이단자는 구별해야 한다. 셋째, 이 당시 가정은 남편이 지도 아래에 있기에 남편으로 인해 길을 잃는 단순한 경우가 더 많다는 점에 주목해서 가정을 다루도록 하였다. 마지막으로 기독교로 개종하겠다고 고백한 자는 불신자로 간주하지 말아야 한다.[55]

베자는 참 종교의 지위를 중요하게 간주한다. 그래서 경건하지 못한 자와 결혼한 사람은 교회의 처벌을 받아야 한다. 복음의 진리를 분명하게 알고 있음에도 불구하고 이슬람이나 유대인과 같은 복음의 공개적인 적들과 결혼하고자 한다면, 그것은 배도이기에 처벌로 사형을 받는 것이 정당하다. 신자가 불신자와 한 결혼 약속은 파기되어야 하며 심지어 시민의 법령으로 금지되어야 하며 처벌해야 한다고 강력하게 주장한다.[56] 하지만 당시에 전쟁으로 인해 불신자와 결혼을 한 경우에는 불신자가 배우자의 의무에 동의하고 그 의무를 성실하게 수행하는 한에 있어서 결혼은 유지되어야 한다고 주장한다. 그렇지만 부부 관계에서 지켜야 할 의무를 수행하지 않고 결혼을 파기하는 불신자의 경우는 당연히 결혼을 파기하고 그 약속의 의무를 파기할 수 있다.[57] 이미 불신자와의 결혼을 약속한 경우에서 베자가 주목한 것은 결혼에 대한 대상자의 확신에 달렸기 때문에 "불신자가 떠나지 않는 한"을 예외를 추가한다.[58] 베자가 세운 원칙은 칼빈이 불신자와의 결혼에서 제안한 원칙에서 벗어나지 않고 계승하고 있으며, 그 원칙의 다양성을 체계적으로 정리하고 있음을 알 수 있다.

V. 나오는 말

---

55 Manetsch, "Journey toward Geneva," 52-54.

56 Geisendorf, *Thédore de Béze*, Genève, 26-7. Raitt, "Theodore Beza," 1519-1605, 90.

57 Geisendorf, *Thédore de Béze*, Genève, 26-7. Raitt, "Theodore Beza," 1519-1605, 90.

58 Geisendorf, *Thédore de Béze*, Genève, 26-7. Raitt, "Theodore Beza," 1519-1605, 90.

종교개혁자 베자는 아내 클로딘을 사랑하였고, 인격체로서의 아내를 친구로 받아들였다. 서로 사랑하는 부부로서 40여 년의 시간을 보냈고, 그 긴 시간 동안 맡겨진 사명을 충실하게 수행하였다. 베자와 아내 클로딘은 하나님께서 허락한 자녀가 없었지만, 하숙하는 학생들의 영적 아버지와 어머니로서 역할을 감당하였다. 그리고 베자는 목회자로서 가정의 영적 아버지와 어머니가 하나님께서 위임한 책무를 감당할 수 있도록 돕기 위해서 『가정기도』와 『신앙교육서』를 작성하였다. 이는 자녀에게 신앙을 교육할 수 있도록 돕는 실제 교육서이다.

우선, 『가정기도』는 가족의 구성원이 참된 그리스도인으로서 삶을 살아가도록 일상의 삶에서 영원을 소망하며 나아가도록 돕기 위한 훈련서이다. 가정이 정해진 시간에 하나님에게 기도함으로써 신앙의 길을 온전하게 걸어갈 수 있도록 돕는다. 베자의 『가정기도』에 나타난 특징은 가정의 구성원 모두가 그리스도인으로서 알아야 할 믿음의 내용과 이 땅에서 살아가는 물질적 기도를 넘어서 영원으로 가는 여정을 온전하게 마칠 수 있기를 염원하는 소망에 집중되어 있다. 가정 기도를 통해서 그리스도인으로서 가족 구성원이 걸어가야 할 길에서 벗어나지 않기를 소망한다.

하나님께서는 가정의 영적 지도자인 부모에게 교리교육의 책무를 주셨다. 가정의 아버지로서의 교리교육은 자녀뿐만 아니라 가정에 머무는 하인에까지 포괄한다. 베자는 교리교육의 구체적 목표를 개종에 두었고, 신앙을 이해하고 변증하는 것을 목적으로 삼았다. 이를 위해서 칼빈의 교리교육서가 있음에도 불구하고 교리를 이해하기에 적절한 최선의 순서를 찾아 간결하게 서술하였다. 로마 가톨릭교회에서 회심을 주저하는 자들을 위해서 구원론에 집중하여 교리를 저술하는 목회 중심의 교리교육서를 저술하였다. 이처럼 가정은 하나의 교회로서 부모에게 하나님이 맡긴 자녀는 양육해야 할 책무가 있으며, 그 길을 걸어가도록 기도해야 할 뿐만 아니라 믿음의 내용을 가르쳐야 할 의무가 있다. 영적 선생으로서의 부모의 역할을 온전하게 감당하기 위해서 결혼할 나이를 제한하였다.

베자는 하나님께서 부부를 맺어 세운 가정을 건강하고 경건하게 유지하기 위해서 부부는 사랑의 관계를 맺어야 한다는 점을 강조하였다. 당시 아내와 자녀를 재산 일부로 여겨 구타하는 일을 컨시스토리에 알려 권징을 행하도록 하였다. 지나치게 폭력을 행하는 부모는 시의회에 고발하여 구타당하는 약한 자를 보호하고 돌보도록 하였다. 남편은 아내의 머리이기에 남편에게 복종해야 한다. 이는 하나님의 말씀이기에 아내가 지녀야 할 본분이다. 하지만 아내에게 폭행하는 건 다른 차원이다. 부부는 사랑으로 맺어진 관계이므로 자발적으로 복종하여 아내의 도리를 감당하도록 남편이 아내를 보호해야 한다. 그래서 베자는 간통으로 신뢰의 관계가 깨어지는 죄를 엄하게 다스려야 한다고 생각했다. 하지만 시의회가 법제화한 사형보다는 하나님과의 관계를 회복할 기회를 주고자 하였다. 베자는 가정의 영적 순결함을 위해서 불신자와의 결혼에 대해서 구체적으로 언급하여 목회적 지침으로 삼게 하였다. 그는 부부의 관계를 맺게 되는 당시의 다양한 경우를 고려하여 성경에 근거한 원칙에서 영적 순결에 토대를 둔 가정을 강조하였다. 먼저, 이슬람과 유대인과의 결혼을 금하고 이단과의 결혼도 금한다. 또한 이단과의 결혼에서 교리적 혼돈의 상태에 머무는 것과 이단에 속하여 다른 사람을 강제로 이단을 갖도록 강권하는 자를 구별한다. 남편에 따라서 단순하게 신앙을 선택한 자와 적어도 기독교로 개종하겠다는 자를 불신자로 간주하지 말라고 한다.

베자의 결혼과 가정에 대한 이해는 종교개혁의 길에서 그의 스승인 칼빈이 세운 원칙에서 벗어나지 않았다. 단지 교회가 처한 상황에서 목회자와 성도가 경험하게 된 구체적인 사례를 고려하여 성경과 믿음의 선배인 칼빈이 세운 원칙을 고려하여 자신의 시대에 적용하였다. 베자는 여성이 남성을 돕는 자이자 교회와 사회의 핵심적 구성원이라는 인식과 함께 어머니로서 새로운 지위를 더욱 견고하게 하였다. 이는 그가 사변적 신학자의 길이 아니라 성도의 삶을 올바르게 인도하는 목회자임을 증거 한다. 마네치(Scott Manetsch)는 목회자로서의 베자의 신학이 지닌 특징을 다음과 같이 적절하게 평가한다.

> "개혁가의 신학과 신학적 방법이 지나치게 사변적이고 합리주의적이라는 일반적인 묘사를 재평가할 필요성을 제시한다. 적어도 이 기도에서 우리는 그의 신학의 심오한 체험적이고 사목적인 측면, 즉 새로운 하루를 시작하고 식탁에서 식사하고 병으로 고통받고 죽음을 준비하는 사람들에게 하나님 말씀의 진리를 전하려는 그의 관심이 발견된다. 여기서 우리는 목회자로서 성도를 교훈할 뿐만 아니라 위로하고 교화하기 위한 신학을 발견한다. 『가정기도』의 실천적 특성은 베자의 신학을 단지 '형이상학적'이거나 '스콜라적인 것'으로 일축하는 일을 잠시 멈추게 한다."[59]

59 Manetsch, 'A Mystery Solved?,' 288.

〈참고문헌〉

양신혜. 『베자: 교회를 위해 길 위에 서다』. 서울: 익투스, 2020.

Baird, Henry Martyn. *Theodore Beza: The Counseller of the French Reformation, 1519-1605*. 1899. Reprint, New York: Burt Franklin, 1970.

Beza, Theodore. *Theodoro Bezae Vezelii Poemata Varia*. Wentworth Press, 2016.

________________. "Les vertus de da femme fidele et bonne mesnagere, commme il est escreit aux proverb de Salomon", chap. XXXI, in Poemes, CHestiens et Moraux, D4~D4v.

________________. *Sermons sur l'histoire de la Résurrection de nostre Seigneur Jesus Christ*. Geneva: Jean le Preux, 1586.

________________. *Correpondance de Théodore de Bèse*. 21 vols. Eds. H. Aubert, A. Dufour, F. Aubert, H. Meylan and C. Chimelli. Geneva: Librairie Droz, 1960-1999.

________________. *A Brief and Pithy Sum of Christian Faith, in Reformed Confessions of the 16th and 17th Centuries* in English Translation: Volume 2, 1552-1566. Ed. James T. Dennison Jr. Grand Rapids: Reformation Heritage, 2010.

________________. *Maister Bezaes Houshold Prayers*. Trans. John Barnes. London: John Barnes, 1603.

Calvin, John. *Ioannis Calvini Opera quae supersunt omnia*. Eds. Whilhelm Baum, Eduard Cunitz, and Eduard Reuss. 59 vols. 1964.

____________. *Johannis Calvini Opera Selecta*. Eds. P. Barth, W. Niesel, and D. Scheuner. 5 vols. Munich: Chr. Kaiser, 1926-1962.

Geisendorf, Paul. *Thédore de Béze*. Paris: Librairie Protetante, 1949.

Manetsch, Scott. 신호섭 옮김. 『칼빈의 제네바 목사회의 활동과 역사』. 서울: 부흥과개혁사, 2019.

______________. "Journey toward Geneva: Theodore Beza's Conversion, 1535-1548." Ed. David Foxgrover. *Calvin, Beza and Later Calvinism*. Grand Rapids, Mich.: Calvin Studies Society, 2006: 38-57.

Maurois, André. 신용석 옮김. 『프랑스사』. 서울: 김영사, 2016.

Raitt, Jill. "Theodore Beza: 1519-1605."In *Sahpers of Religious Traditions in Germany, Switzerland, and Poland, 1560-1600*, Ed. Jill Raitt, 89-104. New Haven: Yale University Press, 1981.

Schaff, Philip. 박종숙 옮김. 『독일 종교개혁』. 고양: 크리스찬다이제스트, 2004.

Selderhuis, Herman, "결혼의 개혁: 오늘을 위한 메시지," 「갱신과 부흥」 18(2016).

Witte, John Jr. and Kingdon, Robert M. *Sex, Marriage, And Family in John Calvin's Geneva.* Grand Rapids, Mich: W.B. Eerdmans Pub. Co., 2005.

Wright, Shawn D. *Theodore Beza: The Man and the Myth.* Christian Focus Publications Ltd, 2015.

우르시누스와 ‘결혼과 가정’

이남규

Zacharias Ursinus (1534-1583)

합동신학대학원대학교에서 신학(M.Div.)을 공부했으며, 16세기와 17세기 개혁신학 원전에 대한 관심을 갖고 유럽으로 가서 네덜란드 아펠도른 신학대학교에서 박사학위(Dr. theol.)를 받았다. 현재 합동신학대학원대학교에서 조직신학을 가르치고 있으며, 합신 〈도르트신경 400주년 프로젝트〉 디렉터이다. 유학 중 라벤스부르크한인교회(2003-2004)와 뮌스터복음교회(2006-2009)에서 목회했으며, 현재 현산교회 협동목사로 있다. *Die Prädestinationslehre der Heidelberger Theologen 1583-1622* (V&R), 『우르시누스 올레비아누스-하이델베르크 요리문답서의 두 거장』(익투스), 『개혁교회 신조학』(합신대학원출판부), 『칼빈주의 뿌리내리다』(합신대학원출판부)를 저술했으며, 『도르트신경 은혜의 신학 그리고 목회』의 편집자이다.

이남규

Ⅰ. 들어가며

자카리아스 우르시누스(Zacharias Ursinus, 1534-1583)는 『하이델베르크 요리문답서』의 초안을 쓴 인물로 잘 알려져 있다. 그는 하이델베르크 대학에서 가르쳤으며, 사후에 그의 제자들이 강의록을 모아서 출간한 『하이델베르크 요리문답 해설서』는 지속적인 영향을 끼쳤다. 한편 『하이델베르크 요리문답서』가 출간된 1563년 일 년 후에 칼빈은 소천했다. 즉, 우르시누스는 칼빈 이후 개혁신학자들이 어떤 발전을 보여주는지에 대한 중요한 가늠자로서 우르시누스를 결혼과 가정에 대한 가르침의 관점에서 바라보는 것은 상당히 의미 있는 일이다.

초기의 종교개혁자들은 결혼의 정당성을 강조하고 독신보다 결혼이 우월함을 보여주려고 결혼에 관한 많은 저술을 남겼던 반면, 우르시누스 때에 이르면 목사의 결혼은 아주 자연스러웠다. 따라서 결혼에 대해 논쟁하기보다는 정리된 가르침을 요약하여 전하는 우르시누스는 어떤 내용을 전하고 있을까? 이 시기의 팔츠는 결혼에 대한 분쟁이 더 이상 교회의 문제가 아니라 국가가 다루어야 할 문제로 넘어간 시기다. 따라서 독특하게도 『결혼식 규정』은 교회법에서 다루나 결혼의 다양한 분쟁은 교회법에서 분리된 '결혼 법정 규정'에서 다룬다. 이렇게 된 배경과 그 함의는 무엇일까? 16세기 후반 개혁파 도시 팔츠의 『결혼식 규정』의 결혼은 어떤 모습일까? 당시 『결혼 법정 규정』은 어떤 문제들을 다룰까? 결혼과 가정에서 자녀교육은 빼놓을 수 없다. 우리는 우르시누스가 『하이델베르크 요리문답서』의 초안을 작성함으로써 그리스도인 자녀의 신앙교육에 지대한 공헌을 했음을 알고 있다. 『하이델베르크 요리문답서』가 핵심을 차지하는 팔츠 교회법에 자녀의 신앙교육은 어떻게 나타날까?

이러한 질문에 답하기 위해서 우리는 먼저 우르시누스 자신의 결혼과 가정을 살핀 후에 그의 가르침에 나타난 결혼에 대한 내용들을 다룰 것이다. 이후에 그가 영향을 끼치던 선제후령 팔츠의 결혼의 모습을 당시 규정들을 통해서 그려볼 것이다. 마지막 부분에서 우르시누스의 자녀 양육에 대한 가르침과 팔츠 교회법에 나타난 자녀에 대한 신앙교육의 모습을 살펴볼 것이다.

II. 우르시누스의 결혼과 가정

자카리아스 우르시누스(Zacharias Ursinus)는 1534년 7월 18일 슐레지엔(현재의 폴란드 지역) 브레슬라우에서 태어났다.[1] 하지만 그의 아버지 안드레아스 베어(Andreas Beer)는 브레슬라우 출신이 아니라 오스트리아 출신으로 빈(Wien) 대학에서 공부한 후 귀족의 자녀들을 가르치기 위해서 1528년 브레슬라우로 갔으며 성(姓) 베어(Baer)를 같은 뜻(곰)의 라틴어 단어 우르시누스(Ursinus)로 바꾸어 사용해서 이것이 이후 이 가문의 성이 된다. 자카리아스 우르시누스의 아버지는 이렇게 가정교사로 활동하면서 상업을 주업으로 하는 집안 출신의 아내를 만났다. 훗날 하이델베르크의 종교개혁자가 되는 우르시누스는 상류층이나 부유층이라 할 수 없으나 그렇다고

1 우르시누스의 생애는 다음을 참고하라: 이남규, 『우르시누스, 올레비아누스 - 하이델베르크 요리문답서의 두 거장』 (서울: 익투스, 2017); Karl Sudhoff, *C. Olevianus und Z. Ursinus, Leben*; Erdmann K. Sturm, *Der Junge Zacharias Ursin, sein Weg vom Philippismus zum Calvinismus (1534-1262)* (Neukirchen: Neukirchener Verlag, 1972); Derk Visser, *The Reluctant Reformer His Life and Times* (New York: United Church Press, 1983).

심하게 가난하지는 않은 정도의 가정에서 태어났다고 추정할 수 있다. 아버지는 신실한 사람으로 인정받아 자그마한 공직을 맡았고 공적이지는 않지만 교회에서 설교도 감당했던 것으로 보인다. 그러나 아버지가 건강 때문에 일을 할 수 없게 되자 가정은 어려운 형편 가운데 놓이게 된다. 고향을 떠나 비텐베르크에서 공부하는 중 할머니가 죽었는데 이때 한 편지에서 우르시누스는 자기의 여동생과 아버지를 많이 염려했다. 병환과 가난에 힘들어할 아버지에 대해서 안타까워하면서, 어머니의 도움마저 없다는 것을 언급하는 것을 볼 때 우르시누스의 어머니는 1550년 전에 세상을 떠난 것으로 보인다. 즉, 어머니는 자녀 둘을 낳고 이른 나이에 세상을 떠났고 게다가 병든 아버지는 아픈 몸을 가지고 처가에서 장모와 계속 살고 있었던 형편이었다. 아버지가 죽었을 때 우르시누스는 아버지를 이 생애의 극심한 비참함에서 영원한 안식과 즐거움으로 데려가신 하나님께 진심으로 감사한 마음을 가졌다. 그의 편지를 볼 때 우르시누스는 어린 나이에 경험한 가정의 어려움과 아버지의 고통스런 말년을 통해서 인생의 비참함과 하나님께서 주시는 위로를 깊이 생각했던 것으로 보인다.

우르시누스는 상당히 늦은 나이에 결혼하였다. 그는 1561년부터 '지혜의 학교'(Spienzkolleg)를 맡았으며, 1562년부터 하이델베르크대학의 교의학 교수로서 봉사했다. 체력이 약했던 탓인지 업무의 과중함 때문에 힘들어 해서 1567년 하이델베르크대학의 교의학 교수직을 그만두었다. 하이델베르크에 와서 정착한지 10년이 훨씬 넘은 때인 1574년 여름 40세의 늦은 나이에 결혼했다. 늘 과중한 업무로 힘들어 했을 그에게 살펴줄 아내가 필요했음에도 늦게 결혼한 이유 중 하나는 숙식이 제공되는 '지혜의 학교'에서 살았던 것이었을 것이다. 우르시누스는 마가렛타 트라운바인(Margaretha

Trautwein)이라는 여인과 결혼했는데, 이 여인에 대해서 많이 알려져 있지 않다. 다만 우르시누스가 몸이 아주 약했고 자주 아팠다는 것과 그의 아내가 옆에서 헌신적으로 도왔다는 사실은 알려져 있다. 몸이 좋지 않아서 모아 놓은 돈을 우르시누스의 요양비로 다 소진하는 일도 있었으며 그는 아내의 헌신적 도움을 편지에 언급하기도 했다.[2] 이들 부부는 요한이라는 아들도 낳았다.[3] 선제후 프리드리히 3세가 죽은 뒤 하이델베르크에서 개혁신학을 가르칠 수 없게 되자 부부는 어린 아들을 데리고 1578년 노이슈타트(Neustadt an der Haardt)로 옮겼다. 우르시누스는 노이슈타트의 카시미리아눔(Casimirianum)에서 가르치다가 1583년 하이델베르크에 다시 개혁신학이 회복하면서 오라는 요청을 받았으나 몸의 약함과 이사의 어려움 때문에 다시 하이델베르크로 돌아가지 않고 노이슈타트에서 죽었다. 우르시누스는 자신의 죽음으로 인해서 결혼 이후 10년간 지상의 가정생활을 마감하고 하늘나라로 갔다. 우르시누스의 아들 요한은 아버지가 죽은 지 3년이 지난 뒤인 1586년 12월에 하이델베르크 대학에 학비를 면제받고 등록한다.[4] 아내 마가레트는 그즈음에 라틴문학 교수였던 피토포에우스(Pithpoeus)와 재혼했다.[5]

Ⅲ. 우르시누스가 가르친 결혼

---

2 Derk Visser, *The Reluctant Reformer,* 172.

3 Dagmar Drüll, *Heidelberger Gelehrtenlexikon 1386-1651* (Berlin/Heidelberg/New York: Springer-Verlag, 2002), 537.

4 Gustav Toepke ed., *Die Matrikel der Universität Heidelberg von 1554 bis 1662* (Heidelberg, 1886), 131.

5 Dagmar Drüll, *Heidelberger Gelehrtenlexikon 1386-1651*, 457.

1. 인간 창조의 목적과 결혼

우르시누스에게서 하나님께서 인간을 창조하신 목적과 결혼의 연결을 발견할 수 있는 것은 흥미로운 일이다. 우르시누스는 하이델베르크로 와서 교수 사역을 시작하는 초기부터 인간 창조를 두 관점으로 바라보았는데, 인간이 '어떤 상태로(qualis) 창조되었는지' 그리고 '어떤 목적을 위하여(ad quid) 창조되었는지'이다.[6] 이러한 관점은 그의 생애 마지막까지 지속되어서 그의 사후에 출간된 『하이델베르크 요리문답 해설서』에서도 인간 창조는 상태와 목적이라는 관점에서 해설된다.[7]

우르시누스에게서 창조된 인간 상태를 가장 잘 드러내주는 개념은 하나님의 형상이다. 그의 초기 작품인 『신학요목문답』 제1문답에서 "나는 하나님에 의해 영생을 위해 그의 형상을 따라 창조되었다"라고[8] 답한다. 인간의 창조 상태(qualis)를 가장 잘 드러내는 것은 하나님의 형상이다. 인간이 어떤 상태로 창조되었는가라는 질문에 "하나님의 형상을 따라 창조되었다"라고[9] 간략하게 답한다. 그리고 하나님의 형상에는 지성, 의지, 영혼의 불사의 성

6 "Christiana vero religio sola ostendit, qualis et ad quid conditus sit homo a Deo, et quomodo hunc finem assequatur." [7문] Ursinus, Zacharias Ursinus, "Catechesis, summa theologiae per questions et responsiones exposita," in Quirinus Reuter ed., *D. Zachariae Ursini ... opera theologica* (Heidelberg: Johan Lancellot, 1612), 10.

7 "De hominis creatione praecipue quaeritur: I. Qualis. II. In quem finem, seu ad quid homo a Deo sit conditus." Ursinus, "Explicationes Catecheseos," 60.

8 "Quod a Deo ad imaginem eius et vitam aeternam sum conditus ..." Ursinus, "Catechesis, summa theologiae," 10.

9 "[11문] Qualis est homo conditus? Ad imaginem Dei." Ursinus, "Catechesis, summa theologiae," 10.

격, 여러 활동과 감정, 피조물에 대한 주권적 관계가 포함된다.[10]

남자와 여자는 하나님의 형상을 따라 지음 받은 상태인데 "그 목적은 그의 전체 삶으로 하나님을 영원한 복 안에서 예배하기 위해서 이다."[11] 그리고 우르시누스는 하나님에 대한 예배를 하나님께 드려진 순종으로 본다. 하나님을 사랑하는 것과 이웃을 사랑하는 것이 하나님을 예배하는 것이며 이것이 하나님의 형상으로 지음 받은 인간의 목적이다. 우르시누스는 1562년부터 인간의 궁극적 목적으로 하나님의 영광을 놓고 이 최고의 목적 아래에 다른 목적들을 놓는 방식으로 인간 창조의 목적을 말해왔다.[12] 여기서도 하나님과 이웃에 대한 의무들이 하나님의 영광이라는 목적과 직접적으로 연결되어 있다. 즉, "따라서 사람이 창조된 궁극적인 목적은 바로 하나님께 영광을 올려 드리기 위한 것이다. 즉, 하나님의 이름을 고백하고 부르기 위한 것이며, 찬송하고 감사를 올려드리기 위한 것이며, 사랑하고 순종하기 위한 것이니, 이 순종은 하나님과 이웃에 대한 의무들이다. 왜냐하면 이 모든 일들이 하나님께 영광을 올려드리는 일에 다 포함되기 때문이다."[13]

---

10 Ursinus, "Explicationes Catecheseos," 62.

11 "[13문] Ad quid autem est conditus? Ut universa vita sua Deum in aeterna beatitudine colat. [14문] Quid est cultus Dei? Est obedientia Deo secundum ipsius legem praestita, hoc fine principali, ut ipse honore afficiatur." Ursinus, "Catechesis, summa theologiae," 10.

12 Ursinus, "D. Zachariae Ursini Loci Theologici traditi in Academia Heidelbergensi," in Quirinus Reuter ed., *D. Zachariae Ursini ... opera theologica* (Heidelberg: Johan Lancellot, 1612), 567-568. Heinrich Heppe, ed. Ernst Bizer, *Die Dogmatik der Evangelisch-Reformierten Kirche* (Neukirchen: Neukirchener Verlag, 1958), 178.

13 "Homo igitur conditus est principaliter ad celebrationem Dei, hoc est, ad professionem & invocationem nominis divini, ad laudes & gratiarum actionem, dilectionem & obedientiam, quæ constat officiis erga Deum & homines. Hæc enim omnia celebratio Dei complectitur." Ursinus, "Explicationes Catecheseos Palatiae, sive corpus Theologiae," in Quirinus Reuter ed., *D. Zachariae Ursini ... opera theologica* (Heidelberg: Johan Lancellot, 1612), 61.

하나님께 영광을 올려드리는 최고의 목적 아래로 하부 목적이 순서대로 연결되는데, 순서대로 논리의 선후 관계를 갖는다. 두 번째 목적은 하나님을 아는 것인데 하나님을 알아서 하나님께 영광을 올려드리기 위해서다. 세 번째 목적은 하나님과 교제하고 하늘의 축복을 누리는 사람의 복락인데, "이것들로 인하여 하나님의 선하심과 긍휼하심과 능력이 알려지기 때문에"[14] 두 번째 목적인 하나님을 아는 것에 종속된다. 네 번째 목적은 하나님의 계시(patefactio)인데, 곧 선택받은 자들을 구원하심에서 하나님의 긍휼이, 또 유기된 자들을 벌하심에서 하나님의 공의가 선언되는 계시는 하나님을 아는 것(두 번째 목적)과 사람의 복락(세 번째 목적)에 연결된다. 다섯 번째 목적은 인류사회의 보존(conservatio societatis humanae)인데 인류는 계시(네 번째 목적)의 대상이기 때문이다.[15] 여섯 번째 목적은 사람이 서로에게 의무를 나누는 것(communicatio officiorum inter homines)인데, 이것은 다시 인류 사회의 보존(다섯 번째 목적)과 연결된다.

인류 사회의 보존은 하나님께서 인류에게 결혼제도를 주신 주 목적이다.[16] 이렇게 해서 결혼은 인간 창조의 목적에 연결된다. 결혼을 통해 사람은 서로 의무를 나누며(여섯번째 목적), 인류는 계속된다(다섯 번째 목적). 결혼을 통해 보존되는 인류에게 하나님께서는 계시하셔서 하나님을 알게 하시고 사람들로 하나님을 누리게 하신다. 결혼을 통해 보존되는 인간은 하나님을 앎으로 하나님께 영광 돌리게 된다. 결혼은 특히 하나님께서 순결하시며 정욕을 미워하시는 분이라는 것을 알게 한다.[17] 이렇게 계시의 대상으로

14 Ursinus, "Explicationes Catecheseos," 61.
15 Ursinus, "Explicationes Catecheseos," 61.
16 Ursinus, "Explicationes Catecheseos," 375.
17 Ursinus, "Explicationes Catecheseos," 375.

서 인류의 영속적인 보존을 생각할 때 결혼은 인간 창조의 목적과 직접적으로 연결되어 있다.

2. 『하이델베르크 요리문답 해설서』에 나타난 결혼

우르시누스는 『하이델베르크 요리문답 해설서』에서 제7계명은 순결과 결혼의 보전을 명하신다고 하면서, 제7계명을 다루는 108문과 109문의 해설 마지막에 '결혼에 관하여'란 주제를 따로 떼어서 가르친다. 여기서 여섯 가지 질문을 다룬다. 1) 결혼이란 무엇인가, 2) 결혼은 무엇 때문에 제정되었는가?, 3) 어떤 결혼이 정당한가?, 4) 결혼은 중립적인 문제인가, 5) 결혼한 사람들의 의무는 무엇인가?, 6) 결혼을 거스르는 것들은 무엇인가? 그 내용은 다음과 같다.

(1) 결혼의 정의

우르시누스는 결혼을 다음과 같이 정의한다.

> 결혼은 한 남자와 한 여자의 합법적이며 분리할 수 없는 결합으로, 하나님에 의해 제정되었고, 인류의 번성을 위한 것이다. 이는 하나님께서는 순결하시고 모든 정욕을 미워하시며 정당하게 번성한 인류로부터 하나님을 바르게 알고 예배할 영원한 교회를 자기에게로 모으시기를 원하신다는 것을 우리로 알게 하시기 위함이며, 또한 배우자 사이에 '수고와 살핌과 기도'의 교제가 있도록 하시기 위함이다.[18]

18 "Coniugium est legitima et indissolubilis coniunctio unius maris et unius forminae, instituta a Deo, ad generis humani propagationem, ut agnoscamus, eum esse castum, & execrari omnes libidines, et ex genere humano legitime propagato sibi

결혼은 간략하게 한 남자와 한 여자의 분리할 수 없는 결합이라고 말해질 수 있다. 분리할 수 없는 것이 기본 원칙이지만 뒷부분에서 음행이 결혼 언약 파기의 원인이 될 수 있음을 언급한다. 결혼의 제정자는 하나님이시기 때문에 결혼은 인간이 만든 제도나 발명이 아니다. 결혼은 하나님의 "놀라운 경륜으로 제정된 질서"이다.[19] 하나님께서 제정하신만큼 결혼제도의 보존과 순결의 보존은 필수가 된다.[20] 결혼의 주목적은 인류의 번성이다. 결혼 때문에 인간이 하나님에 관하여 알게 되는 것이 두 가지 있다. 첫째는 하나님께서 순결하시고 모든 정욕을 미워하신다는 것이며, 둘째는 이 정당하게 번성한 인류로부터 교회를 모으시기를 원하신다는 것이다.

결혼과 관련하여서 인류가 하나님의 순결을 알게 되는데, 우르시누스는 순결을 중요하게 생각한다. 하나님께서 순결하시며, 순결을 보호하시기 위해서 제7계명을 명하셨으며, 마음이 순결한 자들이 하나님을 찾는다. 순결은 독신 생활과 결혼 생활에서 모두 요구된다. 순결은 하나님의 명령이며, 하나님의 형상을 보존하는 것이고, 그리스도와 교회의 연합이 망가지지 않게 하며, 순결에 따라 상급과 형벌이 따른다.[21]

우르시누스의 결혼에 대한 정의는 전체적으로 하나님을 향하지만, 우르시

---

colligere velle aeternam ecclesiam, a qua recte agnoscatur et colatur, utque inter coniuges sit societas laborum, curarum & precum." Ursinus, *Corpus Doctrinae Christianae Ecclesiarum a Papatu Romano Reformatorum ... in Explicationibus Catecheticis Rudi Minerva Exceptum; Ac Postea Crebris Editionibus Auctum ... a ... D. Davide Pareo ... Posthumam Hanc Editionem ... Adcuravit Philippus Pareus* (Lasche, 1651), 623.

19 "... ordinem mirando Dei consilio institutu." Ursinus, *Corpus Doctrinae Christianae Ecclesiarum*, 621.

20 Ursinus, *Corpus Doctrinae Christianae Ecclesiarum,* 620.

21 Ursinus, *Corpus Doctrinae Christianae Ecclesiarum,* 621.

누스는 특이하게 마지막에 '수고와 살핌과 기도'의 교제를 언급한다. 즉, 부부는 서로를 위해 수고하고 서로를 살피며 서로를 위해서 기도한다. 정의에서 짧게 언급된 이 목적은 바로 이어지는 결혼의 목적에도 다시 언급된다.

(2) 결혼의 목적

위에서 인용한 결혼의 정의로부터 결혼의 목적이 열거된다. 결혼제도를 하나님께서 제정하신 만큼 결혼의 목적도 하나님께서 정하신 것이다. 우르시누스는 하나님께서 타락 이전에 결혼제도를 만드셨다는 점에서부터 결혼의 목적을 설명하지만, 또 다른 곳에서는 타락 이후에도 결혼 제도가 지속되는 면에서도 목적을 생각한다. 정욕에 대한 치유책은 타락이후 결혼제도의 목적의 예다.[22]

다섯 가지 목적이 언급된다. 첫째, 결혼은 정당한 방법으로 인류를 영속화시키고 증가시키는 수단이다. 즉, 인류의 번성의 수단이다. 둘째, 교회를 모으기 위한 목적을 갖는다. 셋째, 하나님과 교회 사이의 연합의 형상과 모형이 된다. 넷째, 무절제한 정욕을 피하기 위해서다. 다섯째, 결혼 안에서 수고와 기도의 교제가 있도록 하기 위해서 제정되었다.

다섯 번째 목적을 우르시누스는 상대적으로 상세히 설명한다. 결혼 안에서 두 배우자는 일반적 관계 안에서보다도 더욱 열정적으로 서로를 위해서 기도한다. 우르시누스가 볼 때 우리가 친밀한 관계 안에 있는 사람을 위해서 기도로 돕는 것은 자연스러우며 친밀할수록 더욱 간절하다. 부모와 자식의 관계에 대하여 사람들이 흔히 하는 말인 "사랑은 내려가는 것이지 올라가지 않는다"(amor descendit, non ascendit)를 인용한다. 우리말로 '내리사

22 Ursinus, *Corpus Doctrinae Christianae Ecclesiarum*, 622.

랑'으로 번역될 수 있는 말이다. 이 말은 서로를 위한 부부의 사랑이 일반적인 다른 사람을 향한 것보다 더 깊고 애틋함이 자연스러움을 설명하기 위해서 인용되었다. 즉, 결혼이라는 제도는 부부가 다른 사람보다 더욱 서로를 위해 수고하고 서로를 위해서 기도하는 사회가 되도록 하기 위해서 제정되었다.[23]

(3) 정당한 결혼의 조건

우르시누스는 정당한 결혼이 되기 위한 조건들을 열거한다. 첫째, 결혼은 혼인할 자격이 있는 사람들 사이에 맺어져야 한다. 둘째, 양 당사자의 동의에 의해 맺어져야 한다. 불링거와 칼빈처럼 우르시누스도 당사자의 동의가 없는 결혼을 정당하지 않은 결혼으로 보고 있다.[24] 셋째, 법에 의해 요구되는 다른 사람의 동의가 요구된다고 하였다. 부모나 부모를 대신하는 자의 동의가 여기에 속한다. 넷째, 당사자들에게 범해진 어떤 잘못이 없어야 한다. 다섯째 정직한 조건, 규범, 합법적 절차와 과정이 있어야 한다. 여섯째, 오직 두 사람 사이에서만 이루어져야 한다. 우르시누스는 구약성경에 있는 족장들의 일부다처의 예가 표준이 아니라 하나님이 주신 율법이 표준이라고 한다. 일곱째, 주안에서 맺어져야 한다. 즉, 신자들 사이에서 이루어져야 한다. 여덟째, 율법에서 금지된 것같이 친족 관계에서 맺어져서는 안 된다. 여기서 우르시누스는 친족 및 혈연관계가 무엇인지 자세히 해설하고 근친사이의 결혼을 금지한다.

---

23 Ursinus, *Corpus Doctrinae Christianae Ecclesiarum,* 624.

24 헤르만 셀더하위스, "결혼의 개혁: 오늘을 위한 메시지", 이신열 번역, 「갱신과 부흥」18호(2016),46,53.

(4) 결혼은 아디아포라(adiaphora)인가?

루터의 종교개혁 이후 독신은 결혼보다 우월한 위치에 있지 않게 된다. 종교개혁자들이 결혼의 정당성을 논증한 것처럼 우르시누스는 결혼하기에 적절한 모든 사람에게 정당한 것이라고 가르친다. 이 문제를 "결혼은 아디아포라인가?"란 질문에서 다룬다. 아디아포라는 말은 하나님께서 명령하신 것도 아니고 금지하신 것도 아닌 것으로 중립적인 것을 말한다. 우르시누스는 이 문제에 대하여 대상을 분류하여 다룬다. 즉, 대상에 따라 아디아포라일 수도 있고 아닐 수도 있는데, 대상은 절제의 은사(continentiae donum)를 가진 자들과 그렇지 않은 자들로 구분된다. 그리고 절제의 은사를 가진 자들에게만 결혼은 아디아포라의 문제가 된다. 절제의 은사를 소유하지 않은 자들에게 결혼은 아디아포라가 아니라 필수이다. 즉, 우르시누스도 루터처럼 아주 극소수를 제외하고는 결혼이 필수적이라고 말하는 것이다.[25] 우르시누스는 "남자가 여자를 가까이 아니함이 좋으나 음행을 피하기 위하여 남자마다 자기 아내를 두고 여자마다 자기 남편을 두라"(고전 7:1)는 말씀을 아디아포라로서의 결혼이 아니라 필수적인 결혼을 위해서 인용한다.

독특하게도 우르시누스는 초혼과 재혼 모두에서 적절하면서도 영예로운 시간이 지켜져야 한다고 첨언한다.[26] 정욕 때문에 음행을 피하기 위하여 결혼이 필수이지만 절제하여서 시간을 지켜 양심에 상처를 입히거나 정당한 것을 위반하지 말아야 한다. 우르시누스는 플루타르쿠스(Plutarchus)가 증언한 로마의 생활을 예로 들면서 서둘러 재혼하는 것을 영예롭지 못한 것으로 암시한다. 누마(Numa)의 삶에 나타난 여인들의 경우 남편을 잃고 10개

---

25 셀더하위스, "결혼의 개혁: 오늘을 위한 메시지", 41.

26 "Est vero iustum tempus & decorum servandum in nuptiis primis vel secundis contrahendis." Ursinus, *Corpus Doctrinae Christianae Ecclesiarum,* 625

월이 지나야 재혼할 수 있었다는 것이다.

(5) 배우자의 의무

우르시누스는 배우자의 의무에 대해서 배우자의 공통된 의무, 남편의 의무, 아내의 의무 순서로 열거한다. 먼저 공통적 의무이자 상호적인 첫 번째 의무는 서로 사랑하는 것(amor mutuus)이다. 두 번째는 부부의 신실함(fides coniugalis)이다. 이것은 "유일한 남자가 유일한 여자만을 그리고 유일한 여자가 유일한 남자만을 지속적으로 사랑하는 것이다."[27] 세 번째, 부부는 좋은 것을 서로 나누고 슬플 때는 서로 체휼하는 것이다. 네 번째, 자녀를 낳고 양육하는 것이다. 다섯 번째, 서로의 부족을 채워주면서 감당하는 것이다. 남편의 의무는 아내와 자녀를 양육하고 소중히 여기는 것이고 그들을 다스리며 보호하는 것이다. 아내의 의무는 남편을 도와 가족에 관한 것을 준비하고 보호하는 것이며, 남편에게 순종하고 남편을 존경하는 것이다.

(6) 결혼에 대한 반대

우르시누스는 결혼에 반대되는 것을 순결에 반대되는 것과 동일한 것으로 보며 세 가지를 언급한다. 먼저 음행과 간통이 결혼에 반대되는데, 이것은 부부 한편이나 양편 모두에 의해 신실함과 순결을 침해하는 행위다. 우르시누스는 여기에 근친상간, 금지되거나 불법적인 성교, 결혼의 남용을 포함시킨다. 두 번째로 성급한 이혼도 결혼에 반대된다. 이혼의 남용은 이전에 로마인들과 유대인들에게 있었던 것이다. 다만 우르시누스는 간통으로 인한 이혼은 여기서 제외시킨다. 결혼을 반대하는 세 번째는 결혼을 금지하거나

27 "... ut solus solam, & sola solum constanter diligat." Ursinus, *Corpus Doctrinae Christianae Ecclesiarum,* 625.

빼앗는 것(prohibitio & usurpatio coniugii)이다.

Ⅳ. 팔츠의 규정들에 나타난 결혼

1. 『결혼식 규정』에 나타난 결혼

신학자 우르시누스가 죽을 때까지 봉사했던 선제후령 팔츠의 결혼은 어떤 모습이었을까? 선제후령 팔츠에는 결혼과 관련하여서 교회법에 포함된 『결혼식 규정』(*Ordnung der eheeinleytung*, 1563년)과[28] 교회법에서 분리된 『결혼 규정』(*Eheordnung*, 1563년)과[29] 『결혼 법정 규정』(*Ehegerichtsordnung*, 1563년)이[30] 있다. 먼저 당시 교회의 결혼을 이해하기 위해서 팔츠 교회법의 『결혼식 규정』을 소개하고, 이후에 『결혼 규정』과 『결혼 법정 규정』에 대해 더 논의하기로 한다.

결혼의 첫 순서는 결혼할 당사자들이 목사에게 알리는 것이다. 이를 통해 결혼할 당사자들이 적합한지 또는 문제가 없는지 검증된다. 이때 약혼한 배우자를 발표하는 형식은 다음과 같다.

> 아무개와 아무개는 하나님의 규례를 따라 거룩한 혼인 상태에 들어가기를 원하며, 이를 위해 이들이 하나님의 이름 안에서 기독교적인 부부의 상태를 시작하고 하나님의 영광을 위해 복되게 완수할 수 있도록 함께 기독교적 기도

---

28 Emil Sehling ed., *Die Evangelischen Kirchenordnungen des XVI. Jahrhunderts* (Tübingen: J. C. B. Mohr [Paul Siebeck], 1969) [이하 *KO* 14], 398-401.

29 *KO* 14, 275-288.

30 *KO* 14, 289-332.

를 요청합니다. 그리고 누구든지 이에 대해 할 말이 있으면 적절한 때에 발표하여주시고 그렇지 않다면 침묵을 지키고 이를 방해하는 행동을 삼가도록 합니다. 하나님께서 이들에게 축복을 주시기를, 아멘.[31]

그리고 결혼하는 당사자들의 이름과 증인의 이름은 특별한 책에 등록이 되어야 한다.[32] 결혼식 당일 목사는 두 사람에게 결혼이 무엇인지에 대하여 길게 알린다. 여기에는 하나님이 결혼을 제정하셨으며 결혼이 하나님의 기뻐하심이 되지만 간음하는 자들은 하나님의 심판을 받는다는 사실을 알린다. 창세기 2장의 상황을 자세히 낭독하고 아담과 하와를 하나님께서 맺어주셨음을 상기시키면서 하나님께서 아담에게 그의 배우자를 창조하시고 인도하셔서 직접 주신 것은 하나님께서 "오늘날에도 각 사람에게 하나님 자신의 손으로 선사하시듯이 그렇게 각 사람의 배우자를 선사하심을 증거 하시기 위해서다"라고[33] 말함으로써 하나님께서 직접 짝 지워 주셨음을 알려준다.

목사는 하나님께서 어떤 목적 때문에 결혼하게 하시는지를 말한다. 세 가지가 언급된다. 첫 번째는 현생과 영생에 관한 모든 일에 대하여 한 사람이

31 "N. und N. wöllen nach göttlicher ordnung zum heiligen standt der ehe greifen, begeren zu solchem ein gemein christlich gebet, daß sie disen christlichen, ehelichen standt in Gottes namen anfahen und seliglich zu Gottes lob vollenden mögen. Und hat jemands darein zu sprechen, der zeige solches beizeiten an oder schweig darnach and enthalt sich, etwas verhinderung darwider fürzunemen. Gott geb inen seinen segen, Amen." "Kirchenordnung [...] [vom 15. November 1563]," in *Die Evangelischen Kirchenordnungen des XVI. Jahrhunderts*, ed., Emil Sehling (Tübingen: J. C. B. Mohr [Paul Siebeck], 1969) [이하 *KO* 14], 398.

32 이러한 혼인 등록부는 1524년 뉘른베르크와 1525년 취리히에서 시작된 것이다. Maurice E. Schild, "Ehe-Reformationszeit," in *Theologische Realenzyklopädie*, Studienausgabe, vol. 9, ed., Gerhard Müller (Berlin: Walter de Gruyter, 1982), 341.

33 "... damit zu bezeugen, daß er noch heutigs tags einem jeden sein ehegemahel gleich als mit seiner hand zuführet." "Kirchenordnung 1563," 399.

다른 사람을 신실하게 돕고 지지하기 위해서다. 두 번째는 그들이 육신의 상속자를 받은 후에, 즉 자녀가 생기면 그들을 하나님을 참되게 아는 지식과 하나님을 영화롭게 하는 것 안에서 양육하기 위해서다. 세 번째는 각 사람이 모든 불결과 악한 정욕을 피하고 선하고 정직한 양심으로 살아야 하기 때문이다. 그 후 남편의 의무와 아내의 의무를 길게 열거한다. 그 후 결혼하기를 원하는지 두 사람에게 묻는다. 그렇다고 대답하면 함께 한 증인과 회중에게 이의가 있는지 묻고 없으면, 신랑에게 하나님과 거룩한 교회 앞에서 아내로 받아들이고 의무를 다할 것을 묻는다. 다음 신부에게 하나님과 거룩한 교회 앞에서 남편으로 받아들이고 의무를 다할 것을 묻는다. 목사가 기도하고 반지를 교환한다. 성경 말씀을 인용하여 성혼을 선포한 후 기도하고 마친다.

2. 『결혼 법정 규정』에 나타난 결혼: 결혼은 교회의 일인가? 국가의 일인가?

칼빈의 결혼에 대한 가르침에 대한 논의는 칼빈이 영향을 끼쳤을 제네바의 결혼규정과 치리회의 판결과 함께 논의된다.[34] 그러나 우르시누스가 중요한 역할을 했던 선제후령 팔츠에서 교회법 내에 있는 『결혼식 규정』과 『결혼 규정』 및 『결혼 법정 규정』은 크게 반대되는 모습은 볼 수 없으나 관의 역할과 교회의 역할이 분리된다고 볼 수 있다. 『결혼식 규정』은 비록 결혼하려는 이들이 목사에게 처음 고지하고 목사가 결혼하는 당사자와 증인에 대한 명부를 따로 관리할 것을 규정할지라도 그 초점은 결혼식 자체에 있다. 결혼에 대한 다양한 법적 처리 문제는 『결혼 규정』 및 『결혼 법정 규정』에 포함되었

34 John Jr. Witte, “결혼과 가정생활”, 『칼빈 핸드북』, 김귀탁 옮김 (서울: 부흥과 개혁사, 2013), 883-900.

다. 고터스에 따르면 이 『결혼 규정』의 작성과 감수에 어떤 신학자도 참여한 것으로 보이지 않는다.[35] 『결혼 법정 규정』의 작성자는 법학 교수요 교회의 위원회 위원이었던 크리스토프 에헴(Christoph Ehem)이었다.[36] 의학부 교수였던 에라스투스가 루터파와의 성만찬 논쟁에 참여한 것처럼 당시 다른 학부의 교수들도 신학적 식견이 상당했기 때문에 『결혼 법정 규정』을 작성한 에헴이 신학적 식견에 무지하거나 신학적으로 다른 견해를 갖고 있었다고 볼 수는 없다.

『결혼 규정』에는 신학자들이 참여하지 않고, 결혼 예식서는 교회법에 포함되어 있는 이러한 현상은, 즉 결혼식은 교회가 주도하나 결혼에 대한 법적 문제들은 교회가 아니라 관이 처리하는 방식은 오트하인리 때부터 이어져 고착화된 것이라고 볼 수 있다. 오트하인리히는 1555년 아우크스부르크 종교평화 협정 후에 팔츠의 선제후가 되는데 바로 별도의 결혼 법원을 설립했다.[37] 종교개혁 이전 결혼에 관한 모든 처리는 주교의 권한 곧 교회에 있었으나 종교개혁 이후 결혼에 대한 법적 처리 문제는 중앙화하는 방식으로 국가의 문제로 양도되고 있었다고 볼 수 있다.[38] 그리하여 선제후령 팔츠는 결혼 예식에 관한 문제는 교회법에, 결혼에 대한 다른 법적 문제들은 『결혼 규정』과 『결혼 법정 규정』에 포함되었다. 종교개혁 이전에 결혼에 관한 법적 문제도 교회의 관할에 있었다. 그렇다면 종교개혁 이후 결혼에 대한 문제는 세속화 된 것인가? 행정 처리 문제에서 교회의 관할이 아니라는 면에서 그

35 *KO* 14, J. F. Gerhard Goeters, “Einführung,” 36.

36 *KO* 14, J. F. Gerhard Goeters, “Einführung,” 36.

37 Joel F. Harrigton, “Reformation, Statebuilding and the ‘Secularization’ of Marriage: Jurisdiction in the Palatinate, 1450-1619,” in *Fides et Historia* 22/3 (Fall 1990), 59.

38 Joel F. Harrigton, “Reformation, Statebuilding and the ‘Secularization’ of Marriage: Jurisdiction in the Palatinate, 1450-1619,” 53.

렇게 볼 수 있으나 아직 16세기는 교회와 사회가 함께 하는 시기이므로, 즉 『결혼 법정 규정』의 작성자 에헴이 교회위원회 위원이라는 것을 염두에 둔다면 그렇게 보기 어려운 면이 있다. 선제후령 팔츠에서 '교회 권징'의 문제는 교회의 일이면서 통치자 곧 관의 일이었으며, 예를 들면 프리드리히 3세의 통치시기 초기에는 『교회 권징』과 『경찰 규정』이 함께 겹치는 부분이 있기 때문이다.[39]

결혼 법원은 매일 있는 것이 아니라 금요일 오전 7시(겨울은 8시), 오후에는 1시에만 열렸다. 『결혼 법원 규정』(1563년) 1장부터 7장까지 결혼 법원의 운영방식과 법원의 구성 등을 규정한다. 8장부터 43장까지 다양한 개별 사례들을 다룬다. 몇 가지 사례들만 언급하면, 부모의 동의가 없이 결혼한 경우(8장), 부모의 사전 지식이나 동의 없이 약혼하고 동거하는 경우(9장), 자녀의 결혼을 금지하거나 고의로 방해하는 부모의 경우(11장), 미성년 자녀를 결혼하게 하는 부모의 경우(13장)들이 있다. 법은 부모의 허락을 요구하며 부친이 부재일 경우 오랫동안 기다려서 허락받을 것을 요구하지만, 나쁜 아버지일 경우에는 이러한 법에서 제외된다고 말하며, 각 당사자들의 다양한 형편과 잠자리를 가졌는지의 여부 등 여러 경우를 고려할 것을 말한다. 무의식적으로 금지된 근친관계에서 결혼한 사람들에 대한 처리(24장), 가출한 아내의 경우(37장), 공개적으로 약혼하고 결혼식 전에 도망간 경우(38장)도 다룬다. 39장에서는 특이하게 결혼의 의무를 행하지 않는 경우, 즉 성생활을 할 수 없는 경우를 다루는데 이때는 결혼 자체를 무효화하거나 이혼을 허락한다.[40] 당시 결혼에 대한 개별 사례들이 어떻게 다루어졌는지는 방대하기 때문에 개별 연구 및 다른 지역의 결혼 규정과 비교연구가 필요하다.

---

39 이남규, 『칼빈주의 뿌리내리다』 (수원: 합신대학원출판부, 2022), 309.
40 "[Ehegerichtsordnung von 1563]," in *KO* 14, 327.

다만 1장에서 언급하는 결혼 법원 설립의 필요성은 종교개혁 당시 상황을 이해하기 위해서 언급할 필요가 있다. 1장은 종교개혁 전에 결혼 법원의 부재 때문에 해결되지 않은 결혼에 관한 문제들이 많았음을 지적한다. 특히 주교 법정에 당사자들이 오는 일이 힘들었다는 사실과 함께 더 나은 정의를 위해서 결혼 법원의 설립이 필요하다고 한다. 따라서 결혼을 법적으로 다루는 일이 교회에서 관으로 넘어간 중요한 이유 중 하나는 결혼에 대한 다양한 법적 문제들이 주교 법원에서 해결되지 않았다는 점이다. 팔츠의 개혁파 종교개혁가들에게 교회 권징은 분명한 교회의 일이었다. 그러나 결혼문제는 이미 관의 문제로 넘어가 있었다. 우르시누스도 교회의 결혼법과 관의 결혼법의 분리를 암시한다.[41] 교회 권징이 교회의 일인지 국가의 일인지에 대하여 많은 논쟁을 하였으나, 결혼 문제에 대해서 교회의 일로 다루어져야 하는지, 국가의 일로 다루어져야 하는지는 논쟁이 거의 부재한 것처럼 보인다. 개혁파 지역에서 어떤 과정을 통해 결혼 문제가 관으로 넘어갔는지, 또 신학자들은 이에 대해 어떻게 반응했는지에 대해서는 결혼관을 이해하기 위해 더 많은 연구가 필요하다. 다만 이와 관련한 논의에서 관이 주도하는 결혼 규정은 더 정확히는 '기독교 결혼 규정'(christliche eheordnung)이었다는[42] 점을 고려해야 한다. 에라스투스와 다른 지도자 그룹 전체가 교회권징을 관이 주도해야 한다고 했을 당시를 생각한다면, 결혼을 관이 주도하는 것은 그만큼 자연스러운 일이었을 것이다.

---

41 우르시누스는 결혼의 정당한 시기를 고려하지 않을 때, "정치적인 일들과 교회적인 일들에서"(in politicis & Ecclesiasticis) 여러 나쁜 일들의 원인이 된다고 말한다. Ursinus, *Doctrinae Christianae Compendium seu Commentarii Catechetici* (Geneva, 1584), 819. 이 부분은 로이터가 편집한 우르시누스 전집(Reuter ed., *D. Zachariae Ursini ... opera theologica*)에는 빠져있다.

42 "Pfaltzgrave Friderichs, churfürsten, aufgerichte christliche eheordnung [für die oberpfalz vom 12. Juli 1563]," in *KO* 14, 275.

V. 자녀 양육에 대한 가르침

1. 『하이델베르크 요리문답 해설서』에 나타난 자녀양육

우르시누스는 제5계명을 해설하면서 가정에 관한 가르침을 준다. "네 부모를 공경하라"는 명령이 가정을 넘어 상급자와 하급자의 상호 의무에 관한 명령으로 시민의 질서 보존에 목적이 있으나 그 시작은 가정이다. 따라서 '부모'라는 말에 상급자들, 곧 초등교사 및 양육자, 학교 교사와 박사 및 목사, 국가의 높고 낮은 통치자, 그리고 장로들이 포함되지만 이들 앞서 가장 먼저 부모가 있다.[43]

우르시누스는 "네 부모를 공경하라"란 명령이 하급자들의 의무만이 아니라 상급자들의 의무를 포함한다고 본다. 그리고 자녀의 의무보다 부모의 의무와 잘못을 먼저 언급한다. 첫째, 자녀들을 양육하고 길러야 한다(마 7:9). 그래서 자녀에게 필요한 지원과 양육을 하려고 하지 않거나 제공하지 않는 것은 부모의 잘못이 된다. 나아가 부모가 자녀를 사치하고 낭비하도록 양육해서도 안 된다. 둘째, 그들을 다치지 않도록 보호해야 한다(딤전 5:8). 자녀를 상해로부터 보호하지 않는 것은 부모의 잘못이다. 우르시누스는 이것과 관련해서 부모가 자녀에게 인내와 온유를 길들이지 않는 것도 부모의 잘못이라고 한다. 자녀가 인내와 온유를 모르는 것도 상해를 입는 것과 같은 것이다. 또한 자녀에게 작은 상처나 심지어 아무런 상처를 입히지 않았는데도,

43 Ursinus, *Corpus Doctrinae Christianae Ecclesiarum,* 605.

무분별한 열심과 감정을 드러내 죄를 짓는 것이다. 이 부분은 자녀를 적게 낳아 자녀가 소중하여 자녀에 대한 열심을 과도하게 표현하는 우리 시대가 꼭 들어야 할 교훈이다. 셋째, 부모는 자녀들을 교육해야 하며, 또는 교육받도록 다른 이들에게 맡겨야 한다(엡 6:4). 자녀를 교육하지 않거나 자신이나 자녀의 능력에 따라 자녀가 교육받는 것에 관심이 없는 것, 또는 자신의 악한 모범이나 나쁜 가르침으로 자녀를 타락시키는 것은 부모의 잘못이다. 넷째, 집안의 규율(disciplina domestica)로 다스려야 한다. 따라서 자녀를 게으르고 방탕하게 키우는 것, 그리고 필요할 때 자녀를 바로 잡지 않는 것은 부모의 잘못이다. 그러나 우르시누스는 가혹한 징계를 금지한다. 즉, 의무나 잘못의 성격이 요구하는 것보다 더 가혹하게 징계하는 것과 그래서 너무 가혹하고 잔인하여서 자녀의 애정을 멀어지게 하는 것은 부모의 죄가 된다는 것이다.[44]

우르시누스는 상급자들의 의무에, 부모의 의무, 교사의 의무, 상전의 의무, 장로나 높은 위치에 있는 자들의 의무를 따로 언급하지만, 흥미롭게도 하급자들의 의무를 따로 분류하여 말하지 않으며 따라서 자녀들의 의무를 따로 언급하지 않는다. 그래서 구조상 우르시누스는 "부모를 공경하라"에서 자녀의 의무보다 부모의 의무를, 즉 부모를 공경하는 자녀로 교육하고 양육할 부모의 의무를 더욱 강조하는 것이다. 물론 아랫사람의 의무로, 존경, 사랑, 복종, 감사, 인내를 언급하는데, 이것은 다양한 하급자 전체에 해당되는 의무이다.

2. 『팔츠 교회법』에 나타난 신앙교육

44 Ursinus, *Corpus Doctrinae Christianae Ecclesiarum,* 608.

우르시누스가 초안한 『하이델베르크 요리문답서』는 팔츠 교회법의 핵심을 차지한다. 설교, 세례, 성만찬, 환자 심방, 예배 순서 등 모든 내용에 『하이델베르크 요리문답서』의 내용 자체가 들어가 있다. 『팔츠 교회법』은 우르시누스가 작성한 것은 아니고 위원회의 작품일지라도 『하이델베르크 요리문답서』 내용이 교회법 전반에 있다는 측면에서, 나아가 우르시누스가 중요한 역할을 하던 지역에서 자녀의 교육 방식과 가정의 역할을 이해하기 위해서 이 부분을 다룰 필요가 있다.

팔츠 교회법에서는 자녀의 신앙교육에 대한 강조가 두드러진다. 『하이델베르크 요리문답서』를 소개하면서 요리문답서를 가지고 신앙교육을 하는 당위성을 언급한다. 우리의 부패한 성향이 첫 번째 이유라면 두 번째 이유는 말씀을 자녀들에게 가르치라는 주님의 명령(출 12:26-27; 13:8-9, 14, 신 4:37-40; 6:1-9; 11:18-21)이다. 즉, "네 자녀에게 부지런히 가르치라"는 하나님의 명령이 신앙교육의 근거이다. 세 번째 이유는 구약에서 할례를 주고 아이에게 교육한 것처럼 어린이들도 세례 후에 교육받아야 한다는 것이다. 이 신앙교육이 로마 가톨릭교회 때문에 소위 '견진성사'로 대체되면서 사라졌는데, 요리문답서 교육을 통해 개혁해야 한다고 주장한다.[45]

선제후 프리드리히 3세가 우르시누스에게 요리문답서의 초안을 부탁한 배경에는 자녀들의 상황이 있었다. 프리드리히 3세는 당시 자녀들의 상황에 대하여 이렇게 말한다. "피어나는 청춘들이 학교와 교회에서 기독교 교리를

---

45 "Dieser gebrauch, den catechismum zu treiben, so auß dem bevelch Gottes seinen ursprung hat, ist so lang in der christlichen kirchen gebliben, biß daß der leidige sathan durch den antichrist, den bapst, wie alle andere gute ordnungen, also auch dise zerrissen und anstadt derselben sein schmierwerck und backenstreich und andere greuel hat gesetzt, welche er die firmung nennet." *KO 14,* 341-342.

아주 경솔하게 또는 한편 전혀 가르침을 받지 않거나, 한편 다르게 또는 지속적이고 확실하고 통일적인 요리문답서가 아니라 각자의 마음과 판단에 따라 가르침을 받고 교육받는다."[46] 신앙교육의 부재와 제멋대로의 신앙교육으로 인하여 자녀들이 하나님에 대한 경외와 말씀지식 없이 자라난다는 점과 교육을 받지 못하거나 계속되는 쓸모없는 질문들과 이따금 이질적인 교리로 시달린다는 점 때문에[47] 선제후가 안타까워한 것이 중요한 요리문답서 작성 배경에 있다. 따라서 선제후는 요리문답서를 통해서 자녀들이 처음부터 "순수하고 같은 형식의 교리로"(zu reiner / auch gleichförmiger lehr) 배우며 "오류와 상이성"(unrichtigkeit und ungleichheit)을 없애는 방식으로 즉 통일적으로 배우기를 원했던 것이다.

선제후에게 하나님의 말씀을 가르치는 것과 요리문답서를 가르치는 것은 분리되지 않았다. 왜냐하면, 요리문답서 교육 자체가 하나님에 대한 경외와 하나님의 말씀을 가르치는 것을 의미했기 때문이다. 교육 곧 요리문답서는 하나님의 말씀으로부터 만든 것이었다.[48] 요리문답서와 함께 자녀가 성장한다면 그것은 바로 하나님의 말씀 안에서 성장하는 것이었다. 나아가 요리문답서를 통한 신앙교육의 목표는 단순히 교리적 지식이 아니라 삶 전체의 개혁이었다. "훈육과 정직과 다른 모든 선한 덕들"은 어려서부터 교리와 복음

---

46 "... daß die blüende jugend allenthalben/ beides in Schulen und Kirchen Unsers Churfürstenthums in Christlicher Lehre sehr farlessig / und zum theil gar nit / zum theil aber ungleich / und zu keinem bestendigen / gewissen und einhelligen Catechismo / sonder nach eines jeden fürnemen und gutdüncken angehalten und underwiesen worden." *Catechismus Oder Christlicher Underricht,* 6-7.

47 "... daß sie oftmalen ohne Gottes furcht und Erkanntnuß seines Worts auffgewachsen / keine eintrechtige Underweisung gehabt / oder sonst mit weitleufftigen unnotdürfftigen fragen / auch bisweilen mit widerwertiger lehre beschweret worden ist." *Catechismus Oder Christlicher Underricht,* 7.

48 "...einen Summarischen underricht oder Catechismum unserer Christlichen Religion auß dem Wort Gottes ..." *Catechismus Oder Christlicher Underricht,* 9.

과 하나님을 아는 지식으로 가르칠 때 가능하다. 프리드리히 3세에게 신앙 교육과 생활교육은 분리되어 있지 않다.

신앙교육의 직접적인 대상은 자녀들이지만 그 유익을 그들만 갖는 것이 아니다. 요리문답서 서문에 의하면 자녀들에 대한 신앙교육은 교회의 사역자들만의 의무가 아니라, 정부와 가정의 의무이다.[49] 즉, 신앙교육에 참여하는 것은 교회만이 아니라 학교와 부모, 나아가 사회전체가 된다. 사회전체가 신앙교육에 참여해서 자녀들만이 아니라 사회전체가 유익을 누린다고 서문이 진술한다.

세례예식서에 당연히 자녀의 신앙 교육에 대한 관심이 나타난다. 목사는 세례를 준 후에 드리는 감사기도에 "아이가 그리스도의 것으로 하나님의 복을 받으며 양육되고 주 예수 그리스도 안에서 성장하고 자라기를"[50] 구한다. 감사기도 후 권면을 하면서 교육을 강조하는데 자녀의 아버지가 특별히 언급된다. "그렇기 때문에 여러분이시여, 친구, 친척, 특히 아버지와 세례입회인 그대들은 이 아이가 하나님이 하늘에서 계시하시고 신구약에 모아주신 기독교신앙의 조항과 교리를 따라 바른 지식을 갖고 하나님을 경외하면서 주 그리스도를 위해 양육되도록 모든 노력을 다하셔야 합니다."[51] 교회법은 세례예식문 후에 '요리문답서에 대하여'(vom catechismo)를 배치한다. 세

---

49 "Wenn nun beid Christliche und weltliche ämter / Regiment und haushaltungen / anders niicht bestendiglichen erhalten werden / auch zucht und erbarkeit und alle andere gute tugenten bey den underthanen zunemen und affwachsen mügen." *Catechismus Oder Christlicher Underricht*, 7-8.

50 "Wir bitten dich ... auf daß es christlich und gottselig auferzogen werde und in dem herrn Jesu Christo wachse und zuneme, ..." *KO 14*, 341.

51 "Und derhalben solt ir, freund und verwandten, insonderheyt aber ihr, vater und gevattern, allen fleiß anwenden, das diß kind in rechter erkandtnuß und forcht Gottes laut der artickel des christlichen glaubens und der lehre, welche von Gott auß dem himel offenbaret und im alten und neuen testament begriffen ist, dem herrn Christo auferzogen werde ..." *KO 14*, 341.

례를 다루고 성만찬을 다루지 않고 그 사이에 요리문답서를 배치한 것이다. 마치 성례가 분리된 것 같은 인상을 주지만, 세례-요리문답서-성만찬으로 이어지는 구도는 언약의 표인 세례를 받은 자녀가 요리문답서와 함께 말씀의 교육을 받은 후 성장하여 성만찬에 참여하는 것을 보여준다.[52] 따라서 교회법은 요리문답서 전체를 배치한 후 성만찬예식문을 시작하기 전, 태어나서 처음 성만찬에 참여하는 자녀가 성만찬 전에 부모와 함께 목사에게 나아와 신앙고백 할 것을 규정한다.[53]

팔츠 교회법이 가정을 중요하게 바라보고 있음은 소명에 관한 성경구절의 낭독을 보면 알 수 있다. 팔츠 교회는 『하이델베르크 요리문답서』를 주일 마다 낭독하도록 했다. 9주 분량으로 나누어 낭독하도록 했으며, 10주째에는 회중의 각 소명이 무엇인지 알려주는 성경구절을 낭독하도록 했다. 즉 일 년에 다섯 번씩 요리문답서 전체와 소명을 확인한 것이다. 소명은 13개로 구분된다. 세상 통치자들, 재판장들, 세상 통치자와 백성들, 남편들, 아내들, 부모들, 자녀들, 하인 및 하녀들, 가장들, 젊은이들, 처녀들, 과부들, 각 사람들에 대한 소명을 알려주는 성경구절을 읽었다. 상당한 부분이 가정에 대한 것인데, 예를 들어 남편에 대하여는 "남편들아 아내 사랑하기를 자기 자신과 같이 할지니 자기 아내를 사랑하는 자는 자기를 사랑하는 것이라"(엡 5:25)와 골로새서 3:19을 낭독했다.[54] 매 10주 마다 사회와 가정에서 자기의 소명을 확인하는 일은 가족 구성원을 위한 교육의 기회가 되었을 것이다.

52 Victor E. d'Assonville, "... Remarks on the purpose of the Heidelberg Catechism ...," in Skriflig, vol. 47/2 (Jan 2013), 4.

53 *KO 14*, 381.

54 *KO 14*, 376.

Ⅵ. 나가며

지금까지의 논의를 통해 우리는 다음과 같은 주목할 점을 확인할 수 있었다.

첫째, 우르시누스에게 결혼은 하나님이 인간을 창조하신 목적에 봉사한다. 하나님의 계시의 대상인 인류를 번성하기 위해 결혼은 필수적이기 때문이다.

둘째, 우르시누스는 결혼에 대한 가르침에서 종교개혁자들과 공통된 준거점을 취한다. 하나님께서 타락이전에 결혼제도를 만드셨으므로 인간이 만든 제도를 뛰어넘는다. 그런데 타락이후에 정욕에 대한 치유책이라는 또 다른 목적과 함께 결혼제도는 유효하다. 나아가 당사자의 동의가 없는 결혼을 반대한다.

셋째, 우르시누스는 결혼이 아디아포라인가라는 질문에 긍정적인 답변을 절제의 은사를 받은 이들에게만 제한함으로써 결혼의 필수성을 강조한다.

넷째, 우르시누스가 영향을 끼쳤던 팔츠는 교회법 안에 『결혼식 규정』이 있으나, 『결혼 규정』과 『결혼 법정 규정』은 교회법과 분리되어 있을 뿐 아니라 신학자들이 참여하지 않은 채로 작성되었다. 결혼에 대한 많은 문제가 교회에서 관으로 넘겨지고 있는 흐름을 확인하였다.

다섯째, 우르시누스는 "네 부모를 공경하라"는 제5계명에서 자녀의 의무보다 먼저 부모의 의무를 다룸으로써 부모의 의무를 더욱 강조하고 자녀를 양육하고 훈육해야 할 부모의 의무를 사려 깊게 짚어준다.

여섯째, 우르시누스가 초안을 작성했던 『하이델베르크 요리문답서』의 핵심을 차지하는 선제후령 팔츠의 교회법은 자녀의 신앙교육을 중요하게 생각한다. 따라서 팔츠교회법에서 『하이델베르크 요리문답서』는 세례예식과 성만찬예식 사이에 배치된다.

〈참고문헌〉

이남규. 『우르시누스, 올레비아누스 - 하이델베르크 요리문답 서의 두 거장』. 서울: 익투스, 2017.

_____. 『칼빈주의 뿌리내리다』. 수원: 합신대학원출판부, 2022.

Catechismus Oder Christlicher Underricht wie der in Kirchen und Schulen der Churfürstlichen Pfalz getrieben wirdt. Heidelberg, 1563.

d'Assonville, Victor E. "'And thou shalt teach these words diligently ...': Remarks on the purpose of the Heidelberg Catechism regarding its teaching nature." In die Skriflig/In Luce Verbi 47(2) (16 Oct. 2013). Art. #679.

Drüll, Dagmar. *Heidelberger Gelehrtenlexikon 1386-1651.* Berlin/Heidelberg/New York: Springer-Verlag, 2002.

Goeters, J.F. Gerhard. "Einführung." In *Die Evangelischen Kirchenordnungen des XVI. Jahrhunderts*, edited by Emil Sehling, 1-89. Tübingen: J. C. B. Mohr (Paul Siebeck), 1969.

Harrigton, Joel F. "Reformation, Statebuilding and the 'Secularization' of Marriage: Jurisdiction in the Palatinate, 1450-1619." In *Fides et Historia* 22/3 (Fall 1990). 53-63.

Heppe, Heinrich. *Die Dogmatik der Evangelisch-Reformierten Kirche*, Rev. and Ed Ernst Bizer. Neukirchen: Neukirchener Verlag, 1958.

Schild, Maurice E. "Ehe/VII. Reformationszeit." In *Theologische Realenzyklopädie, Studienausgabe,* vol. 9, Ed. Gerhard Müller, 336-346. Berlin: Walter de Gruyter, 1982.

Sehling, Emil, ed. *Die evangelischen Kirchen Ordnungen des XVI. Jahrhunderts: Band 14 Kurpfalz.* Tübingen: Mohr, 1969.

Selderhuis, Herman. "결혼의 개혁: 오늘을 위한 메시지". 이신열 번역. 「갱신과 부흥」 18호(2016), 36-57.

Sturm, Erdmann K. *Der Junge Zacharias Ursin, sein Weg vom Philippismus zum Calvinismus (1534-1262).* Neukirchen: Neukirchener Verlag, 1972.

Sudhoff, Karl. *C. Olevianus und Z. Ursinus, Leben.* Elberfeld: R.L. Friderichs, 1857.

Toepke, Gustav, ed. *Die Matrikel der Universität Heidelberg von 1554 bis 1662.* Heidelberg, 1886.

Ursinus, Zacharias. *Corpus Doctrinae Christianae Ecclesiarum a Papatu Romano Reformatorum ... in Explicationibus Catecheticis Rudi Minerva Exceptum; Ac Postea Crebris Editionibus Auctum ... a ... D. Davide Pareo ... Posthumam Hanc Editionem ... Adcuravit Philippus Pareus.* Lasche, 1651.

__________________. *Doctrinae Christianae Compendium seu Commentarii Catechetici.* Geneva, 1584.

__________________. "Catechesis, summa theologiae per questions et responsiones exposita," In *D. Zachariae Ursini ... opera theologica*, Ed. Quirinus Reuter, 10-33. Heidelberg: Johan Lancellot, 1612.

__________. "D. Zachariae Ursini Loci Theologici traditi in Academia Heidelbergensi." In *D. Zachariae Ursini ... opera theologica*, Ed. Quirinus Reuter, 416-743. Heidelberg: Johan Lancellot, 1612.

__________. "Explicationes Catecheseos Palatiae, sive corpus Theologiae." In *D. Zachariae Ursini ... opera theologica*, Ed. Quirinus Reuter, 46-413. Heidelberg: Johan Lancellot, 1612.

Visser, Derk. *The Reluctant Reformer His Life and Times.* New York: United Church Press, 1983.

Witte, John Jr. "결혼과 가정생활". 『칼빈 핸드북』, 김귀탁 옮김, 883-900. 서울: 부흥과 개혁사, 2013.

"[Ehegerichtsordnung von 1563]." In *Die Evangelischen Kirchenordnungen des XVI. Jahrhunderts*, edited by Emil Sehling, 289-332. Tübingen: J. C. B. Mohr (Paul Siebeck), 1969.

"Kirchenordnung [...] [vom 15. November 1563]." In *Die Evangelischen Kirchenordnungen des XVI. Jahrhunderts*, Ed. Emil Sehling, 333-408. Tübingen: J. C. B. Mohr (Paul Siebeck), 1969.

"Pfaltzgrave Friderichs, churfürsten, aufgerichte christliche eheordnung [für die oberpfalz vom 12. Juli 1563]." In *Die Evangelischen Kirchenordnungen des XVI. Jahrhunderts*, Ed. Emil Sehling, 275-288. Tübingen: J. C. B. Mohr (Paul Siebeck), 1969.

푸티우스가 가르친 결혼과 가정

권경철

Gisbertus Voetius (1589-1676)

총신대학교 신학대학원을 졸업하고, 미국 필라델피아 근교에 위치한 웨스트민스터 신학교(Westminster Theological Seminary)에서 17세기 제네바 신학자 프랑수아 투레티니(Francis Turretin)에 대한 논문으로 역사신학 박사학위(Ph.D.)를 취득하였다. 총신대학교 신학대학원 외래교수를 역임했으며, 경기도 평촌에 위치한 열린교회 부목사로 사역하고 있다.

권경철

I. 들어가는 말

결혼과 가정 문제는 최근 대한민국 사회에서 가장 큰 주목을 받는 주제 중에 하나이다. 이는 현대 한국사회 구조 속에서 다양한 이유로 인해 결혼의 문턱이 높아지고, 결혼하더라도 화목한 가정을 이루기가 쉽지 않으며, 저출산 속에서 자녀양육이 부담으로 다가오는 경우가 많기 때문일 것이다. 게다가 전통적인 가족의 정의에 대한 다양한 도전들이 점점 현실화되고 있다.

그런데 푸티우스(Gisbertus Voetius, 1589-1676)로 대표되는 17세기 유럽 대륙 개혁파 정통주의 신학자들이 결혼과 가족이라는 분야에서 가졌던 문제의식들은, 우리 시대의 그것들과는 사뭇 달랐다. 일단 전통적인 가족의 형태가 보편적으로 전제된 상태였고, 결혼하는 연령이 평균적으로 우리 시대의 그것보다 훨씬 낮았으며, 신앙과 상관없이 결혼 후 이혼은 금기시되었고, 높은 영아 사망률로 인해 최대한 많은 자녀를 낳아 그들 중 다수가 성년에 이르기를 희망하는 것이 일반적이었다.[1] 그리고 아버지나 어머니를 일찍 여의거나 자녀를 잃는 경우가 매우 빈번했기 때문에, 신학자들이 이런 주제에 대해서 자신의 소회를 밝히거나 회고록을 작성하여 출판하는 경우는 드물었다. 따라서 오늘날의 문제의식을 가지고 옛날 신학자들의 글을 읽어나가면, 그들이 결혼과 가정의 문제에 대해서 별다른 이야기를 하지 않는다고 오인할 수도 있다.[2]

푸티우스도 예외는 아니다. 푸티우스는 결혼이나 가정에 대해서 조직신학

1 예를 들어, 존 오웬(John Owen, 1616-1683)은 11명의 자녀를 낳았지만 그 중 한 명도 성년이 되도록 생존하지 못했다. 그런데도 오웬은 자녀 상실에 관해서 전혀 언급하지 않는다. Carl R. Trueman, *John Owen: Reformed Catholic, Renaissance Man* (Burlington, VT: Ashgate, 2011), 3.

2 이것이 오해에 불과하다는 것에 대해서는, Scott Manetsch, 『칼빈의 제네바 목사회의 활동과 역사』, 신호섭 옮김 (서울: 부흥과개혁사, 2019), 201.

적으로 정리된 글을 쓴 적이 없다. 그의 대표저서라고 할 수 있는 5권짜리 『신학논제선집』(*Selectarum disputationum theologicarum*)을 보아도, 결혼이나 가정이라는 주제가 따로 다루어진 적은 없는데, 이는 당시에 신앙의 색채를 무론하고 결혼과 가정에 대해서 신학적으로 괄목할만한 이견이 존재하지 않았다는 것을 암시하는 것일 수 있다. 그리고 그의 다른 저서인 『교회정치』(*Politica ecclesiastica*)를 보더라도, 결혼이나 가정에 대해서 따로 구별하여 주목한 내용은 없다. 물론 교회에서 청중의 다양한 필요에 응답해야 하는 상황 속에서 전해진 설교들로 말할 것 같으면 경우가 달랐을 수도 있겠지만, 푸티우스의 설교가 제한적으로만 남아있는 오늘날의 상황 속에서 오늘 우리가 그의 설교 속에 가르쳐진 결혼과 가정에 대해서 자세한 이야기를 재구성하기에는 한계가 있다.

이러한 이유로, 현대 한국사회와 교회에 영향을 미치고 있는 결혼과 가정에 관련된 다양한 문제들에 대한 해답을 푸티우스에게서 찾는 것은, 그의 시대상황과 신학체계를 고려할 때 시대착오적인 발상이 될 수 있다. 시대의 화두 자체가 다르기 때문이다. 목회자요 신학자로서 푸티우스가 모범적인 결혼생활을 했고 가정에 충실했던 것은 분명하지만, 그래도 그가 결혼과 가정에 대한 전반적인 부분들을 체계적으로 정리하여 가르침을 베푼 적이 없다. 따라서 결혼과 가정이라는 주제로 푸티우스의 신학을 풀어내는 것은 어떤 의미에서는 푸티우스 신학 전체 체계에 어울리지 않는 접근법일 수 있다.

그렇다면 푸티우스가 결혼과 가정에 대해 아무런 메시지도 남기지 않았다는 말인가? 그렇지는 않다. 그의 작품 곳곳을 살펴보면, 결혼과 가정에 대한 그의 견해가 함축적으로 드러난 부분들이 있다. 그리고 그 어떤 말보다도 푸티우스의 결혼생활과 가정생활 자체가 강력한 가르침이요 메시지이다. 따라서 필자는 이 글에서 먼저 푸티우스의 가정사와 결혼생활에 대해서 살펴보고, 그 후에 푸티우스의 작품에서 암시된 그의 결혼관과 가정관에 대해서 다루고자 한다. 이렇게 함에 있어서 필자는 결혼과 가정이 푸티우스의 신학에서 차지하는 위치를 시대착오적으로 과대평가하지 않으면서도, 결혼과 가정에 관한 푸티우스의 가르침이 오늘날을 사는 그리스도인들에도 여전히 시사하는 바가 있음을 드러내려고 한다.

II. 푸티우스의 결혼생활과 가정생활

푸티우스 집안은 원래 네덜란드와 인접한 독일 북서부 뮌스터로 대표되는 베스트팔렌(Westphalia) 지방에서 살던 중세의 기사 가문이었다.[3] 15세기 무렵, 푸티우스의 조상들 중 일부가 네덜란드로 와서 퀘스덴 지방에 자리를 잡았다.[4] 종교개혁 이전에 푸티우스 집안은 수도원을 세우기도 하고 고위 공직자를 배출하기도 하는 등 지역사회에서 유력한 가문으로 자리매김했다.[5]

그러던 차에 푸티우스 집안의 장래를 좌우할만한 사건이 발생했으니, 그것은 바로 네덜란드 종교개혁이었다. 많은 네덜란드인들이 개신교를 받아들였고, 푸티우스 집안도 그 중 하나가 되었다. 그러나 종교개혁 당시 네덜란드를 통치하던 황제 카를5세와 그의 뒤를 이어 저지대 국가들의 통치자가 된 펠리페2세는 개신교도들을 탄압했고, 이에 오랫동안 에스파냐의 지배하에 있었던 네덜란드인들은 개신교를 새로운 정체성으로 삼아 80년에 걸친

3 Arnoldus Cornelius Duker, *Gisbertus Voetius*, 4 vols. (Leiden: Brill, 1897-1915), 1:7.

4 Duker, *Voetius*, 1:7.

5 Duker, *Voetius*, 1:7.

독립전쟁을 이어나가게 되었다.

이처럼 종교와 민족과 정치가 한데 어우러진 네덜란드 독립전쟁의 과정에서, 푸티우스 집안은 재산과 인명의 상당한 희생을 감수할 수밖에 없었다. 젤토헨보스(s' Hertogenbosch)라고도 하는 덴 보스(Den Bosch)지방에서는 순교자가 여럿 나왔는데, 그 중에서는 푸티우스의 할아버지도 있었다. 그와 같은 소란으로 인해 푸티우스의 아버지 파울루스 푸티우스(Paulus Voetius)는 학교 공부를 다 마칠 수 없었다.[6] 그는 정의감에 불탄 나머지 훼스덴 민병대에 자원입대하여 독립전쟁에 참여하기도 했으나, 전쟁이 오래 지속된 탓에 재산을 증식시키기는커녕 사회 불안정과 재정적 손실로 인해 상속받은 토지를 팔기에 이르렀다.[7]

전쟁에서 돌아와 명망 있는 가문 출신의 마리아 디 야헬링(Maria de Jageling)이라는 처녀와 결혼하여 가정을 꾸린 파울루스 푸티우스는, 1589년 3월 3일에 아들 기스베르투스 푸티우스를 얻게 된다.[8] 기스베르투스 푸티우스는 본래 여덟 남매 중 여섯째 아들로 태어났다. 그러나 그의 형제들은 대부분 어려서 세상을 떠났다. 외할아버지의 이름을 물려받은 그의 큰형 다니엘과 같은 이름을 물려받은 작은 형 다니엘은 모두 몇 년 살지 못하고 죽었고, 셋째 형이었던 니콜라스는 4살 때 사망했으며, 누나 세실리아도 어려서 사망하였다. 결국 남은 것은 작고한 삼촌의 이름을 그대로 물려받은 다섯째 디르크(Dirk)와 그의 세 살 터울 남동생 여섯째 기스베르투스, 그리고 기스베르투스보다 세 살 어린 동생이자 아버지의 이름을 물려받은 막내아들 파울루스(Paulus), 그리고 막내딸 엘리사벳 뿐이었다. 끝내는 기스베르투스

6 Duker, *Voetius*, 1:9.
7 Duker, *Voetius*, 1:10.
8 Duker, *Voetius*, 1:11-12.

의 손아래 동생 파울루스마저도 성년이 되기까지 생존하지 못하고 1604년 훼스덴에서 유행했던 흑사병에 걸려 유명을 달리하고 말았다.[9] 이전에 친형제였던 디르크가 처자식을 남겨둔 채 흑사병으로 급작히 사망하는 것을 경험한 바 있었던 아버지 파울루스에게는,[10] 여러 자식을 잃은 것과 더불어 막내아들 파울루스를 흑사병으로 잃은 것이 상당한 상실의 고통으로 다가왔을 가능성이 높다. 하지만 당시의 문헌에서는 그 고통에 대해 직접적이고 자세하게 묘사하고 있지 않으므로, 우리는 그 고통이 어떠했을지에 대해 단지 추측만 할 수 있을 뿐이다.

하지만 푸티우스 집안의 불행은 이것으로 끝이 아니었다. 기스베르투스의 아버지 파울루스는 네덜란드 독립전쟁의 일환으로 1597년 일어났던 투른하우트(Turnhout) 전투에 나갔다가 전사하였다.[11] 그렇게 기스베르투스는 8세의 어린 나이에 아버지를 잃게 되었다. 네덜란드와 영국 연합군이 에스파냐 제국과 싸운 이 전투는 결국 네덜란드의 승리로 끝났지만, 하루아침에 남편과 아버지를 잃은 푸티우스 가족의 슬픔과 상실감이란 매우 컸을 것이다.[12] 불행 중 다행인 것은, 푸티우스 가족이 국가유공자의 집으로 인정받아 지방 정부로부터 살 집을 허락받고, 공부할 때에 장학금을 받는 등의 혜택을 누렸다는 것이다.[13]

아버지를 일찍 여읜 것이 영향을 미쳤는지는 몰라도, 푸티우스는 철이 일찍 들어 어릴 때부터 학문과 경건에 매진했다. 그가 학문적인 재능을 타고

---

9 Duker, *Voetius*, 1:37; 권경철, "푸치우스의 '흑사병에 대한 영적 해독제,'" 「역사신학논총」 38/3 (2021), 80-81.

10 Duker, *Voetius*, 1:9.

11 Duker, *Voetius*, 1:21.

12 Duker, *Voetius*, 1:22.

13 Duker, *Voetius*, 1:22.

났다는 것은 라틴 문법 학교 시절뿐만이 아니라, 프랑코(Franco)라는 선생의 문하생으로 있던 시절에도 명백하게 드러났다.[14] 상급학교에서 푸티우스는 그리스와 로마의 고전뿐만 아니라, 아리스토텔레스의 논리학을 개편한 라무스의 논리학, 그리고 산술과 기하 등의 예비학문을 충실히 배웠다.[15] 후에 이 시절을 돌아보며 푸티우스는 당시의 학업이 매우 치열했음을 고백한 바 있다.[16]

푸티우스는 학문과 동시에, 경건생활에 있어서도 일찍부터 특별한 열심을 가지고 있었다. 특히 어려서부터 경건에 대해 그가 일관된 관심을 보였다는 사실로부터 미루어 볼 때, 그가 신학교수가 되어 남긴 경건훈련에 대해 체계적인 저술에서 학교뿐만 아니라 가정에서의 경건 증진 방안에 대해 강조한 것은 자연스러운 결과였다.[17] 그는 자신의 경험을 토대로 어린이와 청소년과 젊은이들에게 권면하기를, 어려서부터 성경을 부지런히 읽고 기도하며, 시편을 찬송하고, 공예배의 자리를 성실히 지키면서 가족 및 선생님들과 함께 교회에서 들은 설교를 복습하고, 그 밖에도 신앙서적을 읽고 요리문답을 활용하는 등의 노력도 게을리 하지 말아야 한다고 했다.[18] 그렇게 함으로써 푸티우스는, 어려서부터 가정이 경건훈련의 장이 되어야 한다는 사실을 강조하였다.[19]

기초학문과 경건을 수련한 푸티우스는, 1604년 대학 예과 과정을 공부하기 위해 장학금을 받고 가족과 함께 레이든(Leiden) 국립대학교로 이사하였

---

14 Duker, *Voetius*, 1:13-14.

15 Duker, *Voetius*, 1:18.

16 "Fateor me ibidem ab infantia educatum et in literis, fervente bello, institutum." Duker, *Voetius*, 1:18.

17 Duker, *Voetius*, 1:23.

18 Duker, *Voetius*, 1:23.

19 Duker, *Voetius*, 1:23.

다. 푸티우스는 처음에 레이든의 학장이요 하이델베르크 요리문답 해설가로 유명했던 아르미니우스의 인척 쿠클리누스(Johannes Kuchlinus, 1546-1606)밑에서 공부를 했고,[20] 1607년 이후부터는 프란치스쿠스 호마루스(Franciscus Gomarus, 1563-1641) 밑에서 공부하면서 개혁주의 신학을 습득하고 정립하게 된다.[21] 여기서 우리는 푸티우스 홀로 레이든으로 유학을 가지 않았고, 어머니와 가족들이 함께 거주지를 이동했다는 점에 주목할 필요가 있다. 당시 방학이 되면 학생들은 고향으로 돌아가는 것이 일반적이었고 또 흑사병이 유행할 때에는 더욱 더 귀향하는 것이 일반적이었지만, 푸티우스는 가족이 다함께 있었기에 굳이 훼스덴에 가지 않고 레이든에 남았다.[22] 결혼도 하지 않은 푸티우스가 가족과 함께 이동한 것은, 과부로서 푸티우스를 키웠던 어머니와 동생들에 대한 배려였을 가능성이 높다. 후에 디르크가 레이든을 졸업하고 고향마을 근교에서 목회를 시작한 동생 기스베르투스 곁으로 와서 학교 선생 자리를 찾아 취업했다는 사실만 봐도, 기스베르투스가 푸티우스 가정에서 얼마나 중요한 위치를 차지했는지를 쉽게 짐작해볼 수 있다.[23]

레이든 대학교에서도 푸티우스는 경건훈련을 게을리 하지 않았다. 당시 레이든 대학교는 1년에 신약4독, 1달에 시편1독을 권장하는 학풍이 있었는데,[24] 푸티우스는 그에 더하여 점심 식사 후에 성경 시가서와 역사서를 읽곤

---

20 쿠클리누스에 대해서는 Keith D. Stanglin, "Johannes Kuchlinus, the 'Faithful Teacher': His Role in the Arminian Controversy and His Impact as a Theological Interpreter and Educator." *Church History and Religious Culture* 87/3 (2007), 305-326을 보라.

21 권경철, "기스베르투스 푸티우스의 성령론," 『종교개혁과 성령』 (부산: 고신대학교개혁주의학술원, 2020), 312.

22 Duker, *Voetius*, 1:48; 2:214.

23 Duker, *Voetius*, 1:153-154.

24 Duker, *Voetius*, 1:47.

했다. 오후 공강 시간에는 30분 정도 시간을 내어 마음이 맞는 동료 학생들과 함께 뒷동산에서 기도와 묵상의 시간을 가지곤 했고, 하루 일과를 마무리하고 귀가하기 전에는 쿠클리누스가 인도하는 경건회에 참석하곤 했다.[25] 이처럼 푸티우스에게는 학교와 가정이 모두 경건훈련의 장이었다.

레이든 대학교를 졸업한 후, 푸티우스의 가정생활 환경은 급격한 변화를 겪게 된다. 가장 큰 변화는 두 가지 방면에서 일어났는데, 첫째는 강도권과 성례 집행권을 얻고 1611년부터 플리먼(Vlijmen)에서 시작하게 된 목회사역이었고,[26] 그 다음은 1612년에 델리아나 판 디스트(Deliana van Diest, 1591-1679)라는 자매와 맺게 된 백년가약이었다.[27] 본인이 결혼생활을 하면서, 주일 예배에 자유롭게 설교할 자격을 얻고, 유아세례를 집례하고, 결혼식을 주례하며, 장례를 포함한 생애 모든 주기들을 사역자로서 다룰 자격을 얻어 목회 사역에 뛰어들었다는 사실이 푸티우스의 결혼관과 가정관에 아무 영향도 미치지 못했을 것이라고 생각하는 것은 상식적으로 납득하기 어렵다. 오히려 기혼자의 입장에서, 요람에서 무덤까지 포괄하는 목회의 현장에서 많은 결혼과 가정을 살펴보게 된 것은, 푸티우스의 결혼관과 가정관에 큰 영향을 끼쳤을 것이라고 추측하는 것이 자연스럽다.

1617년에 푸티우스는 고향 휘스덴으로 목회 자리를 옮겼는데, 이곳에서의 목회사역은 그가 우트레흐트 대학교 신학부 교수로 부임하기 전까지 지속되었다. 푸티우스가 낳아서 기른 열 명의 자녀 중에서 세 명은 성년이 되기 전에 세상을 떠났고 일곱은 생존하였는데, 아버지의 뒤를 따라 우트레흐트에서 명망 있는 교수가 되거나 목회자가 된 자녀들은 대부분 푸티우스가

25 Duker, *Voetius*, 1:47.
26 Duker, *Voetius*, 1:132.
27 Duker, *Voetius*, 1:154.

훼스덴에서 목회를 할 때 태어나 그곳에서 어린 시절을 보냈다. 첫째 파울루스(Paulus Voetius, 1619-1667), 다니엘(Daniel Voetius, 1630-60), 니콜라스(Nicolaas Voetius, 1635-1679) 등이 모두 그러했다. 따라서 훼스덴에서의 목회사역은 푸티우스의 결혼관과 가정관이 어떤 과정을 거쳐 형성되고 실제 삶 속에서 실현되었는지를 엿볼 수 있는 중요한 시기라고 할 수 있다.

훼스덴에서 푸티우스 가족은 융숭한 대접을 받았다. 목사관으로 제공된 사택은 오늘날까지도 중산층의 주거지역으로 남아있는 푸터길(Putterstraat) 선상에 위치하고 있었고, 온가족들이 들어가서 살기에 넉넉한 큰 집이었다.[28] 푸티우스의 부인 델리아나는 이 집을 재량껏 장식하고 관리할 수 있는 자유도 누렸다.

비록 대부분의 자녀들이 푸티우스보다 먼저 세상을 떠나기는 했지만, 결과적으로 볼 때 푸티우스의 자녀들은 아버지의 신앙적 신학적 유산을 충실하게 계승했다. 파울루스는 장성하여 우트레흐트 대학교에서 법학과 철학을 가르치는 교수가 되었고, 다니엘은 장성하여 우트레흐트 대학교에서 논리학과 형이상학을 가르쳤으며, 니콜라스는 장성하여 저명한 목회자가 되었다. 그리고 우트레흐트에서 태어난 요하네스(Johannes Voetius, 1647-1713) 역시도 우트레흐트 대학교의 법학 교수가 되었다. 그들은 아버지가 코케이우스파에 맞서고 예수회에 맞설 때 아버지와 힘을 합하여 하나의 공동전선을 형성하였다.[29] 여기서 우리는 푸티우스가 가정을 소홀히 하지 않고 자녀

28 Duker, *Voetius*, 1:371-372.

29 푸티우스와 그의 아들들의 신학적 동질성은, 제네바 신학자 쟝 알퐁스 투레티니(Jean-Alphonse Turrettini, 1671-1737)가 그의 아버지 프랑수아 투레티니(François Turrettini, 1623-1687, 프란시스 튜레틴이라고도 함)의 신학체계를 허물었던 것과 극명한 대조를 이룬다. 쟝 알퐁스 투레티니에 대해서는 Martin I. Klauber, *Between Reformed Scholasticism and Pan-Protestantism: Jean-Alphonse Turretin (1671-1737) and*

들의 신앙교육에 힘썼을 것으로 미루어 짐작할 수 있다. 푸티우스가 교수가 된 후에도 고아들에게 요리문답을 가르치는 일을 계속했다는 사실로 미루어 짐작해 볼 때,[30] 푸티우스가 가정에서도 자기 자녀들에게 요리문답을 가르쳤을 것임은 거의 확실하다. 게다가 푸티우스로 대표되는 소위 네덜란드 경건주의 개혁운동(Nadere Reformatie)이 가정에서의 신앙교육과 경건훈련을 중요시했다는 것을 생각해보면, 푸티우스가 비록 결혼과 가정에 대해서 말은 많이 하지 않았어도, 신앙인의 결혼과 가정이 어떠해야 하는지를 현장에서 몸소 보여주고 실천하는 일에 힘을 썼다고 보는 것이 자연스러운 결론일 것이다.

III. 푸티우스의 결혼관과 가정관: 십계명 실천과 경건훈련, 그리고 교회

지금까지 필자는 푸티우스의 결혼생활과 가정생활을 살펴보면서, 비록 그가 결혼과 가정에 대해 체계적인 가르침을 주지는 않았지만, 그가 결혼과 가정에 관해 던지고 싶었던 메시지가 부재하지는 않았을 것이라는 합리적인 추론에 도달하였다. 이제부터는 그 추론이 진실되다는 사실을, 푸티우스의 글에서 결혼과 가정에 관해 언급하거나 암시한 부분들을 찾아서 결혼과 가정에 대한 푸티우스의 메시지를 재구성함으로써 증명하고자 한다. 다만 증명과정에서 우리가 유의해야 할 것은, 푸티우스가 결혼과 가정을 하나의 독

Enlightened Orthodoxy at the Academy of Geneva (Cranbury, NJ: Associated University Press, 1994)를 보라.

30 Joel Beeke, "Toward a Reformed Marriage of Knowledge and Piety," *Reformation and Revival* 10/1 (2001), 132.

립적인 신학적 주제로 언급하기보다는, 다른 신학 주제의 문맥에 엮인 보조적인 주제로 다루는 것을 선호하는 경향이 있다는 사실이다. 따라서 어떤 문맥에서 푸티우스가 결혼과 가정 이야기를 하는지를 살펴볼 필요가 있다. 그 문맥은 크게 세 가지인데, 십계명과 경건훈련, 그리고 교회이다.

푸티우스가 결혼과 가정을 언급하는 첫 번째 문맥은 기독교 윤리학의 근간을 이루는 십계명이다. 푸티우스에게 기독교 윤리라는 것은 행위로 말미암는 의를 내세우거나 혹은 타계적인 금욕주의를 실천하기 위한 것이 아니라, 십계명의 가르침을 내면화하여 삶 속에서 직면하는 다양한 경우에 적용하기 위한 것이다.[31] 특히 푸티우스는 십계명의 다섯 번째 계명인 "부모를 공경하라"는 계명과 일곱 번째 계명인 "간음하지 말라"는 명령을 통해 배울 수 있는 교훈들을 간단한 문답 형식으로 나열함으로써, 결혼과 가정에 관한 그의 견해를 간략하면서도 암시적이고 간접적인 방식으로 보여주고 있다.

먼저 푸티우스는, 여러 가지 요리문답들이 그랬던 것처럼, 십계명에서 부모뿐만 아니라 부부와 가족과 사회의 제반 권위에 대한 존중과 순종, 그리고 성적 순결에 대한 가르침을 도출해낸다. 결혼으로 말할 것 같으면, 음행을 피하기 위한 장치이며, 하나님께서 주신 제도이다.[32] 결혼생활에 있어서 아내가 처음부터 남편에게 속하여 있는 것은, 하나님이 정하신 법이요, 자연스러운 것이다.[33] 그러므로 남편은 그 생(生)과 사(死)에 있어서 아내에게 종속되지는 않는다.[34]

그러나 결혼이라는 연합 밖에서 말할 것 같으면, 여성성이 남성성보다 열

31 Joel Beeke, "Toward a Reformed Marriage of Knowledge and Piety," 139.

32 Voetius, *Selectarum disputationum Theologicarum*, 4 vols. (Amsterdam, 1667), 4:808.

33 Voetius, *Selectarum disputationum Theologicarum*, 4:794.

34 Voetius, *Selectarum disputationum Theologicarum*, 4:794.

등하거나 존엄성이 덜하다고 할 수 없다.[35] 그러므로 "내 마음이 계속 찾아 보았으나 아직도 찾지 못한 것이 이것이라 천 사람 가운데서 한 사람을 내가 찾았으나 이 모든 사람들 중에서 여자는 한 사람도 찾지 못하였느니라"고 한 전도서 7장28절 말씀을 가지고, 선한 여성은 없다고 주장하는 것은 잘못이다.[36] 물론 이 말은 남성과 여성의 세밀한 차이를 무시한 채 모든 상황 속에서 남성과 여성이 반드시 균등하게 군복무를 하거나 통치자의 직분을 나누어 가져야 한다는 뜻이 아니다.[37]

한편 푸티우스 당시에도 모든 사람이 다 결혼을 한 것은 아니었다. 이런 사람들에게 푸티우스는 말하기를, 처녀로 남는 것은 대단한 미덕이라고 볼 수는 없어도, 순결을 지키려는 의지 자체는 자유로운 선택으로 존중받아야 하며, 따라서 독신이 죄가 되는 것은 아니라고 했다(*adiaphora*).[38] 그러나 독신이 결혼보다 낫다는 말은 성립하지 않는다.[39] 홀로 살겠다는 수도 서약을 했다고 해서 평생 결혼하지 말아야 하는 것은 아니다.[40] 이 점에 있어서 푸티우스는, 수도 서약을 파기하고 결혼했던 종교개혁자 루터의 뒤를 따르고 있다. 종교개혁자들의 후예답게 푸티우스는, 토마 산체스(Tomás Sánchez, 1550-1610)라는 예수회 사제가 결혼에 대한 로마 가톨릭의 표준적인 입장을 대변하여 쓴 책을 높게 평가하지 않았다.[41]

결혼과 독신에 대해 짧게 다룬 후, 푸티우스는 부모와 자녀간의 관계에 대해서도 간략히 언급한다. 푸티우스의 주장을 한 마디로 요약하면, 부모가 부

35 Voetius, *Selectarum disputationum Theologicarum*, 4:794.
36 Voetius, *Selectarum disputationum Theologicarum*, 4:794.
37 Voetius, *Selectarum disputationum Theologicarum*, 4:794.
38 Voetius, *Selectarum disputationum Theologicarum*, 4:806-807.
39 Voetius, *Selectarum disputationum Theologicarum*, 4:806.
40 Voetius, *Selectarum disputationum Theologicarum*, 4:795.
41 Voetius, *Selectarum disputationum Theologicarum*, 4:807.

모의 책임을 다하고 자식은 자식으로서의 도리를 다해야 한다는 것이다. 부모는 자녀의 생존을 책임져야 하지만, 그렇다고 부모의 생과 사 여부에 따라 자녀도 살리거나 죽이거나 해서는 안 된다.[42] 아버지가 무책임하게 아버지의 직분을 내려놓고 다른 사람에게 아버지의 직분을 전가하는 것은 옳지 않으며, 어머니가 자식을 다른 사람에게 떠넘겨버리는 것 역시도 있을 수 없는 일이다.[43] 어떠한 극단적인 상황에서도 부모가 자식을 팔아넘기거나 잡아먹는 일은 용납될 수 없으며, 가족을 돌볼 아버지가 세상을 떠나면 어머니가 아버지의 뒤를 이어 가정을 돌봐야 한다.[44] 이 부분에서 푸티우스는 자기 어머니를 위시한 수많은 과부들을 떠올렸을지도 모르겠다. 반면 자녀들은 부모의 허락 없이 임의로 결혼생활을 시작할 수 없다.[45] 부모와 자녀간의 연좌제는 존재하지 않지만, 한편으로는 아들이 종에서 해방되어 자유인이 되면 경우에 따라서는 그의 부모와 일가를 해방시키는 것도 가능하다.[46]

부모와 자식 간의 이러한 도리는, 양아버지와 양어머니, 수양아들과 수양딸, 그리고 장인어른과 장모님과 후견인 그리고 심지어는 사제지간이라는 다소 넓은 의미에서의 가족에 대해서도 성립한다.[47] 물론 세상에서의 양자됨이란, 그리스도 안에서의 양자됨과는 달리, 본질적으로 하나님과 자연법으로 말미암는다기보다는 그저 인간적인 차원에서 성립된 것으로 봐야한다.[48] 또한 부모를 공경하라는 계명은, 넓은 의미에서 볼 때, 연소자는 연장자들에게 복종하고, 학생들은 선생들의 정당한 교양과 훈계를 받아들이며, 주종관

42 Voetius, *Selectarum disputationum Theologicarum*, 4:794.
43 Voetius, *Selectarum disputationum Theologicarum*, 4:794-795.
44 Voetius, *Selectarum disputationum Theologicarum*, 4:795.
45 Voetius, *Selectarum disputationum Theologicarum*, 4:795.
46 Voetius, *Selectarum disputationum Theologicarum*, 4:794.
47 Voetius, *Selectarum disputationum Theologicarum*, 4:795.
48 Voetius, *Selectarum disputationum Theologicarum*, 4:795.

계에서는 신실함을 나타내면서 동시에 위정자들과 교회의 사역자들에게도 복종해야 한다는 의미로 적용될 수 있음을 푸티우스는 짚고 넘어간다.[49]

푸티우스가 결혼과 가정에 대해 다룬 두 번째 주요 문맥은, 경건훈련이다. 앞에서 살펴보았듯이, 그가 자녀들을 우트레흐트에서 신앙의 대를 잇는 사역자요 교수로 만들 수 있었던 것은, 가정에서의 경건훈련이라는 요소를 제외하고는 설명하기 어렵다. 푸티우스는 구원받은 신자에게 성화의 도구로 역사하는 기능을 율법의 핵심으로 보았던 칼빈의 사상을 이어받아서, 신자의 삶의 규범이요 성화의 도구로서의 율법을 준수할 것을 강조한다.[50] 푸티우스는 복음을 받아들여서 회심한 신자가 추구하는 순결한 삶, 혹은 하나님을 닮아가기 위해 행할 것을 자세히 주의하는 삶(엡5:15)을 가리켜 근신(*praecisitas*)이라고 불렀는데, 이 근신함은 다른 곳에서 뿐만 아니라 가정에서도 나타나야 한다.[51] 역사 속에서 근신함을 강조했던 루터, 부써(Bucer), 멜랑흐톤, 칼빈, 베자, 그리고 피터 마터 버미글리(Peter Martyr Vermingli) 등과 같은 사역자들은, 모두 자기 자신과 그들의 가족, 그리고 교회의 회원들과 회중 및 그들의 설교를 듣는 모든 사람들과, 나아가서는 교회 밖에 있는 사람들까지도 근신하도록 만들기 위해 노력했다.[52] 여기서 우리는 푸티우스의 가정 경건훈련에 대한 강조가 그의 자녀들에게도 영향을 미쳤을 것임을 미루어 짐작할 수 있다.

셋째 문맥은, 교회론이다. 좀 더 구체적으로 말하자면, 성직자의 자격과

---

49 Voetius, *Selectarum disputationum Theologicarum*, 4:795.

50 Voetius, "Concerning 'Precision,'" in Interpretation of Questions 94, 113, and 115 of the Catechism, in John W. Beardslee, *Reformed Dogmatics: J. Wollebius, G. Voetius, and F. Turretin* (New York: Oxford University Press, 1965), 316-317.

51 Voetius, "Concerning 'Precision,'" 317-324.

52 Voetius, "Concerning 'Precision,'" 324.

교회에서의 권징을 다루는 문맥에서 푸티우스는 결혼과 가정의 문제를 간단하게나마 다루고 있다. 성적으로 부도덕한 사람을 성직자를 세울 수 없고, 독신이 성직의 조건이 될 필요도 없다.[53] 푸티우스가 생각하는 이상적인 성직자상은, 교회에서 바른 신학을 가지고 성도들에게 아버지와 같은 교훈을 베풀 수 있는 사람이다. 그가 보기에, 교회가 성도에게 하는 역할은 부모의 역할과도 같다. 즉 부모가 자식을 훈계하듯이, 교회는 사람들을 가르치고 훈계하며 교정한다.[54] 부모와 교회 사이의 이러한 공통분모는, 성경 데살로니가전서 2장 11절과 데살로니가후서 2장 7절, 고린도전서 4장 15절, 그리고 갈라디아서 4장 19절에서 확증된다.[55] 그래서 에베소서 6장1절과 요한일서 2장 1절과 5장 2절 등지에서 사도들은 아들들에게 하듯 말씀하고 있는 것이다.[56] 푸티우스는 이와 같이 결혼과 가정이라는 주제를 교회론의 문맥에서 재차 언급함으로써, 십계명의 다섯 번째 계명과 일곱 번째 계명이 어떻게 교회라는 문맥에서 적용될 수 있는지를 암시적으로나마 드러내고 있는 것이다. 비록 짧은 언급이기는 하지만, 푸티우스가 정결한 결혼과 경건한 가정을 얼마나 중요시 여기고 그에 대해 가르쳤는지를 증명하기에는 손색이 없다.

IV. 결론

결혼과 가정에 대한 푸티우스의 가르침에는, 전체적으로 볼 때 사상적으

53 Voetius, *Politicae ecclesiasticae*, 4 vols. (Amsterdam, 1666-1676), 3:535

54 Voetius, *Politicae ecclesiasticae*, 4:893.

55 Voetius, *Politicae ecclesiasticae*, 4:893.

56 Voetius, *Politicae ecclesiasticae*, 4:893.

로 독특한 면이 없다. 게다가 때로 그의 가르침은 너무 요약적이고 함축적이어서, 그의 삶의 발자취를 따라가야만 그의 가르침이 겨우 이해가 되는 부분도 있다. 게다가 결혼과 가정이라는 분야가 푸티우스 신학에서 고유한 자리를 차지하고 있다고 말하기도 어렵다.

그래도 결혼과 가정 분야에서 푸티우스의 기여라고 할 만한 점을 꼽자면, 그 특유의 경건주의적인 자취라고 할 수 있다. 그리고 이 경건주의적인 영향력은 후학들에게 귀감이 되어 경건한 자녀양육에 관한 고전들을 생산하도록 했다. 단적인 예로 우트레흐트 대학교에서 푸티우스의 문하생으로 공부했던 꿀만은 부모의 의무에 대해서 다음과 같은 글을 남겼다. "자녀들이 교회에 다녀왔을 때 그들은 단지 몇 가지만 기억해서는 안 되며, 교회에 있는 동안 가능한 많은 설교를 기록해두어야 한다."[57] 그 외에도 꿀만은 자녀들에게 십계명을 가르치고, 시편 찬송과 하이델베르크 요리문답을 가르치며, 성경과 네덜란드 독립 역사를 가르쳐서 하나님이 네덜란드를 여기까지 도우셨음을 알게 하라는 권면을 한다.[58] 이 부분만 보아도 꿀만과 푸티우스의 연계성이 분명해지며, 꿀만이 가정과 학교와 교회에서의 일치된 경건훈련을 강조한 푸티우스의 사상을 계승하고 있음이 드러난다.

푸티우스가 없었어도 꿀만이 이와 같은 형태로 부모의 의무에 대한 글을 쓸 수 있었을지는 확실하지 않다는 점을 고려한다면, 비록 짧고 암시적인 부분이 많더라도, 푸티우스가 결혼과 가정에 대해 가르친 부분들은 살펴볼만한 가치가 충분히 있다고 하겠다. 특히 푸티우스의 글은 한 남자와 한 여자가 결혼하여 자녀를 낳고 양육한다는 전통적인 가정의 개념이 흔들리며 신

---

57 야코부스 꿀만, 『네덜란드 개혁교회의 자녀양육』, 유정희 옮김 (서울: 개혁된실천사, 2019), 70.

58 꿀만, 『네덜란드 개혁교회의 자녀양육』, 62-73.

앙계승의 위기를 맞은 오늘날에도, 나와 내 집은 주님만을 섬기겠다고 선언하며 주의 교양과 훈계로 자녀를 양육하려는 분들에게 귀감이 되고 격려가 될 것이다.

〈참고문헌〉

권경철. "기스베르투스 푸티우스의 성령론." 『종교개혁과 성령』. 부산: 고신대학교개혁주의학술원, 2020, 309-338.

_____. "푸치우스의 '흑사병에 대한 영적 해독제.'" 「역사신학논총」 38/3 (2021), 78-100.

Beeke, Joel. "Toward a Reformed Marriage of Knowledge and Piety." *Reformation and Revival* 10/1 (2001), 124-155.

Duker, Arnoldus Cornelius. *Gisbertus Voetius.* 4 Volumes. Leiden: Brill, 1897-1915.

Klauber, Martin I. *Between Reformed Scholasticism and Pan-Protestantism: Jean-Alphonse Turretin (1671-1737) and Enlightened Orthodoxy at the Academy of Geneva.* Cranbury, NJ: Associated University Press, 1994.

Koelman, Jacobus. 『네덜란드 개혁교회의 자녀양육』. 유정희 옮김. 서울: 개혁된실천사, 2019.

Manetsch, Scott. 『칼빈의 제네바 목사회의 활동과 역사』. 신호섭 옮김. 서울: 부흥과개혁사, 2019.

Stanglin, Keith D. "Johannes Kuchlinus, the 'Faithful Teacher': His Role in the Arminian Controversy and His Impact as a Theological Interpreter and Educator." *Church History and Religious Culture* 87/3 (2007), 305-326.

Trueman, Carl R. *John Owen: Reformed Catholic, Renaissance*

Man. Burlington, VT: Ashgate, 2011.

Voetius, Gisbertus. *Selectarum disputationum theologicarum*. 4 vols. Amsterdam, 1667.

________________. "Concerning 'Precision.'" In Interpretation of Questions 94, 113, and 115 of the Catechism. In John W. Beardslee, *Reformed Dogmatics: J. Wollebius, G. Voetius, and F. Turretin*. New York: Oxford University Press, 1965, 316-334.

________________. *Politicae ecclesiasticae*, 4 vols. (Amsterdam, 1666-1676)

청교도 윌리엄 퍼킨스의 결혼과 가정에 대한 가르침

우병훈

William Perkins (1558-1602)

서울대학교 자원공학과(B.Eng.)와 서양고전학 대학원(M.A 졸업, Ph.D 수학)을 거쳐, 고려신학대학원(M.Div)과 미국의 칼빈신학교(Th.M, Ph.D)에서 공부했다. 저서로 『그리스도의 구원』, 『처음 만나는 루터』, 『룻기, 상실에서 채움으로』, 『기독교 윤리학』, 『구속사적 설교』, 『교리 설교』, 『교회를 아는 지식』, 『구원, 그리스도의 선물』, 『교리 설교의 모든 것』, 공저로 『초대교회의 갈등과 치료』, 『초대교회와 마음의 치료』, 『멘토링과 교회 성장』, 번역서로 『교부들과 성경 읽기』(공역) 등이 있으며, 박사논문이 B. Hoon Woo, *The Promise of the Trinity: The Covenant of Redemption in the Theologies of Witsius, Owen, Dickson, Goodwin, and Cocceius* (Göttingen: Vandenhoeck & Ruprecht, 2018)로 출간되었다. 국내외 저널에 게재한 수십 편의 논문을 calvinseminary.academia.edu/ BHoonWoo에서 볼 수 있다. 현재 고신대학교 신학과 교의학 부교수이다.

우병훈

Ⅰ. 결혼과 가정에 대한 청교도의 가르침

청교도들은 결혼과 가정에 대한 깊은 관심을 가졌다. 유명한 청교도 연구가인 조엘 비키(Joel Beeke)가 그의 제자 폴 스몰리(Paul M. Smalley)와 함께 조사한 바에 따르면, 청교도들이 결혼과 가정에 대해 출간한 책 가운데 근래에 재출간 책들만 해도 67권이 넘는다.[1] 하지만 안타깝게도 정작 이 주제를 다룬 현대의 연구는 별로 없는 실정이다. 간혹 뉴잉글랜드 청교도 가정에 대한 연구는 더러 있지만, 17세기 잉글랜드의 청교도 가정에 대한 연구는 아주 빈약하다.[2] 게다가 기존 연구들은 주로 사회, 경제적 측면에서 청교도의 가정을 연구하는 경우가 많았다. 가령 마르크스주의자였던 크리스토퍼 힐(Christopher Hill)은 1964년에 낸 연구서에서 청교도 가정은 자본주의적 가치와 관습을 예고하는 형태를 보여주었고 특히 경제적 개인주의가 등장하는 발판 역할을 했다고 주장했다.[3] 반면에 레빈 쉬킹(Levin Ludwig

1 Joel R. Beeke, "Puritans on the Family: Recent Publications," *Puritan Reformed Journal* 10, no. 2 (2018), 227-44.

2 대표적인 연구서는 아래와 같다. Margaret Muranyi Manchester, *Puritan Family and Community in the English Atlantic World: Being "Much Afflicted with Conscience,"* Microhistories (New York, NY: Routledge, 2019); Judith S. Graham, *Puritan Family Life: The Diary of Samuel Sewall* (Boston: Northeastern University Press, 2000); Levin Ludwig Schücking, *The Puritan Family; a Social Study from the Literary Sources* (New York: Schocken Books, 1970); Edmund S. Morgan, *The Puritan Family; Essays on Religion and Domestic Relations in Seventeenth-Century New England* (Boston: Published by the Trustees of the Public Library, 1966); Edmund S. Morgan, *The Puritan Family: Religion & Domestic Relations in Seventeenth-Century New England*, New ed., rev. enl. (Westport, CN: Greenwood Press, 1980); M. Michelle Jarrett Morris, *Under Household Government: Sex and Family in Puritan Massachusetts*, Harvard Historical Studies v. 180 (Cambridge, MA: Harvard University Press, 2013); Lawrence Stone, *The Family, Sex and Marriage in England, 1500-1800* (New York: Harper & Row, 1977).

3 Christopher Hill, *Society and Puritanism in Pre-Revolutionary England* (1964; rpt., London: Panther Books, 1969), 429-66.

Schücking)과 에드먼드 몰간(Edmund S. Morgan)은 청교도 가정이 독신과 금욕을 거부하고 부부 사이의 친밀함을 강조하는 가족 모델이 발전하는데 있어서 기여했다고 설명했다.[4] 알렉산드리아 월샴(Alexandra Walsham)은 청교도 가정이 정치와 교회에 영향을 주었고, 때로는 권위에 대한 은밀한 저항의 기능을 하기도 했다고 주장했다.[5] 2014년에 미첼 모리스는 뉴잉글랜드 청교도에 대하여 연구하여 책을 냈는데, 주로 당시에 가정에서 있었던 문제들이나 소송사건들을 다루었다.[6] 2019년에 마가렛 맨체스터는 양심이라는 주제로 청교도 가족들을 다루었다.

이 글에서 다루는 연구는 이전의 연구들을 무시하지는 않지만 좀 더 현대교회와 기독교 신자들의 삶에 직접적인 유익을 줄 수 있는 방향에서 진행하고자 한다. 가정에 대해 다루는 수많은 청교도 작품들 중에서 특히 청교도 윌리엄 퍼킨스(William Perkins, 1558-1602)의 작품, 『기독교적 가정경영: 성경에 따라 가정을 세우고 질서를 유지하는 올바른 방법에 대한 간략한 탐구』(*Christian Oeconomie, or A Short Survey of the Right Manner of Erecting and Ordering a Family, According to the Scriptures*)를 다룰 것이다.[7] 이 작품은 결혼과 가정에 대해 다룬 청교도의 작품들 중에서 백미에 해당할 뿐 아니라, 현대까지도 지속적으로 사랑받는 고전이기 때문

4 Schücking, *The Puritan Family*, 제1부; Morgan, *The Puritan Family* (1966), 제2장.

5 Alexandra Walsham, "Holy Families: The Spiritualization of the Early Modern Household Revisited," in *Religion and the Household* (Rochester: Boydell Press, 2014), 122-60.

6 Morris, *Under Household Government*, 제3장(다양한 이혼 사건들)과 제4장(엘리자베스 피어스의 강간 사건) 등을 보라.

7 William Perkins, *Christian Oeconomie or A Short Survey of the Right Manner of Erecting and Ordering a Family, According to the Scriptures*, in *The Works of William Perkins*, vol. 10, ed. Joseph A. Pipa and J. Stephen Yuille (Grand Rapids, MI: Reformation Heritage Books, 2020), 109-94. 이하에서 이 시리즈는 "Perkins, *The Works of William Perkins*, 10:109-94."와 같이 인용한다.

이다.

이 작품은 사우스웨스턴침례신학교의 교회사 교수 스티픈 유일(J. Stephen Yuille)이 주제별로 다룬 적이 있다. 그는 작품 전체에 나타나는 중심적 특징을 아래와 같이 일곱 가지로 정리한다. 첫째, 퍼킨스는 성경을 유일한 규칙으로 삼는다; 둘째, 퍼킨스는 목회적 감각과 신학적 명확성으로 가족 문제를 접근한다; 셋째, 퍼킨스는 창세기 1장과 2장을 근거로 성경적 가족관을 제시한다; 넷째, 퍼킨스는 남편과 아내의 관계를 "한 몸 원리"로 설명한다; 다섯째, 퍼킨스는 친밀한 부부관계의 중요성을 강조한다; 여섯째, 퍼킨스는 상호책임, 구분된 역할, 공통의 목표에 근거하여 영적 가정을 형성한다; 일곱째, 퍼킨스는 사회의 기본단위인 가정을 통해 경건을 증진시키고자 한다. 유일의 이러한 분석은 정당하며 작품을 이해하는 데 큰 도움이 된다. 하지만 이 글은 이러한 주제별 분석이 아니라, 내용을 요약해 가면서 특징적인 부분을 부각시키는 식으로 전개하고자 한다. 그럴 때 유일의 주제적 접근에서 다루지 못한 부분을 다룰 수 있게 되며, 또한 퍼킨스의 작품을 처음 읽는 이들에게 보다 쉬운 안내자 역할을 할 수 있기 때문이다. 이 글의 구성은 퍼킨스의 『기독교적 가정경영』의 순서를 따르지만, 유사한 내용의 챕터는 묶어서 다루는 식으로 전개하겠다. 이하에서 "작품"은 모두 퍼킨스의 이 작품을 뜻한다.[8]

II. 퍼킨스의 『기독교적 가정경영』 서론

8 이 글은 위에 언급된 Reformation Heritage Books에서 출간한 책을 기준으로 작품을 분석한다. 하지만 필요한 경우, 다른 판본도 사용하고자 한다.

스티픈 유일은 퍼킨스가 이 작품을 1590년대 초반에 썼을 것으로 추정한다.[9] 퍼킨스는 1595년에 티모시 크래독(Timothye Cradock)과 결혼했다. 이러한 연대표가 맞다면 그는 결혼 전에 이 작품을 써서 결혼과 가정에 대한 생각을 정리한 셈이다. 이 작품은 원래 라틴어로 썼지만 토머스 피커링(Thomas Pickering)에 의해서 영어로 번역되었다. 그 이유는 더 많은 사람들이 읽고 유익을 얻기 위함이라고 표지에 밝혀져 있다.[10] 표지에는 또한 잠언 24:3-4이 인용되어 있다.[11] 제목에 붙은 "oeconomie"라는 말은 부제("*the Right Manner of Erecting and Ordering a Family*")가 암시하는 것처럼 잠언 24:3에서부터 유래한다. 청교도 신학에서 라틴어 "오이코노미아"(*oeconomia*)는 헬라어 "οἰκονομία"의 음역이며, 때로 라틴어 "디스펜사티오"(*dispensatio*)의 동의어로 사용되고, "집행, 경영, 사역, 섭리, 관리" 등의 다양한 의미가 있다. 그래서 직역하면 『기독교적 경영』이 되겠지만, 부제와 책의 내용에 부합하게 『기독교적 가정경영』이라고 제목을 붙였다.

표지에 이어서 번역자 토마스 피커링이 록포드의 리치 경(Robert Lord

---

9 J. Stephen Yuille, "A Puritan, Spiritual Household: William Perkins and the 'Right Ordering' of a Family," *Puritan Reformed Journal* 8, no. 2 (2016), 158-79 (159쪽에서).

10 16-17세기에 나온 책들의 표지는 일종의 광고 문구에 해당하는 내용까지 담고 있어서, 책 제목이 아주 긴 경우가 많다. 책 제목뿐 아니라, 책 내용 요약이나 특징까지 싣고 있어서 그렇다. 『기독교적 가정경영』도 역시 제목, 부가 설명, 번역된 경위, 번역자, 책 제목이 유래한 성경 구절, 출판사, 판매자, 출판도시, 출판연도 등이 다 표기되어 있다. 그래서 중요 정보들을 모두 포함하여 서지사항을 제시하면 아래와 같이 된다. William Perkins, *Christian Oeconomie or A Short Survey of the Right Manner of Erecting and Ordering a Family, According to the Scriptures*, trans. Thomas Pickering (London: Printed by Felix Kingston, Sold by Edmund Weaver, 1609).

11 우리말 성경 개역개정판은 아래와 같다. [잠 24] 3 집은 지혜로 말미암아 건축되고 명철로 말미암아 견고하게 되며 4 또 방들은 지식으로 말미암아 각종 귀하고 아름다운 보배로 채우게 되느니라.

Rich)을 비롯한 몇몇 사람들에게 바치는 헌사(1609년 9월 26일)가 나오는데, 여기에서 가정의 중요성, 타락으로 말미암은 가정의 어려움, 성경과 성령에 따른 가정 세우기, 로마가톨릭의 오류 등의 내용이 서술된다. 도합 18장으로 구성된 이 책의 순서는 전체적으로 봤을 때, 서론격인 1, 2장을 시작으로, 결혼과 남편과 아내의 의무에 대해 3-12장까지 길게 서술되고, 13-14장에서 부모와 자식의 의무, 15-16장에 주인과 종의 의무, 17-18장에 가정을 책임지는 가장(Good-Man)과 여주인(Good-Wife)의 의무를 다룬다.

말고 토드(Margo Todd)는 청교도의 이러한 가정경영이 단순히 프로테스탄트주의의 산물이라기보다는 에라스무스를 비롯한 인문주의자들의 영향 하에서 전달된 고전기 사상에도 근거하고 있다고 주장했다.[12] 특히 그녀는 부부의 동반자 관계를 가르치는 청교도 텍스트들은 프로테스탄트주의가 아니라 인문주의의 영향이라고 주장한다.[13] 그리고 부모의 자녀교육 역시 인문주의의 영향이 적지 않다고 주장한다.[14] 토드의 주장이 전혀 틀린 것은 아니다. 하지만, 그럼에도 불구하고 청교도의 가정경영에 있어서 우리는 인문주의를 1차적으로 생각해서는 안되고, 성경과 신앙고백에 근거하여 가정을 세우고자 했던 프로테스탄트주의를 1차적으로 생각해야 한다. 『기독교적 가정경영』의 순서를 보더라도, 신약성경, 가령 에베소서 5:22-6:9에 나타나는 가정준칙(Household Codes)의 순서와 동일하다.[15] 그리고 퍼킨스가 인문

---

12 Margo Todd, "Humanists, Puritans, and the Spiritualized Household," *Church History* 49 (1980), 18-34.

13 Todd, "Humanists, Puritans, and the Spiritualized Household," 22.

14 Todd, "Humanists, Puritans, and the Spiritualized Household," 26.

15 가정준칙에 대해서는 아래 설명을 보라. Philip H. Towner, "Households and Household Codes," in *Dictionary of Paul and His Letters*, eds. Gerald F. Hawthorne, Ralph P. Martin, and Daniel G. Reid (Downers Grove, IL: InterVarsity Press, 1993), 417-19

주의적 문헌도 많이 사용하지만, 무엇보다 가장 먼저 성경을 근거로 하여 자신의 주장을 펼치는 것을 보면, 청교도 가정경영에서 인문주의보다는 성경이 더욱 중요한 권위와 역할을 차지하고 있음을 쉽게 깨닫게 된다. 나중에 보게 되겠지만, 퍼킨스는 인문주의적 영향을 성경을 근거로 세심하게 분별하고 있다는 것도 알게 된다.[16] 따라서 『기독교적 가정경영』을 작성하는 데 있어서 1차적 근거는 성경이며, 인문주의는 부차적 역할을 했음을 알 수 있다.

Ⅲ. 가정의 정의(定義; definition)와 의무

그러면 이제 작품의 순서를 따라서 가정과 결혼에 대한 퍼킨스의 견해를 살펴보면서 현대 교회를 위해서 중요한 지점들을 짚어보고자 한다. [이하에서 괄호 안의 숫자는 『기독교적 가정경영』의 장(챕터)과 쪽수를 나타낸다. 가령, (1/119)는 제1장, 119쪽의 내용이다. 그리고 괄호 안의 성경인용은 해당 내용을 다룰 때 퍼킨스가 인용한 구절들을 모아서 제시한 것이다.]

먼저, 퍼킨스는 가정의 정의를 아래와 같이 내린다.

> [가정이란] 한 사람의 개인적 통치 하에서 서로 간에 상호적 관계를 맺는 몇몇 사람의 자연적이고 단순한 사회다. 두 사람으로는 사회를 구성할 수 없으므로 이 사람들은 최소한 세 명 이상이어야 한다. 그리고 같은 머리(head)

(특히 418-19쪽).

16 예를 들어, 노예제도에 대한 아리스토텔레스의 관점을 수정한 것이 대표적이다. Perkins, *Christian Oeconomie*, 188.

아래 세 명 이상이면, 왕들의 가족이나 세상의 국가 구성원들처럼 한 가족이 천 명이 될 수도 있다(1/119).

가족에 대한 이러한 정의는 얼핏 보면 오늘날과 너무 맞지 않아 보인다. 일단 통치의 개념을 두는 것부터가 가정을 너무 위계질서적이며 가부장적인 제도로 보는 것 같다. 또한 적어도 세 사람이 있어야 가정이 된다는 것 역시 오늘날 핵가족 개념과 맞지 않아 보인다. 하지만 퍼킨스의 의도를 좀 더 깊이 고려해 본다면 가정에 대한 그의 정의가 오늘날을 위해서도 여전히 시사점이 있음을 알게 된다. 그는 이어서 다음과 같이 말하기 때문이다.

가정은 그 자체의 좋은 상태를 위해서 두 가지 의무를 수행해야만 한다. 하나는 하나님께 대한 의무이며, 다른 하나는 그 자신을 위한 의무이다. 하나님에 대한 의무는 하나님을 개인적으로 예배하고 섬기는 것으로, 모든 가정에서 확립되고 정착되어야 한다(2/120).

이 부분에 비추어서 가정에 대한 정의를 다시 이해해 보자. 퍼킨스가 가정에 한 사람의 개인적 통치가 있어야 한다고 주장한 이유는 가부장제에 근거하여 위계질서를 확립하려는 것이 아니다. 오히려 그는 가정의 머리(head)가 있어야 할 주된 이유가 가족원들이 하나님을 섬기고 예배 드리도록 이끌기 위해서라고 주장한다(17/189). 퍼킨스는 "이는 남편이 아내의 머리 됨이 그리스도께서 교회의 머리 됨과 같음이니 그가 바로 몸의 구주시니라(엡 5:23)"라는 구절을 중요하게 다룬다(10/168). 그리고 아내의 머리로서 남편의 역할은 아내를 자신처럼 사랑하는 것이라고 분명히 밝힌다(11/171). 하와가 아담의 머리에서 나지도 않고 발에서 나지도 않고 오히려 갈비뼈에서

난 것은 남편이 아내를 친구(mate)로 여겨야 함을 가르친다고 설명한다(11/172). 그 외에도 아래에서 보겠지만 남편의 의무에 대한 내용들은 가부장제와 맞지 않는 부분이 많다. 따라서, 가정에 대한 퍼킨스의 정의에서 남자를 가정의 머리로 세운다고 해서 그것이 곧 가부장제에 근거한 위계질서 확립과 직결되는 것은 아니라는 사실을 충분히 알게 된다.

그렇다면 한 가지 더, 왜 퍼킨스는 가정이 되기 위해서는 적어도 세 명이 되어야 한다고 주장할까? 그것은 가정이 지닌 사회적 성격이 가장 잘 드러나며 하나님께서 가정에 주신 풍성함을 가장 잘 누리는 일은 부부뿐 아니라 자녀까지 포함하여 세 명 이상이 될 때 가능하기 때문이다. 실제로 퍼킨스는 부부의 도리에 대해서 3-12장까지 길게 서술하고 있어 가정에서 가장 중요한 관계는 부부의 관계임을 강조한다. 하지만 이어서 13-14장에서 부모와 자식의 의무를 각각 서술함으로써 가정이 보다 풍성한 사회성을 누리기 위해서는 자녀가 있어야 함을 강조하고 있다. 따라서 가정에 대한 퍼킨스의 정의는 성경적 관점에서 이해할 때 제대로 파악될 수 있다.

가정의 의무는 퍼킨스에 따르면 두 가지다. 가정의 첫 번째 의무는 하나님께 예배 드리는 일이다(2/120). 이것은 하나님의 명령이며, 성경에 나오는 거룩한 사람들의 관습이었다. 가정의 행복과 번영은 하나님의 은혜와 복주심에 달려 있기 때문에 가족들이 다함께 하나님께 예배드리는 일은 당연하다(딤전 4:8; 시 127:1-3; 시 128:1-2, 6; 삼상 1:27).

퍼킨스는 가정 예배에는 두 부분이 있다고 가르친다(2/121). 첫 번째는 모든 가족 구성원들이 영생에 이르도록 교화하기 위해 하나님의 말씀으로 모이는 것이다. 두 번째는 하나님의 은혜에 대한 감사와 함께 하나님의 이름을 부르는 것이다(신 6:6-7, 20-21, 24). 가정 예배를 위한 시간은 아침과 저녁, 두 번이다(딤전 4:4-5; 신 6:6-7; 시 55:17; 시 127:2). 특히 퍼킨스는 밤에 기도하지 않고 자는 것은 "극단적인 담대함"(a desperate boldness)이라고 경고한다(2/121). 반대로 이렇게 예배 드리는 가정은 작은 교회이며 지상 낙원이라고 표현한다(2/122).

가정의 두 번째 의무는 "가족 구성원 모두가 자신의 능력에 따라 정직하고 수익성 있는 사업에 종사하여 가족 구성원 전체의 현세적 상태와 삶을 유지하는 것"이다(2/122). 퍼킨스는 노동을 중요하게 여기며, 무위도식하는 것을 비판한다(창 3:19; 고전 7:20; 신 13:6). 그는 사람이 충분히 부유하더라도 여전히 일을 해야 한다고 가르친다(2/122; 눅 16:19).

1. 결혼, 독신, 결혼의 목적

퍼킨스에 따르면, 가정은 부부에 따라 구분된다(3/123). 부부는 두 사람이 상호적 관계 속에서 하나가 되는 것이다. 퍼킨스는 이 두 사람 중에 한 사람은 다스리고 다른 사람은 복종한다고 가르친다. 결혼에는 원리적인 요소(principal)와 덜 원리적인(less principal) 요소가 있다. 원리적인 요소는 두 사람의 연합이다. 퍼킨스는 덜 원리적인 요소가 무엇인지 밝히지는 않는다. 아마도 결혼에 부수적으로 수반되는 다양한 요소들을 뜻할 것이다.[17]

퍼킨스는 결혼에서 가장 중요한 요소는 "결혼한 두 사람의 법적인 연합"(the lawful conjunction of the two married persons)이라고 주장한다(3/123). 그것은 남편과 아내가 한 육체를 이루는 것이다(3/123; 마

17 퍼킨스는 신자에게 주시는 약속을 원리적인 것과 덜 원리적인 것으로 나눈 적이 있다. 원리적인 혹은 주된 약속(the main or principal promise)은 그리스도에 의해 하나님께서 주시는 의와 영생이다. 덜 원리적인 약속(less principal promise)은 유혹에서 건지심, 위험에서 안전하게 지키심, 건강, 부, 자유, 평화 등이다(Perkins, *The Works of William Perkins*, 10:7).

19:6; 엡 5:31). 퍼킨스는 여기에서 세 명 혹은 네 명이 한 육체를 이루는 것이 아니라고 명시함으로써 일부다처제를 분명히 금지한다(3/123). 믿음의 조상들 중에는 여러 아내와 첩들을 두었던 사람도 있는데, 그들은 당시의 관습에 따라 무지에 의해 죄를 지었지만 그럼에도 변명의 여지가 없다고 퍼킨스는 판단 내린다(3/123).

한 가지 흥미로운 사실은 퍼킨스가 결혼을 "무관심한 일"(a thing indifferent) 즉 아디아포라에 속한 일로 본다는 것이다(3/123). 하나님의 나라는 먹는 것과 마시는 것에 있지 않듯이 결혼 그 자체가 하나님 나라의 일과 직결되는 것은 아니다. 하지만 퍼킨스는 세 가지 이유에서 결혼이 독신으로 사는 것보다 "더욱 탁월한"(more excellent) 상태라고 주장한다. 첫째, 결혼은 타락 전 아담의 순결한 상태에서 다른 모든 삶의 상태보다 먼저 낙원에서 하나님에 의해 제정되었기 때문이다. 둘째, 결혼은 삼위일체의 세 위격들 사이에서 가장 진지하고 엄숙한 협의를 거쳐 제정되기 때문이다(창 1:26, 2:18). 셋째, 하나님께서 아담과 하와를 즉시 결합시켜 주셨고, 이 결합의 방식은 아주 훌륭했기 때문이다. 넷째, 하나님께서는 "생육하고 번성하여 땅에 충만하라"(창 1:28)고 말씀하시며 결혼의 상태에 큰 축복을 주셨기 때문이다. 마지막으로, 결혼은 하나님께서 친히 제정하시고 지정하셔서 일반 사회와 교회에서 다른 모든 종류의 삶의 원천과 모판이 되게 하셨기 때문이다(3/123-24).

퍼킨스는 죄가 없었더라면 독신으로 사는 사람은 아무도 없었을 것이라고 주장한다. 하지만 타락 이후에는 상황이 달라졌다. "금욕의 은사"(the gift of continency)를 받은 사람에게 독신은 여러 면에서 결혼보다 더 낫다(3/124). 첫째, 독신은 집안일의 크고 많은 걱정에서 해방시켜 준다. 둘째,

독신자는 마음이 산만해지지 않고 하늘의 일을 묵상하는 데 훨씬 더 적합한 성향을 갖게 된다. 마지막으로, 이생에 속한 문제에서 위험이 현존하거나 임박했을 때 독신자는 결혼한 상태의 사람들보다 더 안전하기 때문에 행복할 것이다(3/124; 고전 7:8, 26, 28, 32). 이처럼 퍼킨스는 결혼이 독신보다는 더욱 탁월하지만, 특별한 은사가 있는 사람은 독신으로 살아도 좋다고 하면서 균형감각을 보여준다.[18]

결혼의 목적에 대해서 퍼킨스는 네 가지를 제시한다(3/124-25). 첫째, 인간 종족이 번성하고 지속될 수 있도록 자녀를 낳는 것이다(창 1:28, 9:1; 딤전 1:5, 5:14). 둘째, 하나님의 교회가 거룩하고 순결하게 유지되고, 거룩한 사람들이 대대로 항상 존재할 수 있도록 거룩한 씨를 낳는 것이다(말 2:15). 셋째, 인류의 타락 이후 음행을 피하고 결과적으로 육체의 불타는 정욕을 제압하고 누르는 주요한 수단이다(고전 7:2, 9). 넷째, 결혼한 당사자들이 더 편안하고 더 나은 방식으로 소명의 의무를 수행할 수 있게 한다(잠 31:11, 31:13). 결혼은 모든 종류의 사람에게 자유로운 선택의 문제다. 하지만 절제할 수 없는 사람에게는 필수적인 일이다(히 13:4; 고전 7:9). 따라서 결혼을 금지하는 로마 교황은 사탄적(diabolical)이라고 퍼킨스는 주장한다(3/125; 딤전 4:1, 3). 이어서 그는 성경에서 결혼을 반대하는 듯한 구절들(고전 7:5, 7:32; 딤전 5:11)을 인용하면서 그 원래 의도를 설명하고, 성경은 결혼을 반

---

18 이런 입장을 가진 현대의 학자 중에는 기독교 윤리학자 스탠리 하우어와스(Stanley Hauerwas)가 있다. 그는 결혼과 독신 양쪽 모두 긍정하면서 다음과 같이 말한다. “독신과 결혼은 모두 하나님 나라를 증거하는 역사적 기관으로서 교회의 삶을 구성하는 데 필요한 상징적 제도다. 어느 쪽도 다른 한쪽 없이는 유효할 수 없다. 독신이 교회의 성장을 위해 삶에 영향을 미치는 하나님의 능력에 대한 교회의 신뢰의 상징이라면, 결혼과 출산은 그 투쟁이 길고 험난할 것이라는 교회의 이해의 상징이다.” Stanley Hauerwas, *A Community of Character* (South Bend, IN: University of Notre Dame Press, 1991), 191. 한편, 독신에 대한 보다 현대적인 논의는 아래의 글을 보라. 우병훈, “어쩌다 싱글?,” https://koreanchristianethics.com/저장소/1499 (2024.4.15. 접속)

대하지 않음을 논증한다(3/125-26).

2. 결혼의 계약 즉, 약혼과 관련한 문제들

제4장에서 퍼킨스는 결혼은 두 가지 부분으로 이뤄지는데, 하나는 시작이고 다른 하나는 성취 또는 완성이라고 한다(4/127). 시작은 결혼의 계약 또는 약혼이다. 계약과 결혼 사이에는 일정한 시간적 거리가 있어야 한다. 그 이유는 첫째, 중대한 일을 결심하기 전에는 성숙한 숙고가 필요하기 때문이다. 둘째, 그러한 기간 동안 혼인의 성립을 방해할 만한 정당한 사유가 있는지를 살펴볼 수 있기 때문이다. 셋째, 이런 경우 약혼하는 사람은 정직함과 필요성을 고려해야 한다. 계약은 적합하고 유능한 판사 및 증인 앞에서 미래의 결혼에 대해 언급하거나 상호 약속하는 것이다(4/127). 한편, 퍼킨스는 약혼 당사자가 결혼의 조건이 이행되기 전에 함께 잠자리를 가졌다면, 앞으로의 계약은 더 이상의 논란 없이 확실하다고 주장한다. 그런 경우 결혼과 마찬가지로 상호 동의가 있었다는 것을 전제로 하기 때문이다(4/129).

제5장은 결혼에 맞는 사람을 선택하는 문제를 다룬다(5/130). 다섯 가지 본질적 지표들(essential marks)이 있고, 세 가지 우유적 지표들(accidental marks)이 있다. 본질적 지표 중에 가장 중요한 두 가지 지표는 첫째, 동성(同性)이 아니라 이성(異性)이어야 한다는 것(롬 1:26; 레 18:22-23)과 둘째, 혈육 관계의 적당한 거리를 유지해야 한다는 것이다(레 18:6). 즉, 결혼에서 동성애와 근친상간을 피해야 한다는 뜻이다(5/130-31). 이어지는 글에서 퍼킨스는 근친상간의 문제를 길게 다룬다(5/131-34). 그리고 성경에서 근친상간을 인정하는 듯한 구절들을 제시하

면서 반론을 다룬다.[19] 첫째는 아담의 아들들의 경우다(5/134). 그들은 누이와 결혼했다. 하지만 그것은 상황상 피할 수 없는 경우였기에 근친상간을 지지하는 내용으로 일반화시킬 수 없다. 퍼킨스는 레위기 18:9-11에 근친상간을 분명히 반대하고 있음을 상기시킨다. 또한 아우구스티누스의 주장(『신국론』 15.16)을 인용하여, 아담의 시대에는 필수적이었지만 이후에는 근친상간이 하나님의 명령으로 금지되었다고 설명한다(5/134).[20] 둘째는 아브라함의 경우다(5/134). 사라는 아브라함의 누이였는데 아내가 되었다(창 20:12, 11:29). 여기에 대해서 퍼킨스는 여러 가지 대답이 가능하다고 한다. 우선, 사라는 아브라함의 친누이가 아니라 조카였는데 관례상 누이라고 불린 것에 불과했다는 견해가 있다. 다른 견해는 사라가 데라의 딸이긴 하지만 아브라함과 배다른 누이라고 보는 입장이다. 또 다른 견해는 사라가 원래는 하란의 딸이었는데, 하란이 죽고 데라의 가족으로 입양되었다는 설명이다. 퍼킨스는 이 중에 어떤 견해가 맞는지 선택할 수 없지만, 분명한 것은 하나님께서 그 당시에는 완전히 승인할 수 없는 일도 허용하셨음을 기억해야 한다고 주장한다(5/135). 셋째는 다말이 암논에게 한 말이다(삼하 13:13). 하지만 다윗이 다말을 암논에게 줄 수도 있다는 다말의 말은 위기의

19 이렇게 반론을 다루는 것은 스콜라 신학의 전형적인 방법론에 속한다. 퍼킨스를 비롯한 많은 청교도들은 중세 스콜라적 방법론을 취하여 개혁신학을 옹호하곤 했다. 이에 대해서는 아래 연구를 보라. Richard A. Muller, *Post-Reformation Reformed Dogmatics: The Rise and Development of Reformed Orthodoxy,* Volume 1: Prolegomena to Theology, 2nd ed. (Grand Rapids, MI: Baker Academic, 2003), 34-37. 멀러는 "스콜라주의"(scholasticism)라는 말은 주로 방법론을 뜻하지, 특정한 내용을 뜻하는 것이 아니라고 단언한다(앞 책, 35쪽).

20 아우구스티누스에 따르면, 하나님은 인류를 한 가족으로 묶으시기 위해서 초기에는 임시적으로 근친상간을 허용하셨지만, 어느 정도 인류의 숫자가 찼을 때에는 근친상간을 금지하심으로 인간의 사랑이 다만 자기 가족에게만 국한되는 가족이기주의에 빠지지 않고 더 넓은 사회로 확대되도록 하셨다(『신국론』 14.1, 15.16). 이에 대한 자세한 설명은 우병훈, 『기독교 윤리학』 (서울: 복있는사람, 2019), 116, 118을 보라.

순간에 구원 받기 위한 발언으로 보든지, 오류에 빠진 생각으로 봐야 한다(5/135). 퍼킨스는 율법이 근친상간을 명백하게 금지하기에(레 18:12, 13, 14) 그것을 기준으로 받아들여야 한다고 주장하면서 논의를 마무리한다(5/136). 이어서 퍼킨스는 어느 친족까지 결혼이 가능한지를 아주 자세한 경우론(casuistry)을 제시한다.[21]

결혼의 세 번째 지표는 출산을 위한 능력과 적합성을 갖추었느냐 하는 문제다. 신체에 심각한 질병이 있거나 미성년자인 경우에 결혼해서는 안된다(5/142). 미성년자의 경우 서로 결혼을 합의했다고 해도 무효가 된다. 그런 경우에는 성년이 되어서 새롭게 결혼을 합의해야 한다. 한편, 미성년자가 성행위를 했을 경우에는 반드시 결혼해야 한다. 한쪽이 성인이고 다른 쪽이 미성년인 경우 미성년자가 성인이 될 때까지 기다려야 한다(5/142).

결혼의 네 번째 지표는 불치의 전염병이 없는 건전하고 건강한 신체다(5/142). 전염병이 있는 사람은 결혼을 통해서 그 병을 더욱 옮길 수 있기 때문에 결혼을 금지시켜야 한다.

결혼의 다섯 번째 지표는 두 당사자가 현재 배우자가 없어야 하고 또한 결혼을 약속한 다른 상대가 있어서는 안된다는 것이다(5/143). 따라서 일부다처제, 일처다부제는 금지되며, 동시에 이혼도 금지된다(신 22:23-24; 마 19:9; 고전 7:11).

이어서 퍼킨스는 결혼의 우유적 지표들을 세 가지 제시한다. 본질적 지표가 결혼의 성립을 위한 필수적인 요소라면, 우유적 지표는 결혼의 행복(well-being)을 위해 필요한 요소다(5/144). 우유적 지표들 가운데 첫째는 그리스도인끼리 결혼해야 한다는 것이다(창 6:2, 24:3, 28:1; 출 34:15-16;

---

21 경우론 혹은 결의론은 특정한 경우에 어떤 행동이 윤리적인지 아닌지를 결정해 주는 것을 말한다. 보다 자세한 내용은 우병훈, 『기독교 윤리학』, 241-42을 보라.

스 10:11; 고후 6:14; 딛 3:10). 불신자와 결혼한다 해서 결혼이 무효가 되는 것은 아니지만, 그리스도인으로서 행복한 결혼을 위해서는 신자끼리 결혼해야 한다. 그런데 만일 과거에 약혼할 때는 두 사람 모두 불신자였거나 신자였다가, 이후에 시간이 지나면서 불신자 중 한 사람이 신자가 되거나, 신자였던 사람이 불신자가 된 경우는 어떻게 해야 할까? 퍼킨스는 결혼한 사람 중 한 사람이 신자가 되었을 경우 이혼하지 말라는 바울의 가르침(고전 7:12-13)을 확장하여, 결혼 전에 그런 상황이 발생하더라도 (다른 문제들이 결부되어 있지 않는 한) 결혼의 약속은 지속되어야 한다고 주장한다(5/144-45). 이어서 그는 한 가지 가상적 질문에 대답한다. 간음보다 불신이 더 큰 죄라는 것은 분명하다. 간음으로 인해 이혼이 가능하다면 불신으로 인한 이혼이 왜 불가능한가? 이 질문에 대해 퍼킨스는 지금 자신이 다루는 문제는 어떤 죄가 더 큰 죄인가 하는 문제가 아니라, 어떤 죄가 결혼의 본질과 조건을 위협하는 죄인가 하는 문제라고 대답한다. 결혼의 유대를 끊는 죄는 간음이지 우상숭배나 불신이 아니다. 따라서 퍼킨스는 약혼 상태 가운데 배우자 중 한 사람이 불신자가 되었을 때 결혼은 방해 받을 수 없다고 말한다(5/145).

우유적 지표들 가운데 두 번째는 나이와 상황을 고려해야 한다는 것이다(5/145). 우선, 나이에 있어서 본인과 비슷한 연령의 사람과 결혼하는 것이 좋다. 그래야 평등한 결혼 생활이 되며, 다른 사람에게도 불쾌감을 주지 않으며, 당사자들에게도 불쾌감을 주지 않기 때문이다. 당사자들에게 불쾌감을 준다는 것은, 나이 차이가 많이 나서 한 쪽은 늙은데 다른 쪽은 젊으면 성생활 면에서 문제가 발생할 수 있다는 뜻이다(5/145). 또한, 나이 외에도 사회적 상황이 비슷한 사람과 결혼하는 것이 좋다(5/145). 신분 사회 속에서 살았던 퍼킨스는 비슷한 신분의 사람과 결혼할 것을 권면한다.

우유적 지표들 가운데 세 번째는 사회적 평판이 좋은 사람과 결혼해야 한다는 것이다(5/146). 가령, 간음을 행한 사람이나, 첩을 둔 사람, 창녀 등을 배우자로 맞이하는 것은 부적절하다. 그리고 이미 약혼한 여인의 자매와 다시 약혼하는 것 역시 부적절하다(5/147).

제6장에서 퍼킨스는 결혼의 계약(marriage contract)에 있어 동의의 중요성을 다룬다(6/148). 동의는 혼인 당사자가 자유롭게 해야 하며, 동시에 부모의 재가를 받아야 한다. 혼인 당사자 사이의 자유로운 동의가 없이 강압적으로 결혼의 계약이 맺어진 경우는 무효다(6/148). 그리고 서로 결혼하기로 동의를 했다 하더라도 자신의 신분이나 재산, 기혼 여부에 대해 속이고 약혼한 경우는 무효가 된다(6/148-50). 약혼자가 광분하거나 정신병이 있는 경우에는 그 현상이 지속적이냐 일시적이냐에 따라서 약혼의 유효 여부가 결정된다(6/150). 정신병이 지속적인 것이 분명하면 약혼은 무효가 된다(6/150). 반면에 정신병이나 광분이 일시적인 것이면 결혼 계약의 효력이 유지된다. 다만 결혼 계약을 할 때 서로가 온전한 상태에 있었어야 하며, 또한 나중에 다시 동의를 갱신함으로써 이전에 했던 약속을 확인하려는 의지가 있어야 한다(6/150-51). 결혼에 있어서는 부모의 동의도 중요한데, 부모의 자유롭고도 합법적인 동의 없이 이뤄진 결혼 계약은 무효가 된다(6/151).

제7장에서 퍼킨스는 결혼 계약이 파기되는 예를 세 가지 경우에 따라 논한다. 첫 번째 경우는 결혼 계약 이후에 심각한 질병이 발생한 상황이다(7/152). 하지만 그 질병이 정말 심각한 것인지에 대한 판단을 내릴 수 있도록 긴 유예 기간을 거쳐야 한다(7/152). 그런 유예 기간 후에 여전히 질병이

심각해서 치유될 수 없고 전염성이 강하다면 결혼의 계약은 취소 가능하다. 왜냐하면 "하나님은 결혼을 당사자 자신이나 다른 사람을 해치는 것이 아니라 돕기 위해 제정하셨기" 때문이다(7/152). 당시에는 전염병이 걸린 사람은 관계 당국자의 권위에 의해서 결혼을 금지하도록 했다(7/152). 이것은 페스트와 같은 전염병이 심했던 중세적 배경을 생각할 때 이해가 가는 부분이기도 하다. 두 번째 경우는 결혼하기로 한 당사자가 너무 오랫동안 부재할 때의 일이다. 그런 경우 그러한 부재 상태가 자발적인지 아닌지를 보고 결정해야 한다. 만일 어떤 약혼한 남성이 자발적으로 해외로 떠나 너무 오랜 기간 부재하다면, 그와 약혼한 여인은 관계 당국자에게 가서 약혼을 파기할 수 있다(7/153-54). 만일 그러한 부재 상황이 비자발적인 경우, 즉 포로, 투옥, 추방 등의 경우는 결혼하고자 하는 당사자가 특별한 수단을 써서 귀환을 기대하거나, 아니면 사망에 대한 확실한 통지를 받아 결혼을 취소할 수 있다(7/154). 세 번째 경우는 광란이나 정신병이 있는 상황이다. 그럴 경우 약혼은 취소될 수 있지만, 회복의 여부를 기다리면서 충분한 시간을 두는 것이 바람직하다(7/154).

3. 결혼의 성립과 부부의 의무

제8장은 결혼의 성립에 대해 다룬다. 결혼이란 서로의 약속에 근거하여 부부의 결합이 엄숙하게 공포되고 완성되는 것을 뜻한다(8/155). 결혼은 세 가지 행동으로 구성된다. 부모, 목사, 결혼 당사자의 행동이 그것이다.

첫째로 부모의 행동이다(8/155). 자녀의 결혼을 위해 부모는 결혼식 날 신부를 데려와 신랑에게 인도하여 두 사람이 실제로 남편과 아내가 되어 모든 결혼 의무를 서로에게 수행하도록 하는 것이다.

둘째로 목사의 행동이다(8/159). 그것은 축복(blessing) 또는 성별함(sanctification)이며, 목사가 온 회중 앞에서 계약 당사자들을 남편과 아내로 선언하고 엄숙한 기도로 그들과 그들의 신분을 하나님께 의뢰하는 엄숙한 일이다. 이 엄숙한 성별은 하와를 아담에게 주시고 "생육하고 번성하라"(창 2:22, 1:27)고 축복하신 하나님의 행위에 근거한다.

셋째로 결혼 당사자의 행동이다(8/159-60). 이것은 신부가 신랑의 집으로 정숙하고 겸손한 모습으로 인도되는 것이다. 부부의 거처와 관련하여서는, 남자가 "부모를 떠나 그 아내와 합하여 둘이 한 몸을 이루는"(창 2:24) 것이 하나님께서 낙원에서 직접 선포하신 법칙이다.

제9장은 결혼한 부부의 의무로서 동거(cohabitation)를 논한다. 동거는 서로의 의무를 더 잘 수행하기 위해 한곳에서 조용하고 편안하게 함께 사는 것이다(9/161; 고전 7:10, 12-13; 벧전 3:7). 특히 결혼 첫 해는 반드시 동거해야 한다(신 24:5). 하지만 가족을 위한 필수적인 업무를 수행하기 위해 떨어져 있거나, 교회나 사회에서 중요한 일을 위해서 부부가 서로 떨어져 지내는 것은 가능한 일이다(9/161; 잠 7:19; 삼하 11:9, 11-12). 동거와 반대되는 것이 별거(desertion)다(9/162). 별거란 결혼한 사람 중 한 사람이 고의적이고 완고한 마음으로 정당하고 필수적인 이유 없이 상대방을 떠나는 것을 말한다. 이에 대해서 퍼킨스는 세 가지 경우를 다룬다. 첫 번째 경우는 한 쪽이 불신자가 된 경우다(9/162). 그러면 다른 쪽은 불신 배우자를 위해 기도해야 하지만, 만일 불신 배우자가 이혼하기를 원한다면 이혼할 수 있다(고전 7:15). 두 번째 경우는 둘 다 신자인 경우인데 한 쪽이 폭력 때문에 두려워서 별거하는 경우다. 그럴 경우에 생명의 위협을 느끼면서까지 돌아

와서 동거할 필요는 없다(9/163). 세 번째 경우는 남편이 포로 상태이거나 악의, 두려움 또는 이와 유사한 이유로 부재중인 경우다. 이 경우 아내는 충분한 증언이나 명백한 가능성에 의해 남편의 죽음을 알기 전까지는 그가 돌아올 것을 기대하면서 결혼을 파기해서는 안 된다. 사람에 따라서, 4년, 5년, 7년, 10년 동안 남편이 부재한 경우 여자는 자유로워지고 다른 남자와 결혼할 수 있다고 한다. 그리고 만약 죽은 줄로만 알았던 남편이 오랜 시간이 지난 후에 우연히 다시 돌아온다면, 그러한 사실을 모른 채 맺은 후자의 결혼은 무효가 된다. 그것은 당사자의 잘못이 아니라 우연에 의해 발생한 것으로 간주하여 어느 당사자에게도 책임이 전가되어서는 안 된다(9/165).

제10장은 결혼한 부부의 의무로서 친교(communication)를 다룬다(10/166). 남편과 아내의 친교는 서로의 도움과 필요, 위로를 위해 서로의 인격과 재산(goods)을 기꺼이 서로에게 전달하는 의무다(엡 5:28). 이 의무는 주로 서로에게 특별한 사랑(special benevolence)을 베푸는 것으로 구성되는데 이는 예의가 아니라 정당한 빚을 갚는 것이다(10/166; 고전 7:3). 부부 사이에 마땅한 사랑은 서로에 대한 유일하고 전적인 애정으로 표현되어야 하며, 그 방법은 크게 세 가지다(10/166).

첫째, 결혼의 필수 의무인 신체(또는 혼인 침실)의 합법적이고 정당한 사용에 의한 것이다. 혼인 침실(marriage bed)은 남자와 아내 사이에만 있는 은밀하고 비밀스러운 교제를 의미한다. 퍼킨스에 따르면 부부의 성관계는 그 자체로 선하지도 악하지도 않은 "무관심한 것"(indifferent) 즉 아디아포라에 속한 것이다(10/166; 고전 7:27). 그러면서 그는 로마 교회의 두 가지 상반된 방식으로 잘못을 지적한다. 하나는 결혼을 성례로 삼아 결혼의 모든 행위를 그 자체로 선한 것으로 간주하는 오류이며, 다른 하나는 성직자의 결혼을 금지하여 남편과 아내의 은밀한 결합을 더러운 것처럼 여기는 오류다(10/166).

이어서 퍼킨스는 부부의 침실에 대한 두 가지 주의사항을 준다(10/167). 첫째는 그것이 절도 있게 행해져야 한다는 것이다. 하나님 앞에서는 부부의 관계라 할지라도 지나친 정욕을 추구하는 것은 간음과 비교해서 나을 것이 없다. 퍼킨스는 자신의 관점이 고대 교회의 판단이라고 말하면서, 남편과 아내의 관계라 할지라도 "무절제한 정욕"(immoderate desire)은 음행(fornication)이라고 적고 있다(10/167).[22] 둘째는 특정한 상황에서 금욕할 수 있다는 것이다. 특정한 상황이란 부인이 월경 중인 경우(레 18:19; 겔 18:6)나 두 부부가 합의 하에 특별히 금식과 기도에 전념해야 할 때를 가리킨다(고전 7:5). 이런 경우들이 아니면 부부의 침실은 지속되어야 하는데, 퍼킨스는 특히 그에 따른 축복 즉 자녀를 주시기를 기도하라고 권면한다(10/167-68; 시 113:9, 127:3, 창 25:21; 삼상 1:26-27). 퍼킨스는 이렇게 부부의 침실이 건강하게 유지될 때 세 가지 결실이 있다고 한다(10/168). 그 세 가지는 복된 자손을 갖게 되며(신 28:1, 4; 말 2:15), 성령께서 거하시는 몸을 깨끗하게 유지하게 되며(살전 4:3-4), 그리스도와 교회의 관계를 생생하게 보여줄 수 있다는 것이다(호 2:19; 엡 5:23).

이와 관련하여 두 가지 질문에 퍼킨스는 대답한다. 첫째 질문은 불임의 경우 이혼할 수 있는가 하는 질문이다. 이에 대해 퍼킨스는 그럴 수 없다고 가르친다(10/168). 둘째 질문은 부부 중 한 사람이 음행이나 그와 같은 죄 가령 근친상간, 동성애, 수간(獸姦) 등의 죄를 저지를 경우 이혼 사유가 되는가 하는 질문이다. 이에 대해서 퍼킨스는 이혼 사유가 된다고 가르친다.[23] 만일

22 퍼킨스가 인용한 교부의 작품은 아래와 같다. Ambrosius, De Philosop. in Augustine, *Contra Julianum* 2.

간음자가 회개하고 다시는 그런 죄를 저지르지 않겠다고 할 경우에는 배우자가 그를 다시 받아들일 수 있지만, 이럴 경우에도 간음을 저지른 사람은 교회에 출석하고 목회자에게 전체 사실을 알리고 회개함으로써 자신의 죄를 진심으로 뉘우치고 용서를 구해야 한다(10/169).[24] 다시 말해서 간음의 경우는 다시 회복이 되기 위해서는 반드시 공적인 권징의 과정을 거쳐야 한다는 뜻이다. 퍼킨스는 간음의 경우에 당사자의 의지를 거슬러서 반드시 화해하라고 강권해서는 안 되며, 이 문제는 개인의 양심에 맡겨야 한다고 가르친다(10/169). 만일 간음을 이유로 이혼하고자 할 경우는 남성이나 여성 모두에게 동등한 권리가 있어서 이혼을 요구할 수 있다(10/169).

이 경우, 이혼 이후에 교회와 기독교 당국자의 허가를 받은 후에 독신의 은사가 없는 무고한 당사자가 다시 결혼하는 것은 합법적이다(10/169). 간음한 가해자의 경우, 교회나 해당 당국자가 재혼의 자유를 허락한다면(당시 영국에서는 그렇지 않았음) 재혼할 수 있지만, 여러 가지 제한을 준수해야 한다(10/169-70). 첫째, 특히 무고한 당사자가 독신으로 사는 동안에는 화해할 수 있을지 여부가 불확실한 한 그러한 자유를 허용해서는 안 된다. 둘째, 가해 당사자가 자신의 죄를 진심으로 회개한 것이 명백히 드러나야만 교회에 받아들여지거나 재혼을 허락받을 수 있다. 셋째, 이 자유는 아무렇지도 않게 그에게 주어지는 것이 아니라, 빈번하고 진지한 훈계를 통해 진심으로 자신의 죄를 애도하고 애통하며, 이미 부끄럽게 남용한 상태의 혜택을 다시 누리려고 욕망하기보다는 홀로 남아있어야 한다.

---

23 헤르만 셀더하위스, "결혼의 개혁: 오늘을 위한 메시지," 이신열 역, 「갱신과 부흥」 18 (2016), 42에서 루터는 "성적 불능, 간음, 그리고 배우자 중 어느 한 쪽의 성행위에 대한 거부"의 상황에서는 이혼이 가능하다고 주장했다고 밝힌다.

24 칼빈의 제네바 콘시스토리움도 역시 간음 때문에 이혼하고자 하는 가정을 회복시키기 위해 매우 노력한 기록이 있다. 윌리엄 네피, "칼빈의 제네바 이차 체류," 헤르만 셀더하위스 편집, 『칼빈 핸드북』, 김귀탁 역(서울: 부흥과개혁사, 2013), 100-7.

부부 침실의 의무라는 첫 번째 친교의 의무에 이어서 퍼킨스는 둘째와 셋째 의무를 제시한다. 둘째는 부부가 서로를 소중히 여겨야 한다는 것이다(10/170; 엡 5:29). 부부가 서로를 소중히 여긴다는 것은 서로의 삶을 보존하기 위한 모든 의무를 수행하는 것이다. 그러므로 그들은 자신과 서로의 유익을 위해 자신의 재화와 조언, 수고를 서로에게 거저 전달해야 한다. 셋째는 부부가 사랑과 친절로써 서로 거룩하게 기뻐하고 위로하는 것이다(잠 5:18-19; 아 1:1; 창 26:8; 사 62:7).

4. 남편과 아내의 의무

이상과 같이 결혼의 성립과 부부의 의무를 길게 다룬 후에 퍼킨스는 제11장과 12장에서 남편과 아내의 의무를 다시금 성경적으로 다룬다. 우선 그는 남편을 아내에 대해 권위를 가진 사람, 그리고 아내의 머리라고 규정한다(11/171). 이런 규정이 가부장적 제도의 영향 때문이라기보다는 오히려 성경을 따른 것임은 아내에 대한 남편의 의무를 규정한 부분을 보면 알 수 있다. 퍼킨스에 따르면, 남편의 의무는 두 가지다. 첫째로, 남편은 아내를 자신의 몸처럼 사랑해야 한다(10/171; 엡 5:33; 창 24:67). 이를 위해서 남편은 두 가지를 해야 한다. 우선, 아내를 위험으로부터 보호해야 한다(창 20:16; 삼상 30:5, 8). 또한, 아내의 상황을 자신의 것으로 여겨서 살아 있는 동안 당연히 아내를 부양해야 하고, 죽은 이후에도 아내가 삶을 영위할 수 있도록 마련해 놓아야 한다(엡 5:28-29; 출 21:10; 룻 3:9).

둘째로, 남편은 아내를 귀하게 여겨야 한다(10/171; 벧전 3:7). 이러한 존중에는 세 가지가 있다. 첫째, 아내를 자신의 동반자로 여기는 것이다. 여성이 창조될 때 남자의 머리나 발에서 취해지지 않고 옆구리에서 취해진 것은, 아내가 남편을 다스리도록 만들어지지도, 종으로서 남자에게 복종하도록 만들어진 것이 아니라, 남편의 친구(mate)가 되도록 하기 위함이었다(11/172). 둘째, 분노나 변덕과 같은 여성의 연약함을 지혜와 인내 가운데 참는 것이다(11/172). 셋째, 아내로부터 조언이나 충고를 받기 위해 때때로 인내하는 것이다(11/172; 창 21:12; 삼상 1:23).

이어서 퍼킨스는 두 가지 질문에 대해 응답한다. 첫째 질문은 남편이 아내를 교정(correct)할 수 있는가 하는 질문인데, 퍼킨스는 그럴 수 있다고 한다. 하지만 그럴 때도 여전히 사랑으로 해야 하며 말로 해야 한다. 그는 "남자가 아내를 구타하는 것은 큰 수치다."라는 크리소스토무스의 말을 인용하여 폭력적인 방법으로 아내를 대하는 것을 철저하게 금지시킨다(11/172-73).[25] 둘째 질문은 남편이 아내를 대하는 것이 정부가 시민을 대하는 것과 같으냐 하는 것인데, 퍼킨스는 아니라고 대답한다. 정부는 칼과 권력을 사용할 수 있지만, 남편은 결코 아내를 구타하거나 때려서는 안된다(11/173). 너무나 고집이 세고 성질이 급한 아내를 둔 남편은 하나님께서 그에게 지워주신 십자가의 몫으로 알고 그 상황을 견뎌야 한다. 만일 참을 수 없는 사람이 있다면 주변 사람들의 용서와 동정을 받을 수는 있겠지만, 그렇다고 해서 전적으로 용서받을 수는 없다(11/173). 이처럼 퍼킨스는 남편의 의무를 다루면서 가부장제에 따른 규칙과 처방을 주기보다는 성경을 기준으로 한 관점과 지침을 제시한다.

---

25 크리소스토무스의 작품 『고린도전서 강해』, 26번 강해(고전 11장)를 인용한다. 영어 번역본은 아래를 보라. John Chrysostom, *The Homilies of S. John Chrysostom, Archbishop of Constantinople, on the First Epistle of St. Paul the Apostle to the Corinthians*, A Library of Fathers of the Holy Catholic Church (Oxford; London: John Henry Parker; J. G. F. and J. Rivington, 1839), 364.

제12장은 아내의 의무를 다룬다. 아내는 결혼한 여성으로, 남편에게 복종하며 순종할 의무가 있는 사람이다(12/174; 롬 7:2; 엡 5:24; 골 3:18; 딤전 2:12; 창 3:16; 레 22:12-13, 민 30:13). 아내의 의무는 두 가지다. 첫째로, 남편에게 복종하고 모든 일에서 남편을 머리로 인정하고 존경하는 것이다(12/174; 창 20:16, 24:65; 고전 11:3; 엡 5:22). 퍼킨스는 아내가 남편의 특권에 동참하며, 남편이 가진 명예와 평판에 따라 크게 영향을 받는 당시 사회 속에서 아내가 남편을 머리로 인정하는 것은 당연하다고 주장한다(12/174-75). 물론 이러한 상황은 오늘날에 그대로 적용할 수는 없다. 현대 사회에서 결혼한 여성의 사회적 지위는 남편의 그것과 독자적인 경우도 적지 않기 때문이다. 하지만 오늘날에도 남편의 특권과 명예, 사회적 지위와 평판이 그와 결혼한 여성에게 영향을 미치는 경우는 매우 흔하다. 따라서 퍼킨스의 판단이 오늘날에도 유효한 면이 있다. 분명한 것은 퍼킨스가 남편에 대한 아내의 순종을 말할 때 이러한 사회적 상황을 제일 중요한 근거로 두지 않고 성경적 근거를 1순위로 둔다는 점이다.

둘째로, 아내들은 범사에 남편에게 순종해야 하는데, 판단과 의지 모두에서 전적으로 남편에게 의존해야 한다(12/175). 이는 교회가 머리이신 그리스도께 순종하고 그분의 명령과 다스림과 지시를 받도록 자신을 양도하는 것과 같다(벧전 3:6). 특히 퍼킨스는 부인이 남편의 동의 없이 집을 떠나 자유롭게 방랑하거나 타향살이를 해서는 안 된다고 단언한다(왕하 4:22). 오히려 아내는 남편을 따라가야 하며 함께 살아야 한다(고전 9:5; 창 13:1, 20:1-3, 31:17). 이것은 아마도 결혼한 여성들 중에 함부로 집을 나가서 가출하는 사례가 있어서 경계하기 위함인 것 같다(12/175).

남편의 의무에 대해서는 비교적 길게 다룬 퍼킨스는 아내의 의무에 대해서는 간략하게 다룬다. 두 가지 의무로 나누었지만 사실은 남편에게 복종하라는 한 가지 의무다(12/174-75). 하지만 이러한 명령은 가부장적 맥락 속에서 판단하기보다는 성경적 관점을 제시한 것으로 보는 것이 더 옳다. 그것은 남편의 의무를 더욱 자세하고 엄격하게 규정한 것을 보면 쉽게 알 수 있다.

5. 부모의 의무

결혼의 의미와 목적, 결혼의 계약, 결혼의 성립, 부부의 의무, 남편과 아내의 의무 등을 자세히 다룬 후에 퍼킨스는 부모와 자식의 의무를 제13장과 제14장에서 각각 다룬다. 먼저 제13장에서 부모의 의무를 다루는데, 이것은 확대된 가족 즉 부모와 자녀로 구성된 가족을 전제로 한다고 밝힌다(13/176). 부모의 의무는 크게 두 가지인데 양육과 출가다. 우선, 양육을 위해서는 두 가지가 필요하다. 첫째로, 부모는 자녀 교육(또는 양육)을 책임지고 자녀가 생명을 유지할 뿐 아니라, 잘 살도록 도와야 한다(13/176; 엡 6:4). 자녀의 생명을 보존하기 위해 부모는 특히 4가지 의무가 있다. 첫째, 어머니는 아기에게 젖을 먹이고 포대기로 감싸며 키워야 한다(딤전 5:10; 창 21:7; 삼상 1:22; 시 22:9; 눅 11:27, 2:7). 하나님께서는 아이를 낳은 여성에게 젖을 주셨으며, 아이에게 모유보다 더 자연스러운 음식은 없다. 하지만 건강이나 능력이 부족하거나 기타 인정할 수 있는 장애가 있는 경우, 어머니는 아이를 낳은 후 유모(乳母)를 둘 수 있다(창 24:59; 출 2:7-9). 둘째, 부모는 자녀에게 음식과 음료 및 의복을 제공해야 한다(13/177; 마 7:9-10; 딤전 5:8). 셋째, 하나님께서 능력과 수단을 주실 때 자녀의 미래를 위해 무언가를 마련해 놓아야 한다(고후 12:14; 잠 19:14). 이런 지침은 평균 수명이 짧아서 자녀가 장성하기 전에 죽는 일이 많았던 17세기 상황을 고려하면 이해가 될 것이다. 넷째, 자녀의 몸과 마음의 성향과 타고난 은사를 잘 관찰하여 그에 맞는 정직한 소명과 삶의 과정을 안내하는 것이다(13/177; 잠 20:11). 이에 대해서 퍼킨스는 루피누스가 쓴 『교회사』(*Ecclesiastical History*)로부터, 알렉산드리아의 주교 알렉산더가 어린 아타나시우스가 바닷가에서 놀 때 성직자 놀이를 하는 것을 보고서 그를 가르치고 키웠다는 사례를 제시한다(13/177-78).[26] 그리고 고대 아테네인들이 자녀에게 어떤 직분을 부여하기 전에 먼저 모든 종류의 직업에 속하는 도구들이 놓여 있는 공공장소에 데려가서 그 중 어떤 종류의 도구를 가장 좋아하는지 살펴보고, 그 도구가 속한 직업으로 인도하였다는 예도 제시한다.[27] 퍼킨스는 부모의 첫 번째이자 주된 관심은 교회를 위한 것이어야 하며, 가장 지혜롭고 최고의 은사를 받은 자녀를 하나님께 봉헌하고 성경 공부로 양육하여 나중에 교회 사역을 위해 봉사하도록 하는 것이어야 한다고 주장한다(삼상 1:11). 이는 오늘날처럼 목회자로 헌신하는 이들이 적은 시대에 매우 필요한 충고라 판단된다.

둘째로, 자녀 양육의 다음 목표는 자녀가 잘 살며 경건한 삶을 살 수 있도록 돕는 것이다(13/178). 이를 위해 부모는 세 가지를 해야 한다. 첫째, 자녀가 태어난 후 가능한 한 빨리 세례를 통해 참된 교회에 속하도록 해야 한다(13/178). 둘째, 아이가 어느 정도 생각할 수 있는 나이가 되면 아이의 마음에 "경건과 종교의 씨앗"(the seeds of godliness and religion)을 심기

---

26 퍼킨스가 인용한 부분은 다음과 같다. Ruffinus, *Eccl. Hist.* 1.14.

27 이 예는 나지안주스의 그레고리우스가 에우독시우스에게 보낸 편지(Nazian. Epist. ad Eudox.)에서 읽었다고 퍼킨스는 여백에서 밝히고 있다(13/178n2).

위해 노력해야 한다(13/178; 딤후 3:14-15; 신 6:7, 20; 시 44:1).[28] 셋째, 학문과 종교를 가르치는 교육은 자녀가 기쁨으로 받아들일 수 있도록 질서 있게 이루어져야 한다(13/179). 이를 위해 때때로 적당한 방법으로 그들의 나이에 맞는 놀이를 제공할 필요가 있다(슥 8:5). 하지만 통제가 되지 않을 때는 일단 말로 책망하고, 그것으로 도움이 되지 않을 때는 교정의 매를 들어야 한다(잠 29:15, 17; 히 12:9). 하지만 이 시점에서 두 가지 극단은 조심스럽게 피해야 하는데, 자녀에게 너무 엄격하거나 너무 관대한 일이다(엡 6:3; 삼상 2:23).

양육 다음으로 부모의 일반적인 의무는 자녀를 성혼시켜 출가시키는 것이다(13/179). 자녀를 성혼시키기 위해 부모는 자녀가 결혼에 적합하고 독신의 은사를 가지고 있지 않다는 것을 분별하며, 최선을 다해 제때에 짝을 찾아주기 위해 스스로 또는 친구를 통해 조언을 해 주어야 한다(고전 7:36, 38). 퍼킨스는 이를 위해 구약에서 여러 예를 가져오는데, 어떤 예들은 문맥의 1차적 의미를 주목하기보다는 논의를 돕기 위한 예시로 쓰기 위해 가져오기도 한다(렘 26:6; 창 28:1; 삿 14:2). 퍼킨스는 이렇게 자녀를 출가시키는 의무를 당시 부모들이 소홀히 하고 있음으로 인해, 신자의 자녀들이 종종 음행을 저지르거나 불경건한 결혼을 하게 되는 상황을 안타깝게 여긴다(13/180). 그리고 자녀의 배필을 찾을 때 부모는 아름다움과 재물 또는 다른 외적인 축복보다 경건과 지혜를 더 존중해야 한다고 주의시킨다(13/180). 물론 경건과 지혜를 갖춘 경우에는 외적인 축복을 겸한 사람이 더 대접받을 수 있다(13/180). 하지만 더 좋은 것(즉, 영적인 면)은 무시하고 단지 아름다움만 보고 결혼시키는 것은 죄가 된다(13/180). 마지막으로,

---

28 "종교의 씨앗"(*semen religionis*)과 "신성에 대한 감각"(*sensus divinitatis*)에 대해서는 아래를 보라. 칼빈, 『기독교강요』, 1.3.1.

퍼킨스는 결혼 문제에 있어서 부모가 자녀를 온화하게 대해야 하며, 억지로 누군가와 결혼시키거나 누구와 결혼하라고 강요해서는 안 된다고 주장한다(13/180).

6. 자녀의 의무

제14장은 자녀의 의무를 다룬다(14/181). 자녀는 부모에게 복종하는 사람이다. 자녀가 부모에게 수행해야 할 의무는 크게 두 가지다. 첫째, 친부모든 양부모든, 양아버지와 양어머니든, 살아있는 동안 그들에게 순종하는 것이다(엡 6:1; 눅 2:51; 출 18:19; 룻 3:5; 욥 1:5). 특히 퍼킨스는 직업과 결혼에 있어서 부모에 순종하도록 권면한다(14/181). 둘째, 하나님께서 능력을 주시면 부모가 궁핍할 때 음식과 의복 및 기타 필요한 것으로 도움으로써 부모의 사랑과 보살핌에 보답하는 것이다(14/182; 딤전 5:4; 창 47:12; 룻 2:14, 18). 퍼킨스는 부모 봉양을 강조하기 위해서, 부모를 봉양해야 할 의무가 매우 필수적인 상황인데도 자녀가 이를 소홀히 하고 부모를 악한 태도로 대한다면 모세의 율법에도 죽여라고 되어 있음을 상기시키고 있다(14/182; 출 21:15).[29]

이어서 퍼킨스는 두 가지 질문을 다룬다. 자녀가 부모의 동의 없이 종교적 혹은 민사상 서약을 하는 것이 합법적인가 하는 것이다. 퍼킨스는 합법적이지 않다고 대답한다(14/182-83; 민 30:6). 두 번째 질문은 자녀의 재혼 시 부모의 동의가 필요한가 하는 문제다. 퍼킨스는 고대의 민법과 황실법에 따르면 과부는 이전 결혼으로부터 자유로워졌더라도 부친의 동의 없이 다시

29 퍼킨스는 여기에서 맏아들이 다른 형제들보다 아버지의 재산을 더 많이 가져야 한다는 법도 다루는데, 맏아들이 너무 사악하면 예외가 된다고 주장한다(14/182).

계약을 맺어서는 안 된다고 규정되어 있음을 상기시킨다. 이 경우 동의는 절대적으로 필요한 것은 아니지만, 그럼에도 자녀들은 언제든지 부모를 공경할 의무가 있기에(출 20:12), 재혼 시에 부모로부터 조언을 받는 것이 적합하다. 그리고 과부들이 부모 몰래 결혼하는 것은 정당한 비난을 받을 수밖에 없다는 베자(Beza)의 글을 인용한다(14/183).[30]

7. 기타 가정 경영과 관련한 내용

이 책의 15장과 16장은 각각 주인의 의무와 하인의 의무를 다룬다. 이런 내용은 오늘날과 상황이 맞지 않는 부분이 많지만, 기업경영에 (바꿀 것은 바꾸어서[*mutatis mutandis*]) 적용할 수 있다. 가령, 퍼킨스는 주인이 하나님을 두려워하는 마음으로 종들을 위해서 좋은 선택을 해야 한다고 하며(15/184; 엡 6:5-7; 골 3:22), 과도한 일을 시키지 말라고 하고(15/184; 벧전 3:8), 적절하게 보상을 해 줘야 한다고 주장한다(15/184; 잠 31:15). 그리고 종이 아플 경우 모든 수단을 써서 치료하고 회복시켜야 한다고 권면한다(15/185; 골 4:1; 마 8:6). 종들은 주께 하듯이 봉사해야 한다(16/186; 딛 2:9). 한 가지 특징적인 점은 철학자 아리스토텔레스가 노예제도는 자연적인 것이라고 말한 것에 대해 퍼킨스가 반대한다는 점이다(16/188). 퍼킨스는 "노예제도는 자연에서 비롯된 것이 아니라 국가의 법에서 비롯된 것이며 타락의 결과"라고 주장한다(16/188). 왜냐하면 모든 인간은 본질적으로 동등하고 무차별적으로 자유로우며, 다른 사람보다 더 잘났다거나 못나지 않기 때문이다(16/188).

30 퍼킨스가 여백에 쓴 서지사항은 아래와 같다. "Beza de repud. & divor. sect. de sponsalibus absq. consens. par. factis."

가장의 의무(17장), 여주인의 의무(18장)를 다루는 장에서도 몇 가지 특기할 부분이 있다. 가장(the master of the family; good-man of the house)은 집안 전체를 책임지는 사람이다(17/189). 가장의 첫째 의무는 가장의 역할을 감당하고, 가족 내에서 하나님을 예배하는 주체이자 책임자가 되는 것이다(17/189; 수 24:15). 둘째 의무는 안식일[31]에 가족을 교회에 데리고 가서 예배 드리도록 하고, 예배 후에는 가족이 들은 것을 고려하여 지식과 순종으로 유익을 얻도록 돕는 것이다(17/190). 셋째 의무는 가족에게 먹을 것과 마실 것과 입을 것을 제공하고, 그들이 조용하고 평안한 삶을 살도록 하는 것이다(17/191; 딤전 5:8). 넷째 의무는 가정의 질서를 유지하고 집안에서 규율을 행사하고, 범죄를 막는 것이다(17/191; 신 21:18-20). 다섯째 의무는 가족이 아닌 낯선 이방인이라도 기독교인이자 신자라면, 특히 말씀의 사역자라면 대접하는 것이다(17/192; 롬 12:13; 히 13:2). 여주인(the mistress of the family, good-wife of the house)은 가장에게 도움과 지원을 제공하는 사람이다(18/193). 그녀의 임무는 두 가지다. 첫째, 자신에게 속한 영역을 잘 다스리는 것이다(딤전 5:14). 둘째, 가족들에게 적절하게 음식을 제공하는 것이다(잠 31:15). 퍼킨스는 한 가지 질문을 다루고 자신의 책을 마친다. 그것은 여주인이 가장의 동의 없이 가족 소유의 재산을 증여하거나 처분할 수 있는가 하는 문제다. 퍼킨스의 대답은 아내에게 고유하게 속한 재산은 그렇게 하는 것이 가능하지만, 그렇지 않은 경우는 아내가 남편의 동의 없이 처분할 수 없다는 것이다.

31 청교도는 주일을 안식일로 여겼다. 웨스트민스터 신앙고백서, 제21장을 보라.

Ⅳ. 결론: 성경적 가정을 지향하며

루터는 가정을 성품을 위한 학교라고 묘사했다.[32] 퍼킨스의 『기독교적 가정경영』은 가정이 경건과 지혜를 배우고 인생의 기쁨과 보람을 느끼도록 만들어 주는 학교임을 알려준다. 이 작품을 통해 알 수 있는 것은 아래와 같다.

첫째, 퍼킨스는 신자의 가정을 무엇보다 성경적 토대 위에 두기를 원한다. 그가 때때로 고대 그리스와 로마의 고전 작품을 인용하거나 교부들의 작품을 인용하기도 하지만, 지속적으로 가장 많이 인용하는 것은 성경이다. 그는 주제와 직접적으로 관련되는 구절뿐 아니라, 좋은 예시가 되는 성경의 사례들도 두루 인용한다. 이런 경우 인용하는 성경의 1차 문맥과는 맞지 않는 부분도 더러 있으나, 성경을 기준으로 삼는다는 점에서 여전히 유의미하다.

둘째, 퍼킨스의 작품은 청교도에 대한 기존의 통념을 바꾸게 한다. 많은 사람들이 청교도를 생각할 때 금욕이나 절제를 떠올리며, 무료하고 재미없는 삶을 생각한다. 하지만 퍼킨스는 성적인 금욕과 억압을 장려하지 않았다. 오히려 그는 건전한 부부의 침실 생활에 대해 강조하며 성이 주는 기쁨에 대해 열린 태도로 기술한다. 그가 경계하는 것은 도를 넘어선 쾌락 추구나 부부의 관계 바깥에서 이뤄지는 성행위이지, 부부의 침실 자체가 아니다.

셋째, 퍼킨스의 『기독교적 가정경영』에서 주안점은 결혼과 부부의 관계에 놓여있다. 이 책은 결혼과 부부에 대해서 제3장부터 12장까지 길게 다룬다. 결혼과 부부관계가 가정을 세워가는 데 있어 가장 중요하기 때문이다. 그럼에도 불구하고, 퍼킨스는 결혼이 무관심한 일 즉 아디아포라에 속한 일로 본다. 특별한 사명과 독신의 은사가 있다면 싱글로 사는 것도 괜찮다는 뜻이

32 Roland Bainton, *Here I Stand* (Nashville: Abingdon, 1951), 286-304.

다. 물론, 퍼킨스는 독신보다 결혼이 더욱 탁월한 일이라고 강조하는 것 역시 잊지 않는다.

넷째, 퍼킨스의 작품은 매우 현실적이며 구체적이어서 도움이 된다. 그는 단지 추상적으로 가정생활을 논하지 않았다. 가정과 관련한 다양한 주제를 실제적으로 다룰 뿐 아니라, 거의 매 챕터마다 질문에 대한 대답을 제시하여 독자들에게 도움을 주고 있다. 이러한 질문들은 그가 직접 신자들로부터 받은 것들일 가능성이 높다. 퍼킨스는 이 책 전체에서 탁월한 성경적 균형과 노련한 목회적 안목으로 다양한 주제들을 다룬다.

다섯째, 이 책은 가부장적 문화 속에서 작성되었지만, 가부장제의 폐해를 성경을 통해 최대한 줄이고 있다. 가령, 가정에서 머리는 남편이며 가정경영은 남편이 주도해야 한다고 하지만, 남편은 언제나 아내의 충고와 조언에 귀 기울여야 한다고 동시에 주장함으로써 균형을 맞춘다. 또한, 남편과 아내의 관계를 "친구"로 묘사함으로써 부부의 동등성을 강조한다. 남편의 의무를 아내의 의무보다 훨씬 길게 서술하는 것도 역시 남편의 책임성을 부각시키는 대목이다.

여섯째, 퍼킨스는 가정경영에서 신앙과 경건을 매우 중요하게 여긴다. 그는 가장의 첫째 의무가 하나님을 예배하는 주체이자 책임자가 되는 것이라고 단언한다. 또한 그는 부모의 자녀교육에서 첫 번째이자 주된 관심은 교회를 위한 것이어야 하며, 가장 지혜롭고 최고의 은사를 받은 자녀를 교회의 사역자로 세워가야 한다고 역설한다. 이런 식으로 그는 경건한 가정 없이 건강한 교회가 없다는 사실을 힘주어 강조했다.

일곱째, 퍼킨스의 책은 오늘날에도 여전히 유용하고 귀감이 되는 교훈으로 가득하다. 그것은 그가 성경적이며, 목회적이며, 실제적으로 이 책을 썼기 때문이다. 시종일관 성경적 원리와 토대 위에서 주제를 논하고, 구체적이지만 균형이 잘 잡혀 있는 관점과 다양한 사례를 제시해 주는 이 책은 가정의 위기가 갈수록 심각해져가는 오늘날 한국사회와 교회를 위해서 매우 좋은 안내자와 처방이 될 것이다. 퍼킨스가 말하는 좋은 가정은 하나님께 예배드리며, 각자가 자신의 소임을 다하는 경건한 가정이다. 이를 위해서 목회자들과 성도들은 그가 제시하는 내용들을 발판으로 삼아 더욱 풍성하고 깊이 있는 가정경영론을 발전시켜 나갈 책임이 있다.

〈참고문헌〉

네피, 윌리엄. “칼빈의 제네바 이차 체류.” 헤르만 셀더하위스 편집. 『칼빈 핸드북』, 97-121. 김귀탁 역. 서울: 부흥과개혁사, 2013.

셀더하위스, 헤르만. “결혼의 개혁: 오늘을 위한 메시지.” 이신열 역. 「갱신과 부흥」 18 (2016), 36-57.

아우구스티누스. 『신국론』. *De civitate Dei.* 전3권. 성염 역. 왜관: 분도출판사, 2004.

우병훈. 『기독교 윤리학』. 서울: 복있는사람, 2019.

_____. “어쩌다 싱글?” https://koreanchristianethics.com/저장소/1499 (2024.4.15. 접속)

Beeke, Joel R. “Puritans on the Family: Recent Publications.” *Puritan Reformed Journal* 10, no. 2 (2018), 227–44.

Byington, Ezra Hoyt. *The Puritan in England and New England.* Boston: Roberts, 1896.

Chrysostom, John. *The Homilies of S. John Chrysostom, Archbishop of Constantinople, on the First Epistle of St. Paul the Apostle to the Corinthians*, A Library of Fathers of the Holy Catholic Church. Oxford; London: John Henry Parker; J. G. F. and J. Rivington. 1839.

Field, Jonathan Beecher. “Under Household Government: Sex and Family in Puritan Massachusetts by M. Michelle Jarrett Morris (Review).” *Early American Literature* 49, no. 1 (2014),

233–37.

Graham, Judith S. *Puritan Family Life: The Diary of Samuel Sewall*. Boston: Northeastern University Press, 2000.

Hauerwas, Stanley. *A Community of Character*. South Bend, IN: University of Notre Dame Press, 1991.

Hill, Christopher. *Society and Puritanism in Pre-Revolutionary England*. London: Panther Books, 1969.

Manchester, Margaret Muranyi. *Puritan Family and Community in the English Atlantic World: Being "Much Afflicted with Conscience."* Microhistories. New York: Routledge, 2019.

Morgan, Edmund S. *The Puritan Family: Religion & Domestic Relations in Seventeenth-Century New England*. New Ed. Rev. Enl. Westport, Conn.: Greenwood Press, 1980.

__________. *The Puritan Family; Essays on Religion and Domestic Relations in Seventeenth-Century New England*. Boston: the Trustees of the Public Library, 1966.

Morris, M. Michelle Jarrett. *Under Household Government: Sex and Family in Puritan Massachusetts*. Harvard Historical Studies 180. Cambridge, MA: Harvard University Press, 2013.

Muller, Richard A. *Post-Reformation Reformed Dogmatics: The Rise and Development of Reformed Orthodoxy, ca. 1520 to ca. 1725*. 2nd ed. Vol. 1. 4 vols. Grand Rapids: Baker Books,

2003.

Perkins, William. "Christian Oeconomie or A Short Survey of the Right Manner of Erecting and Ordering a Family." In *The Works of William Perkins*, edited by Joseph A. Pipa and J. Stephen Yuille, 10:109–94. Grand Rapids, MI: Reformation Heritage Books, 2020.

Schücking, Levin Ludwig. *The Puritan Family; a Social Study from the Literary Sources*. New York: Schocken Books, 1970.

Stone, Lawrence. *The Family, Sex and Marriage in England, 1500–1800*. New York: Harper & Row, 1977.

Todd, Margo. "Humanists, Puritans, and the Spiritualized Household." *Church History* 49 (1980), 18–34.

Towner, Philip L. "Households and Household Codes." In *Dictionary of Paul and His Letters*, Eds. Gerald F. Hawthorne and Ralph P. Martin, 417–19. Downers Grove, IL: InterVarsity Press, 1993.

Walsham, Alexandra. "Holy Families: The Spiritualization of the Early Modern Household Revisited." In *Religion and the Household*, 122–60. Rochester: Boydell Press, 2014.

Yuille, J. Stephen. "A Puritan, Spiritual Household: William Perkins and the 'Right Ordering' of a Family." *Puritan Reformed Journal* 8, no. 2 (2016), 158–79.